Philip Kiefer

# Das Mac-Buch für Senioren

## Apple-Computer gekonnt benutzen

SmartBooks
Mac und mehr.
dpunkt.verlag

**Das Mac-Buch für Senioren** - Apple-Computer gekonnt benutzen

Sie haben Anregungen und oder Fragen zum Buch? Wir freuen uns über Ihre Nachricht.
Bei inhaltlichen Fragen und Hinweisen zum Buch: Gabriel Neumann, Lektorat (neumann@smartbooks.de)
Bestellungen richten Sie bitte an: bestellung@dpunkt.de
Oder besuchen Sie unsere Verlags-Homepage **www.SmartBooks.de**

| | |
|---|---|
| Projektleitung | Gabriel Neumann |
| Lektorat | Horst-Dieter Radke |
| Korrektorat | Dr. Anja Stiller-Reimpell |
| Layout und Satz | Peter Murr |
| Umschlaggestaltung | Friederike Diefenbacher-Keita |
| Druck und Bindung | M. P. Media-Print Informationstechnologie GmbH, 33100 Paderborn |

Bildnachweis, sofern nicht an den Abbildungen angegeben:
Vordere und rückwärtige Umschlagseite „Paar mit iPhone"; Kapitel-Auftaktseiten Seite 13, 73, 95, 135, 179, 199, 235, 269, 347, 377 (Montage: SmartBooks); Illustrationen zu „Herr Peters empfiehlt" Seite 5, 16, 76, 94, 97, 187, 234, 301, 376: ©iStock.com/AleksandarNakic
Rückwärtige Umschlagseite, Porträt Philip Kiefer: Tanja Binder

Bibliografische Information der Deutschen Nationalbibliothek
Die Deutsche Nationalbibliothek verzeichnet diese Publikation in der Deutschen Nationalbibliografie; detaillierte bibliografische Daten sind im Internet über http://dnb.d-nb.de abrufbar.

**ISBN:**
**Druckausgabe: 978-3-86490-242-0**
**EPUB: 978-3-86491-610-6**
**PDF: 978-3-86491-611-3**

1. Auflage 2015
SmartBooks • Eine Edition der dpunkt.verlag GmbH

5 4 3 2 1 0

## Übersicht

# Inhaltsverzeichnis

Kapitel

1

# Ihren Mac sicher in Betrieb nehmen

Ein Computer ist so etwas wie ein Auto, wie eine Waschmaschine oder wie ein Fernseher. Er ist ein Gerät, dessen Nutzung Sie zunächst erlernen müssen – anschließend profitieren Sie nur noch von allen seinen Vorteilen.

Denken Sie vielleicht, dass die Computernutzung nur etwas für junge Leute ist? Sie haben die Befürchtung, dass der Computer Ihre kostbare Lebenszeit auffressen wird? Oder Sie schrecken einfach vor den vielen technischen Begriffen zurück? Diese Ausreden zählen längst nicht mehr, denn ich kenne viele Menschen, die sich noch im hohen und höchsten Alter mit der Computernutzung vertraut gemacht haben – und sie sind alle glücklich und stolz, dass sie diesen Weg gegangen sind.

# Warum einen Mac verwenden?

Gestatten Sie mir zunächst, dass ich mich Ihnen kurz vorstelle. Mein Name ist Philip Kiefer, ich wurde 1973 in Friedrichshafen am Bodensee geboren und bin nun schon seit Ende 2001 freiberuflich als Autor tätig. Über Computer habe ich bereits viele Bücher geschrieben – auch für ältere Menschen. Zusammen mit Herrn Peters nehme ich Sie in diesem Buch bei der Hand und zeige Ihnen Schritt für Schritt, wie Sie einen Computer - speziell einen Mac (sprich: [mäck]) - verwenden, um endlich auch ins Internet gehen zu können, um Ihre Briefe und Einladungen zu schreiben, Ihre Familienbilder zu archivieren und zu bearbeiten, und noch für viele Zweck mehr.

Die Figur des Herrn Peters steht stellvertretend für Computernutzer wie Sie. Herr Peters hat im Alter von 61 Jahren damit begonnen, den Umgang mit Computern zu erlernen. Mittlerweile ist er darin bereits versiert, und er gibt seine besonderen Erfahrungen gerne an Sie weiter.

Der Mac ist ein Computer, der für Senioren perfekt geeignet ist. Entschuldigen Sie bitte, wenn ich Sie in diesem Buch als »Senior« betitele. Menschen, die mit 55, 60 oder 70 noch voll im Leben stehen und mit dem Wohnmobil oder dem Segelschiff um die Welt reisen, oder mit 80, 90 noch in den Dolomiten zum Wandern gehen, mögen das als Beleidigung empfinden. Aber es ist mir doch wichtig, eine Abgrenzung zu den jüngeren Menschen, den Nicht-Senioren, zu schaffen, die an die Computernutzung in der Regel ganz anders herangehen und bei der Nutzung eines Computers auch ganz andere Bedürfnisse haben. Dieses Buch wendet sich speziell an Sie, den älteren Menschen, den Senior!

Warum also ist der Mac für Senioren perfekt geeignet? Nun, dafür gibt es eine Vielzahl von Gründen. Besonders wichtig für Sie als Einsteiger: Der Mac bietet im Vergleich mit anderen Computern deutlich mehr Sicherheit sowie auch eine einfachere, intuitivere Bedienung. Ganz davon abgesehen, besticht ein Mac auch durch ein äußerst ansprechendes Design. Und er ist mit fast allem bereits ausgestattet, das Sie für die tägliche Computernutzung benötigen.

## Was ist denn ein Mac überhaupt?

Ihnen ist Apple (sprich: [äppel]) sicher ein Begriff. Apple ist ein großer Computerhersteller mit Sitz in den USA. Sein Logo ist ein angebissener Apfel.

Das Unternehmen wurde 1976 als Garagenfirma von drei jungen Leuten gegründet: Steve Jobs, Steve Wozniak und Ron Wayne. 1984 stellte Apple einen Computer namens Macintosh her, benannt nach einer Apfelsorte – er wird heute nur noch Mac genannt und hat sich über die Jahrzehnte natürlich sehr stark weiterentwickelt. Der Computer selbst ist eine deutsche Erfindung. Die von Konrad Zuse 1941 entwickelte Z3 gilt als erster funktionstüchtiger Computer der Welt.

Heute sind Computer nicht mehr aus dem modernen Leben wegzudenken. In praktisch jedem Unternehmen und in fast jedem Haushalt findet man mindestens einen PC, einen Personal Computer (sprich: [pörsenell kompjuter]). Dazu gehört auch der Mac. Häufig findet man aber auch PCs, auf denen das Betriebssystem Windows (sprich: [windous]; »windows« ist das englische Wort für Fenster) läuft und deshalb so heißt, weil die verschiedenen Inhalte auf dem Bildschirm in einzelnen »Fenstern« angezeigt werden – so wie es auch auf einem Mac der Fall ist. Ein Windows-PC ist aber nicht ganz so komfortabel in der Bedienung wie ein Mac; Windows-Computer gelten außerdem als anfälliger für Sicherheitsprobleme. Bleiben Sie als Einsteiger beim Mac!

*Das Betriebssystem auf einem Mac (hier: OS X Yosemite) bietet eine ansprechende und übersichtliche Bedienoberfläche.*

# Wozu dient ein Betriebssystem?

Ein Computer stellt lediglich die Hardware (sprich: [hardwär], übersetzt etwa »hartes Produkt«) dar, eine Ansammlung verschiedener Gerätekomponenten. Was nun noch fehlt, ist die Software (sprich: [softwär], »weiches Produkt«), die dem Computer sagt, was er zu tun hat. Die wichtigste Software ist das Betriebssystem, das die Gerätekomponenten ansteuert und noch über weitere Funktionen verfügt. Das Betriebssystem folgt hierbei dienstfertig ihren Befehlen. Dank moderner Betriebssysteme mit einer ansprechenden und übersichtlichen Bedienoberfläche stellt die Computernutzung auch für Einsteiger kein Problem mehr dar.

Auch ein Mac verfügt selbstverständlich über ein Betriebssystem. Während ich dieses Buch erstelle, trägt es den Namen OS X Yosemite (sprich: [o-s ten josimmiti]). Die Abkürzung OS steht für »operating system« (sprich: [opereiting sistem]), was nichts anderes als Betriebssystem bedeutet. Das X ist die römische Form der Zahl 10. Yosemite ist der Name eines Nationalparks in den USA. Wenn Sie dieses Buch lesen, kann sich das Betriebssystem bereits geändert haben – die grundlegenden Funktionen werden aber immer noch die gleichen sein.

Unter einem Betriebssystem laufen die sogenannten Programme. Diese werden in den letzten Jahren oft auch Apps (sprich: [äpps]) genannt. Bei den Programmen oder Apps handelt es sich also um Software. Damit lassen sich die verschiedensten Funktionen auf den Computer bringen, z. B. mit einem Programm zum Schreiben, einem Programm zum Aufrufen von Webseiten oder einem Programm zum Bearbeiten von Fotos. Besonders wichtige Programme stehen auf Ihrem Mac bereits als Bestandteil des Betriebssystems zur Verfügung. Weitere Programme lassen sich nachträglich »installieren«, wie ich Ihnen in diesem Buch noch zeigen werde.

### Herr Peters empfiehlt

Machen Sie sich keine Gedanken, falls Sie anfangs den einen oder anderen Begriff noch nicht verstehen sollten. Das ging mir ebenso, als ich meinen ersten Computer kaufte. Sobald ich damit begonnen habe, den Computer praktisch zu nutzen, haben sich alle Unklarheiten aber wie von selbst in Luft aufgelöst.

# Welcher Computer ist der richtige für mich?

Falls Sie noch keinen Computer gekauft haben, gilt es zunächst gründlich zu überlegen, welche Art Computer für Sie die richtige ist. Es gibt verschiedene Varianten, die jeweils Vor- und Nachteile bieten. Diese Arten von Computern stehen zur Wahl:

- der Desktop-Computer: Bei diesem Computer handelt es sich um eine feste Arbeitsstation, die Sie auf einem Schreibtisch oder auf einem Computertisch aufbauen. Das Wort Desktop setzt sich aus den englischen Wörtern »desk« (Schreibtisch) und »top« (oben) zusammen. Die beliebteste Desktop-Variante eines Macs nennt sich iMac (sprich: [eimäck]).

*Ein Desktop-Computer aus dem Hause Apple: der iMac. (Quelle der Abbildung: Apple)*

- das Notebook: Im Gegensatz zum Desktop-Computer ist das Notebook (sprich: [noutbuck], englisches Wort für Notizbuch) ein tragbarer Computer, der auch auf Reisen mitgenommen oder im Schrank verstaut werden kann, wenn er mal nicht benötigt wird. Andere Bezeichnungen für das Notebook sind Laptop (sprich: [läpptopp], vom englischen Wort »lap« für Schoß) sowie Klapprechner. Ein besonders kleines Notebook wird Netbook (sprich: [nettbuck]) genannt. Apple bietet Notebooks in unterschiedlichen Formen an, diese werden als MacBook (sprich: [mäckbuck]) bezeichnet.

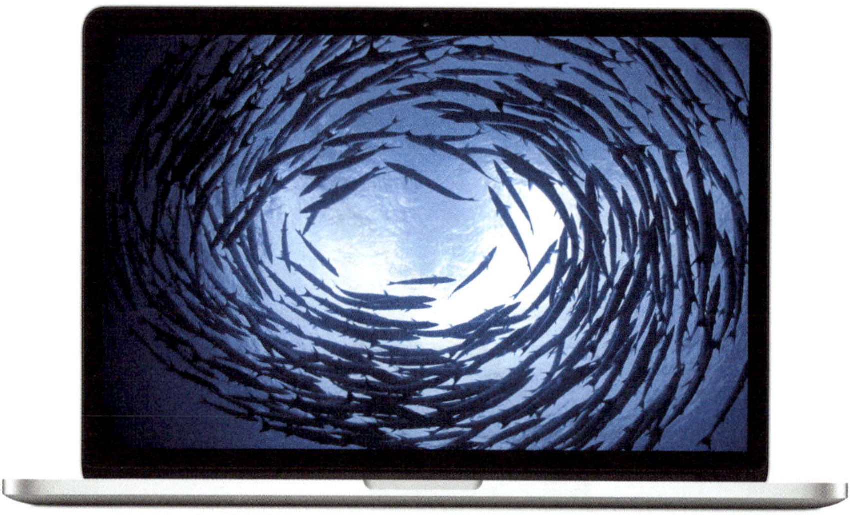

*Diese Abbildung zeigt ein Notebook von Apple, ein sogenanntes MacBook. (Quelle der Abbildung: Apple)*

- der Tablet-Computer: Der Tablet-Computer (sprich: [täblett-kompjuter], »tablet« ist das englische Wort für Tablett) schließlich ist ein besonders handlicher Computer, der sich durch einen berührungsempfindlichen Bildschirm, einen sogenannten Touchscreen (sprich: [tatschskrien], englisch für »Berührungsbildschirm«) auszeichnet. Berührungsempfindliche Bildschirme kennen Sie sicherlich bereits von Fahrkarten- oder Bankautomaten her – das Prinzip bei einem Tablet-Computer ist ganz ähnlich. Apple bietet die Tablet-Computer iPad (sprich: [eipäd]) sowie iPad mini an. Es handelt sich dabei nicht um Macs, auch wenn das auf einem iPad installierte Betriebssystem iOS (sprich: [ei o s]) dem Betriebssystem auf einem Mac ähnelt.

*Ein iPad oder iPad mini ist besonders handlich und verfügt über einen berührungsempfindlichen Bildschirm. (Quelle der Abbildung: Apple)*

## iMac, MacBook oder doch lieber ein iPad?

Wie gesagt: Alle drei Arten von Computern haben jeweils Vor- und Nachteile. Der Desktop-Computer ist in der Regel am leistungsstärksten, aber dafür nicht mobil; außerdem hat er den höchsten Platzbedarf und er verbraucht am meisten Strom.

Das Notebook benötigt gegenüber dem Desktop-Computer kaum Platz und kann einfach transportiert oder weggepackt werden. Aber: Wenn Sie sich einen großen Bildschirm wünschen und zudem eine ähnliche Leistung wie bei einem Desktop-Computer, ist die Anschaffung recht teuer.

Tablet-Computer sind sehr kompakt und lassen sich schnell starten. Da aber der Bildschirm bei diesen Geräten recht klein ist und darüber hinaus einige wichtige Funktionen fehlen, eignen sie sich eher als Zweitgerät bzw. als Gerät für hin und wieder.

**Der iMac …**

… ist für Sie dann empfehlenswert, wenn Sie:

- zu Hause ausreichend Platz zur Verfügung haben, am besten ein eigenes Arbeitszimmer oder zumindest eine Ecke in Ihrer Bibliothek.
- zu einem vergleichsweise günstigen Anschaffungspreis ein Gerät erhalten möchten, das alle Funktionen bietet, die Sie benötigen.
- einen leistungsstarken Rechner brauchen, z.B. um regelmäßig Ihre Urlaubsvideos zu bearbeiten.
- einen besonders großen Bildschirm einsetzen möchten, auf dem Inhalte entsprechend groß und gut lesbar angezeigt werden.
- Ihren Computer mehrere Stunden am Tag verwenden möchten; längeres Arbeiten ist mit einem Desktop-Computer wesentlich angenehmer als mit einem Notebook oder mit einem Tablet-Computer.

**Grundlagen**

Es gibt noch zwei weitere Desktop-Varianten des Macs, nämlich den Mac mini sowie den Mac Pro. Diese Geräte würde ich allerdings eher fortgeschrittenen Mac-Nutzern empfehlen, da sie nicht so einfach zu handhaben sind wie der iMac. Der Mac mini ist lediglich ein kleiner Kasten, an den viele Geräte wie z.B. auch der Bildschirm erst noch angeschlossen werden müssen. Für den Mac Pro gilt das Gleiche, zudem ist er sehr teuer und eigentlich nur für den professionellen Gebrauch interessant.

**Das MacBook …**

… ist für Sie dann besonders gut geeignet, wenn Sie:

- zu Hause keinen Platz für einen Desktop-Computer haben, und den Computer auch mal wegpacken möchten.
- Ihren Computer auch mal zu einem Familienbesuch mitnehmen möchten, etwa um neue Fotos zu präsentieren.
- ein Gerät wünschen, das nur wenig Strom verbraucht – ein MacBook verbraucht nur ein Bruchteil so viel Strom wie ein iMac.
- auch mal am Computer arbeiten wollen, wenn keine Steckdose in der Nähe ist – in das MacBook ist ein Akku eingebaut.
- keinen großen Wert auf Leistungsstärke legen bzw. bereit sind für mehr Leistung deutlich mehr zu bezahlen, als dies bei einem iMac der Fall ist.

### Grundlagen

Bei den MacBooks wird zwischen MacBook Pro und MacBook Air unterschieden. Das MacBook Pro zeichnet sich durch eine höhere Leistungsstärke und einen größeren Speicher aus – allerdings auch durch einen höheren Preis. Große Bildschirme sind leider bei beiden Varianten nicht erhältlich, den etwas größeren Bildschirm gibt es beim MacBook Pro.

**Das iPad …**

… ist für Sie dann eine gute Wahl, wenn Sie:

- ein Gerät bevorzugen, das sich überall hin mitnehmen und jederzeit schnell starten lässt.
- keine Schwierigkeiten mit dem kleinen Bildschirm haben – der Bildschirm eines iPads hat nur etwa die Größe eines Buches.
- kein Problem damit haben, dass bestimmte Funktionen und Anschlüsse bei einem iPad nicht zur Verfügung stehen; z. B. kann der Anschluss eines Druckers Probleme bereiten oder bestimmte Programme lassen sich auf dem iPad nicht nutzen.
- bereits einen anderen Computer Ihr Eigen nennen und sich ein mobiles Zweitgerät wünschen.
- nur hin und wieder einen Computer verwenden möchten, etwa um ab und zu das Internet zu erkunden.

### Herr Peters empfiehlt

Zu viel Mobilität kann schädlich sein! Wenn Sie ein iPad oder auch ein MacBook öfter herumtragen oder nach draußen mitnehmen, drohen Beschädigungen und Diebstahl oder Sie könnten das Gerät irgendwo liegenlassen. Sollten Sie sich für ein solches Gerät entscheiden, gehen Sie in jedem Fall stets behutsam damit um. Da Apple-Produkte auch bei Dieben sehr begehrt sind, sollten Sie sie nach Möglichkeit nicht in der Öffentlichkeit präsentieren!

Lassen Sie sich in einem Apple Store (sprich: [äppel stoa], »store« ist das englische Wort für Geschäft) oder in einem Elektronikfachmarkt die verschiedenen Geräte vorführen. Erkundigen Sie sich vor einem Kauf, ob gegebenenfalls bald ein neueres Modell des iMacs, MacBooks oder iPads erscheint – dann warten Sie mit dem Kauf lieber noch ab. Den Kauf eines gebrauchten Geräts würde ich Ihnen als Einsteiger eher nicht empfehlen.

## Welche Angaben sind beim Computerkauf besonders wichtig?

Unbekannte technische Begriffe können sehr abschreckend wirken. Manche Menschen verwenden solche Begriffe sehr gerne. Vielleicht gerade, weil sie wissen, dass nicht jeder sie versteht. Aber Sie lassen sich bitte nicht abschrecken! Sie können Ihren Mac auch dann verwenden, wenn Sie bestimmte Begriffe nicht verstehen. Lassen Sie mich Ihnen aber doch in der folgenden Tabelle einige wichtige Begriffe vorstellen, auf die Sie beim Mac-Kauf stoßen werden.

| Begriff | Bedeutung |
|---|---|
| Arbeitsspeicher | Im Arbeitsspeicher werden die Programme aufgerufen, die Sie auf Ihrem Computer verwenden. Je größer der Arbeitsspeicher, desto besser! So können Sie auf Ihrem Computer auch dann schnell arbeiten, wenn Sie gerade mehrere Programme gleichzeitig geöffnet haben. Eine andere Bezeichnung für den Arbeitsspeicher lautet RAM (sprich: [rämm] oder [ramm]). |
| Festplatte | Während im Arbeitsspeicher die Daten aktueller Prozesse abgelegt werden, dient die Festplatte dazu, Daten dauerhaft zu speichern. Angenommen, Sie verfassen einen Brief: Während Sie ihn schreiben, wird der Arbeitsspeicher beansprucht; nachdem Sie den Brief fertiggestellt haben, möchten Sie ihn jedoch auf der Festplatte speichern, um später jederzeit wieder darauf zugreifen zu können. |
| Flash-Speicher | Der Flash-Speicher (sprich: [fläsch]) wird auf den meisten MacBooks als schnellere und leisere Alternative zur Festplatte eingesetzt. Wenn Sie die Wahl zwischen Festplatte und Flash-Speicher haben, entscheiden Sie sich für den Flash-Speicher! |
| Pixel | Als Pixel bezeichnet man einen Bildpunkt, d. h. einen Punkt, der auf einem Bildschirm mit einer bestimmten Farbe dargestellt werden kann. Je mehr Bildpunkte ein Bildschirm darstellen kann, desto schärfer bzw. größer das dargestellte Bild. Auch hier gilt deshalb: Je mehr, desto besser! |

→

| Begriff | Bedeutung |
|---|---|
| Prozessor | Der Prozessor ist zwar nur eine kleine Gerätekomponente, aber er ist doch das Kernstück des Computers. Er steuert die Rechenprozesse und ist für deren Geschwindigkeit verantwortlich. Als Faustregel gilt in diesem Zusammenhang: Je höher die Taktfrequenz des Prozessors ist, desto schneller können die Rechenprozesse durchgeführt werden. Eine andere Bezeichnung für den Prozessor lautet CPU (sprich: [si pi ju] oder [c p u]). |
| Zoll | In Zoll wird die Diagonale des Bildschirms angegeben, genau wie bei einem Fernsehgerät. Ein Zoll entspricht 2,54 cm. Als Einheitenzeichen wird " verwendet. Das kleinste MacBook Air hat z.B. eine Bildschirmdiagonale von lediglich 11,6" (knapp 30 cm), beim Bildschirm des größten iMacs sind es hingegen 27" (knapp 70 cm). |

## Welche Zusatzgeräte brauche ich unbedingt?

Sowohl bei einem iMac als auch bei einem MacBook sind die wichtigsten Gerätekomponenten bereits integriert. (Beim iPad ebenso, da es sich hierbei nicht um einen Mac handelt, möchte ich dieses Gerät aber ab jetzt ausblenden.) Beispielsweise ist ein Bildschirm bereits vorhanden, bei dem es sich um das wichtigste Ausgabegerät des Computers handelt. »Ausgabegerät« bedeutet einfach, dass darauf Daten ausgegeben werden. Für den Bildschirm werden auch die alternativen Begriffe »Display« (sprich: [dissplei]) und »Monitor« verwendet.

Auch Lautsprecher und Mikrofon sind vorhanden, eine Kamera ist eingebaut, eine Komponente zum Herstellen einer Internetverbindung steht ebenfalls zur Verfügung, in einigen Fällen auch ein DVD-Laufwerk zum Einlesen von Daten- oder Film-DVDs.

Als Eingabegerät – zur Eingabe von Daten – steht zum einen eine Tastatur zur Verfügung, die beim MacBook ebenfalls integriert ist und beim iMac mitgeliefert wird. Die Mac-Tastatur werden Sie auf den folgenden Seiten noch näher kennenlernen. Manchmal wird für die Tastatur der englische Begriff Keyboard (sprich: [kihboard]) verwendet.

*Die Tastatur ähnelt äußerlich einer Schreibmaschinentastatur; mit ihr lassen sich jedoch nicht nur Texte, sondern auch Befehle eingeben. (Quelle der Abbildung: Apple)*

Als weiteres wichtiges Eingabegerät dient entweder die Maus für den iMac oder das Trackpad (sprich: [träckpäd], englisch für »Spurfeld«), das in ein MacBook bereits integriert ist. Mithilfe der Maus lässt sich ein Mauszeiger über den Bildschirm bewegen. Wenn Sie den Mauszeiger auf ein Menü bewegen und mit der linken Maustaste klicken, wird das entsprechende Menü geöffnet. Das Trackpad erfüllt den gleichen Zweck, wobei Sie mit dem Finger über das Trackpad streichen und die Auswahl durch Tippen treffen. Sowohl Maus als auch Trackpad bieten noch weitere Funktionen, die ich Ihnen auf den folgenden Seiten ebenfalls noch näherbringen werde.

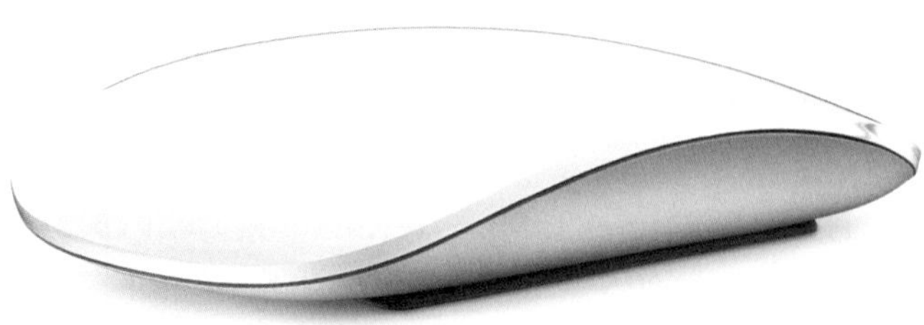

*Ein weiteres wichtiges Eingabegerät ist die Maus oder alternativ das Trackpad; die Abbildung zeigt eine Magic Mouse (sprich: [mädschik maus], »magische Maus«) von Apple. (Quelle der Abbildung: Apple)*

Neben diesen bereits integrierten oder mitgelieferten Geräten benötigen Sie für die alltägliche Computernutzung nur wenige Zusatzgeräte:

- Gerät für die Internetverbindung: Sie möchten mit Ihrem Mac sicherlich eine Internetverbindung herstellen. Zu diesem Zweck benötigen Sie ein sogenanntes Modem, mit dem die Internetverbindung entweder über das Telefonnetz, das TV-Kabel oder das Mobilfunknetz hergestellt wird. Viele Internetanbieter stellen ein entsprechendes Gerät kostenlos zur Verfügung, wenn Sie einen Vertrag für die Internetbelieferung abschließen. Meist ist das Modem in einen Router (sprich: [ruhter]) integriert, der die Internetverbindung automatisch herstellen und an mehrere Geräte verteilen kann. Fragen Sie bei Ihrem Telefon- oder Kabel-TV-Anbieter an und vergleichen Sie die Tarife!

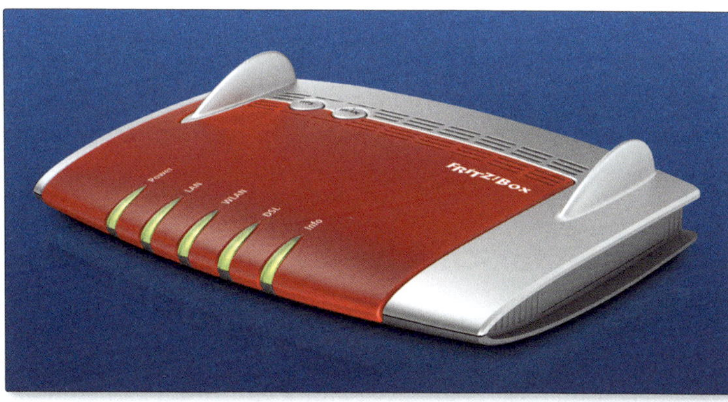


*So beispielsweise kann ein Gerät zum Herstellen der Internetverbindung aussehen; die Abbildung zeigt eine Fritz!Box. (Quelle der Abbildung: AVM)*

- Drucker: Das wichtigste Ausgabegerät neben dem Bildschirm ist der Drucker, mit dem Sie Dokumente, Webseiten, Bilder und andere Inhalte zu Papier bringen. Entscheiden Sie sich beim Kauf zwischen einem »Tintenstrahldrucker« und einem »Laserdrucker« – Erstere sind erschwinglicher und für den privaten Gebrauch ausreichend; achten Sie aber unbedingt darauf, dass nicht nur das Gerät günstig ist, sondern auch die regelmäßig benötigten Tintenpatronen!
- Scanner: Wenn Sie beispielsweise Ihre alten Fotos auf dem Computer archivieren möchten, benötigen Sie einen Scanner (sprich: [skänner]). Dieser tastet ein Foto oder ein Dokument Bildpunkt für Bildpunkt ab und überträgt die Farbinformationen an den Computer. Damit Sie nicht so viele

Geräte herumstehen haben, können Sie sich für ein Kombigerät entscheiden, das Drucker, Scanner und Kopiergerät in einem ist.

*Drucker, Scanner und Kopiergerät in einem: ein Kombigerät aus dem Hause HP (Quelle: HP)*

- Digitalkamera: Ein ebenfalls sehr nützliches Zusatzgerät ist die Digitalkamera, die Ihren alten Fotoapparat ersetzen kann. Mit ihr nehmen Sie Bilder in elektronischer Form auf. Anschließend übertragen Sie die Bilder auf Ihren Computer, um sie dort zu archivieren, zu bearbeiten oder an Andere zu senden.

Natürlich gibt es noch viele weitere spannende Geräte, die Sie sich im Laufe der Zeit anschaffen können, etwa ein Apple TV (sprich: [äppel tiwi]), mit dem Sie Filme, Musik und Fotos vom Mac oder aus dem Internet auf Ihren Fernseher übertragen.

## Die verschiedenen Anschlüsse auf einen Blick

Um die verschiedenen Geräte mit Ihrem Computer zu verbinden, stehen Ihnen dort entsprechende Anschlüsse zur Verfügung. Folgen Sie dabei den jeweils den Geräten beigelegten Bedienungsanleitungen. Ansonsten können Sie auch einfach ausprobieren, wo ein Stecker hineinpasst und wo nicht. Wenden Sie beim Verbinden eines Geräts aber niemals Gewalt an!

Der wichtigste Anschluss Ihres Macs ist der Stromanschluss. Er dient dazu, den Mac mit Strom zu versorgen bzw. einen entleerten Akku wieder aufzuladen.

*Diese Abbildung zeigt, wie ich meinen eigenen Mac mit dem Stromnetz verbinde.*

Die folgende Tabelle gibt Ihnen Aufschluss über weitere Anschlüsse:

| **Anschluss** | **Bedeutung** |
|---|---|
|  | Bei diesem Anschluss handelt es sich um den Kopfhöreranschluss. Sie können daran einen Kopfhörer, aber auch Lautsprecher oder andere Audiogeräte anschließen. |
|  | Dies ist ein Mikrofonanschluss. Sie können daran ein Mikrofon oder wiederum auch andere Audiogeräte anschließen. |
|  | Der USB-Anschluss dient zum Anschließen vieler Geräte, z. B. eines Druckers, eines Scanners, einer Digitalkamera oder praktischer Speichergeräte. |
|  | Dies ist ein FireWire-Anschluss (sprich: [faierwaier], übersetzt etwa »Feuerdraht«). Er kann als Alternative zum USB-Anschluss dienen, findet im Gegensatz zu diesem aber eher selten Anwendung. |
|  | Beim Thunderbolt-Anschluss (sprich: [θanderboult], »thunderbolt« ist das englische Wort für »Donnerkeil«) handelt es sich ebenfalls um eine Alternative zum USB-Anschluss. Er erlaubt eine besonders schnelle Datenübertragung. |
| 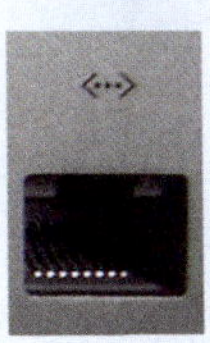 | Bei diesem Anschluss schließlich handelt es sich um den Netzwerkanschluss. Über ein Kabel kann eine Verbindung mit dem Internet oder mit anderen Computern hergestellt werden. Diese Verbindung kann aber auch drahtlos geschehen. |

Weitere Anschlüsse Ihres Macs sind rein äußerlich unsichtbar, nämlich der WLAN-Anschluss für die drahtlose Verbindung mit dem Internet oder mit anderen Computern sowie ein Bluetooth-Anschluss (sprich: [blutuhθ], englisch für »Blauzahn«), mit dem Sie beispielsweise die Maus und die Tastatur mit Ihrem Mac verbinden.

**Herr Peters empfiehlt**

Feuerdraht? Donnerkeil? Blauzahn? Wo sind Sie denn hier gelandet? Zugegeben, manche Begriffe und Abkürzungen im Zusammenhang mit dem Computer sind recht merkwürdig. Aber Sie werden sich schnell daran gewöhnen!

## Ihren Mac gekonnt bedienen

Sie brennen nun sicherlich darauf, Ihren Mac endlich einzuschalten und seine vielfältigen Funktionen kennenzulernen. Zum Einschalten drücken Sie einfach auf den Ein-/Ausschalter ⏻, der sich auf einem MacBook rechts oben und auf einem iMac hinten, links unten am Gerät befindet. Nach dem Einschalten wird das Betriebssystem geladen. Diesen Vorgang bezeichnet man auch als »Hochfahren«.

Wenn Sie einen iMac nutzen, müssen Sie auch die mitgelieferte Tastatur und die Maus zuerst einschalten. Legen Sie dazu die handelsüblichen Mignon-Batterien oder alternativ entsprechende Akkus ein. Die Mac-Tastatur schalten Sie dann durch Drücken des Ein-/Ausschalters an der rechten Seite hinten am Gerät ein. Der Ein-/Ausschalter der Maus befindet sich auf der Unterseite der Maus. Bewegen Sie die Maus am besten auf einem Mousepad (sprich: [mauspäd], Mausfeld), um bei der Nutzung nicht Ihren Schreibtisch zu zerkratzen. Mousepads gibt es z. B. im Schreibwarengeschäft.

*Ein-/Ausschalter rechts hinten an einer kabellosen Mac-Tastatur.*

*Ein-/Ausschalter unten an einer Magic Mouse.*

## Den Mac beim ersten Start einrichten

Auf Ihrem Mac steht ein Betriebssystem bereits zur Verfügung. Beim ersten Start werden Sie dazu aufgefordert, einige wichtige Angaben zu machen. Hierfür ist der Einsatz von Tastatur und Maus (bzw. Trackpad) erforderlich. Die Eingaben auf der Tastatur erfolgen ganz einfach wie auf einer mechanischen Schreibmaschine durch Eintippen der entsprechenden Zeichen.

Mit der Maus bewegen Sie den auf dem Bildschirm angezeigten Mauszeiger. Bewegen Sie die Maus etwas nach links, bewegt sich auch der Mauszeiger in diese Richtung. Bewegen Sie die Maus nach rechts, bewegt sich auch der Mauszeiger nach rechts usw. Auf einem Trackpad streichen Sie mit dem Finger in eine Richtung, um den Mauszeiger in die jeweilige Richtung zu bewegen. Um eine Auswahl zu treffen, klicken Sie links oben auf die Maus bzw. tippen Sie auf das Trackpad. Folgen Sie zum Einrichten Ihres Macs den Anweisungen Ihres Assistenten. Nehmen Sie sich dafür etwas Zeit!

### Land und Tastatur bestimmen

Zunächst mal werden Sie gefragt, in welchem Land Sie leben und welche Tastatur Sie verwenden möchten. Was das Land betrifft, treffen Sie Ihre Auswahl, je nachdem, ob Sie in Deutschland, in Österreich oder in der Schweiz leben. Die Tastaturauswahl richten Sie nach der Sprache aus, die Sie sprechen, also meistens Deutsch.

### Internetverbindung einrichten

Wenn Sie schon mit einem Internetanbieter einen Vertrag abgeschlossen haben, können Sie bereits eine Internetverbindung herstellen. Lassen Sie sich hierbei am besten von einem versierten Verwandten, Freund oder einem Techniker Ihres Internetanbieters unterstützen. Sie können die Internetverbindung ansonsten auch später noch einrichten, wenn Sie im Umgang mit Ihrem Mac etwas geübter sind.

### Daten von einem anderem Computer übertragen

Falls Sie bereits einen anderen Computer genutzt haben, bietet sich Ihnen außerdem die Möglichkeit, Ihre alten Daten vom anderen Computer zu übernehmen. Hierfür steht auf dem Mac ein sogenannter Migrationsassistent zur Verfügung, den Sie aber auch später noch beanspruchen können.

### Benutzerkonto anlegen

Das Anlegen eines Benutzerkontos ist in jedem Fall notwendig. Nur mit einem Benutzerkonto können Sie sich an Ihrem Mac anmelden und Ihre persönlichen Einstellungen speichern. Geben Sie Ihren Namen ein, wählen Sie einen beliebigen Benutzernamen und versehen Sie das Benutzerkonto mit einem Kennwort. Geben Sie zusätzlich eine Merkhilfe ein, falls Sie das Kennwort mal vergessen sollten. Noch besser: Notieren Sie das Kennwort auf einem Zettel, den Sie dann an einem sicheren Ort aufbewahren. Wählen Sie außerdem ein Bild für Ihr Benutzerkonto aus oder erstellen Sie mithilfe der eingebauten Kamera Ihres Macs einen Schnappschuss.

### Apple-ID eingeben

Ein weiteres wichtiges Konto ist die Apple-ID (sprich: [äppel ei-di]). Diese können Sie aber auch noch später anlegen, indem Sie auf *Später einrichten* klicken. Die Apple-ID ist gewissermaßen ein Internet-Benutzerkonto, das für verschiedene Internet-Dienste von Apple benötigt wird, beispielsweise um Programme oder andere Artikel in Apples eigenem Internet-Geschäft zu kaufen.

*Die Anmeldung mit einer Apple-ID kann sofort erfolgen oder erst später.*

### iCloud aktivieren

Der Dienst iCloud (sprich: [eiklaod]; »cloud« ist das englische Wort für Wolke) ist nur mit einer Apple-ID nutzbar. Er dient dem Speichern verschiedenster Daten im Internet, etwa um diese dort zu sichern oder mit anderen Geräten auszutauschen.

### Meinen Mac suchen

Auch für diese Funktion ist eine Anmeldung mit der Apple-ID erforderlich. Wenn Sie die Funktion akzeptieren, kann Apple Ihren Mac anhand von Internetverbindungen orten. Das kann für Sie etwa dann interessant sein, wenn Sie Ihr MacBook einmal versehentlich in einem Café liegen lassen.

*Apple kann Ihren Mac über Internetverbindungen orten – jedoch nur dann, wenn Sie dies gestatten!*

Nach dem Einrichten lässt sich Ihr Mac richtig verwenden. Melden Sie sich nach dem Einschalten Ihres iMacs oder MacBooks jeweils mit Ihrem Benutzernamen und Ihrem Kennwort an.

### Herr Peters empfiehlt

Sie werden gleich zu Beginn ganz schön gefordert! Doch können Sie beim Einrichten des Macs eigentlich keine Fehler machen. Ihre Eingaben lassen sich später jederzeit wieder ändern. Wichtig ist nach dem Einrichten lediglich, dass Sie über ein Benutzerkonto verfügen, mit dem Sie sich auf Ihrem Mac anmelden können.

## Nun machen Sie sich mit der Bedienoberfläche Ihres Macs vertraut

Nachdem Sie Ihren Mac eingerichtet bzw. sich auf Ihrem Mac angemeldet haben, wird auf dem Bildschirm die Bedienoberfläche des Mac-Betriebssystems dargestellt. Sie stellen fest, dass die Bedienoberfläche hauptsächlich aus einem großen Foto besteht. Dieses Foto ist der »Schreibtisch« Ihres Macs, auf dem Sie später verschiedene Elemente ablegen können.

Vielleicht erschrecken Sie ein wenig darüber, dass die Elemente auf dem Bildschirm recht klein dargestellt werden. Keine Bange: In Kapitel 2 zeige ich Ihnen noch ausführlich, wie Sie auch ohne Lupe oder Fernglas mit einem Mac arbeiten können.

Doch zurück zur Bedienoberfläche. Außer dem großen Foto sehen Sie auf dem Bildschirm unten eine Reihe von Symbolen. Hierbei handelt es sich um Programmsymbole, und die Leiste, in der sich die Programmsymbole befinden, bezeichnet man als »Dock«. Durch Anklicken eines Symbols wird das entsprechende Programm geöffnet. Die einzelnen Programme stelle ich Ihnen in diesem Buch selbstverständlich noch vor.

Ganz oben auf dem Bildschirm befindet sich eine Leiste. Sie enthält ganz links das kleine Apple-Logo, einen angebissenen Apfel . Wenn Sie dieses Logo anklicken, erhalten Sie in einem Menü Zugriff auf verschiedene Funktionen rund um das Betriebssystem, z. B. können Sie sich über Ihren Mac informieren oder den Computer ausschalten.

Rechts neben dem Apple-Logo wird ein Menü des gerade aktiven Programms angezeigt. Wenn kein anderes Programm geöffnet wurde, ist dies der Finder, mit dem Sie Zugriff auf Ihre gespeicherten Dokumente, Bilder usw. erhalten.

Ganz rechts in der Leiste oben finden Sie schließlich eine Reihe von Symbolen. Diese werden als Menulets (sprich: [menjulets]) bezeichnet. Sie bieten – wiederum durch Anklicken – den schnellen Zugriff auf bestimmte Funktionen. Klicken Sie die Menulets einmal an, um zu sehen, welche Funktionen sich dahinter verbergen.

*Die Bedienoberfläche Ihres Macs besteht aus nur wenigen Elementen.*

Die Mac-Bedienung ist wirklich denkbar einfach: Sie bewegen den Mauszeiger auf ein Element und klicken es zum Öffnen an. Elemente, die sich später auf dem Schreibtisch befinden, rufen Sie mit einem Doppelklick auf – durch zweimaliges Klicken schnell hintereinander. Elemente lassen sich außerdem durch Ziehen bei gedrückter Maustaste in eine andere Position bewegen, etwa die Programmsymbole im Dock.

Klicken Sie nun einmal auf das Apple-Logo ganz links oben auf der Bedienoberfläche. Sie öffnen damit das sogenannte Apfel-Menü. Bewegen Sie den Mauszeiger auf einen Menüeintrag und klicken Sie diesen wiederum an, um dem Computer den entsprechenden Befehl zu geben, z. B. *Ausschalten*.

*Menübefehle werden ganz einfach durch Anklicken ausgewählt.*

**Grundlagen**

Um eine Sitzung an Ihrem Mac zu beenden, klicken Sie im Apfel-Menü auf *Ausschalten* – Sie schalten damit das Gerät aus. Sollten Sie jedoch nur eine Pause machen wollen, um sich später erneut an den Computer zu setzen, wählen Sie im Apfel-Menü den Eintrag *Ruhezustand*. Im Ruhezustand schläft Ihr Mac sozusagen und er lässt sich mit einem Mausklick oder dem Drücken einer Taste sofort wieder aufwecken.

## Mit Fenstern umgehen lernen

Vergleichen Sie das Betriebssystem auf Ihrem Mac mit einem Sportstadion. Die Programme sind dann die Mannschaften, die dort einlaufen. Wenn Sie ein Programm auf Ihrem Mac öffnen, wird dieses in einem eigenen Fenster auf dem Schreibtisch angezeigt. Öffnen Sie mit mir gemeinsam ein Programmfenster, um zu verstehen, was ein Fenster ist und welche Fensterfunktionen sich Ihnen bieten. Bewegen Sie hierzu den Mauszeiger auf das Notizensymbol im Dock. Klicken Sie es an, um das entsprechende Programmfenster auf dem Schreibtisch zu öffnen.

*Wenn Sie den Mauszeiger auf ein Programmsymbol im Dock bewegen, wird Ihnen der Name des Programms angezeigt.*

Jedes Programm bietet unterschiedliche Funktionen. In diesem Fall sehen Sie beim Programm »Notizen« ein aus zwei Bereichen bestehendes, relativ kleines Programmfenster. Es zeigt links eine Notizenliste, rechts ein Notizblatt. Sicherlich ist es Ihrer Aufmerksamkeit auch nicht entgangen, dass sich gleichzeitig mit dem Öffnen des Programms das Menü in der Leiste oben geändert hat – dort wird nun ein Menü für das Programm Notizen angezeigt, in dem sich ganz verschiedene Programmfunktionen aufrufen lassen. Machen Sie sich bitte noch keine Gedanken über die Funktionen des Programms selbst. Alles zu seiner Zeit. Momentan geht es nur darum, den Umgang mit Programmfenstern zu erlernen. Und nochmals zur Erinnerung: Statt des Begriffs Programm können Sie auch das englische Kurzwort »App« verwenden, die Bedeutung ist die gleiche (der Begriff App ist übrigens die Kurzform des englischen Worts »application«, sprich: [äpplikeischen], das Anwendung bedeutet).

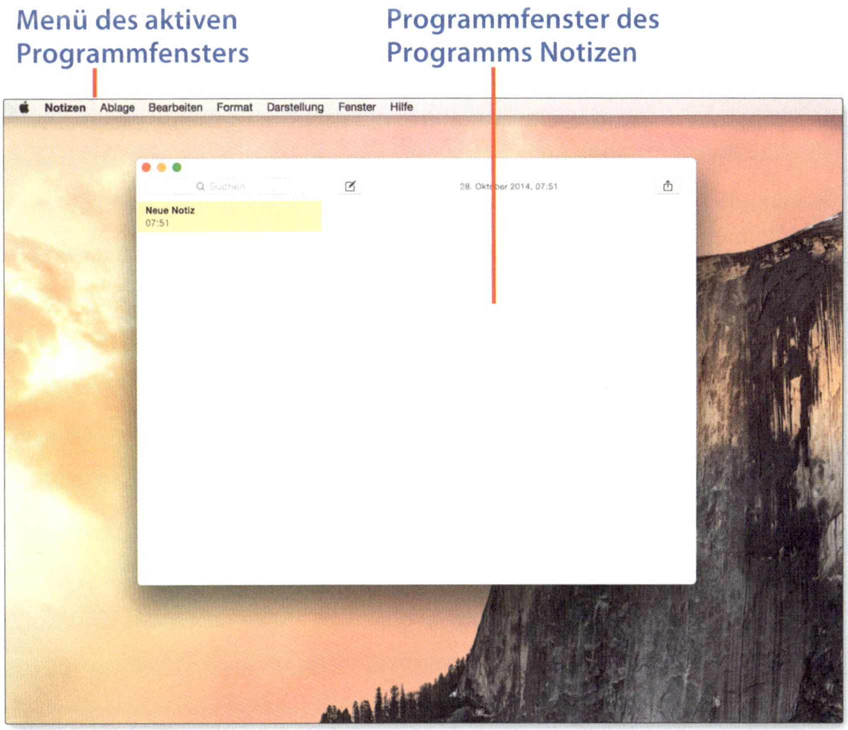


*Jedes Programmfenster sieht anders aus, aber eine Reihe von Fensterfunktionen sind allen gemeinsam.*

Falls Ihnen das Programmfenster zu klein ist, kein Problem! Es lässt sich vergrößern. Es lässt sich auch auf dem Schreibtisch verschieben. Und natürlich lässt es sich ausblenden oder wieder schließen. Hier wichtige Fensterfunktionen für Sie im Überblick:

- Verschieben eines Fensters: Um ein Fenster auf dem Schreibtisch an eine andere Stelle zu bewegen, klicken Sie mit der Maus in die Leiste oben in einem Programmfenster, links neben den drei bunten Punkten. Halten Sie die Maustaste gedrückt und ziehen Sie das Fenster in die gewünschte neue Position.

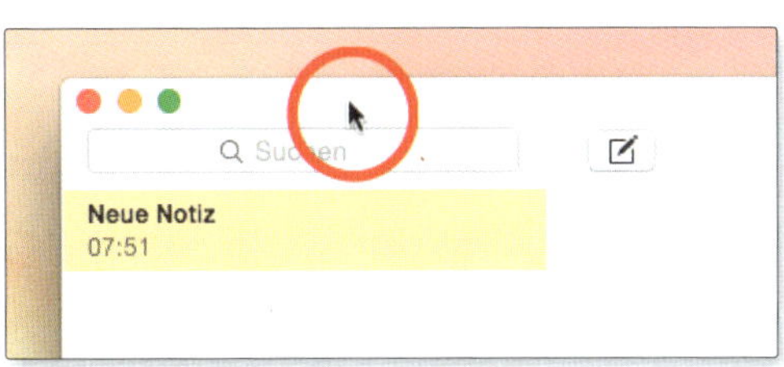


*Ein Programmfenster lässt sich mit der Maus bei gedrückter Maustaste in eine andere Position auf dem Schreibtisch ziehen.*

- Manuelles Vergrößern eines Fensters: Ein Fenster lässt sich mit der Maus auch an Ort und Stelle größer ziehen. Um dies zu bewerkstelligen, bewegen Sie den Mauszeiger an den Rand oder in eine Ecke des Fensters. Sobald sich der Mauszeiger in einen Doppelpfeil verwandelt, klicken Sie einmal mit der Maus und ziehen das Fenster wiederum bei gedrückter Maustaste größer. Auf die gleiche Weise lässt sich ein Programmfenster selbstverständlich auch verkleinern.
- Maximieren eines Fensters: Lernen Sie nun den ersten der drei bunten Punkte kennen, die Sie in einem Programmfenster finden. Klicken Sie auf den grünen Punkt , um ein Programmfenster automatisch zu maximieren, d. h. auf den gesamten Bildschirm auszudehnen. Um ein maximiertes Fenster wieder zu minimieren, bewegen Sie den Mauszeiger im maximierten Programm an den oberen Rand des Bildschirms. Klicken Sie erneut auf den nun eingeblendeten grünen Punkt.

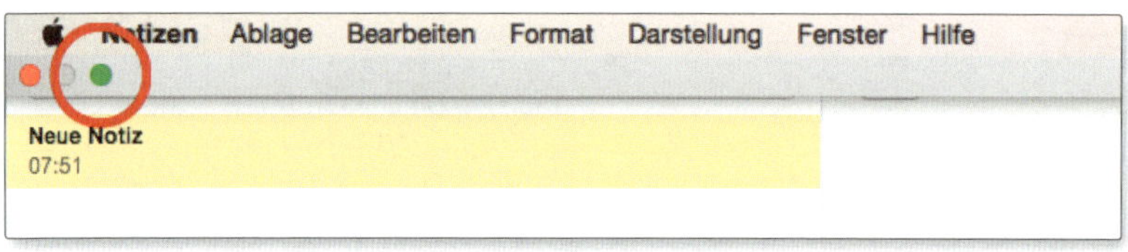


*Der grüne Punkt: Auf dem Mac wird damit ein Programmfenster maximiert bzw. wieder minimiert.*

- Ausblenden eines Fensters: Wenn Sie ein Programm momentan nicht benötigen, müssen Sie es nicht komplett schließen. Sie können es auch ausblenden, um es später per Mausklick erneut einblenden und weiterarbeiten zu können. Zum Ausblenden eines Programmfensters klicken Sie im Fenster auf den gelben Punkt . Das ausgeblendete Fenster wird im rechten Bereich des Docks abgelegt, also rechts neben den Programmsymbolen.

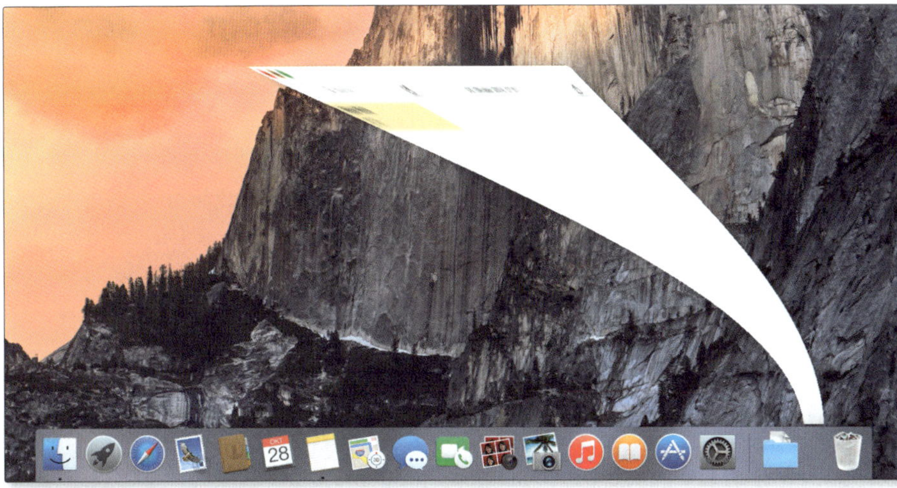

*Diese Abbildung zeigt, wie gerade ein Programmfenster ausgeblendet wird; es steht dann ein Symbol im rechten Bereich des Docks zur Verfügung.*

- Schließen eines Fensters: Um ein Fenster zu schließen, klicken Sie auf den roten Punkt ●. Häufig wird beim Schließen eines Programmfensters auch das jeweilige Programm beendet. Dies ist jedoch nicht immer der Fall. Um ein Programm in jedem Fall zu beenden, klicken Sie in der jeweiligen Menüleiste den Programmnamen an. Im sich öffnenden Menü klicken Sie dann auf den untersten Eintrag, z. B. *Notizen beenden.*

**Power User**

Sie möchten wissen, welche Programme auf dem Mac geöffnet sind? Werfen Sie dazu einen Blick auf das Dock. Unterhalb der geöffneten Programme wird ein Punkt angezeigt. Alternativ klicken Sie auf das Apple-Symbol ganz links oben auf dem Bildschirm . Im sich öffnenden Menü wählen Sie den Eintrag *Sofort beenden,* um ein Fenster aufzurufen, in dem die aktuell geöffneten Programme angezeigt werden – diese lassen sich direkt in dem Fenster beenden.

Nehmen Sie sich ruhig etwas Zeit, um die hier gezeigten Fensterfunktionen in aller Ruhe und ganz in Ihrem eigenen Tempo einzuüben. Sie werden Ihnen schnell in Fleisch und Blut übergehen. Wenn Sie die Menüs und die Fenster beherrschen, dann beherrschen Sie den gesamten Computer! Übrigens ist nicht jede Fensterfunktion bei jedem Programmfenster verfügbar.

## Umgang mit mehreren geöffneten Programmen

Der Vorteil der Programmfenster besteht darin, dass mehrere Programme gleichzeitig geöffnet und genutzt werden können. Für eine schnelle Auswahl bei mehreren geöffneten Programmen steht auf Ihrem Mac die Mission Control (sprich: [mischen kontroul], übersetzt etwa »Aufgabenkontrolle«) zur Verfügung. Blenden Sie die Mission Control ein, indem Sie auf Ihrem Mac – je nach verwendeter Tastatur bzw. Tastatureinstellung – entweder die Taste [F3] oder gleichzeitig die Tasten [fn]+[F3] drücken. Die Auswahl eines Programmfensters erfolgt per Mausklick darauf.

*Die Mission Control hilft Ihnen dabei, mehrere Programmfenster zu verwalten und eine schnelle Auswahl zu treffen.*

### Power User

Das kann später mal für Sie interessant werden: In der Mission Control lassen sich weitere Schreibtische anlegen. Bewegen Sie dazu den Mauszeiger in der Mission Control nach rechts oben auf dem Bildschirm. Es wird ein entsprechendes Symbol eingeblendet, das Sie anklicken, um den neuen Schreibtisch zu erstellen. Durch Anklicken in der Mission Control wählen Sie einen Schreibtisch aus.

## Ein kleiner Programmüberblick

Nachdem Sie den Umgang mit Programmfenstern auf Ihrem Mac erlernt haben, ist es für Sie jetzt natürlich interessant, welche Programme bereits zur Verfügung stehen. Nur ein Teil der Programme wird im Dock angezeigt. Eine vollständige Übersicht erhalten Sie im Launchpad (sprich: [londschpäd], übersetzt etwa »Startfeld«), das Sie per Mausklick auf das Raketensymbol im Dock öffnen.

*Während im Dock nur eine Auswahl von Programmsymbolen zur Verfügung steht, erhalten Sie im Launchpad eine vollständige Übersicht über die auf Ihrem Mac zur Verfügung stehenden Programme.*

Begnügen Sie sich im Augenblick mit den Programmen, die im Dock zur Verfügung stehen. Die folgende Tabelle gibt Ihnen einen kleinen Überblick:

| Symbol | Bedeutung |
|---|---|
|  | Programmname: Finder. Der Finder läuft auf Ihrem Mac ständig und er kann nicht beendet werden. Mit diesem Programm erhalten Sie Zugriff auf die Dokumente, Fotos usw., die Sie auf Ihrem Mac gespeichert haben. |
|  | Programmname: Launchpad. Wie soeben bereits erfahren, erhalten Sie im Launchpad Zugriff über die auf Ihrem Mac verfügbaren Programme. |
|  | Programmname: Safari. Das Programm Safari ist ein sogenannter Browser (sprich: [brauser]). Es dient zum Aufrufen von Webseiten im Internet. Diesem Thema widmet sich noch ausführlich das Kapitel 3 dieses Buches. |
|  | Programmname: Mail (sprich: [meihl], englisch für Post). Mit diesem Programm senden und empfangen Sie elektronische Post. Selbst bis ans andere Ende der Welt dauert der Versand nur wenige Sekunden. Auch zu diesem Thema mehr in Kapitel 3. |
|  | Programmname: Kontakte. Wie der Name schon verrät, werden mit diesem Programm Kontakte, also Adressen von Freunden, Verwandten usw., verwaltet. Über dieses Programm und weitere wichtige Programme informiere ich Sie in Kapitel 4. |
|  | Programmname: Kalender. Alle Ihre Termine gekonnt verwalten und an die Geburtstage von Kindern und Enkeln rechtzeitig erinnert werden – hierzu dient das Kalenderprogramm auf Ihrem Mac. |
|  | Programmname: Notizen. Mit diesem Programm haben Sie im Zusammenhang mit den Fensterfunktionen bereits kurz Bekanntschaft geschlossen. Es handelt sich schlicht um einen elektronischen Notizblock. |
|  | Programmname: Nachrichten. Als Alternative zur elektronischen Post lassen sich mit diesem Programm kürzere Nachrichten mit anderen Nutzern des Programms austauschen. Das Austauschen kurzer Nachrichten in Echtzeit bezeichnet man übrigens auch als Chatten (sprich: [tschätten], englisch für Plaudern). |

→

| Symbol | Bedeutung |
| --- | --- |
|  | Programmname: Karten. Dieses Programm dient dazu, Karten oder Satellitenaufnahmen aus aller Welt anzuzeigen. Auch Ihre Reiserouten für die nächste Urlaubsfahrt lassen sich damit planen. |
|  | Programmname: FaceTime (sprich: [feihstaim], übersetzt etwa »Gesichtzeit«). Dieses Programm ermöglicht es Ihnen, mit anderen Nutzern des Programms zu telefonieren – auch mit Videoübertragung. |
|  | Programmname: Photo Booth (sprich: [foto buhθ], »booth« ist das englische Wort für Kabine). Mit diesem Programm lassen sich lustige Fotos und auch Videos aufnehmen und mit verschiedenen Effekten versehen. |
|  | Programmname: iPhoto (sprich: [eifoto]). Dieses Programm dient der Verwaltung und Bearbeitung Ihrer Bilder auf dem Mac. Es wurde angekündigt, dass es Anfang 2015 durch ein alternatives Programm ersetzt werden soll. |
|  | Programmname: iTunes (sprich: [eitjuns], »tune« ist ein englisches Wort für Lied). Mit iTunes können Sie zum einen Musik, Filme und Serien über das Internet einkaufen. Zum anderen lassen sich Musik, Filme und Serien mit dem Programm auch verwalten und wiedergeben. Wenn Sie zusätzlich ein mobiles Gerät wie das iPad verwenden, dient iTunes außerdem dem Datenaustausch zwischen dem Mac und dem mobilen Gerät. |
|  | Programmname: iBooks (sprich: [eibucks], »book« ist das englische Wort für Buch). Verwenden Sie dieses Programm, um auf Ihrem Mac elektronische Bücher einzukaufen und zu lesen. |
|  | Programmname: App Store (sprich: [äpp stoa]). Wenn Ihnen die bereits verfügbaren Programme nicht reichen, kaufen Sie im App Store weitere Programme für Ihren Mac ein. Wie das geht, zeige ich Ihnen noch ausführlich in Kapitel 4. |
|  | Programmname: Systemeinstellungen. In den Systemeinstellungen nehmen Sie ganz verschiedene Einstellungen rund um den Mac vor, z.B. um bestimmte Funktionen Ihrer Maus zu aktivieren. Besonders wichtige Einstellungen werden Sie in diesem Buch noch kennenlernen. |

Ebenfalls sehr wichtig ist der Papierkorb, den Sie im rechten Bereich des Docks finden. Ziehen Sie Elemente, die Sie löschen möchten, bei gedrückter Maustaste auf den Papierkorb. Die Elemente befinden sich daraufhin darin. Um den Papierkorb zu leeren, also gewissermaßen die Müllabfuhr kommen zu lassen, klicken Sie auf das Symbol, um ihn zu öffnen. Wählen Sie dann *Entleeren*.

*Der Papierkorb ganz rechts im Dock dient dem Löschen von Elementen.*

**Herr Peters empfiehlt**

Die Tabelle soll Ihnen lediglich einen ersten Überblick geben. Selbstverständlich müssen Sie zum jetzigen Zeitpunkt noch nicht die verschiedenen Programmfunktionen kennen. Das kommt später! Übrigens ist das Dock nicht in Stein gemeißelt. Es lassen sich einzelne Symbole aus dem Dock entfernen, indem Sie diese bei gedrückter Maustaste in den oberen Bereich des Schreibtischs ziehen. Symbole lassen sich hinzufügen, indem Sie ein Symbol bei gedrückter Maustaste ins Dock ziehen. Programme lassen sich im Dock umsortieren, indem Sie ein Symbol bei gedrückter Maustaste in eine andere Position des Docks ziehen. Schließlich können sich die Symbole in neuen Versionen des Mac-Betriebssystems komplett verändern. Fest versprochen: Nach dem Durcharbeiten dieses Buches werden Sie mit solcherlei Veränderungen mühelos zurechtkommen.

## Ein Überblick über wichtige Menulets

Werfen Sie als Nächstes noch einen ausführlicheren Blick auf die Menulets, die rechts oben auf Ihrem Mac dargestellt werden. Wie bereits erwähnt, dienen sie dem schnellen Zugriff auf verschiedene Funktionen. Menulets lassen sich manuell hinzufügen oder entfernen, oft werden sie von Programmen aber auch automatisch hinzugefügt. Hier stelle ich Ihnen einige besonders wichtige Menulets vor:

- ☰: Wenn Sie dieses Symbol ganz rechts oben auf dem Bildschirm anklicken, wird rechts auf dem Bildschirm eine Mitteilungszentrale eingeblendet, in der Sie z. B. eine Wetterprognose erhalten, über anstehende Termine informiert werden oder erhaltene Mitteilungen lesen. Um die Mitteilungszentrale wieder auszublenden, klicken Sie einfach erneut auf das Symbol.

*Die Mitteilungszentrale wird rechts auf dem Bildschirm eingeblendet und zeigt Ihnen aktuelle Informationen an.*

### Tipp

Klicken Sie unten in der Mitteilungszentrale auf *Bearbeiten,* um Miniprogramme wie einen kleinen Rechner in die Mitteilungszentrale zu integrieren.

- Q: Sie suchen auf Ihrem Mac nach einem ganz bestimmten Element? Klicken Sie auf das Lupensymbol, um ein Suchfenster zu öffnen. Tippen Sie einfach einen Suchbegriff ein, um verschiedene Quellen danach zu durchsuchen. Öffnen Sie ein gefundenes Element per Mausklick darauf. Die Suchfunktion auf Ihrem Mac wird übrigens als »Spotlight-Suche« bezeichnet (sprich: [spottlait], spotlight ist das englische Wort für Suchscheinwerfer).

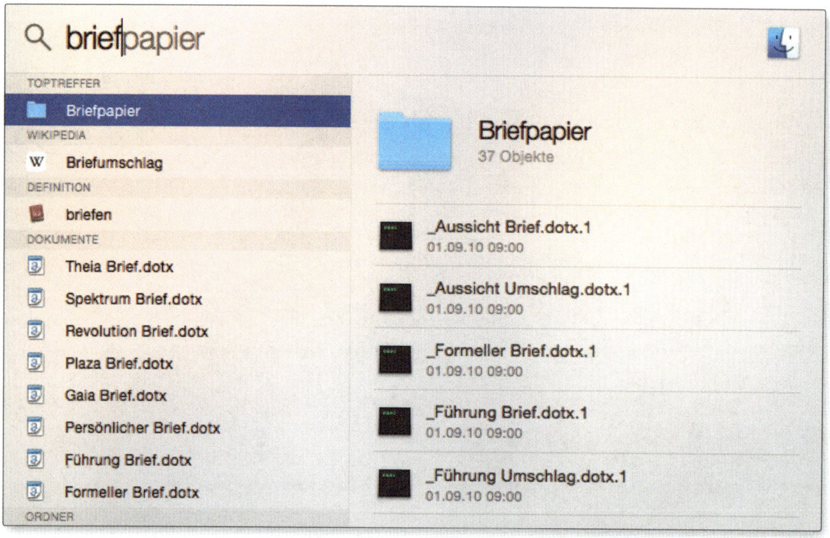


*Bereits während der Eingabe des Suchbegriffs wird eine Suche auf dem Mac, aber auch im Internet gestartet.*

- : Wenn Sie dieses Symbol anklicken, erhalten Sie einen Lautstärkeregler, um die Lautstärke Ihres Macs zu regulieren. Die Lautstärke lässt sich auch mit der Taste [F11] bzw. [fn] + [F11] reduzieren und mit der Taste [F12] bzw. [fn] + [F12] wieder erhöhen; mit der Taste [F10] bzw. [fn] + [F10] erfolgt eine Stummschaltung.
- : Auf dieses Symbol klicken Sie, wenn Sie eine drahtlose Verbindung, eine WLAN-Verbindung, herstellen möchten bzw. wenn Sie drahtlose Verbindungen deaktivieren möchten. Diese Art der drahtlosen Verbindung dient dem Herstellen von Netzwerken, etwa mit dem Internet oder mit anderen Computern im Haus.
- : Auch unter diesem Symbol finden Sie drahtlose Verbindungen, nämlich die Bluetooth-Verbindungen. Wie schon an anderer Stelle erwähnt, dient diese Art der drahtlosen Verbindung dazu, eine Verbindung mit Geräten wie einer Magic Mouse oder einer Mac-Tastatur herzustellen.

Dieser kleine Überblick ist nicht vollständig, aber er soll an dieser Stelle genügen, um Sie nicht über Gebühr zu verwirren. Ein nicht benötigtes Standard-Menulet lässt sich übrigens schnell entfernen, indem Sie auf der Mac-Tastatur die [cmd]-Taste [⌘] gedrückt halten und das Menulet dann bei gedrückter Maustaste auf den Schreibtisch ziehen.

# Maus und Tastatur gekonnt bedienen

Den Mauszeiger auf ein Element bewegen und einen Mausklick durchführen – das dürfte Ihnen nun keine Schwierigkeiten mehr bereiten. Aber Sie haben es sich sicherlich bereits gedacht: Ihr Mac bzw. eine Magic Mouse, ein Trackpad oder eine Mac-Tastatur bieten noch weitere Funktionen. Lassen Sie mich Ihnen zunächst die Tastatur, im Anschluss daran dann die Maus und das Trackpad näher vorstellen.

## Die Tastatur fest im Griff

Die Tastatur Ihres Macs haben Sie bereits bei der Inbetriebnahme des Geräts verwendet. Das dürfte Ihnen keine Schwierigkeiten bereitet haben, denn eine Vielzahl der auf der Mac-Tastatur verfügbaren Tasten kennen Sie bereits von einer mechanischen Schreibmaschine her. Jedoch gibt es auch einige besondere Tasten, von denen ich Ihnen die wichtigsten in der folgenden Tabelle vorstellen werde.

| Taste | Bedeutung |
|---|---|
| 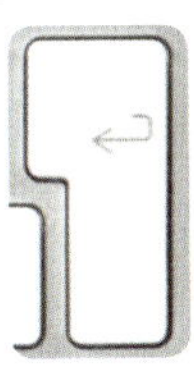 | Bei dieser Taste handelt es sich um die Eingabe-Taste [↩]. Sie dient dazu, einen Befehl zur Ausführung zu bringen. Beispielsweise in einem Textverarbeitungsprogramm erzeugen Sie durch Drücken dieser Taste einen Absatz. |
|   | Mit der [cmd]-Taste [⌘] rufen Sie – in Kombination mit weiteren Tasten – viele Funktionen auf Ihrem Mac auf. Die Taste hat ihren Namen vom englischen Wort *command*, das »Befehl« bedeutet. Die Taste wird auch als »Befehls-« oder »Apfel-Taste« bezeichnet. |
|   | Die [alt]-Taste [⌥] dient dem Aufrufen zusätzlicher Optionen, beispielsweise auf der Tastatur. Die Abkürzung alt steht für *alternate* (sprich: [olternet]), das englische Wort für verändern. Diese Taste wird auch als »Options-« oder »Wahl-Taste« bezeichnet. |
| 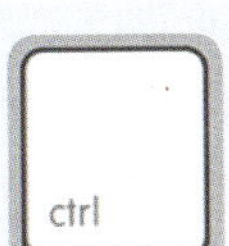  | Auch die [ctrl]-Taste [ctrl] dient dem Aufrufen zusätzlicher Optionen. Die Abkürzung ctrl steht für *control* (sprich: [kontroul]), in diesem Fall das englische Wort für steuern. |

→

| **Taste** | **Bedeutung** |
|---|---|
|  | Die [fn]-Taste [fn] verändert die Funktion einzelner Tasten. Die Abkürzung fn steht für *function* (sprich: [fanktschen]), das englische Wort für Funktion. Diese Taste ist auf kompakten Tastaturen zu finden, bei denen Tasten, um Platz zu sparen, mehrfach belegt wurden. |
|  | Die Umschalt-Taste [⇧] kennen Sie von der Schreibmaschine her. Auf dem Mac dient sie jedoch nicht nur dem Umschalten zwischen Groß- und Kleinschreibung, sondern auch der Nutzung in verschiedenen Tastenkombinationen. Die englische Bezeichnung für diese Taste lautet *shift* (sprich: [schift]). |
|  | Mithilfe der [esc]-Taste [esc] können in vielen Fällen ungewünschte Prozesse beendet werden. Sie finden diese Taste links oben auf der Mac-Tastatur. Die Abkürzung esc steht für *escape* (sprich: [iskeip]), das englische Wort für entkommen. |
|  | Rufen Sie auf einer Mac-Tastatur durch Drücken von [F3] bzw. [fn] + [F3] die bereits bekannte Mission Control auf. |
|  | Rufen Sie auf einer Mac-Tastatur durch Drücken von [F4] bzw. [fn] + [F4] das bereits bekannte Launchpad auf. |
|  | Die Delete-Taste [←] dient dem Löschen von Inhalten – das englische Wort *delete* (sprich: [diliht]) bedeutet so viel wie annullieren. Zum Löschen markierter Elemente auf dem Schreibtisch oder im Programm Finder drücken Sie die Delete-Taste [←] zusammen mit der [cmd]-Taste [⌘]. |
|  | Unter der [L]-Taste verbirgt sich auf einer Mac-Tastatur ein besonderes Zeichen, nämlich das @-Zeichen (sprich: [ätt]). Drücken Sie die Tasten [alt ⌥] + [L], um dieses Zeichen zu erzeugen. Sie benötigen es insbesondere für die Eingabe von Adressen der elektronischen Post. |

In diesem Buch wird Ihnen jeweils gesagt, welche Taste Sie wann drücken müssen. Natürlich kann es anfangs sein, dass Sie manchmal etwas suchen müssen, doch das wird sich schnell geben, je öfter Sie Ihren Mac verwenden.

## Mit einer Magic Mouse perfekt umgehen

Bei einem iMac ist sie bereits im Lieferumfang enthalten: die Magic Mouse. Sie kann weitaus mehr, als lediglich den Mauszeiger über den Bildschirm zu bewegen und Elemente per Mausklick zu öffnen oder bei gedrückter Maustaste zu verschieben. Lernen Sie noch weitere wichtige Funktionen der Magic Mouse kennen:

- Rechtsklick: Auch wenn man sie nicht sieht – Ihre Magic Mouse verfügt über eine rechte Maustaste. Diese funktioniert allerdings nur dann, wenn in den Systemeinstellungen unter der Kategorie *Maus* die Option *Sekundärklick* aktiviert ist. Ist diese Option nicht aktiviert, müssen Sie ein Element entweder länger oder bei gedrückter ctrl-Taste anklicken, um einen Rechtsklick zu bewirken. Der Rechtsklick dient insbesondere dazu, ein Kontextmenü mit Optionen zum angeklickten Element aufzurufen. Versuchen Sie das probehalber mal mit einem Rechtsklick auf ein Programmsymbol im Dock.

*Per Rechtsklick auf ein Element wird ein Kontextmenü zum angeklickten Element angezeigt.*

- Nach oben bzw. unten streichen: Bewegen Sie die Inhalte in verschiedenen Programmfenstern nach oben bzw. nach unten, indem Sie auf der Magic Mouse mit einem Finger in die entsprechende Richtung streichen.
- Nach links bzw. rechts streichen: Streichen Sie mit dem Finger nach links bzw. nach rechts, um die Fensterinhalte in die entsprechende Richtung zu bewegen oder aber durch die Fensterinhalte zu blättern.

- Mit zwei Fingern nach links bzw. rechts streichen: Wenn Sie die horizontale Streichbewegung mit zwei Fingern ausführen, blättern Sie zwischen mehreren Schreibtischen bzw. maximierten Programmfenstern.

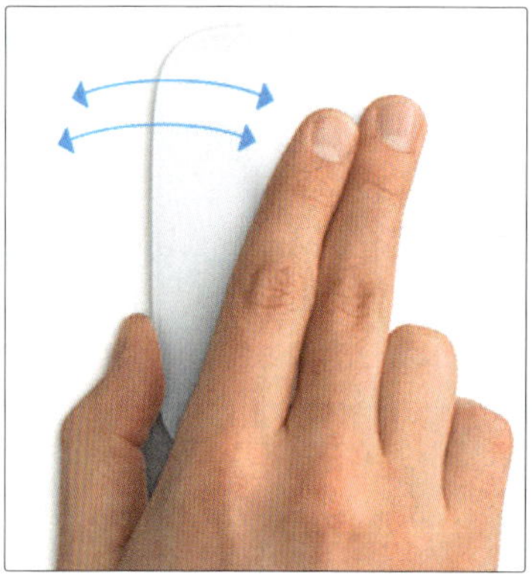

*Die Gesten werden auf der Oberfläche der Magic Mouse ausgeführt – diese erkennt, ob Sie einen oder zwei Finger verwenden. (Quelle der Abbildung: Apple.com)*

- Auf die Magic Mouse doppeltippen: Tippen (nicht klicken!) Sie mit einem Finger zweimal schnell hintereinander auf die Magic Mouse, um die Inhalte in manchen Programmfenstern zu vergrößern bzw. wieder zu verkleinern, beispielsweise Webseiten im Programm Safari.
- Auf die Magic Mouse mit zwei Fingern doppeltippen: Tippen (nicht klicken!) Sie mit zwei Fingern zweimal schnell hintereinander auf die Magic Mouse, um die Mission Control aufzurufen.

**Tipp**

Sie können sich die verschiedenen Gesten der Magic Mouse in kurzen Videos ansehen. Diese erhalten Sie folgendermaßen: Klicken Sie im Dock auf das Symbol für die Systemeinstellungen. Entscheiden Sie sich in den Systemeinstellungen für die Kategorie *Maus*. Klicken Sie nun eine der Gesten an, um sich das zugehörige Kurzvideo anzusehen. Das Gleiche gilt übrigens auch für das Trackpad, dessen außergewöhnliche Funktionen ich Ihnen gleich im Anschluss vorstelle.

→

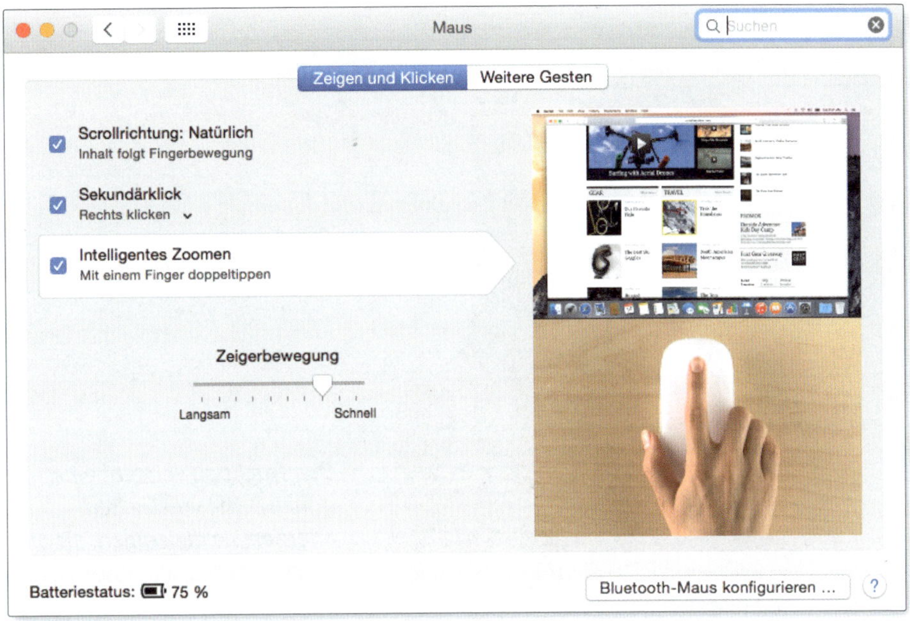


*In den Systemeinstellungen können Sie sich die verschiedenen Mausgesten in Kurzvideos vorführen lassen.*

## Noch mehr Bedienfunktionen mit einem Trackpad erhalten

In diesem Buch schreibe ich »Mausklick«, auch wenn mir natürlich klar ist, dass viele Nutzer ein Trackpad verwenden werden – und dort wird nicht geklickt, sondern getippt. Hier der Überblick über weitere wichtige Funktionen des Trackpads:

- Rechtsklick: Sofern der Rechtsklick aktiviert ist, klicken Sie auf dem Trackpad in die rechte obere Ecke, um einen Rechtsklick auszuführen, etwa um ein Kontextmenü aufzurufen.
- Mit zwei Fingern nach oben bzw. unten streichen: Bewegen Sie die Inhalte in verschiedenen Programmfenstern nach oben bzw. nach unten, indem Sie auf dem Trackpad mit zwei Fingern in die entsprechende Richtung streichen.
- Mit zwei Fingern nach links bzw. nach rechts streichen: Streichen Sie mit zwei Fingern nach links bzw. nach rechts, um die Fensterinhalte in die entsprechende Richtung zu bewegen oder aber durch die Fensterinhalte zu blättern.

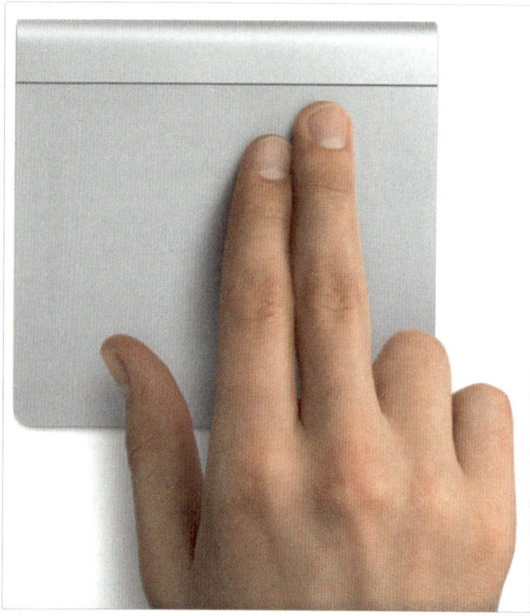

*Das Trackpad versteht eine ganze Reihe von Gesten – erlernen Sie diejenigen, die Sie im Mac-Alltag gut gebrauchen können.*

- Mit drei Fingern nach links bzw. rechts streichen: Wenn Sie die horizontale Streichbewegung auf dem Trackpad mit drei Fingern ausführen, blättern Sie zwischen mehreren Schreibtischen bzw. maximierten Programmfenstern.
- Mit zwei Fingern doppeltippen: Tippen Sie mit zwei Fingern zweimal schnell hintereinander auf die Magic Mouse, um die Inhalte in manchen Programmfenstern zu vergrößern bzw. wieder zu verkleinern, beispielsweise Webseiten im Programm Safari.
- Mit drei Fingern auf ein Wort tippen: Wort nachschlagen.
- Mit drei Fingern ziehen: Element verschieben.
- Mit drei Fingern nach oben streichen: Mission Control aufrufen.
- Mit drei Fingern nach unten streichen: Alle geöffneten Fenster eines Programms anzeigen.
- Daumen und Zeigefinger auseinander bewegen: Die Inhalte in einigen Programmfenstern vergrößern (bzw. durch zueinander Bewegen wieder verkleinern).
- Drei Finger und Daumen zueinander bewegen: Launchpad aufrufen.
- Drei Finger und Daumen auseinander bewegen: Schreibtisch anzeigen.
- Mit zwei Fingern vom rechten Rand zur Mitte streichen: Die Mitteilungszentrale einblenden.
- Daumen und Zeigefinger drehen: Ein Bild drehen.

Auch die Funktionen von Magic Mouse oder Trackpad können sich bei einem neuen Mac-Betriebssystem unter Umständen etwas verändern. Falls eine Geste nicht mehr funktionieren sollte, werfen Sie einfach einen Blick in die Systemeinstellungen unter *Maus* bzw. *Trackpad*.

**Herr Peters empfiehlt**

Falls Ihnen der Umgang mit Magic Mouse oder Trackpad zu kompliziert sein sollte, können Sie auch einfach eine herkömmliche Maus verwenden, wie sie für wenige Euro in jedem Elektronikfachmarkt erhältlich ist. Diese bietet dann zwar nur die Basisfunktionen (Mauszeiger bewegen, Mausklick usw.), aber Ihr Mac lässt sich dennoch weiterhin in vollem Umfang nutzen.

# Die Bedienoberfläche einrichten

Lernen Sie jetzt die Systemeinstellungen besser kennen, um einige nützliche Einstellungen vorzunehmen. Diese Einstellungen sind kein Muss, sondern richten sich ganz nach Ihren individuellen Bedürfnissen. Entscheiden Sie selbst, welche Einstellungen Sie durchführen möchten und welche nicht.

## Die Mausgeschwindigkeit einstellen

Falls Sie das Gefühl haben, dass sich der Mauszeiger zu langsam oder zu rasch über den Bildschirm bewegt, passen Sie die Mausgeschwindigkeit an. Das lässt sich mit ganz wenigen einfachen Handgriffen bewerkstelligen:

1. Klicken Sie im Dock auf das Symbol für die Systemeinstellungen. (Sie finden einen Eintrag *Systemeinstellungen* alternativ auch im Menü, das Sie per Mausklick auf das Apple-Symbol  ganz links oben auf dem Bildschirm aufrufen.)

2. Das Fenster *Systemeinstellungen* wird auf dem Schreibtisch geöffnet, und es wird Ihnen eine Vielfalt an Kategorien angeboten. Sie entscheiden sich, wieder per Mausklick, für die Kategorie *Maus* (bzw. als Trackpad-Nutzer für die Kategorie *Trackpad*).

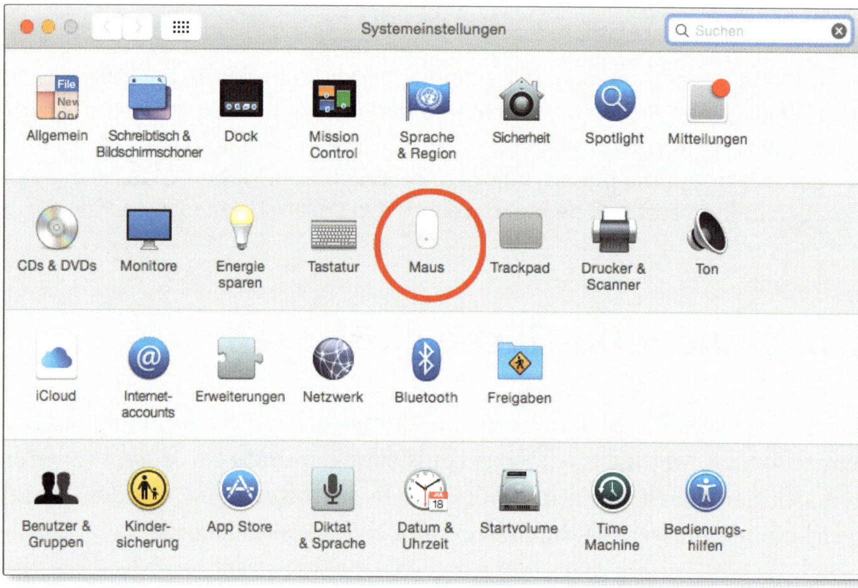


3. In der Kategorie *Maus* finden Sie nun einen Schieberegler namens *Zeigebewegung*. Klicken Sie auf den Regler und ziehen Sie ihn bei gedrückter Maustaste nach links, um die Mausgeschwindigkeit zu verlangsamen, bzw. nach rechts, um die Mausgeschwindigkeit zu beschleunigen. Schließen Sie das Fenster *Systemeinstellungen* anschließend per Mausklick auf den roten Punkt links oben im Fenster.

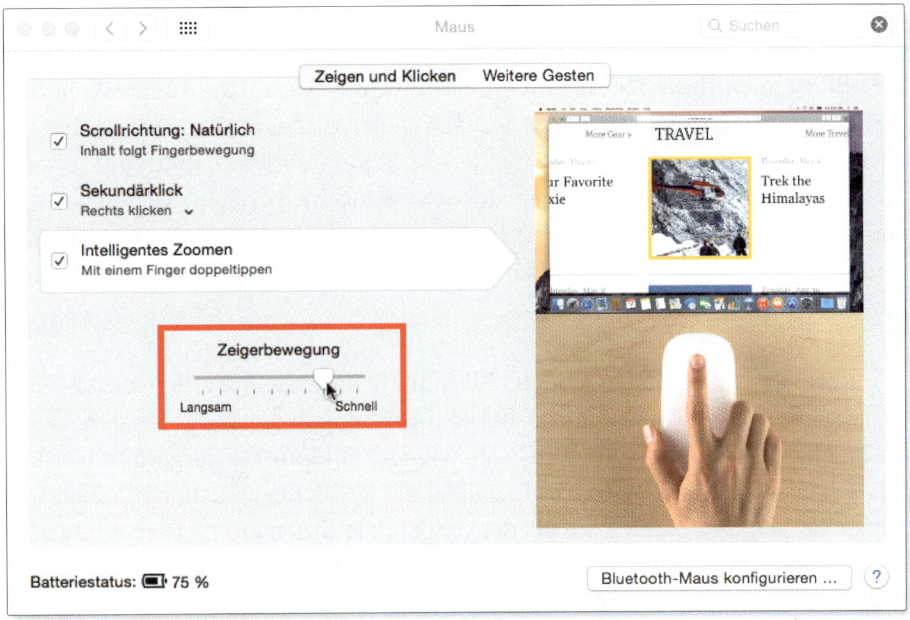


Das ist doch kein Hexenwerk, nicht wahr? Nehmen Sie weitere Einstellungen zur Maus gerne auf eigene Faust vor, indem Sie beispielsweise – per Mausklick – die oben genannte Option *Sekundärklick* aktivieren, um die Rechtsklickfunktion nutzen zu können. Natürlich können Sie auch nicht benötigte Funktionen – immer per Mausklick – deaktivieren, um diese nicht versehentlich zu verwenden. Sie können da gar nichts falsch machen, da sich jede von Ihnen getätigte Einstellung auch wieder zurücknehmen lässt!

Auch verschiedene Einstellungen zur Tastatur nehmen Sie auf eigene Faust vor. Wählen Sie dazu in den Systemeinstellungen die Kategorie Tastatur. Hier lässt sich etwa die Belegung der Funktionstasten (F1, F2, F3, F4 usw.) auf Ihrer Mac-Tastatur dergestalt ändern, dass Sie z. B. zum Aufrufen der Mission Control nicht mehr die Tasten [fn]+[F3] zusammen, sondern nur noch [F3] drücken müssen.

## Die Inhalte auf dem Bildschirm größer darstellen

Der Bildschirm Ihres Macs kann eine bestimmte Anzahl an Bildpunkten darstellen, die auch »Pixel« genannt werden. Jeder Bildpunkt beinhaltet eine bestimmte Farbinformation, und aus den Millionen einzelner Bildpunkte setzt sich das Bild zusammen, das Sie auf dem Bildschirm sehen. Wie viele Bildpunkte in der Waagerechten und in der Senkrechten dargestellt werden können, legen Sie selbst fest. Man spricht in diesem Zusammenhang vom »Einstellen der Bildschirmauflösung«.

Die Regel dazu ist einfach: Je mehr Bildpunkte dargestellt werden, desto mehr Inhalte können zur gleichen Zeit auf dem Bildschirm angezeigt werden, desto kleiner erscheinen diese aber auch. Je weniger Bildpunkte dargestellt werden, desto weniger Inhalte sehen Sie – aber dafür größer. Versuchen Sie mehrere Einstellungen und bleiben Sie bei derjenigen, die Ihnen am meisten zusagt. So leicht lässt sich die Bildschirmauflösung auf Ihrem Mac verändern:

1. Öffnen Sie erneut die Systemeinstellungen.
2. Wählen Sie im Fenster *Systemeinstellungen* diesmal die Kategorie *Monitore* (Sie erinnern sich: Monitor ist nur ein anderes Wort für Bildschirm).

3. Im nächsten Schritt aktivieren Sie im Abschnitt *Auflösung* die Option *Skaliert*, um ein Menü mit den zur Verfügung stehenden Bildschirmauflösungen einzublenden.

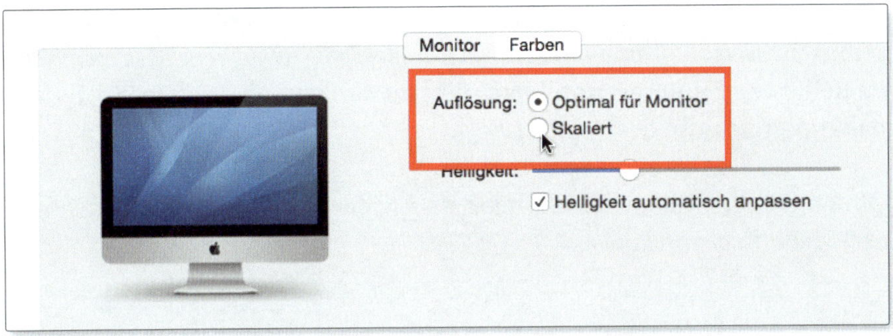


4. Hier habe ich die kleinstmögliche Bildschirmauflösung gewählt, in diesem Fall *1280 x 720*. Diese Angabe bedeutet, dass in der Waagerechten 1280 Bildpunkte und in der Senkrechten 720 Bildpunkte dargestellt werden. Sie stellen fest, dass das Fenster Systemeinstellungen bei dieser Bildschirmauflösung deutlich größer angezeigt wird als bei der höchstmöglichen Bildschirmauflösung.

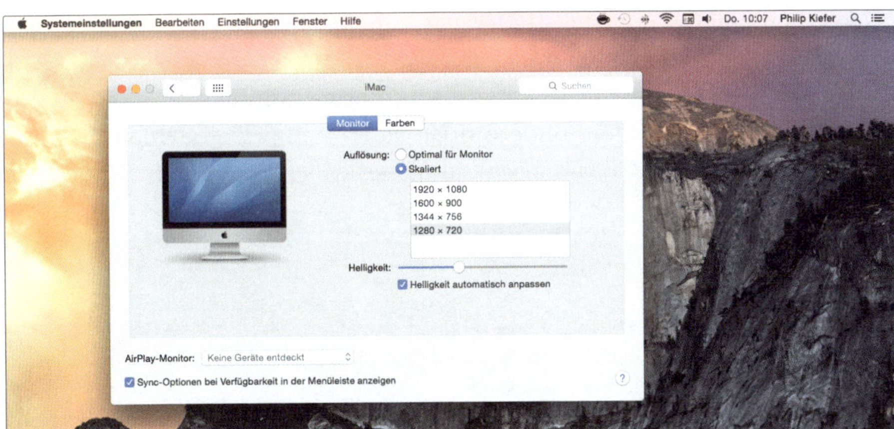


Auch diese Systemeinstellung wird Ihnen keinerlei Schwierigkeiten bereiten. Sie können Ihre Einstellungen nachträglich jederzeit wieder verändern.

## Ein anderes Hintergrundbild für den Schreibtisch wählen

Natürlich lassen sich auf dem Mac nicht nur nützliche Einstellungen vornehmen, sondern auch solche Einstellungen, die einfach nur die Arbeit am Mac verschönern. Dazu gehört auch die Auswahl eines Hintergrundbildes für den Schreibtisch, das ganz Ihrem Geschmack entspricht. Auf Ihrem Mac steht eine ganze Reihe von Hintergrundbildern zur Auswahl zur Verfügung. So ändern Sie das Hintergrundbild:

1. Öffnen Sie die Systemeinstellungen und wählen Sie die Kategorie *Schreibtisch & Bildschirmschoner*.

2. Sie erhalten eine Übersicht über die verfügbaren Hintergrundbilder. Rechts neben den Bildern blenden Sie mit der Maus einen Rollbalken (auch »Bildlaufleiste« genannt) ein, den Sie nach unten bewegen, um sich auch die weiter unten aufgeführten Bilder anzusehen. Im Bereich links haben Sie die Möglichkeit, auch einen anderen Bilderordner auszuwählen – so können Sie später auch eigene Fotos als Hintergrundbilder für den Schreibtisch einsetzen. (Weitere Bilderordner lassen sich per [+]-Symbol hinzufügen, doch das ist für Sie noch Zukunftsmusik.)

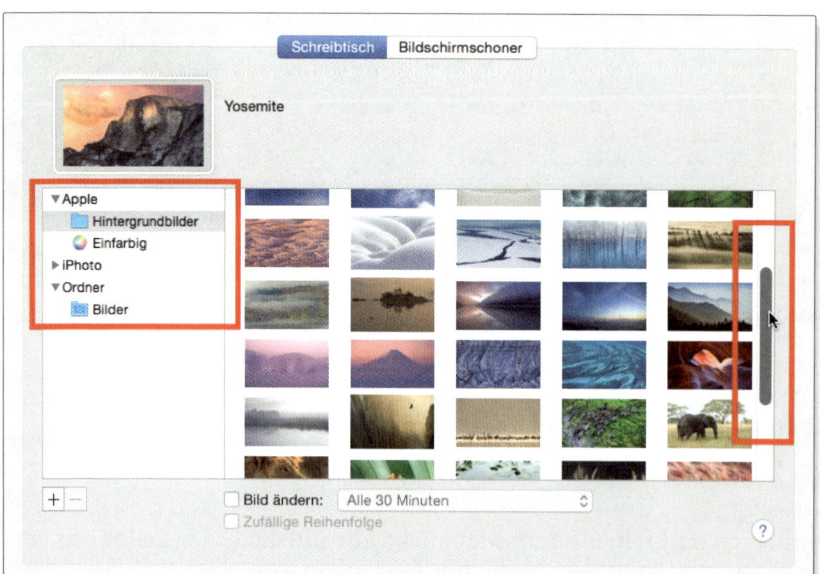

3. Klicken Sie ein Bild an, das Ihnen zusagt. Hier wähle ich ein Motiv mit Mohnblumen.

4. Das neue Hintergrundbild wird auf dem Schreibtisch prompt übernommen, und Sie können das Fenster *Systemeinstellungen* per Klick auf den roten Punkt ● wieder schließen oder Sie wechseln per Mausklick auf *Alle einblenden* oben im Fenster zurück zur Kategorienauswahl.

## Power User

Schon gesehen? Unterhalb der Auswahl an Hintergrundbildern finden Sie die Option *Bild ändern*. Wenn Sie diese Option aktivieren, veranlassen Sie Ihren Mac, das Hintergrundbild auf dem Schreibtisch in einem von Ihnen gewählten Intervall automatisch zu ändern. Es kommen dabei die Bilder aus dem geöffneten Bilderordner zum Einsatz.

## Aktive Ecken verwenden

Eine etwas versteckte Einstellung, die ich Ihnen ebenfalls empfehlen kann, sind die »aktiven Ecken«. Damit rufen Sie bequem für Sie wichtige Funktionen auf, indem Sie einfach den Mauszeiger in eine bestimmte Ecke des Bildschirms bewegen. Wichtig: Der Mauszeiger muss dabei tatsächlich in die jeweilige Ecke bewegt werden – nicht nur an die Ecke heran! Und so lassen sich die aktiven Ecken einrichten:

1. Wählen Sie in den Systemeinstellungen erneut die Kategorie *Schreibtisch & Bildschirmschoner*.
2. Wählen Sie oben im Fenster *Bildschirmschoner* und klicken Sie dann unten auf die Schaltfläche *Aktive Ecken*.

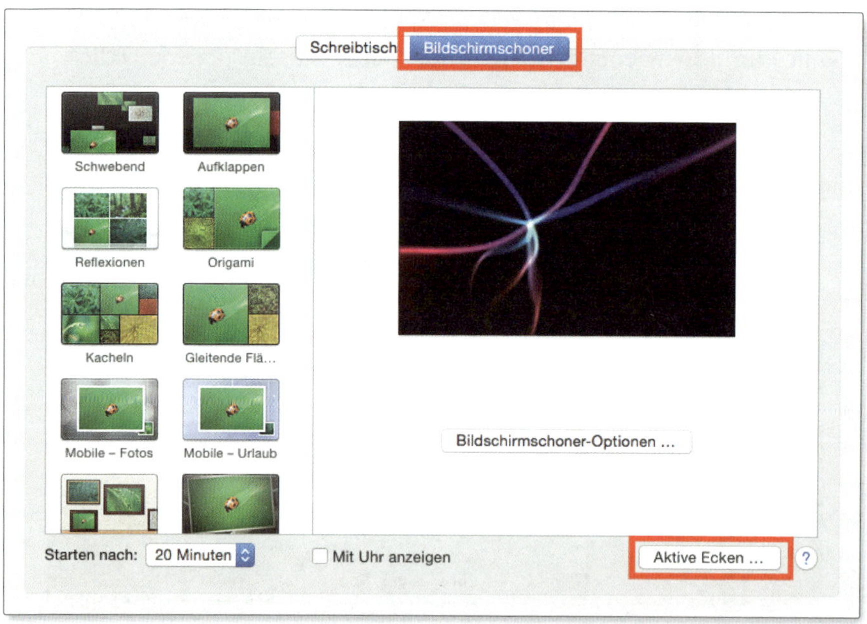


3. Wählen Sie nun in den einzelnen Menüs für jede Ecke eine von Ihnen häufig genutzte Funktion aus. Bestätigen Sie Ihre Auswahl abschließend mit *OK*.

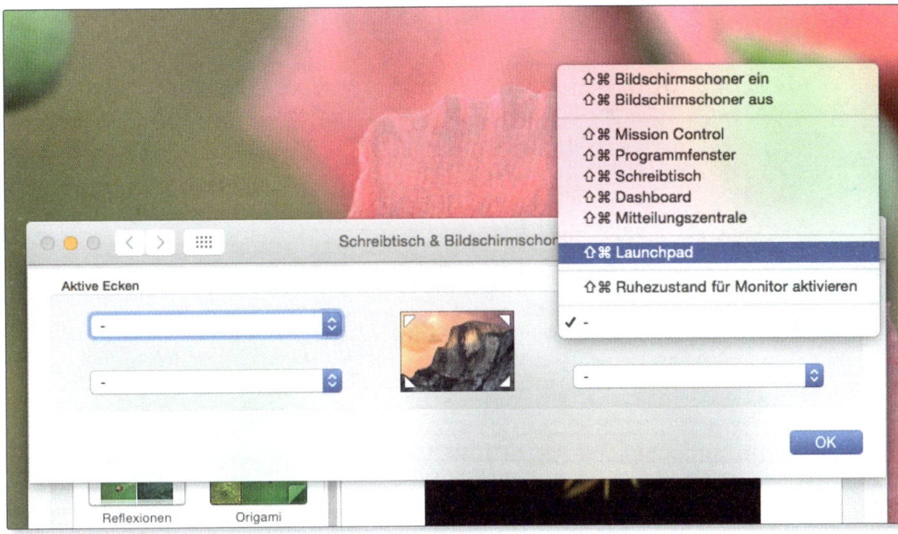


Ab sofort wird die entsprechende Funktion aufgerufen, wenn Sie den Mauszeiger in eine Ecke bewegen.

**Tipp**

Auf die Auswahl eines Bildschirmschoners können Sie getrost verzichten, da Sie den Mac in der Regel in den Ruhezustand versetzen, um Strom zu sparen. Während ein Bildschirmschoner früher tatsächlich den Bildschirm schonte, dient er auf modernen Bildschirmen nur noch zur Zierde.

## Das Dock für Sie ideal einrichten

Sie wissen bereits, dass das Dock ein wichtiges Element der Mac-Bedienoberfläche ist, da Sie hier schnell und einfach auf die von Ihnen am meisten genutzten Programme zugreifen. Wie bereits erwähnt, lassen sich dem Dock weitere Programmsymbole hinzufügen, indem Sie diese einfach aus dem Launchpad in das Dock ziehen. In den Systemeinstellungen finden Sie weitere Optionen zum Einrichten des Docks – entscheiden Sie sich dazu für die Kategorie *Dock*. Dies sind Ihre Optionen:

- *Größe*: Wenn Sie sich größere Programmsymbole im Dock wünschen, klicken Sie auf den Schieberegler im Abschnitt *Größe* und ziehen diesen bei gedrückter Maustaste nach rechts; zum Verkleinern nach links.

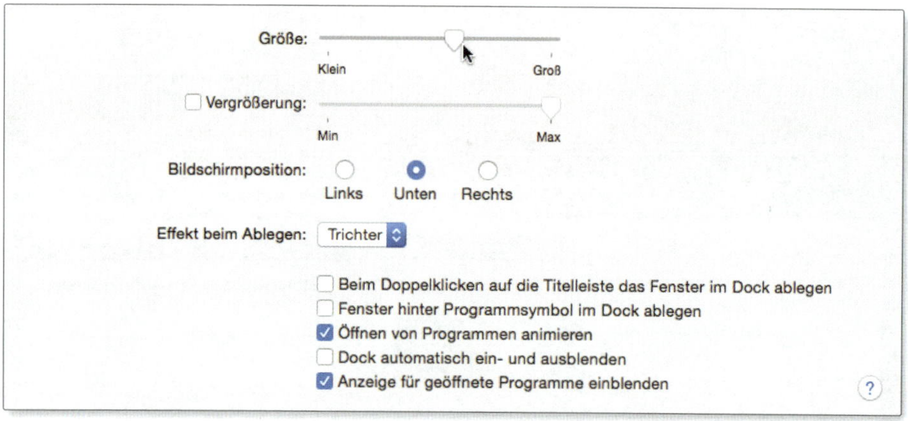


*Die Systemeinstellungen für das Dock – hier vergrößere ich beispielsweise die im Dock dargestellten Programmsymbole.*

- *Vergrößerung*: Aktivieren Sie die Option *Vergrößerung*, um die Programmsymbole im Dock vergrößert darzustellen, wenn Sie den Mauszeiger darüber bewegen.
- *Bildschirmposition*: Normalerweise wird das Dock unten auf dem Bildschirm angezeigt. Per Option *Links* bzw. *Rechts* im Abschnitt *Bildschirmposition* können Sie es jedoch auch links bzw. rechts auf dem Bildschirm anzeigen lassen.
- *Effekt beim Ablegen*: Wenn Sie ein Programmfenster per Mausklick auf den gelben Punkt ins Dock minimieren, wird ein Effekt angezeigt, den Sie im Abschnitt *Effekt beim Ablegen* auswählen.
- *Beim Doppelklicken auf die Titelleiste das Fenster im Dock ablegen*: Aktivieren Sie diese Option, wenn das Minimieren eines Programmfensters ins Dock nicht nur per Mausklick auf den gelben Punkt erfolgen soll, sondern auch wenn in die Titelleiste eines Programmfensters geklickt wird.
- *Fenster hinter Programmsymbol im Dock ablegen*: Ein minimiertes Programmfenster wird standardmäßig im rechten Bereich des Docks abgelegt; wenn Sie diese Option aktivieren, erfolgt die Ablage jedoch hinter dem Programmsymbol im linken Bereich des Docks.
- *Öffnen von Programmen animieren*: Sie haben sicherlich bereits bemerkt, dass ein Programmsymbol im Dock eine Hüpfbewegung macht, wenn Sie es anklicken. Falls Sie dies nicht wünschen, deaktivieren Sie diese Option.
- *Dock automatisch ein- und ausblenden*: Das Dock ist ständig sichtbar, und das ist in den meisten Fällen gut so. Wenn Sie diese Option aktivieren, wird

das Dock aber automatisch ausgeblendet, wenn Sie es gerade nicht benötigen. Um es einzublenden, bewegen Sie einfach den Mauszeiger an den unteren Bildschirmrand (bzw. an den linken oder rechten Rand, falls Sie das Dock anders platziert haben).

- *Anzeige für geöffnete Programme einblenden*: Bei geöffneten Programmen wird unterhalb des Programmsymbols im Dock ein Punkt angezeigt. Auch diese Option lässt sich deaktivieren.

**Grundlagen**

Rechts oben im Fenster *Systemeinstellungen* finden Sie ein eingebautes Suchfeld. Wenn Sie einmal nicht wissen, unter welcher Kategorie sich eine bestimmte Funktion verbirgt, geben Sie einen passenden Suchbegriff ein, z. B. *Dock,* um einen Überblick über die verfügbaren Einstellungen zu erhalten und die gewünschte in einer Art Menü auswählen zu können.

## Texte und Symbole auf dem Schreibtisch vergrößern

Nicht nur in den Systemeinstellungen lassen sich Einstellungen vornehmen. Zum Einrichten der Text- und Symbolgröße auf dem Schreibtisch nehmen Sie die Einstellungen direkt auf dem Schreibtisch vor, und zwar folgendermaßen:

1. Klicken Sie bei gedrückter [ctrl]-Taste bzw. mit der rechten Maustaste auf eine freie Fläche des Schreibtischs.
2. Im sich öffnenden Kontextmenü wählen Sie per Mausklick den Eintrag *Darstellungsoptionen einblenden*.

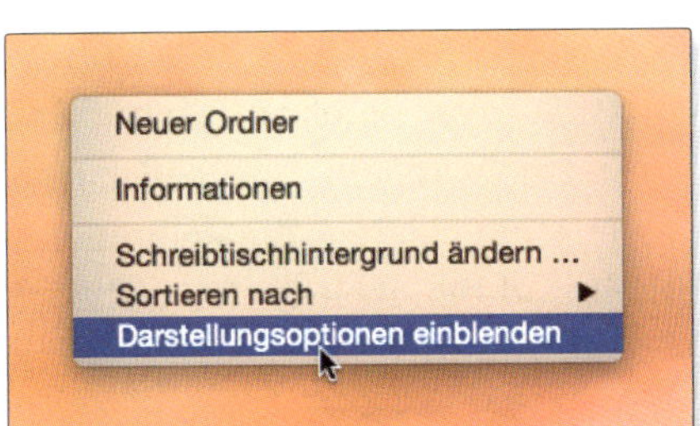


3. Im folgenden Fenster nehmen Sie die gewünschten Einstellungen vor. Zum Vergrößern der Symbole ziehen Sie den Schieberegler *Symbolgröße* bei

gedrückter Maustaste nach rechts. Die *Textgröße* (die Beschriftungen der Symbole betreffend) bestimmen Sie im gleichlautenden Menü.

**Herr Peters empfiehlt**

Machen Sie Ihren Mac zu Ihrem Mac! So wie Sie zu Hause Ihre Räume individuell und nach Ihrem eigenen Geschmack einrichten, so richten Sie auch die Bedienoberfläche Ihres Macs ganz nach den eigenen Wünschen ein. Dadurch macht nicht nur das Arbeiten am Computer noch mehr Spaß – beim Einrichten üben Sie gleichzeitig die Grundfunktionen der Computernutzung ein.

# Sicherheitseinstellungen und Benutzerkonten

Als erfahrener Mensch legen Sie großen Wert auf Sicherheit – besonders im Zusammenhang mit Computern kann man nur sagen: zu Recht! Denn da drohen einige Gefahren. Die gute Nachricht lautet, dass Ihr Mac nicht sehr anfällig ist für Sicherheitsprobleme. Er ist außerdem mit allen wirklich notwendigen Schutzprogrammen bereits ausgestattet. Wenn mehrere Benutzer den Mac verwenden, lässt sich durch Benutzerkonten regeln, dass jeder nur auf seine eigenen Daten zugreifen darf und alle seine eigenen Einstellungen speichern kann. Die Einstellungen zu Sicherheit und Benutzerkonten stelle ich Ihnen im Folgenden vor.

## Das Zugangspasswort regelmäßig ändern

Bereits bei der Inbetriebnahme Ihres Macs haben Sie ein Benutzerkonto angelegt und Sie haben dieses mit einem Kennwort, einem Passwort, versehen. Ein Passwort sollte grundsätzlich regelmäßig geändert werden, um Ihren Mac bestmöglich zu schützen. So gehen Sie zum Ändern Ihres Zugangspassworts vor:

1. Entscheiden Sie sich in den Systemeinstellungen für die Kategorie *Sicherheit*.
2. Klicken Sie unter *Allgemein* auf die Schaltfläche *Passwort ändern*.

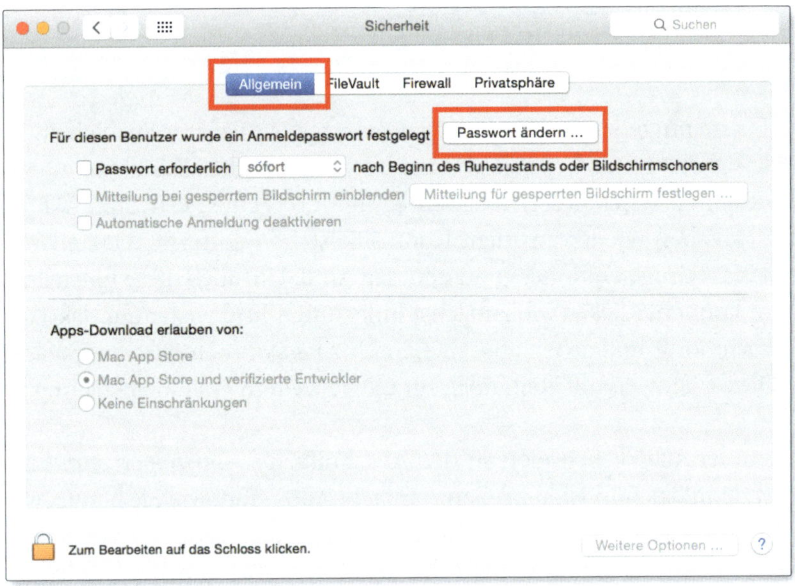


3. Geben Sie in das Feld *Altes Passwort* Ihr bisheriges Passwort ein. Klicken Sie dann in das Feld *Neues Passwort* und geben Sie das gewünschte neue Passwort ein. Wiederholen Sie die Eingabe im Feld *Bestätigen*. In das Feld *Merkhilfe* geben Sie eine kleine Erinnerungshilfe ein, falls Sie das Passwort doch mal vergessen sollten. Bestätigen Sie die Änderung mit einem Mausklick auf die Schaltfläche *Passwort ändern*.

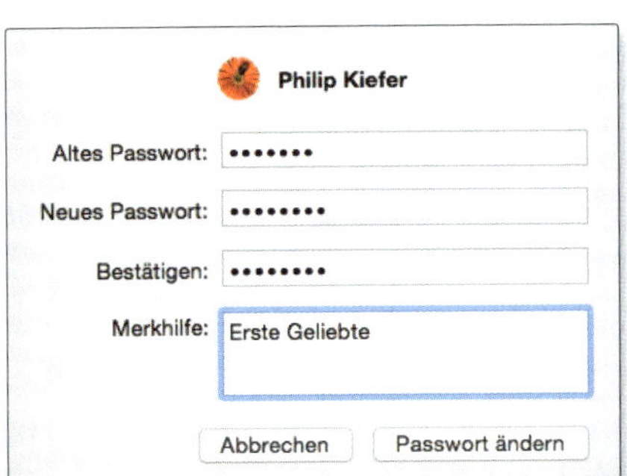

**Power User**

Sichere Passwörter bestehen nicht nur aus Buchstaben (und schon gar nicht aus Eigennamen!), sondern aus einer willkürlichen Folge von Groß- und Kleinbuchstaben, Ziffern sowie Sonderzeichen. Besonders bei Passwörtern, die Sie später im Internet verwenden, gilt es, das zu beachten! Das gewählte Passwort sollten Sie außerdem nicht mehrfach verwenden, sondern sich stets neue Passwörter ausdenken – und merken!

Weitere Einstellungen zum Passwort nehmen Sie im Fenster aus Schritt 2 per Kontrollkästchen vor. So bezeichnet man ein quadratisches Kästchen, in das per Mausklick ein Häkchen gesetzt werden kann; durch einen erneuten Mausklick wird das Häkchen wieder aus dem Kontrollkästchen entfernt. Sie stellen allerdings fest, dass einige Optionen grau unterlegt sind. Um auch diese Einstellungen ändern zu können, klicken Sie zunächst links unten im Fenster auf das Vorhängeschlosssymbol und geben anschließend Ihr Passwort ein, um das Schloss zu öffnen. Dieser Hinweis gilt auch noch für einige weitere Systemeinstellungen.

Ebenfalls unter *Allgemein* finden Sie den Abschnitt *Apps-Download erlauben von*. Was heißt denn das nun wieder? Ganz einfach: Apps sind, wie Sie bereits wissen, Programme. »Download« (sprich: [daunloud]) ist das englische Wort für Herunterladen. Die Einstellung betrifft das Herunterladen von Programmen aus dem Internet auf Ihren Computer. In der Standard-Einstellung wird dies auf sichere Anbieter beschränkt. Diese Einstellung belassen Sie am besten so, wie sie ist.

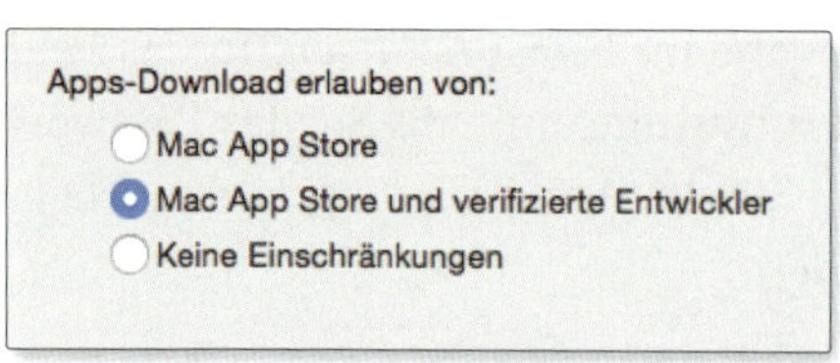


*Ihr Mac sorgt dafür, dass Sie schädliche Programme erst gar nicht auf den Computer bringen können.*

## Möchten Sie Ihre Daten verschlüsseln?

Eine weitere Sicherheitseinstellung finden Sie in den Systemeinstellungen unter *Sicherheit*, indem Sie auf *FileVault* klicken. FileVault (sprich: [failwot], übersetzt bedeutet das etwa »Aktenkuppel«), ist eine Methode, mit der Sie Ihre Daten verschlüsseln können. Das bietet zusätzlichen Schutz gegen unerwünschte Zugriffe, ist aber wirklich nur dann notwendig, wenn Sie sehr sensible Daten auf dem Computer speichern und wenn Sie Ihren Computer mit nach draußen nehmen. Aber aufgepasst: Wenn Sie FileVault aktivieren und die Daten verschlüsseln, dürfen Sie das Passwort oder den mitgeteilten Wiederherstellungsschlüssel nicht vergessen – auf die Daten kann ansonsten nicht mehr zugegriffen werden. Wenn Sie FileVault nutzen möchten, klicken Sie auf die Schaltfläche *FileVault aktivieren*, um einen Assistenten zu öffnen, der Sie durch den Verschlüsselungsvorgang führt.

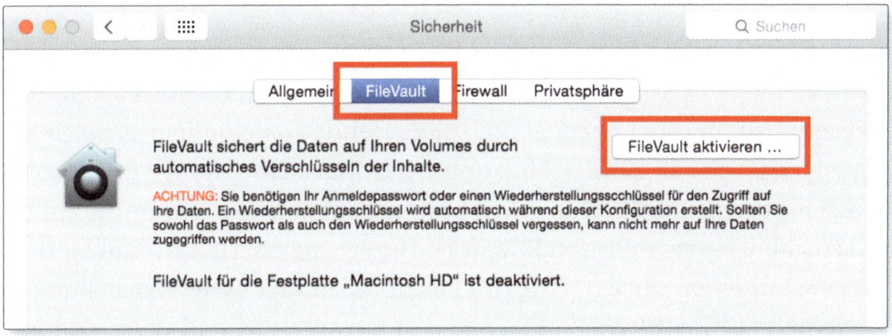


*Die Datenverschlüsselung à la James Bond ist nur in Ausnahmefällen bei sehr sensiblen Daten erforderlich.*

## So schützt sich Ihr Mac gegen Angriffe von außen

Um Ihre Daten gegen Angriffe von außen – insbesondere aus dem Internet – zu schützen, verfügt Ihr Mac über eine Firewall (sprich: [faierwol], übersetzt etwa »Feuermauer«). Diese sorgt dafür, dass die Eingänge Ihres Computers gegen unerwünschte Zugriffe abgesichert werden. Die Firewall sollte in jedem Fall aktiviert sein. Prüfen Sie dies in den Systemeinstellungen unter *Sicherheit*, indem Sie sich für *Firewall* entscheiden. Um eine ausgeschaltete Firewall einzuschalten, klicken Sie auf die Schaltfläche *Firewall aktivieren*.

*Die Firewall sollte auf Ihrem Mac in jedem Fall aktiviert sein. Sie ist eine Art Pförtner, der die Eingänge Ihres Computers überwacht und beschützt.*

Unter der Schaltfläche *Firewall-Optionen* können Sie anschließend noch genauer festlegen, welche Programme Daten von außen empfangen dürfen und welche nicht. Gestatten Sie dies nur Programmen von Herstellern, denen Sie absolut vertrauen!

## Bestimmen Sie, welche Programme auf welche Daten zugreifen dürfen

Während junge Menschen ihre Daten oft recht sorglos im Internet veröffentlichen, wissen ältere Menschen um die Bedeutung des Datenschutzes, und das nicht erst seit dem jüngsten Skandal um spionierende Geheimdienste. Seien Sie sich bewusst, dass Apple bei der Nutzung eines Macs eine Menge über Sie erfährt. Doch Sie können immerhin selbst bestimmen, welche Programme auf besonders sensible Daten wie Ihren Standort, Ihre gespeicherten Kontakte, Ihre Termine usw. zugreifen dürfen. Hierzu klicken Sie in den Systemeinstellungen unter *Sicherheit* auf *Privatsphäre*. Entscheiden Sie anschließend unter den einzelnen Kategorien, ob Sie Daten an ein Programm freigeben wollen oder nicht – Sie werden auch bei der jeweiligen Programmnutzung danach gefragt. Hier lassen sich die Einstellungen jederzeit ändern. Dies geschieht per Kontrollkästchen.

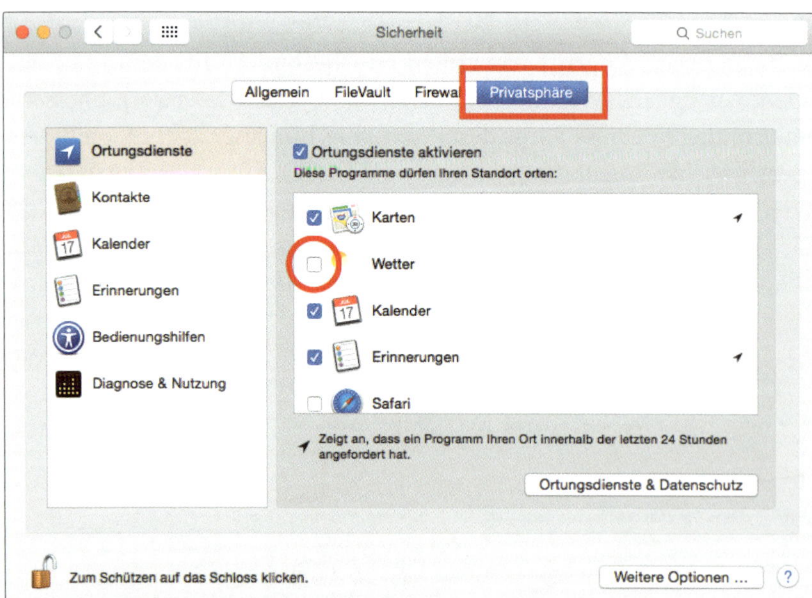


*Darf ein Programm z. B. auf Ihren aktuellen Standort zugreifen? Das entscheiden Sie ganz einfach per Kontrollkästchen.*

**Herr Peters empfiehlt**

Der wichtigste Sicherheitsfaktor bei der Verwendung eines Computers ist Ihr gesunder Menschenverstand. Geben Sie nur so viele persönliche Daten preis wie unbedingt notwendig. Dies gilt besonders bei der Nutzung des Internets, in die Sie in Kapitel 3 eingeführt werden. Und achten Sie vor allen Dingen darauf, wem Sie Ihre Daten preisgeben!

## Weitere Benutzerkonten anlegen

Wenn mehrere Personen den Mac benutzen, empfiehlt es sich unbedingt, für jeden Nutzer ein eigenes Benutzerkonto anzulegen. So kann jeder Nutzer seine eigenen Daten und Einstellungen speichern – und nicht auf die Daten und Einstellungen anderer Nutzer zugreifen. Zum Anlegen weiterer Benutzerkonten gehen Sie folgendermaßen vor:

1. Entscheiden Sie sich in den Systemeinstellungen für die Kategorie *Benutzer & Gruppen*.

2. Klicken Sie gegebenenfalls zunächst auf das Vorhängeschlosssymbol, um es mit Ihrem Passwort aufzuschließen.
3. Um einen neuen Benutzer hinzuzufügen, klicken Sie nun im Bereich links auf das Plussymbol +. Alternativ können Sie unter *Gastbenutzer* auch einen Gastbenutzer aktivieren – dieser kann auf Ihrem Mac allerdings keine Daten und Einstellungen speichern.

4. Es folgen einige Angaben zum Benutzerkonto: Tragen Sie in das Feld *Vollständiger Name* den Namen des Benutzers ein und in das Feld *Accountname* (sprich: [äkkaontname], »account« ist das englische Wort für Konto) einen Namen für das Benutzerkonto – er kann gleich lauten. Aktivieren Sie die Option *Separates Passwort verwenden* und geben Sie zweimal das gewünschte Passwort sowie einen Merkhinweis ein. Bestätigen Sie mit *Benutzer erstellen.*

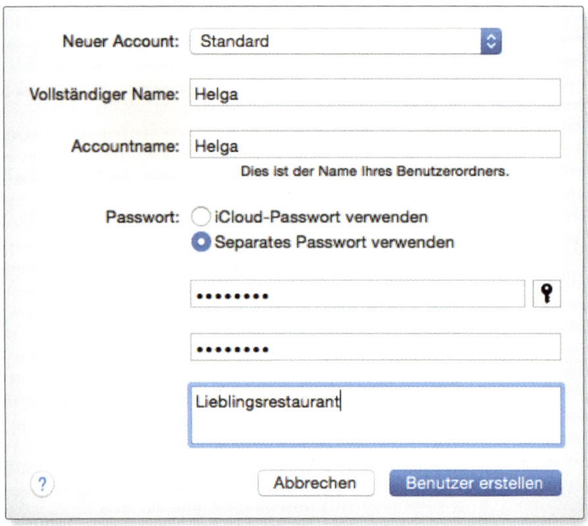


5. Das Benutzerkonto wird angelegt. Klicken Sie zum Schluss noch auf das automatisch angelegte Bild, um gegebenenfalls ein anderes Bild auszuwählen.

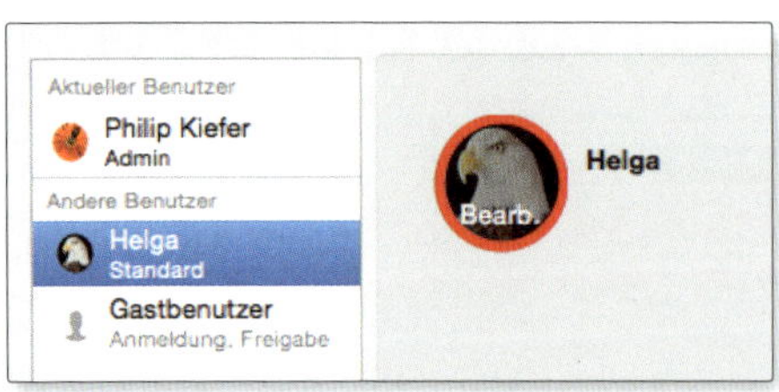


Beim Starten des Macs wird jeweils gefragt, mit welchem Benutzerkonto man sich anmelden möchte. Um den Benutzer während der Mac-Nutzung zu wechseln, klicken Sie links oben auf dem Bildschirm auf das Apple-Symbol  und wählen ganz unten im Menü die *abmelden*-Option.

**Power User**

Auch eine automatische Anmeldung ist möglich. Um diese einzurichten, klicken Sie im Fenster aus Schritt 3 auf *Anmeldeoptionen*. Hier finden Sie auch noch weitere Optionen rund um Ihr Benutzerkonto, mit denen Sie gerne experimentieren können.

### Standard-Benutzerkonto und Administrator-Benutzerkonto

Auf die beschriebene Weise wird ein Standard-Benutzerkonto angelegt. Mit einem solchen Benutzerkonto lässt sich der Mac zwar komfortabel und individuell nutzen, jedoch sind dem Benutzer keine tieferen Eingriffe ins System erlaubt.

Diese sind dem Administrator vorbehalten. Ein Administrator-Benutzerkonto ist automatisch dasjenige, das Sie bei der Inbetriebnahme Ihres Macs angelegt haben. Der Administrator hat auf den gesamten Mac Zugriff, auch auf andere Benutzerkonten.

Um ein Standard-Benutzerkonto in ein Administrator-Benutzerkonto umzuwandeln, wählen Sie es im Fenster aus Schritt 3 aus und aktivieren die Option *Der Benutzer darf diesen Computer verwalten*. Starten Sie den Computer anschließend neu.

Ihr Mac bietet darüber hinaus eine Kindersicherung, und es können auch Benutzerkonten angelegt werden, die von der Kindersicherung verwaltet werden. Das könnte für Sie dann interessant sein, wenn Sie ein Benutzerkonto für Ihren Enkel einrichten möchten. Aktivieren Sie dazu im Fenster aus Schritt 3 die Option *Kindersicherung aktivieren*. Wählen Sie anschließend *Kindersicherung öffnen*, um die Kindersicherung einzurichten.

## Ihren Mac möglichst energiesparend einsetzen

Ebenfalls sehr wichtig ist das Einsparen von Energie. Besonders das MacBook verbraucht im Vergleich zu einem Desktop-Computer nur sehr wenig Strom. Doch egal, ob MacBook oder iMac – Sie können die Energieeinstellungen Ihres Macs immer noch ein wenig optimieren, um Strom und damit Kosten zu sparen und um auf dem MacBook eine möglichst lange Akku-Laufzeit zu gewährleisten. Ich habe einige Tipps zu diesem Thema für Sie gesammelt:

## Mehr Energie sparen

Ihr Mac ist bereits auf Sparsamkeit eingestellt. Um die Energieeinstellungen zu überprüfen und gegebenenfalls anzupassen, entscheiden Sie sich in den Systemeinstellungen für die Kategorie *Energie sparen*. Bestimmen Sie per Schieberegler, nach welchem Zeitraum der Nichtnutzung der Computer in den Ruhezustand versetzt werden soll und nach welchem Zeitraum der Bildschirm ausgeschaltet werden soll. Bei einem MacBook nehmen Sie diese Einstellungen für Akku- und Netzbetrieb getrennt vor. Je kürzer der entsprechende Zeitraum, desto geringer auf Dauer der Stromverbrauch; jedoch kann häufiges Reaktivieren des Computers aus dem Ruhezustand im Alltag lästig sein. Die weiteren Optionen beziehen sich vor allen Dingen auf das Aktivieren und Beenden des Ruhezustands; im Normalfall belassen Sie hier die Standardeinstellungen.

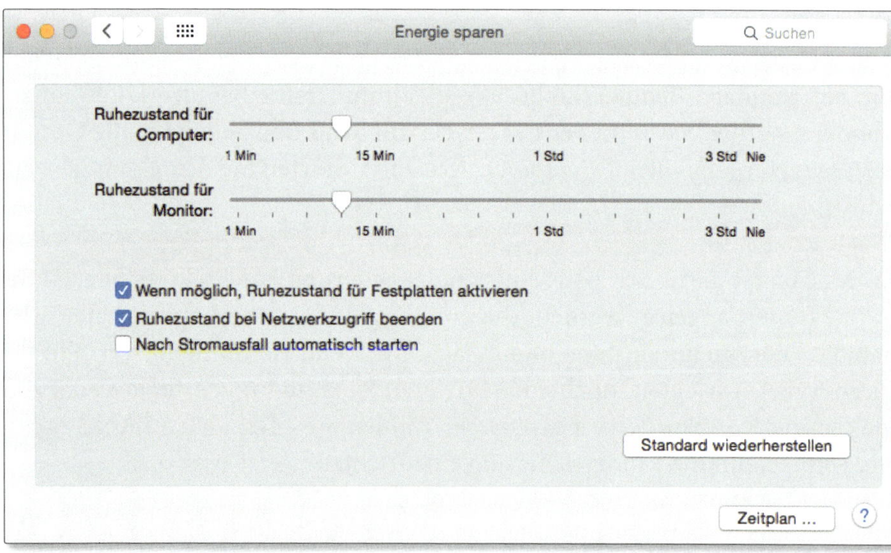


*Energie sparen wird auf dem Mac leicht gemacht – insbesondere durch den rechtzeitigen Ruhezustand bei Nichtnutzung.*

Ein kleiner Tipp, wenn Sie Ihren Mac zu regelmäßigen Zeiten nutzen: Klicken Sie unten im Fenster mit den Energieeinstellungen auf die Schaltfläche *Zeitplan*. Im sich öffnenden Fenster können Sie dann einstellen, dass der Mac zu von Ihnen vorgegebenen Zeiten automatisch an- und wieder ausgeschaltet wird.

## Helligkeit reduzieren

Sofern Ihre Augen mitspielen: Reduzieren Sie die Bildschirmhelligkeit, um damit den Stromverbrauch des Bildschirms zu reduzieren. Die entsprechende Einstellung tätigen Sie in den Systemeinstellungen, indem Sie sich dort für die Kategorie *Monitore* entscheiden und dann den Schieberegler *Helligkeit* bei gedrückter Maustaste nach links ziehen. Deaktivieren Sie das Kontrollkästchen *Helligkeit automatisch anpassen.*

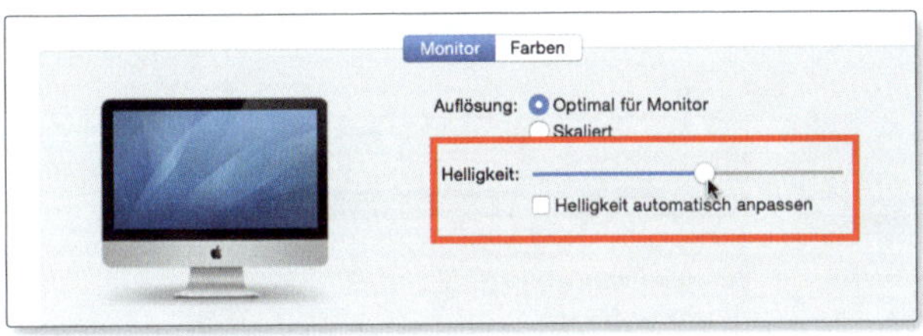


*Reduzieren Sie die Bildschirmhelligkeit, um Strom zu sparen.*

Gut zu wissen: Die Helligkeit lässt sich auch mit der [F1]-Taste reduzieren und mit der [F2]-Taste wieder erhöhen.

## Maus, Trackpad, Tastatur

Drahtlose Mäuse, Trackpads und Tastaturen sind ebenfalls Stromfresser. Verwenden Sie, sobald die mitgelieferten Batterien leer sind, lieber Akkus, die sich wieder aufladen lassen. Schalten Sie Maus, Trackpad und Tastatur außerdem bei längerer Nichtnutzung aus, denn auch im automatischen Ruhezustand verbrauchen die Geräte Strom. Bei der Magic Mouse finden Sie den Ein-/Ausschalter auf der Unterseite; bei der externen Mac-Tastatur oder einem externen Trackpad halten Sie den Ein-/Ausschalter rechts hinten am Gerät drei Sekunden lang gedrückt. Übrigens: In den Systemeinstellungen des jeweiligen Geräts finden Sie eine nützliche Anzeige des Batteriestatus – es lässt sich dadurch besser einschätzen, wie lange die Batterien bzw. Akkus noch durchhalten.

*In den Systemeinstellungen rufen Sie den Batteriestatus von Maus, Trackpad oder Tastatur auf.*

## WLAN und Bluetooth

Auch die Drahtlosfunktionen Ihres Computers benötigen Strom. Deaktivieren Sie diese deshalb, wenn Sie sie nicht benötigen. Beim WLAN gilt dies, wenn Sie auf eine andere Weise eine Internetverbindung herstellen und auch keine drahtlose Kommunikation mit anderen Geräten wünschen. Bluetooth deaktivieren Sie dann, wenn Sie Maus, Tastatur und andere Geräte per Kabel verbinden. Zum Deaktivieren klicken Sie die entsprechenden Menulets an (Sie erinnern sich:  für WLAN und  für Bluetooth). Wählen Sie im sich öffnenden Menü *WLAN deaktivieren* bzw. *Bluetooth deaktivieren*.

*Deaktivieren Sie nicht benötigte Drahtlosfunktionen im Menü, das Sie per Mausklick auf das entsprechende Menulet aufrufen.*

### Herr Peters empfiehlt

Nehmen Sie Ihre Energiespareinstellungen in jedem Fall mit Bedacht vor, denn häufig gehen diese zu Lasten des Bedienungskomforts. Sie können mit diesen Einstellungen auch noch warten, bis Sie besser wissen, welche Funktionen Ihres Macs Sie im Alltag benötigen und welche nicht. Andererseits wissen Sie ja: Jede von Ihnen getätigte Einstellung lässt sich auch wieder rückgängig machen.

Kapitel

2

# Bedienungshilfen bei körperlichen Einschränkungen

Mit dem Alter kann schon mal das eine oder andere Zipperlein auftreten, häufig funktionieren beispielsweise die Augen nicht mehr ganz so gut wie in jungen Jahren. Der Nutzung Ihres Macs tut dies keinen Abbruch, denn auf dem Mac stehen verschiedene Bedienungshilfen bereit, die eine Computernutzung auch bei kleineren oder größeren Handicaps ermöglichen. In diesem Kapitel zeige ich Ihnen, wie Sie die Inhalte auf dem Bildschirm besser erkennbar machen, wie Sie Ihrem Mac Texte diktieren oder sich Texte vorlesen lassen und noch so einiges Nützliche mehr. Auch dann, wenn Sie noch in allen Belangen topfit sein sollten, werden Ihnen die Bedienungshilfen Ihren Alltag mit dem Mac erleichtern.

# Die Bedienungshilfen in den Systemeinstellungen

Als Bedienungshilfen bezeichnet man Funktionen auf Ihrem Computer, die Sie bei dessen Bedienung unterstützen. In den letzten Jahren haben die Computerhersteller in diesem Bereich noch weitere Verbesserungen vorgenommen, und es bieten sich Ihnen heute wirklich hochentwickelte Bedienungshilfen, die Ihnen die Arbeit an Ihrem Mac erleichtern – völlig unabhängig davon, ob tatsächlich eine körperliche Einschränkung vorliegt oder nicht. Auf den folgenden Seiten lernen Sie alle wichtigen Bedienungshilfen ausführlich kennen. Sie finden die meisten, indem Sie die Systemeinstellungen öffnen und sich dort für die Kategorie *Bedienungshilfen* entscheiden.

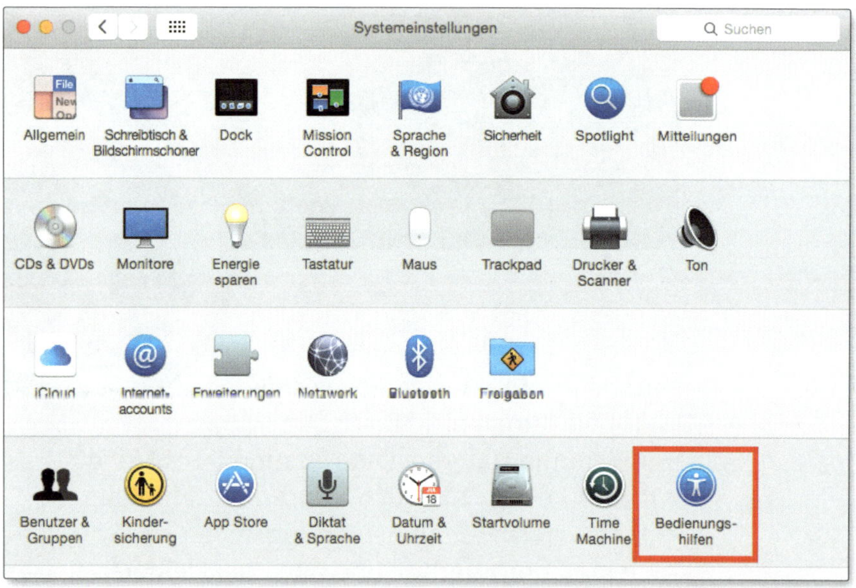


*Auch die Bedienungshilfen sind in den Systemeinstellungen zu finden.*

## Die Anzeige der Bildschirminhalte besser erkennbar machen

Beginnen Sie damit, die Anzeige der Bildschirminhalte zu optimieren. Wählen Sie links in den Bedienungshilfen den Eintrag *Anzeige*, um die folgenden Optionen zu erhalten:

- *Farben umkehren*: Wenn Sie diese Option wählen, werden die Farben auf dem Bildschirm invertiert, d. h. Helles wird dunkel und Dunkles wird hell – das ist besonders hilfreich bei starker Sonneneinstrahlung.

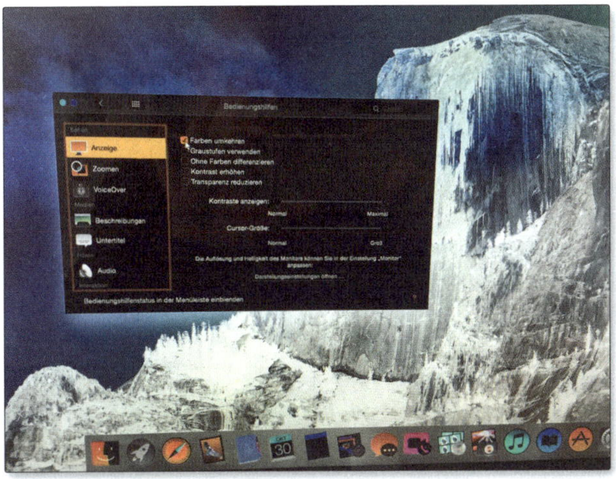

*Hier wurden die Farben auf dem Bildschirm umgekehrt – hierzu genügt das Aktivieren des entsprechenden Kontrollkästchens.*

- *Graustufen verwenden*: Um ganz auf Farben zu verzichten und sich die Bildschirminhalte in Schwarzweiß anzusehen, aktivieren Sie diese Option.
- *Ohne Farben differenzieren*: Diese Option bedeutet so viel wie etwas ohne Farben auseinanderhalten, der Effekt auf dem Bildschirm hält sich allerdings in Grenzen.
- *Kontrast erhöhen*: Aktivieren Sie diese Option, um den Kontrast auf dem Bildschirm zu erhöhen und gleichzeitig die Transparenz zu reduzieren. Die Stärke des Kontrasts bestimmen Sie, indem Sie den Schieberegler *Kontraste anzeigen* bei gedrückter Maustaste nach rechts ziehen.

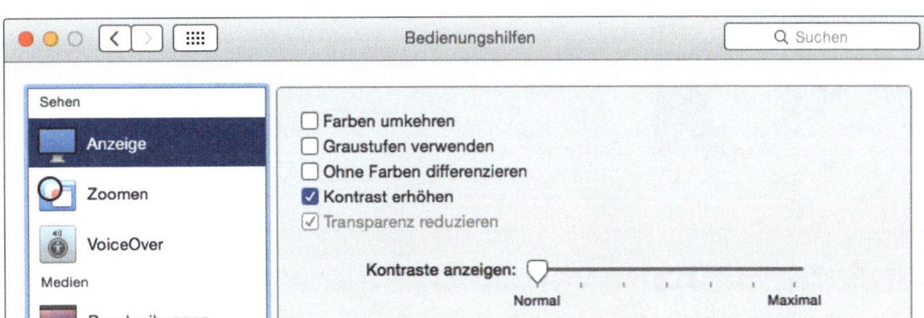


*Sorgen Sie für eine kontrastreichere Darstellung der Bildschirminhalte – ganz einfach per Schieberegler.*

- *Transparenz reduzieren*: Diese Option betrifft einen Designeffekt, bei dem beispielsweise im Dock das Hintergrundbild ein wenig sichtbar ist. Wenn Sie das Kontrollkästchen *Transparenz reduzieren* aktivieren, wird dieser Designeffekt abgeschaltet.
- *Cursor-Größe*: Ist Ihnen schließlich der Mauszeiger zu klein und unscheinbar? Dann ziehen Sie den Schieberegler Cursor-Größe (sprich: [körser], »cursor« ist das englische Wort für Einfügemarke) bei gedrückter Maustaste nach rechts, um ihn zu vergrößern.

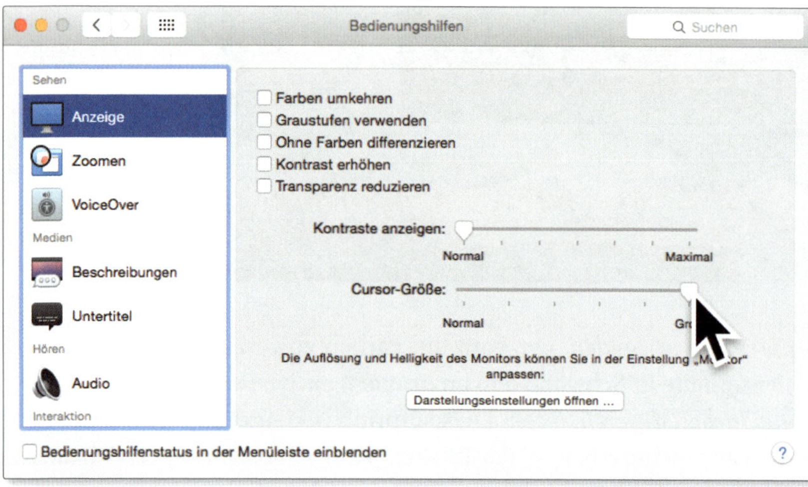


*Auch ein größerer, besser erkennbarer Mauszeiger lässt sich per Schieberegler einrichten.*

**Herr Peters empfiehlt**

Tun Sie Ihren Augen etwas Gutes und starren Sie nicht stundenlang auf den Bildschirm Ihres Computers. Lassen Sie Ihren Blick zwischendurch auch mal in die Ferne schweifen oder gönnen Sie sich eine Augenentspannung!

## Bildschirminhalte vergrößert darstellen

Auch wenn Sie Schwierigkeiten haben, auf dem Bildschirm Kleingedrucktes zu lesen, oder wenn Sie sich Details näher heranholen möchten, steht die passende Bedienungshilfe zur Verfügung. Man spricht in diesem Zusammenhang vom *Zoomen* (sprich: [suhmen]). Wählen Sie links in den Bedienungshilfen den gleichlautenden Eintrag aus.

Das Zoomen können Sie entweder mit der Tastatur in Gang setzen oder aber mit einer Taste und einer Geste auf der Magic Mouse oder dem Trackpad. Beiden Varianten gemeinsam ist, dass Sie zunächst den Mauszeiger an die Stelle bewegen müssen, die Sie vergrößert darstellen möchten.

Bevorzugen Sie das Zoomen per Tastatur, aktivieren Sie die Option *Tastaturkurzbefehle zum Zoomen verwenden*. Zum Vergrößern in einer einzigen Stufe verwenden Sie die Tasten [alt ⌥]+[⌘]+[8], die Sie auf der Tastatur gemeinsam drücken; drücken Sie die Tasten erneut, um wieder die normale Zoomstufe zu erhalten. Alternativ lassen sich Bildschirminhalte auch in mehreren Stufen vergrößern. Hierzu verwenden Sie die Tasten [alt ⌥]+[⌘]+[0]; um die Bildschirminhalte wieder zu verkleinern, verwenden Sie die Tasten [alt ⌥]+[⌘]+[-].

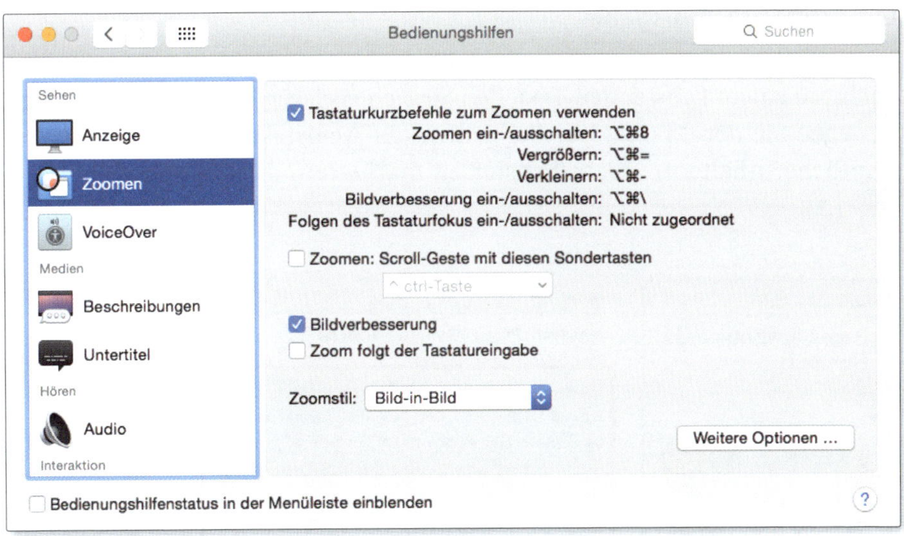


*In diesem Fall wurde – per Kontrollkästchen – das Zoomen per Tastatur aktiviert.*

Eine gute Alternative ist das Zoomen mit einer Taste und einer Geste auf Magic Mouse oder Trackpad. Hierzu aktivieren Sie die Option *Zoomen: Scroll-Geste mit diesen Sondertasten*. Zum Zoomen halten Sie dann die [ctrl]-Taste bzw. eine andere gewählte Taste gedrückt. Auf einer Magic Mouse vollführen Sie gleichzeitig eine Streichbewegung mit einem Finger nach oben zum Vergrößern bzw. nach unten zum Verkleinern. Auf einem Trackpad verwenden Sie zwei Finger.

Normalerweise wird beim Zoomen der gesamte Bildschirm an der Position des Mauszeigers vergrößert. Alternativ können Sie aber auch ein kleines Zoomfenster, eine Art Lupe, einblenden, indem Sie sich im Menü *Zoomstil* für den Eintrag *Bild-in-Bild* entscheiden. Unter der Schaltfläche *Weitere Optionen* finden Sie noch weitere Einstellungsmöglichkeiten zum Zoomen, etwa das Festlegen der Zoomstufen.

## Lassen Sie sich die Bildschirminhalte vorlesen

Selbst bei sehr eingeschränkter Sehkraft müssen Sie auf die Verwendung Ihres Macs nicht verzichten. Denn Ihr Mac verfügt über eine umfassende Sprachausgabe. Die Sprachausgabe kann sich entweder auf von Ihnen markierte Texte beschränken, aber auch Fenster und Menüs benennen. Letztere Variante nennt sich VoiceOver (sprich: [woisouwer], übersetzt etwa »Die Stimme darüber«). Ich stelle Ihnen beide Varianten vor.

### Einfache Sprachausgabe

Die Verwendung der Sprachausgabe ist denkbar einfach. Markieren Sie zunächst in einem Fenster den Text, den Sie sich vorlesen lassen möchten. Dazu bewegen Sie den Mauszeiger bei gedrückter Maustaste über den Text. Um sämtliche Inhalte in einem Fenster zu markieren, drücken Sie die Tasten [⌘]+[A].

*Zunächst wird der Text, der per Sprachausgabe vorgelesen werden soll, markiert.*

Klicken Sie den markierten Text nun bei gedrückter [ctrl]-Taste bzw. mit der rechten Maustaste an. Im Kontextmenü, das sich öffnet, bewegen Sie den Mauszeiger auf den Eintrag *Sprachausgabe* und klicken dann auf *Sprachausgabe starten*. Der Text wird Ihnen von Ihrem Mac prompt vorgelesen.

*Klicken Sie auf den entsprechenden Eintrag im Kontextmenü, um die Sprachausgabe zu starten.*

Sie möchten die Sprachausgabe lieber mit einer Tastenkombination starten statt per Kontextmenü? Dann wählen Sie in den Systemeinstellungen die Kategorie *Diktat & Sprache*, wählen Sie dort *Sprachausgabe* und aktivieren Sie das Kontrollkästchen *Ausgewählten Text beim Drücken einer Taste sprechen*. Unter der Schaltfläche *Taste ändern* können Sie anschließend noch die gewünschte Tastenkombination festlegen.

### VoiceOver

Zum Aktivieren von VoiceOver wählen Sie links in den Bedienungshilfen den gleichnamigen Eintrag und aktivieren dann das Kontrollkästchen *VoiceOver aktivieren*. Alternativ können Sie VoiceOver aber auch außerhalb der Systemeinstellungen mithilfe der Tasten [⌘]+[F5] aktivieren und wieder deaktivieren.

Bevor Sie VoiceOver aktivieren, sollten Sie diese Bedienungshilfe zunächst Ihren Bedürfnissen entsprechend einrichten. Klicken Sie dazu in den Bedienungshilfen unter VoiceOver auf die Schaltfläche *VoiceOver-Dienstprogramm öffnen*.

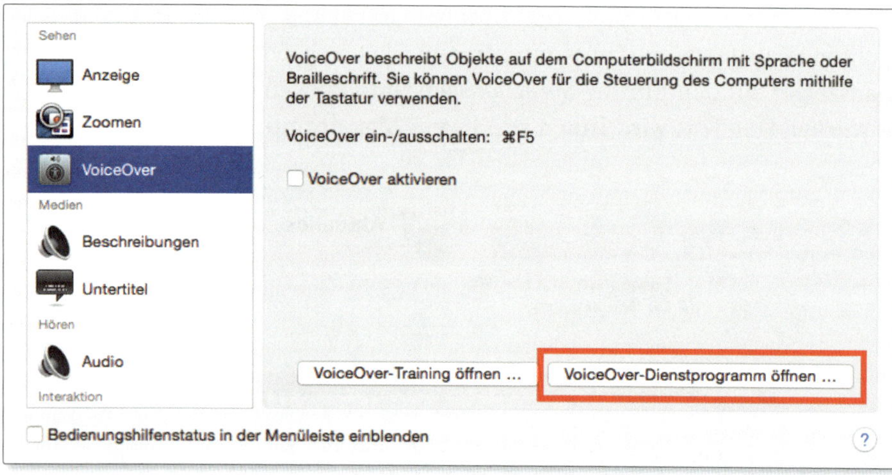


*VoiceOver bietet sehr viele Funktionen; ich empfehle, diese Bedienungshilfe zunächst einzurichten.*

Gehen Sie nun mit mir gemeinsam die einzelnen Einträge im VoiceOver-Dienstprogramm durch, um die Einstellungen nach Ihren Wünschen anzupassen:

- *Allgemein*: Die Einstellungen unter diesem Eintrag können Sie belassen, wobei Sie sich allerdings überlegen könnten, die Option *Willkommensfenster anzeigen* zu deaktivieren, da Sie dieses nicht unbedingt benötigen. Wenn gewünscht, können Sie auch eine individuelle Begrüßung nach der Anmeldung an Ihrem Mac eingeben (z. B. »Hallo, mein Schatz!«).
- *Ausführlichkeit*: Dieser Eintrag im VoiceOver-Dienstprogramm ist sehr wichtig, denn hier machen Sie Angaben, in welcher Ausführlichkeit die Sprachausgabe erfolgen soll, also beispielsweise, ob auch Satzzeichen vorgelesen werden sollen. Meine dringende Empfehlung: Wählen Sie unter *Text* im Menü *Bei Auftreten eines Rechtschreibfehlers* die Option *Keine Aktion* – ansonsten wird beim Vorlesen auf viele Rechtschreibfehler hingewiesen, die eigentlich keine sind. Richten Sie die Ausführlichkeit der Sprachausgabe ganz individuell ein und nehmen Sie sich dafür ruhig etwas Zeit. Sie können zunächst auch die Standardeinstellungen verwenden und die Einstellungen erst nachträglich anpassen.

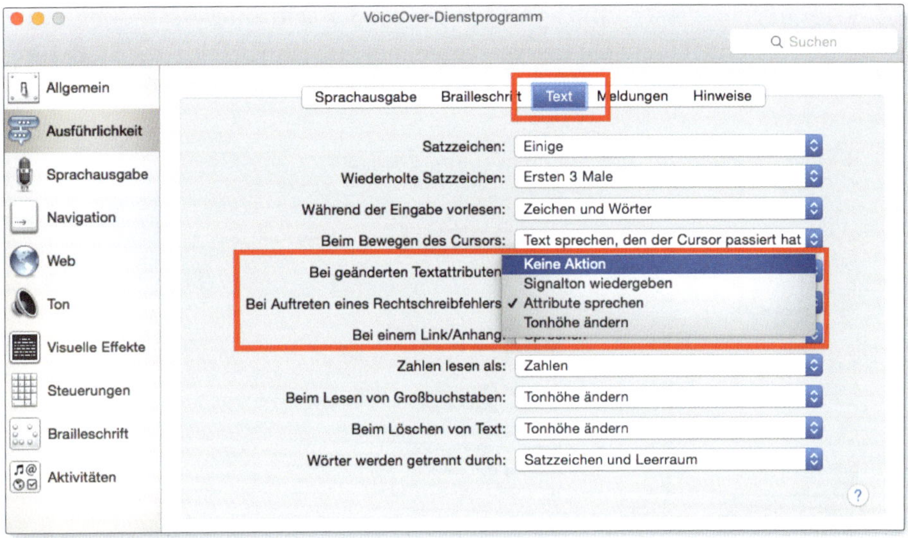


*Nervige Hinweise auf eigentlich nicht vorhandene Rechtschreibfehler schalten Sie im VoiceOver-Dienstprogramm kurzerhand ab.*

- *Sprachausgabe*: Unter diesem Eintrag wählen Sie eine Sprecherstimme aus, die Ihnen zusagt, und nehmen verschiedene Einstellungen zur Aussprache vor. Die Standard-Stimme ist Anna, zur Verfügung stehen auf Deutsch aber auch noch Petra, Markus und Yannick.
- *Navigation*: Auch die Einstellungen unter diesem Eintrag können Sie einfach so belassen. Sie betreffen den VoiceOver-Cursor – die Markierung für die Sprachausgabe.
- *Web*: Dieser Eintrag bezieht sich auf das Aufrufen von Webseiten – belassen Sie die Einstellungen, zumindest solange Sie das Kapitel 3 noch nicht gelesen haben, in dem es unter anderem um das Thema Webseiten gehen wird.
- *Ton*: Unter diesem Eintrag sind in der Regel ebenfalls keine Änderungen erforderlich; die Einstellungen beziehen sich lediglich auf den Klang der Sprachausgabe.
- *Visuelle Effekte*: Dieser Eintrag bezieht sich auf visuelle Einstellungen zum VoiceOver-Cursor, zu Voice-Over-Menüs usw. Nutzen Sie bei Bedarf die einzelnen Schieberegler zum Vergrößern der jeweiligen Elemente.

- *Steuerungen*: Dieser Eintrag ist für Sie wieder sehr interessant, denn hier finden Sie eine Übersicht der verschiedenen Tastaturbefehle zur Steuerung der Sprachausgabe.

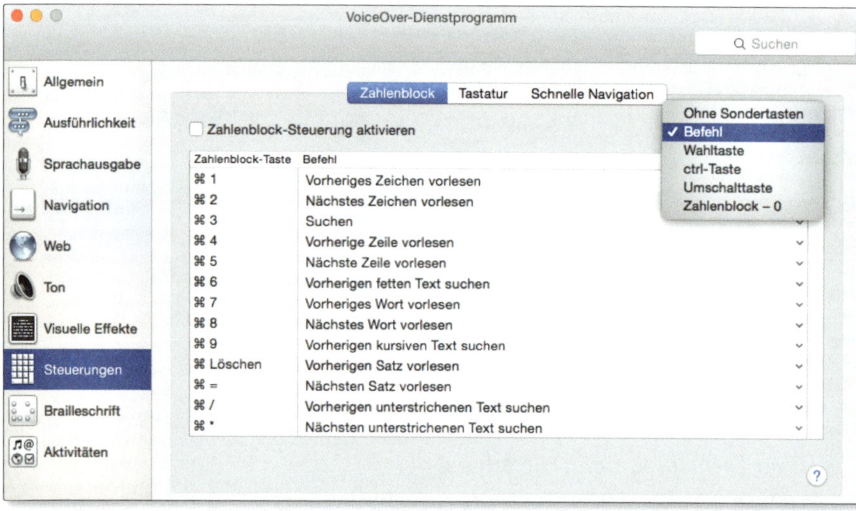


*Für die Steuerung der Sprachausgabe gibt es eine ganze Reihe von Tastenkombinationen – einen Überblick darüber erhalten Sie im VoiceOver-Dienstprogramm.*

- *Brailleschrift*: Unter diesem Eintrag finden Sie Einstellungsmöglichkeiten für den Fall, dass Sie ein Anzeigegerät für Blindenschrift verwenden.
- *Aktivitäten*: Unter diesem Eintrag schließlich lassen sich bei Bedarf eigene »Aktivitäten« anlegen, d. h. individuelle VoiceOver-Aktivitäten, die für von Ihnen ausgewählte Programme gelten.

Um den Umgang mit VoiceOver zu erlernen, verwenden Sie am besten das auf Ihrem Mac angebotene VoiceOver-Training. Um dieses zu starten, klicken Sie in den Bedienungshilfen unter *VoiceOver* auf die Schaltfläche *VoiceOver-Training öffnen* und folgen den Anweisungen.

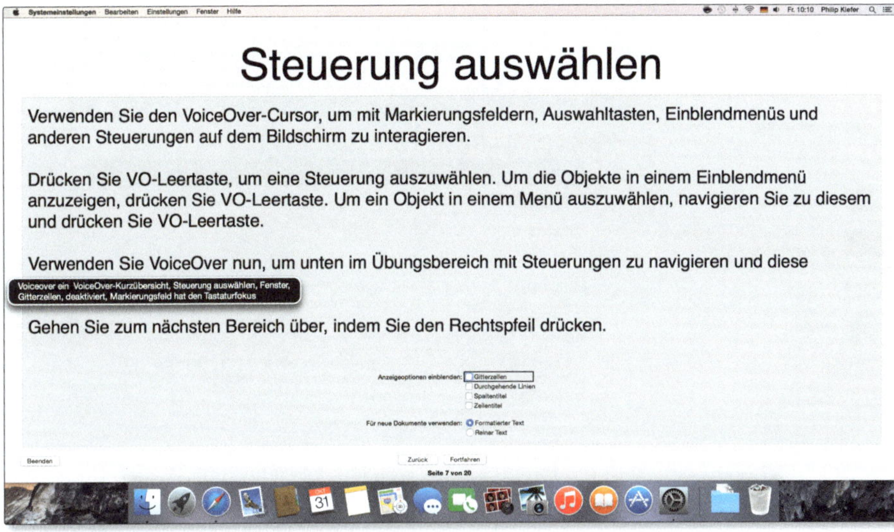


*Das VoiceOver-Training führt Sie in die VoiceOver-Nutzung ein – wenn Sie VoiceOver in Ihrem Computeralltag einsetzen möchten, lohnt sich dieses Training in jedem Fall.*

### Videobeschreibungen vorlesen lassen

Selbst Videobeschreibungen lassen sich auf dem Mac vorlesen, wenn sie in einem Video zur Verfügung stehen. Um diese Funktion zu aktivieren, wählen Sie bei den Bedienungshilfen den Eintrag *Beschreibungen* und aktivieren das Kontrollkästchen *Videobeschreibung wiedergeben (falls verfügbar)*.

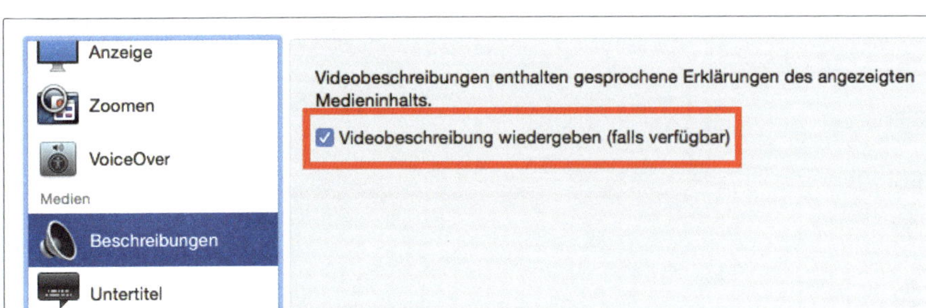


*Bei der Wiedergabe von Videos Beschreibungen des Videos erhalten – auch eine solche Funktion wird auf Ihrem Mac angeboten.*

Oder möchten Sie die Darstellung von Untertiteln vergrößern? Klicken Sie dazu in den Bedienungshilfen auf den Eintrag *Untertitel* und wählen Sie die Option *Großer Text*.

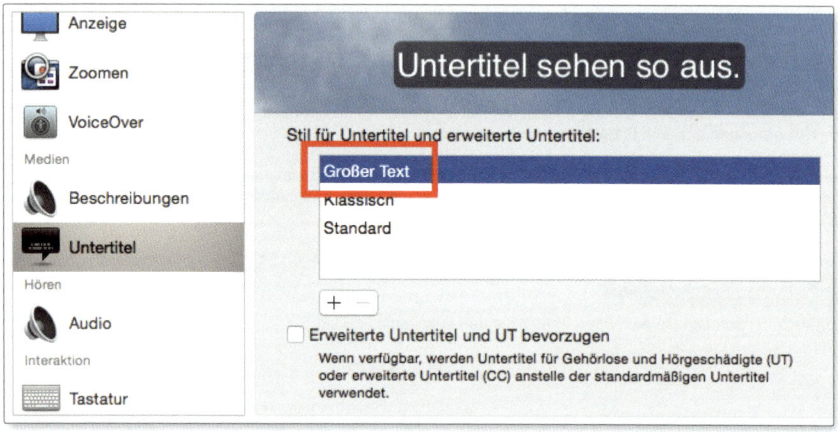


*Damit Untertitel in einem Video besser lesbar werden, entscheiden Sie sich für eine größere Darstellung.*

## Bedienungshilfen bei Hörschwäche

Durch eine Hörschwäche sind Sie bei der Computernutzung fast gar nicht eingeschränkt. Trotzdem bietet Ihr Mac auch in diesem Zusammenhang Bedienungshilfen an. So können Sie Warntöne durch das Aufblinken des Bildschirms visualisieren lassen. Außerdem können Sie veranlassen, Stereoklänge als Monoklänge wiederzugeben. Beide Einstellungen nehmen Sie per Kontrollkästchen vor, die Sie finden, indem Sie sich in den Bedienungshilfen für den Eintrag *Audio* entscheiden.

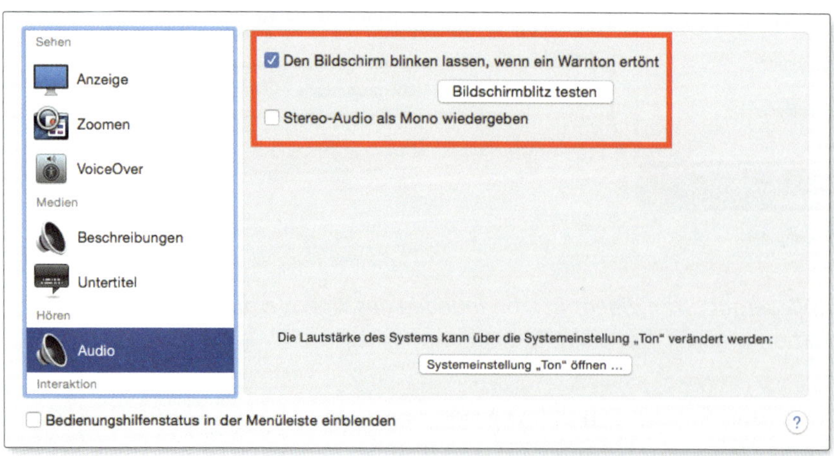


*Selbst Bedienungshilfen bei Hörschwäche sind auf Ihrem Mac im Angebot.*

## Bedienungshilfen rund um Tastatur, Maus und Trackpad

Bei motorischen Schwierigkeiten können die Bedienungshilfen rund um Tastatur, Maus und Trackpad nützlich werden. Auch in diesem Zusammenhang verschaffe ich Ihnen in diesem Kapitel einen hilfreichen Überblick. Wählen Sie diejenigen Hilfen aus, die Sie gebrauchen können!

### Tastatur

Für die Tastatur stehen Ihnen neben den normalen Einstellungen zwei weitere Bedienungshilfen zur Verfügung. Die eine nennt sich »Einfingerbedienung«, die andere »Tastenverzögerung«. Die Einfingerbedienung betrifft Tastenkombinationen und sorgt dafür, dass Sie die Tasten einer Tastenkombination nicht gleichzeitig, sondern nacheinander drücken können.

Die Tastaturverzögerung hilft vor versehentlichem Eintippen von Zeichen – hemmt dabei aber natürlich auch den Schreibfluss. Wenn Sie diese Bedienungshilfe aktivieren, müssen Sie den Finger jeweils länger auf einer Taste belassen, um das entsprechende Zeichen zu erzeugen.

Beide Bedienungshilfen aktivieren Sie wiederum per Kontrollkästchen, und zwar in den Bedienungshilfen unter *Tastatur* (um diesen Eintrag in der Leiste links zu sehen, müssen Sie die Inhalte zunächst mit dem Rollbalken nach unten bewegen).

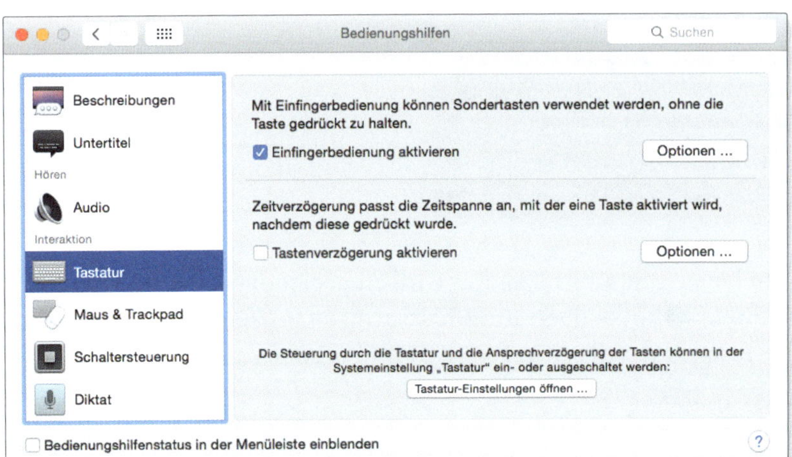


*Hier habe ich die Einfingerbedienung aktiviert, um die Tasten in Tastenkombinationen nicht gleichzeitig drücken zu müssen.*

### Bildschirmtastatur einblenden

Ebenfalls hilfreich kann eine Tastatur sein, die Sie auf dem Bildschirm einblenden – eine Bildschirmtastatur. Auf dieser Tastatur können Sie die einzelnen Tasten mit der Maus auswählen. Zum Einblenden der Bildschirmtastatur gehen Sie folgendermaßen vor:

1. Öffnen Sie die Systemeinstellungen und wählen Sie die Kategorie *Tastatur*.
2. Aktivieren Sie unter *Tastatur* das Kontrollkästchen *Tastatur- und Zeichenübersichten in der Menüleiste anzeigen*.

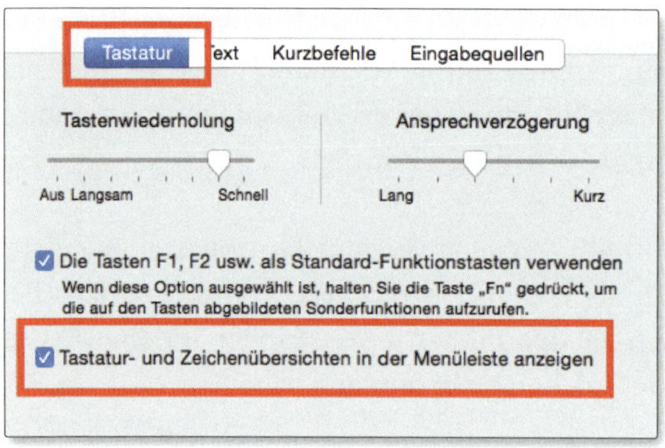


3. Rechts oben auf dem Bildschirm wird ein entsprechendes Menulet eingeblendet ▣. Klicken Sie es an und wählen Sie im sich öffnenden Menü den Eintrag *Tastaturübersicht einblenden*.

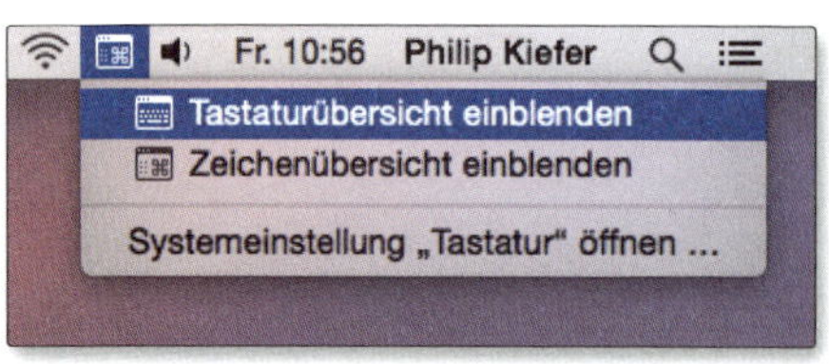


4. Eine recht kleine Bildschirmtastatur wird eingeblendet. Klicken Sie auf den grünen Punkt ● links oben im Bildschirmtastaturfenster, um die eingeblendete Tastatur jeweils zu vergrößern und wieder zu verkleinern.

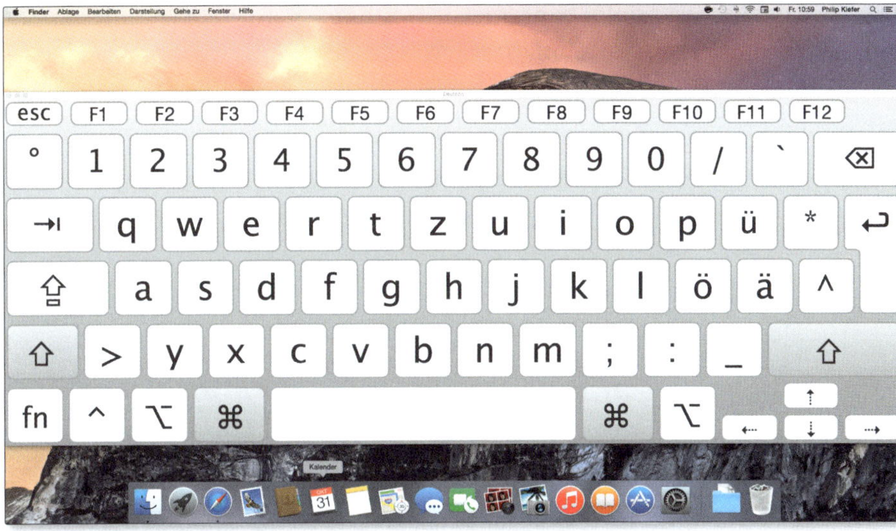


**Power User**

Das Menulet ist noch aus einem anderen Grund interessant. Wenn Sie es anklicken und im sich öffnenden Menü den Eintrag *Zeichenübersicht einblenden* wählen, erhalten Sie eine umfangreiche Übersicht von Sonderzeichen. Doppelklicken Sie auf ein Zeichen, um dieses ins aktuell geöffnete Dokument, also z. B. in ein Notizblatt, zu übernehmen.

## Mausbedienung mit der Tastatur

So wie sich eine Bildschirmtastatur einblenden und mit der Maus bedienen lässt, so können Sie umgekehrt auch den Mauszeiger mithilfe der Tastatur steuern. Hierfür steht Ihnen die Bedienungshilfe Mausbedienung zur Verfügung, die Sie in den Bedienungshilfen unter *Maus & Trackpad* per Kontrollkästchen aktivieren.

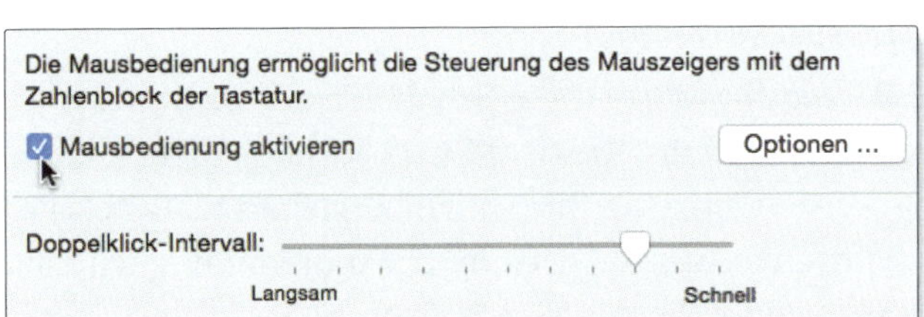


*Den Mauszeiger mit der Tastatur steuern – auch das ist auf Ihrem Mac kein Problem.*

Die Mausbedienung erfolgt dann mit den Zifferntasten auf dem Ziffernblock bzw. wenn kein Ziffernblock auf der Tastatur zur Verfügung steht mit alternativen Tastenkombinationen. Die folgende Tabelle gibt Ihnen einen Überblick.

| Richtung | Ziffer auf dem Ziffernblock | Alternative Tastenkombination |
|---|---|---|
| Nach links unten | 1 | [fn]+[J] |
| Nach unten | 2 | [fn]+[K] |
| Nach rechts unten | 3 | [fn]+[L] |
| Nach links | 4 | [fn]+[U] |
| Mausklick | 5 | [fn]+[I] |
| Nach rechts | 6 | [fn]+[O] |
| Nach links oben | 7 | [fn]+[7] |
| Nach oben | 8 | [fn]+[8] |
| Nach rechts oben | 9 | [fn]+[9] |
| Rechter Mausklick | 0 | [fn]+[M] |

Bitte beachten Sie: Für die Texteingabe muss die Mausbedienung wieder deaktiviert werden. Um die Mausbedienung jederzeit schnell aktivieren bzw. wieder deaktivieren zu können, entscheiden Sie sich in den Bedienungshilfen unter *Maus & Trackpad* für die Schaltfläche *Optionen*. Aktivieren Sie im Folgenden das Kontrollkästchen *Mausbedienung ein/aus: Wahltaste 5-mal drücken*. Drücken Sie zukünftig zum Aktivieren oder Deaktivieren der Mausbedienung fünfmal hintereinander die [alt]-Taste [⌥].

**Alternative Bedienung per Schaltersteuerung**

Eine weitere interessante Bedienungshilfe ist die Schaltersteuerung, die als Alternative bzw. zusätzliche Hilfe zu Maus, Trackpad und Tastatur dienen kann. Bei der Schaltersteuerung werden einzelne Bildschirmbereiche abgetastet. Per Schalter wird dann die gewünschte Auswahl getroffen. Standardmäßig wird als Schalter die Leertaste [ ] verwendet. Es lassen sich aber auch weitere Schalter hinzufügen.

Gestatten Sie mir, Ihnen die Schaltersteuerung an einem einfachen Beispiel vorzustellen, nämlich der Auswahl eines Programmsymbols im Dock. So gehen Sie vor:

1. Entscheiden Sie sich in den Bedienungshilfen für den Eintrag *Schaltersteuerung* (Sie müssen in der Leiste links den Rollbalken nach unten bewegen, um den Eintrag sichtbar zu machen).
2. Klicken Sie in das Kontrollkästchen *Schaltersteuerung aktivieren*, um dort ein Häkchen zu setzen.

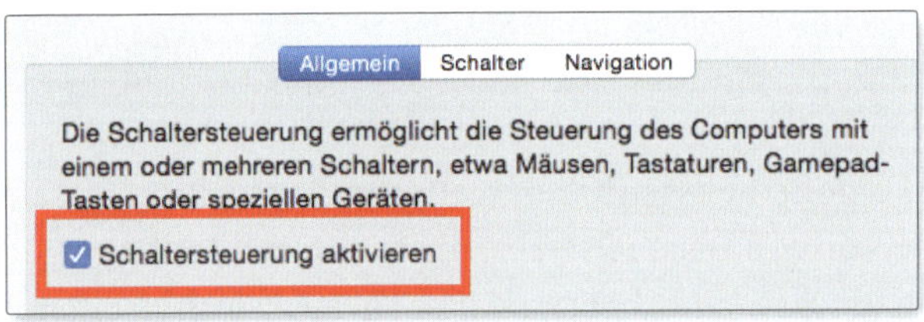


3. Es wird ein schwarzes Fenster mit verschiedenen Auswahloptionen eingeblendet. In diesem Fall lautet die Auswahl *Dock*. (Sie können diese Auswahl per Mausklick treffen, aber auch per Schalter: Drücken Sie den Schalter, um die Optionen im Fenster abzutasten; bei der gewünschten Auswahl drücken Sie dann den Schalter, z. B. die Leertaste ␣)

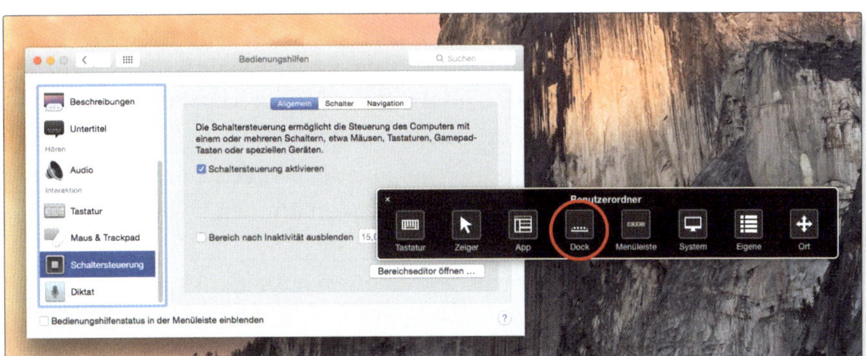


4. Drücken Sie den Schalter, um das Abtasten zu starten. Sie stellen fest, dass nun das Dock abgetastet wird, d. h. die Auswahl springt von Programmsymbol zu Programmsymbol. Drücken Sie den Schalter, wenn das ge-

wünschte Programmsymbol ausgewählt ist, um das entsprechende Programm zu öffnen.

Experimentieren Sie auf eigene Faust mit den weiteren Auswahloptionen im Fenster aus Schritt 3. Sie können beispielsweise auch eine Bildschirmtastatur oder die Menüleiste abtasten lassen und per Schalter Ihre Auswahl treffen. Um weitere Schalter hinzuzufügen, entscheiden Sie sich in den Bedienungshilfen unter *Schalter* für *Schalter* und klicken dort auf das Plussymbol [+].

## Texte diktieren

Ganz unabhängig davon, ob eine körperliche Einschränkung vorliegt oder nicht: Die Diktierfunktion auf Ihrem Mac ist mehr als praktisch, um Texte in Dokumenten aller Art viel schneller einzugeben als bisher. Statt diese über eine Tastatur einzugeben, diktieren Sie sie einfach! Das klappt dank modernster Technologien wirklich sehr gut. Und dank des in den Mac bereits eingebauten Mikrofons sind auch die Gerätevoraussetzungen erfüllt. Was Sie für die Funktion allerdings benötigen, ist ein Internetzugang, wobei Sie die entsprechenden Daten aber zusätzlich auf Ihren Computer laden können.

Doch gehen Sie Schritt für Schritt vor. Beginnen Sie damit zu prüfen, ob die Diktierfunktion auf Ihrem Mac bereits aktiviert ist. Hierzu öffnen Sie ein weiteres Mal die Systemeinstellungen. Wählen Sie dort die Kategorie *Diktat & Sprache* aus. Falls die Diktierfunktion ausgeschaltet sein sollte, schalten Sie sie ein, indem Sie bei *Diktat* auf *Ein* klicken.

Um die Diktierfunktion nun auch ohne Internetverbindung verwenden zu können, aktivieren Sie anschließend das Kontrollkästchen *Erweiterte Diktier-*

*funktion verwenden*. Die erforderlichen Daten werden daraufhin einmalig aus dem Internet geladen, was einige Minuten in Anspruch nehmen kann (links unten im Fenster wird Ihnen die verbleibende Zeit angezeigt).

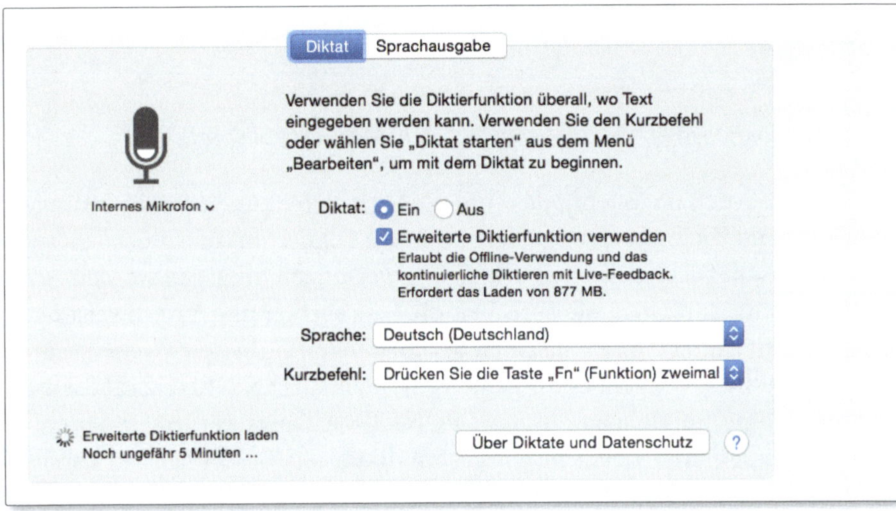


*Die Diktierfunktion wurde aktiviert, und die Daten für die Verwendung ohne Internetverbindung werden auf den Computer geladen.*

Standardmäßig wird die Diktierfunktion nach dem Aktivieren gestartet, indem Sie zweimal hintereinander die [fn]-Taste [fn] betätigen. In den Systemeinstellungen unter *Diktat & Sprache* können Sie hierfür im Menü *Kurzbefehl* jedoch auch eine andere Taste festlegen.

Schon lässt sich die Diktierfunktion verwenden. Um das Ganze zu erproben, öffnen Sie einmal das Programm Notizen, indem Sie im Dock auf das entsprechende Programmsymbol klicken. Drücken Sie nun zweimal hintereinander die [fn]-Taste [fn], um Ihren Mac in Horchbereitschaft zu versetzen und ein Mikrofonsymbol einzublenden. Sprechen Sie Ihren Text ein und betätigen Sie einmalig die [fn]-Taste [fn], um das Diktat zum Schluss zu beenden. Sie stellen fest, dass der von Ihnen diktierte Text prompt eingefügt wird.

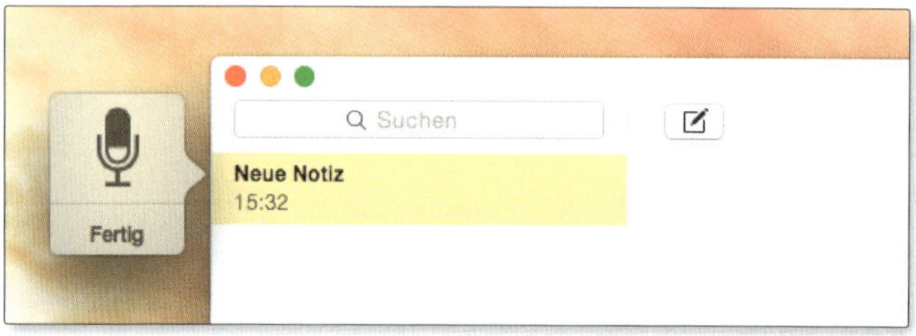


*Die Diktierfunktion in Aktion: Diktieren Sie Ihrem Mac Texte aller Art.*

Was nun natürlich noch fehlt, das sind die Satzzeichen und Satzanweisungen. Die Groß- und Kleinschreibung übernimmt die Diktierfunktion glücklicherweise automatisch. Die Satzzeichen und Satzanweisungen hingegen werden beim Diktieren mitgesprochen. Sie sprechen die Satzzeichen und Satzanweisungen also zusammen mit dem gewünschten Text. Diktieren Sie beispielsweise: »Guten Morgen KOMMA wie geht es dir heute FRAGEZEICHEN NEUE ZEILE Heute komme ich eine Stunde später ins Café PUNKT«. Anfangs werden Sie das etwas einüben müssen, und vielleicht wird es im diktierten Text einiges zu korrigieren geben. Mit der Zeit haben Sie jedoch den Dreh heraus! Die folgende Tabelle gibt Ihnen einen Überblick über die wichtigsten Befehle beim Diktieren:

| **Befehl** | **Ergebnis** |
|---|---|
| Komma | , |
| Semikolon | ; |
| Punkt | . |
| Doppelpunkt | : |
| Fragezeichen | ? |
| Ausrufezeichen | ! |
| Bindestrich | - |
| Gedankenstrich | – |
| Anführungszeichen unten | „ |
| Anführungszeichen oben | “ |

| **Befehl** | **Ergebnis** |
|---|---|
| Zitatanfang | » |
| Zitatende | « |
| Apostroph | ’ |
| Klammer auf | ( |
| Klammer zu | ) |
| Eckige Klammer auf | [ |
| Eckige Klammer zu | ] |
| Geschweifte Klammer auf | { |
| Geschweifte Klammer zu | } |
| Auslassungszeichen | … |
| Eurozeichen (auch weitere Sonderzeichen können bei ihrem Namen genannt werden, um sie einzufügen) | € |
| Zweihundertfünfundachtzig | 285 |
| Römisch Zweihundertfünfundachtzig | CCLXXXV |
| Zwei Euro Fünfunddreißig | 2,35 € |
| Achtzehnter März Zweitausendfünfzehn | 18. März 2015 |
| Zweiundachtzig Zentimeter | 82 cm |
| Smiley Gesicht (sprich: [smailih gesicht]) | :-) |
| Zwinkerndes Gesicht | ;-) |
| Lachendes Gesicht | :-D |
| Trauriges Gesicht | :-( |
| Neue Zeile | Eine neue Zeile wird erstellt |
| Neuer Absatz | Ein neuer Absatz wird erstellt |

**Herr Peters empfiehlt**

Sie müssen nichts auswendig lernen! Informationen, die für Sie wirklich wichtig sind, werden sich bei der täglichen Nutzung wie von selbst Ihrem Gedächtnis einprägen. Und dieses Buch steht Ihnen auch nach dem Durcharbeiten jederzeit noch als Nachschlagewerk zur Verfügung.

In seine mobilen Geräte hat Apple eine Spracherkennung namens Siri eingebaut, die auf dem Mac bei Redaktionsschluss aber leider noch nicht zur Verfügung stand. Das könnte sich jedoch in Zukunft ändern, denn Anfang 2014 hat Apple einen entsprechenden Patentantrag gestellt. Siri bietet im Vergleich zur reinen Diktierfunktion noch viel mehr Funktionen und kann z. B. Wissensfragen beantworten, Sportergebnisse ausgeben, Systemeinstellungen ändern und vieles mehr.

Kapitel

3

# Mit Ihrem Mac ins Internet

Für viele ältere Nutzer ist es der Hauptgrund, sich einen Computer anzuschaffen: das Internet und seine vielfältigen Möglichkeiten. Das Internet ist ein Zusammenschluss von vielen Millionen größeren und kleineren Computern weltweit, die insbesondere dazu dienen, Webseiten zu veröffentlichen sowie über das Internet zu kommunizieren. In diesem Kapitel führe ich Sie in die faszinierende Welt des Internets ein. Sie werden sehen: Das Internet macht richtig Spaß, und Ihr Mac ist für die Internetnutzung perfekt geschaffen!

# Mit dem Mac eine drahtlose Verbindung herstellen

Was Sie für das Internet zunächst einmal benötigen, ist ein Internetanbieter, der die Internetverbindung und wenn möglich auch gleichzeitig das dafür benötigte Gerät – Sie erinnern sich: ein Modem – bereitstellt. Ich empfehle Ihnen, sich von verschiedenen Telefonanbietern sowie gegebenenfalls Ihrem Kabel-TV-Anbieter unverbindlich beraten zu lassen und Vergleichsangebote einzuholen. Ein Techniker oder ein versierter Verwandter sollte Ihnen dabei helfen, die Internetverbindung zu Hause einzurichten, um in diesem Zusammenhang keine Frustrationen zu erleben. Anschließend können Sie loslegen!

Ich gehe an dieser Stelle davon aus, dass Sie bereits über ein Gerät zum Herstellen der Internetverbindung verfügen. Sie können das Gerät an den bereits in Kapitel 1 kennengelernten Netzwerkanschluss Ihres Macs über ein Kabel anschließen.

Häufig wird die Verbindung mit dem Mac jedoch drahtlos herstellt – in einem sogenannten WLAN. WLAN ist eine englische Abkürzung, sie steht für »Wireless Local Area Network« (sprich: [waierless lokel äria nettwörk], übersetzt etwa »Drahtloses lokales Netzwerk«).

Ein WLAN können Sie mit dem Funken vergleichen, nur dass eben statt Menschen Geräte miteinander kommunizieren. Hier zeige ich Ihnen Schritt für Schritt, wie Sie die Verbindung mit einem WLAN-Gerät herstellen:

1. Klicken Sie rechts oben auf dem Bildschirm Ihres Macs auf das WLAN-Menulet.
2. Ihnen werden die in der Nähe verfügbaren WLANs angezeigt. Klicken Sie Ihr WLAN an. Wenn Sie nicht wissen, welches Ihr WLAN ist, schauen Sie den Standardnamen in den Unterlagen Ihres Internetanbieters nach bzw. befragen Sie die Person, die Ihnen beim Einrichten des WLANs geholfen hat.

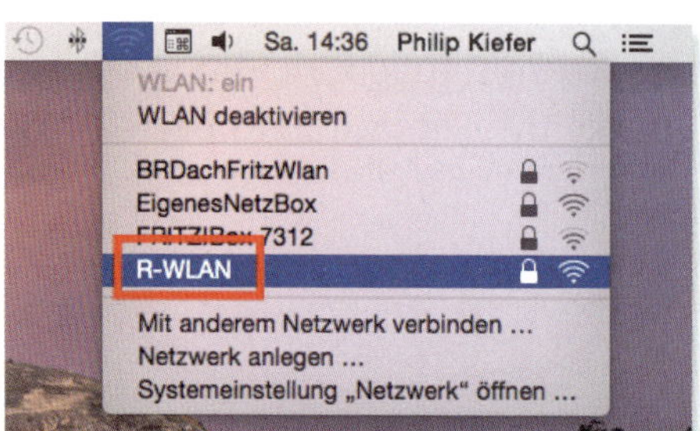

3. Geben Sie im folgenden Fenster das zugehörige Passwort ein und klicken Sie auf die Schaltfläche *Verbinden*. Schon wird die drahtlose Verbindung hergestellt.

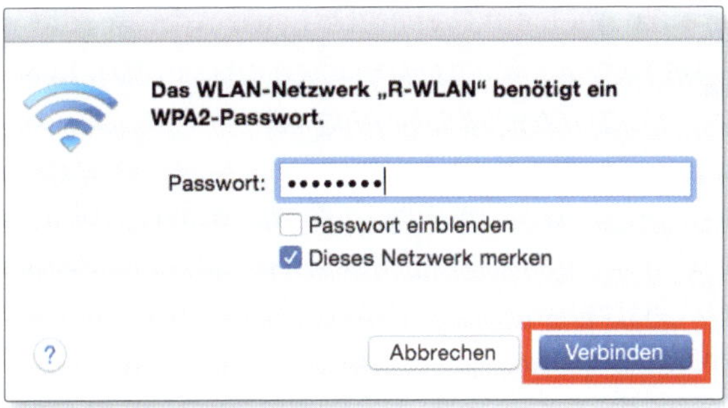


**Herr Peters empfiehlt**

Lassen Sie sich keine (weiteren) grauen Haare lassen, falls es mit der drahtlosen Verbindung nicht sofort klappen sollte. Das kann verschiedene Fehlerursachen haben: Steht das WLAN-Gerät zu weit entfernt von Ihrem Mac? Wurde das WLAN-Gerät nicht korrekt eingerichtet? Oder haben Sie sich einfach beim Eingeben des Passworts vertippt? Versuchen Sie es erneut. Wenn es weiterhin nicht klappen sollte, bitten Sie Ihren Sohn oder Enkel um Unterstützung.

## Webseiten aufrufen

Sie haben in diesem Buch bereits einige Male das Wort Webseite gelesen. So bezeichnet man Dokumente mit ganz verschiedenen Inhalten, die im Internet aufgerufen werden. Genau genommen im World Wide Web (sprich: [wörld waid wäb], englisch für weltweites Netz), einem Bestandteil des Internets. Im World Wide Web finden Sie alle Informationen, die Sie suchen, und das auf Ihrem Mac bereits vorhandene Programm »Safari« ist zum Aufrufen und Durchstöbern von Webseiten ausgezeichnet geeignet. Gerne stelle ich Ihnen auf den folgenden Seiten die wichtigsten Funktionen dieses Programms vor.

## So öffnen Sie eine Ihnen bekannte Webadresse

Stellen Sie sich einen Webauftritt vor wie ein Haus. Die Webseiten sind dann die Räume, die Sie innerhalb eines Hauses durchschreiten. Und wie jedes richtige Haus eine Adresse hat, so hat auch ein Webauftritt eine Adresse: die Webadresse. Eine Webadresse setzt sich aus mehreren Teilen zusammen, nehmen Sie z. B. einmal die Webadresse http://www.smartbooks.de.

Das *http://* in der Webadresse wird nicht immer angegeben. Die Abkürzung steht für Hypertext Transfer Protokoll (sprich: [haipertext tränsfär prottokoll], übersetzt etwa »Übertext-Übertragungsprotokoll«). Das ist ein technologischer Begriff, der Sie nicht weiter beschäftigen muss.

Das *www* steht für World Wide Web. Hierbei handelt es sich einfach um die Angabe, dass sich eine Webseite im World Wide Web befindet. Diese Angabe findet sich bei den meisten, aber auch nicht bei allen Webseiten.

Das *smartbooks* (sprich: [smartbucks]) ist einfach der Name der Webseite. Dieser Name wird ganz individuell vom Betreiber eines Webauftritts festgelegt. Häufig handelt es sich beispielsweise um einen Firmennamen.

Das *de* schließlich gibt Auskunft über die Herkunft der Webseite – es steht für Deutschland. Eine Webseite aus Österreich kann die Endung *at* haben, eine Webseite aus der Schweiz die Endung *ch*. Kann, muss aber nicht! Es gibt auch Endungen, die keine Auskunft über die Herkunft der Webseite geben. Die Endung einer Webadresse bezeichnet man auch als Top-Level-Domain (sprich: [top level domein]).

Die Punkte in der Webadresse dienen einfach als Trennzeichen zwischen den einzelnen Elementen. Sie stellen also fest: eine Webadresse ist recht logisch aufgebaut.

Ich zeige ich Ihnen nachher noch, wie Sie Webadressen zu Ihren Wunschthemen direkt im Internet finden. Häufig werden Webadressen aber auch im Fernsehen oder in Zeitschriften erwähnt oder einfach von einem guten Freund empfohlen. Notieren Sie sich Webadressen, die Sie interessieren. So rufen Sie diese dann auf Ihrem Mac auf:

1. Öffnen Sie das Programm Safari, indem Sie das entsprechende Programmsymbol im Dock anklicken.

2. Das Programm wird geöffnet und im Programmfenster ist automatisch ein Eingabefeld für die Webadresse aktiv. Ansonsten klicken Sie in das Eingabefeld hinein.
3. Tippen Sie die gewünschte Webadresse ein, z. B. www.smartbooks.de.

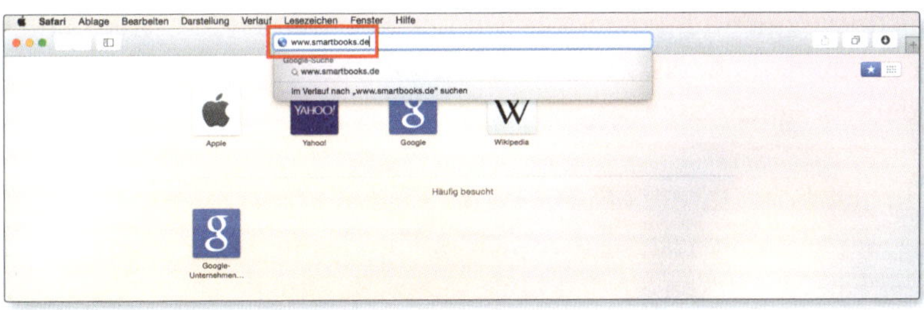


4. Betätigen Sie die Eingabe-Taste ⏎, um die Webseite zu laden. Sie wird daraufhin in Safari dargestellt.

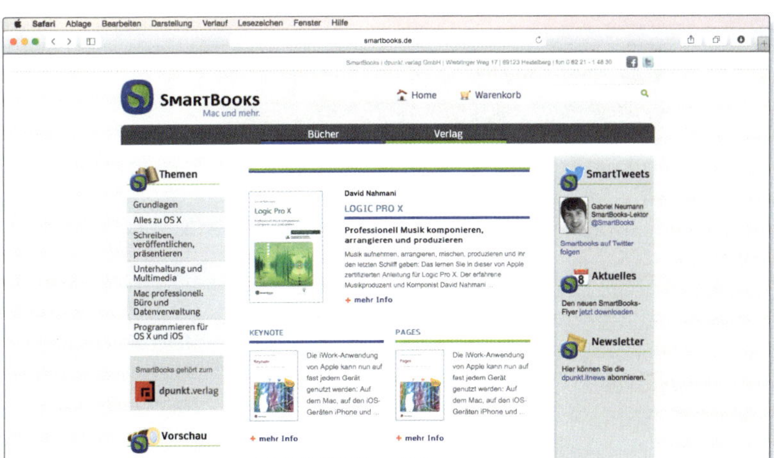

Sie werden oftmals feststellen, dass der untere Teil einer Webseite abgeschnitten ist. Um den unteren Teil sichtbar zu machen, verwenden Sie den bereits aus einem anderen Zusammenhang bekannten Rollbalken rechts im Fenster bzw. die entsprechenden Funktionen von Magic Mouse oder Trackpad. Man spricht in diesem Zusammenhang auch vom »Scrollen« (sprich: [skrollen], englisch für Rollen).

## So öffnen Sie einen sogenannten Link

Ein Webauftritt besteht fast immer aus mehreren, manchmal sogar Tausenden Webseiten. Zum Fortbewegen auf einer Webseite dienen Links. Ein Link (sprich: [link], englisch für Verknüpfung) kann sich unter einem Text verbergen, aber auch unter einem Bild oder unter einem anderen Element auf einer Webseite. Meistens werden Links auf besondere Weise dargestellt, etwa durch eine Unterstreichung, durch Fettdruck oder durch einen direkten Hinweis, dass es sich um einen Link handelt. Mit der Zeit werden Sie Links auf einer Webseite schnell erkennen. Zum Öffnen eines Links bieten sich Ihnen drei verschiedene Möglichkeiten:

- Link in gleichem Fenster öffnen: Wenn Sie den Mauszeiger auf einen Link bewegen, stellen Sie fest, dass er sich in eine Hand verwandelt. Sobald dies der Fall ist, klicken Sie den Link an, um ihn im gleichen Fenster zu öffnen, d. h. Sie wechseln von einer Webseite zur nächsten. Um zwischen den zuletzt geöffneten Webseiten hin und her zu blättern, verwenden Sie die beiden Pfeilsymbole < > links oben in Safari.

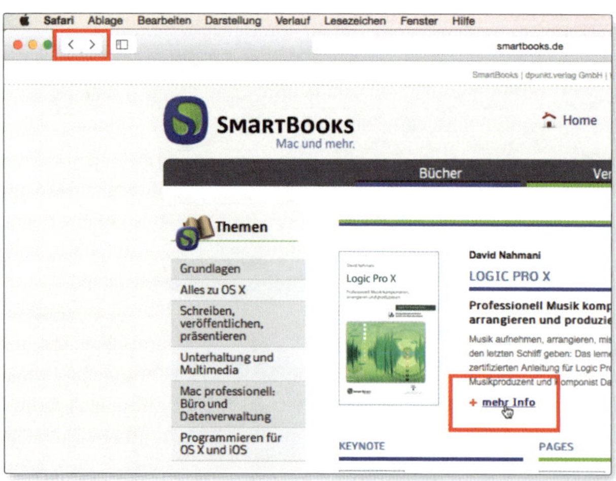


*Klicken Sie einen Link mit der Maus an, um die nächste Webseite im gleichen Fenster zu laden; mit den Pfeilsymbolen können Sie zwischen den Webseiten hin und her wechseln.*

- Link in neuer Registerkarte öffnen: Wenn Sie mehrere Webseiten gleichzeitig öffnen möchten, so verwenden Sie die Registerkarten, die Tabs innerhalb von Safari. Hierzu klicken Sie einen Link bei gedrückter [cmd]-Taste ⌘ an. Um eine neue, leere Registerkarte zu öffnen, klicken Sie auf das Plussymbol + rechts oben in Safari. Klicken Sie auf eine Registerkarte, um die entsprechende Webseite anzuzeigen.

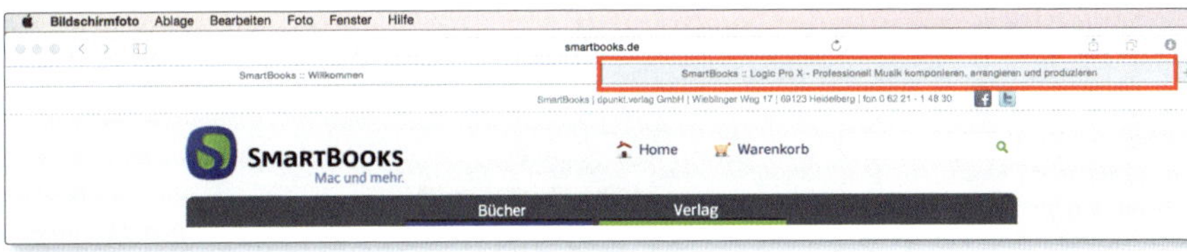


*Hier wurde ein Link in einer neuen Registerkarte, einem neuen Tab, geöffnet; durch Anklicken der Registerkarte wird die entsprechende Webseite angezeigt.*

- Link in neuem Fenster öffnen: Schließlich kann eine Webseite auch in einem neuen Fenster des Programms Safari aufgerufen werden. Um das zu bewerkstelligen, klicken Sie einen Link an, während Sie gleichzeitig die Tasten ⌥+⌘ gedrückt halten. Praktisch: Registerkarten lassen sich von einem Fenster in das andere ziehen – ideal, wenn Sie Webseiten zu bestimmten Themen sortieren möchten.

**Herr Peters empfiehlt**

Vergleichen Sie Webseiten, die viele Informationen und blinkende Bilder enthalten, mit dem Trubel der Großstädte. Wenn Ihnen das anfangs zu viel wird, besuchen Sie zwischendurch einige Kleinstädte, beispielsweise die Webseiten von Freunden oder der lokalen Bäckerei.

## So durchsuchen Sie das Internet nach Themen, die Sie interessieren

Um im Internet tolle Webseiten aufzurufen, müssen Sie sich gar nicht alle möglichen Webadressen merken. Einige Unternehmen haben Milliarden Webadressen gesammelt und daraus eine Art Index erstellt – durchaus vergleichbar mit dem Index hinten in diesem Buch. Wird in einer solchen sogenannten Suchmaschine ein Begriff nachgeschlagen, werden die passenden Einträge aufgelistet, in diesem Fall also Webseiten, welche den gesuchten Begriff enthalten.

Für die Suche im World Wide Web – für die Websuche – verwenden Sie in Safari das gleiche Feld, in das Sie auch Webadressen eingeben.

So führen Sie eine Websuche durch:

1. Klicken Sie mit der Maus in das Eingabefeld oben in Safari.
2. Geben Sie einen beliebigen Suchbegriff ein. Planen Sie eine Reise auf die Malediven, könnte der Suchbegriff *Malediven* lauten – Groß- und Kleinschreibung spielt bei der Eingabe übrigens keine Rolle.

3. Drücken Sie die Eingabe-Taste ↵, um die Websuche zu starten.
4. Sie erhalten eine Auflistung von Webseiten, die Ihren Suchbegriff enthalten. Meist sorgt die Suchmaschine dafür, dass die wichtigsten Webseiten ganz weit oben in der Liste stehen. Beachten Sie aber, dass auch Werbung angezeigt wird!
5. Klicken Sie, wie bereits bekannt, einen Ergebnis-Link an, um die entsprechende Webseite zu öffnen.

Die Suchmaschine, die in Safari standardmäßig für die Websuche zum Einsatz kommt, ist Google (sprich: [guhgel]). Von diesem Unternehmen haben Sie bestimmt schon einiges in den Medien gehört und gelesen. Es handelt sich um die mit Abstand beliebteste Suchmaschine der Welt. Ich kann deren Nutzung auch Ihnen empfehlen.

Sie werden feststellen, dass Sie zu den meisten Suchbegriffen unglaublich viele Treffer erhalten. Eine Suche lässt sich ganz einfach eingrenzen, indem Sie weitere Begriffe anhängen. Statt nur nach *Malediven* zu suchen, könnte Ihre Suche also beispielsweise lauten *Malediven Hotel seniorengerecht*.

Wenn bestimmte Begriffe in einer vorgegebenen Reihenfolge gesucht werden sollen, setzen Sie diese in Anführungszeichen. Suchen Sie also etwa nach einem bestimmten Hotel, so schreiben Sie *"Malediven Hotel Sonnenaufgang im Paradies"*.

**Tipp**

Wenn Sie alle Inhalte aus dem Eingabefeld in Safari entfernen und dann auf das Lupensymbol klicken, können Sie auch andere Suchanbieter für die Websuche auswählen.

**Power User**

Auf einer Webseite erscheint zu viel Werbung, die Sie stört? Häufig erscheint beim Aufrufen einer Webseite im Eingabefeld oben in Safari das Symbol. Klicken Sie dieses an, um die Inhalte der Webseite in einem separaten Reader (sprich: [rieder], englisch für Leser) aufzurufen, der nicht nur eine Anzeige ohne Werbung, sondern auch noch ein Anpassen der Textgröße erlaubt. Durch einen erneuten Mausklick auf das gleiche Symbol blenden Sie den Reader wieder aus.

## Webseiten in einem privaten Fenster öffnen

Im Internet sind Sie alles andere als anonym. Wenn Sie eine Internetverbindung herstellen, wird Ihnen eine bestimmte Adresse zugeordnet, die nicht nur eine eindeutige Identifizierung im Falle eines strafrechtlich relevanten Delikts ermöglichen würde, sondern auch ohne den erstgenannten Fall eine ungefähre Ermittlung Ihres Standorts erlaubt. Damit müssen Sie leben, und Sie können sich damit trösten, dass zu jeder Zeit viele Millionen Menschen im Internet unterwegs sind und wohl kaum so viele Daten gesammelt bzw. dann auch ausgewertet werden können. Aber wer weiß! Wie gesagt: Gehen Sie im Internet stets behutsam mit Ihren Daten um und beschränken Sie Ihre Aktivitäten im World Wide Web zunächst auf bekannte, seriöse Webseiten, z. B. von bekannten Medienhäusern oder von Unternehmen oder Organisationen, die Sie aus dem Fernsehen oder aus Zeitschriften kennen. Geben Sie in jedem Fall nur Webseiten mit einem gewissen Bekanntheitsgrad Ihre persönlichen Daten preis!

Was Sie außerdem tun können: Sie können dafür sorgen, dass keine Daten der besuchten Webseiten auf Ihrem Computer gespeichert werden. Normalerweise speichert Safari nämlich einen Verlauf Ihrer Aktivitäten und eine Menge Daten der besuchten Webseiten. Wenn Sie das verhindern möchten, öffnen Sie die Webseiten in einem privaten Fenster. Und das geht so:

1. Klicken Sie in der Menüleiste von Safari – ganz oben auf dem Bildschirm – auf *Ablage*.
2. Wählen Sie im sich öffnenden Menü den Befehl *Neues privates Fenster*.

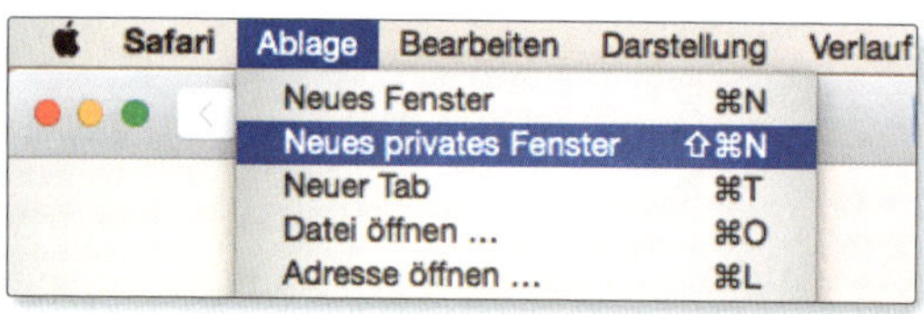


3. Es wird ein neues Fenster aufgerufen, in dem Sie nun Webseiten aufrufen können, ohne dass deren Daten auf dem Computer gespeichert werden. Sie erkennen ein privates Fenster insbesondere an dem dunkleren Eingabefeld.

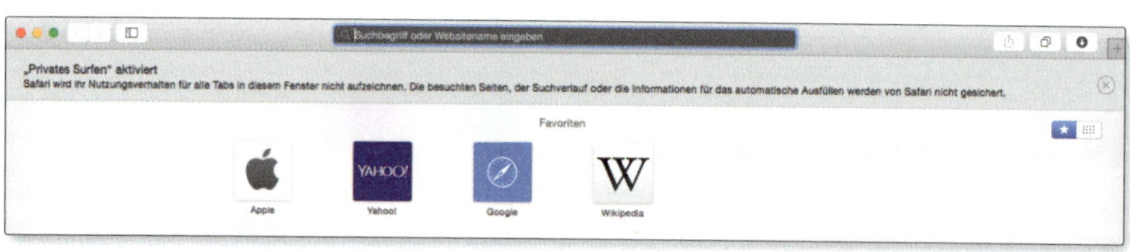


Eine alternative Möglichkeit, um ein privates Fenster zu öffnen: Klicken Sie das Programmsymbol im Dock mit der rechten Maustaste bzw. bei gedrückter [ctrl]-Taste an oder halten Sie das Programmsymbol einfach länger gedrückt. Im sich öffnenden Kontextmenü wählen Sie dann den Eintrag *Neues privates Fenster*. Auch dazu muss bereits ein Fenster geöffnet sein.

## So speichern Sie Ihre Lieblingswebseiten ab

Der Verlauf der von Ihnen bereits besuchten Webseiten bietet natürlich auch einen wichtigen Vorteil: Sie können den Verlauf durchstöbern und die bereits besuchten Webseiten bequem erneut öffnen – eben so lange, wie diese gespeichert bleiben. Um auf den Verlauf zuzugreifen, wählen Sie in der Menüleiste von Safari *Verlauf* und dann *Verlauf einblenden* (Sie können alternativ auch direkt im Menü auf die Verlaufseinträge zugreifen). Die Webseiten werden, nach Datum sortiert, aufgeführt und können per Doppelklick darauf erneut geöffnet werden.

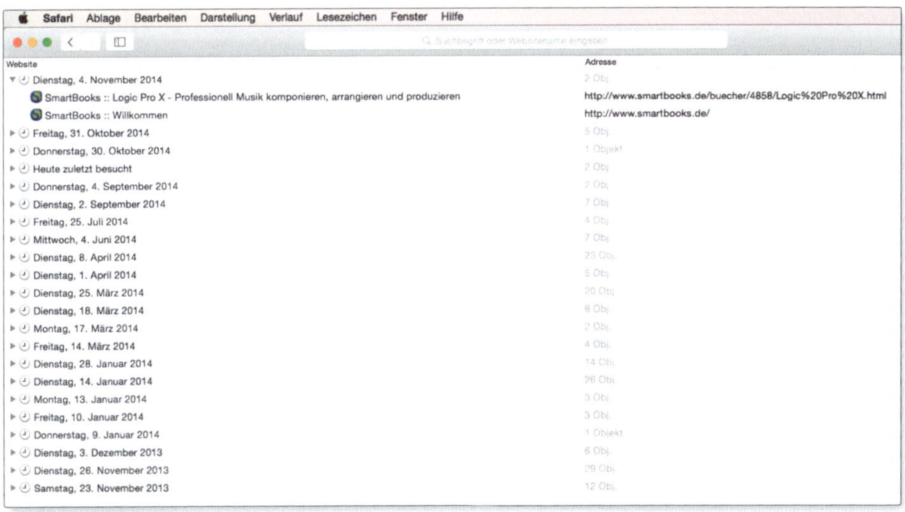


*Doppelklicken Sie im Verlauf auf einen Eintrag, um die entsprechende Webseite erneut zu laden.*

Sie möchten den Verlauf der bereits besuchten Webseiten bereinigen. Hierzu klicken Sie links unterhalb des Verlaufs auf die Schaltfläche *Verlauf löschen*. Sie können diese Funktion auch aufrufen, indem Sie sich in der Menüleiste für Safari und dann für *Verlauf und Websitedaten löschen* entscheiden.

Webseiten bzw. Webadressen lassen sich aber auch als Lesezeichen abspeichern, um sie später jederzeit erneut laden zu können. Die Vorgehensweise ist denkbar einfach:

1. Rufen Sie eine Webseite auf die beschriebene Weise auf.
2. Entscheiden Sie sich in der Menüleiste für *Lesezeichen*.

3. Wählen Sie im sich öffnenden Menü den Eintrag *Lesezeichen hinzufügen*.

4. Sie können noch den Speicherordner sowie die Bezeichnung des Lesezeichens ändern. Klicken Sie auf *Hinzufügen*, um das Lesezeichen anzulegen.

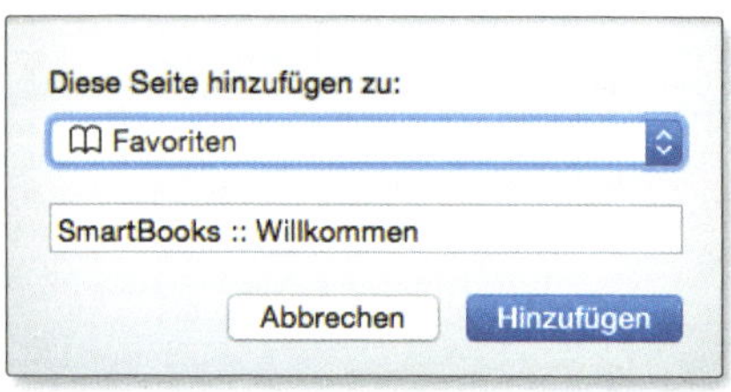


5. Um das Lesezeichen aufzurufen, klicken Sie links oben in Safari auf das Symbol ◫. Es wird eine Leiste mit den Lesezeichen eingeblendet. Das Anklicken eines Lesezeichens lädt die entsprechende Webseite. Alternativ greifen Sie auf Ihre Lesezeichen direkt in der Menüleiste unter *Lesezeichen* zu.

Standardmäßig werden die von Ihnen unter *Favoriten* gespeicherten Lesezeichen auch dann angezeigt, wenn Sie Safari starten bzw. eine neue, leere Registerkarte aufrufen. Alternativ können Sie sich auch die Top Sites (sprich: [topp saits]) anzeigen lassen, das sind die von Ihnen am häufigsten aufgerufenen Webseiten. Dazu klicken Sie rechts oben in der Anzeige der Favoriten auf das Symbol .

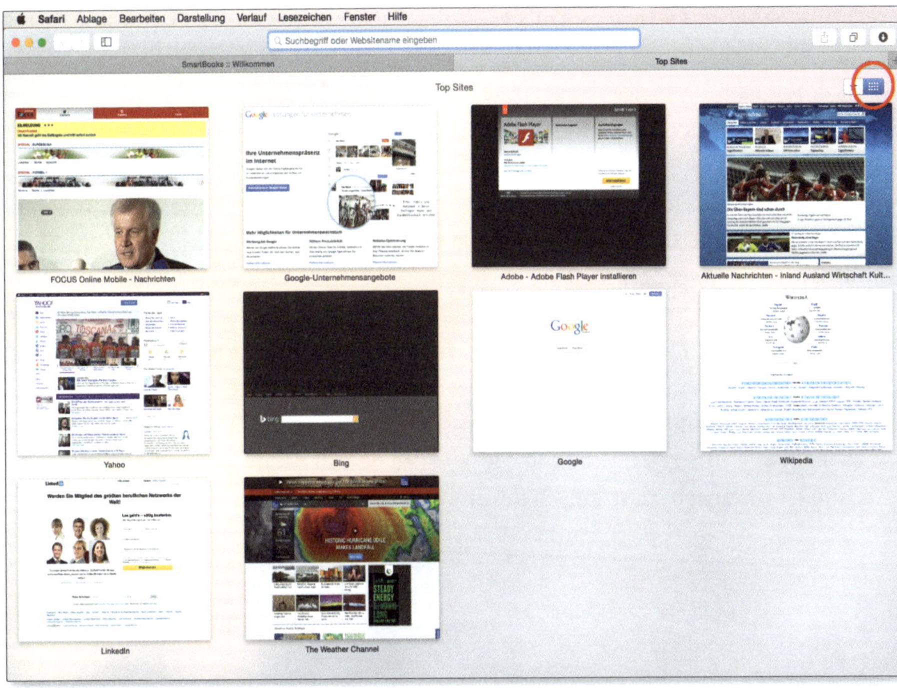


*Hier werden beim Anlegen einer neuen, leeren Registerkarte die Top Sites dargestellt – besonders häufig besuchte Webseiten zum schnellen erneuten Öffnen.*

### Power User

Während Sie bei einem Lesezeichen lediglich die Webadresse speichern, können Sie auch die Webseite selbst in einer Leseliste speichern. Hierzu wählen Sie in der Menüleiste unter *Lesezeichen* den Eintrag *Zur Leseliste hinzufügen*. Die Leseliste rufen Sie ebenfalls unter dem Symbol  auf, und zwar indem Sie sich in der Lesezeichenleiste für das Brillensymbol  entscheiden.

Die Optionen zum Hinzufügen von Lesezeichen oder zur Leseliste – nebst weiteren Optionen für den Versand oder die Freigabe eines Lesezeichens für andere Personen finden Sie übrigens auch unter dem Symbol  rechts oben in Safari.

## Webseiten ausdrucken oder als Dokument speichern

Statt eine Webadresse oder Webseite in Safari zu speichern, können Sie diese auch zu Papier bringen oder in Form eines PDF-Dokuments speichern. PDF steht für Portable Document Format (sprich: [portäbel dokjument formet], übersetzt etwa transportables Dokumentenformat). Es handelt sich dabei um ein verbreitetes Dateiformat, das benutzt wird, um ein Dokument in Form einer Datei auf dem Computer abzulegen. Zum Thema Drucken lesen Sie noch mehr in Kapitel 5. Hier nur ein kleiner Vorgriff.

- Webseite drucken: Zum Ausdrucken einer Webseite rufen Sie diese in Safari auf. Klicken Sie dann in der Menüleiste auf *Ablage* und wählen Sie im sich öffnenden Menü den Eintrag *Drucken*. Es öffnet sich eine Druckvorschau, in der Sie noch verschiedene Einstellungen zum Ausdruck vornehmen können, Sie können z.B. die Größe des Ausdrucks verändern, per Kontrollkästchen die automatischen Kopf- und Fußzeilen deaktivieren oder eine Webseite im Hoch- statt im Querformat ausdrucken. Um die Webseite schließlich zu Papier zu bringen, klicken Sie auf die Schaltfläche *Drucken*. Voraussetzung ist natürlich, dass ein Drucker an den Computer angeschlossen wurde.

*Diese Abbildung zeigt die Druckvorschau einer Webseite – mit verschiedenen Einstellungsmöglichkeiten.*

- Webseite als PDF-Dokument speichern: Um eine Webseite als PDF-Datei auf dem Computer zu archivieren, rufen Sie die Webseite auf. Klicken Sie dann in der Menüleiste auf *Ablage*. Im sich öffnenden Menü entscheiden

Sie sich für den Eintrag *Als PDF exportieren*. Geben Sie gegebenenfalls eine andere Bezeichnung für die Datei ein, wählen Sie einen Speicherort aus und bestätigen Sie mit *Sichern*, um die Datei zu erstellen. Im Kapitel 6 wird das Thema Dateien noch ausführlich erklärt.

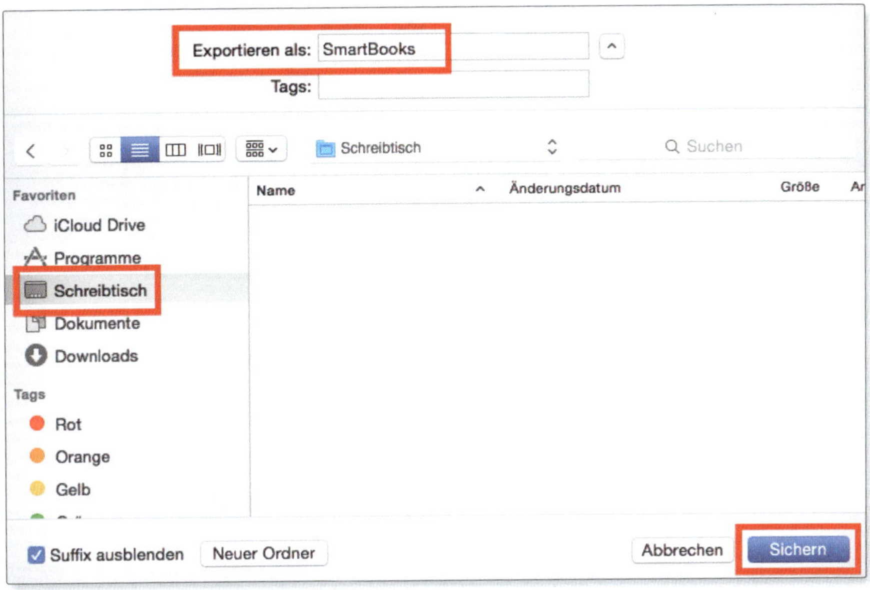


*In diesem Fall wird eine Datei namens »SmartBooks« auf dem Schreibtisch gespeichert.*

Drucken Sie Webseiten wirklich nur dann aus, wenn es notwendig ist, also etwa um wichtige Informationen zu archivieren. Besonders Farbausdrucke sind teuer!

## Sie möchten beim Start von Safari eine bestimmte Webseite laden?

Vielleicht möchten Sie beim Start von Safari gleich Ihre Lieblingswebseite laden? Ich zeige Ihnen Schritt für Schritt, wie einfach sich das bewerkstelligen lässt:

1. Klicken Sie in der Menüleiste auf *Safari*.
2. Entscheiden Sie sich im sich öffnenden Menü für den Eintrag *Einstellungen*.
3. Im folgenden Fenster tragen Sie unter *Allgemein* in das Feld *Homepage* (sprich: [houmpeidsch], englisches Wort für Startseite) die gewünschte Webadresse ein.

4. Wählen Sie anschließend unter *Neue Fenster öffnen mit* sowie *Neue Tabs öffnen mit* jeweils die Option *Homepage* aus. Anschließend können Sie das Fenster wieder schließen.

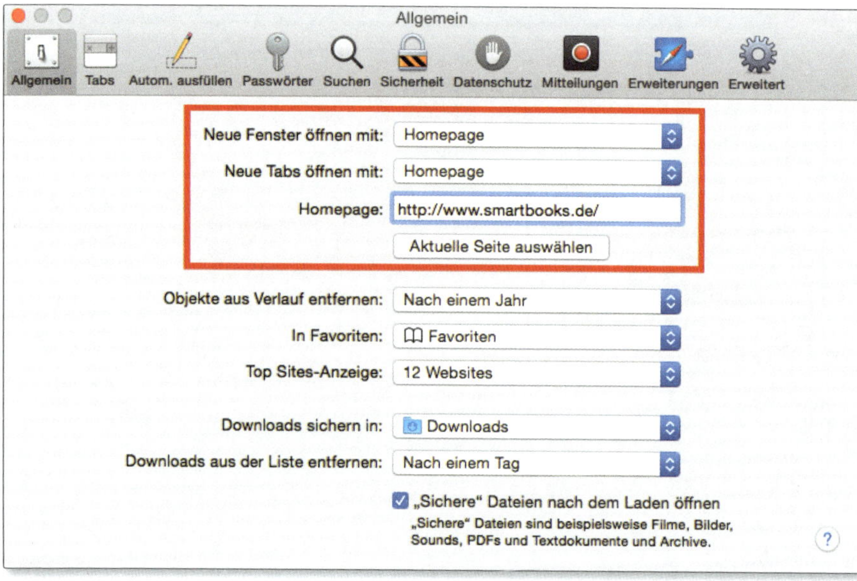


## Herr Peters empfiehlt

Sie werden sicher bereits erraten haben, dass Safari noch eine Vielzahl weiterer Funktionen bietet. Lassen Sie es aber bis auf Weiteres bei den inzwischen bekannten, wichtigsten Funktionen bewenden. Wenn Sie bei der Nutzung des World Wide Webs etwas erfahrener sind, werden Sie nach und nach fast automatisch die weiteren Funktionen erkunden. Dazu gehört auch das Herunterladen von Dateien aus dem Internet auf den eigenen Computer. Dies erfolgt durch einen speziellen Link, der mit einer Datei verknüpft ist – wenn Sie einen solchen Download-Link (sprich: [daunloud-link], »Download« ist das englische Wort für Herunterladen) anklicken, wird die jeweilige Datei heruntergeladen und lässt sich anschließend rechts oben in Safari unter dem Symbol  aufrufen.

## Zehn wichtige Webseiten, die Sie in jedem Fall kennen sollten

Es gibt wirklich unzählige Webseiten. Praktisch jede Firma, jeder Verein, jede sonstige Organisation, sogar viele Privatpersonen verfügen über einen eigenen Webauftritt. Lassen Sie mich Ihnen an dieser Stelle noch zehn der hierzulande meistbesuchten Webseiten vorstellen, um Ihnen Webadressen für einen guten Start im World Wide Web zu bieten.

Darunter befinden sich übrigens auch Webseiten, die das Einkaufen im Internet ermöglichen. An dieses Thema sollten Sie sich aber bitte erst heranwagen, wenn Sie im Umgang mit dem World Wide Web schon etwas geübter sind. Starten Sie dann mit dem Kauf kleinerer Artikel, z. B. einem Buch oder einer CD. Das geht wirklich bequem vom Computer aus. Bedenken Sie aber bitte auch, dass unsere Innenstädte über kurz oder lang aussterben werden, wenn jeder nur noch im Internet kauft! Hier nun also die zehn Webseiten:

| Webadresse | Was findet man hier? |
|---|---|
| www.bing.com | Mit der Suchmaschine Google habe ich Sie bereits vertraut gemacht. Eine gute Alternative zu Google bietet die Suchmaschine Bing, die mit ganz ähnlichen Funktionen aufwartet. Bing wird vom amerikanischen Unternehmen Microsoft (sprich: [maikrosoft]) betrieben. |
| www.facebook.de | Facebook (sprich: [feisbuck], übersetzt etwa »Gesichtsbuch«) ist das größte soziale Netzwerk im Internet. Soziales Netzwerk bedeutet einfach, dass sich die Menschen hier untereinander vernetzen. Man versendet dazu Freundschaftsanfragen und gibt seinen Freunden dann alle möglichen Informationen, Fotos usw. preis. Zu Bedenken gilt es in diesem Zusammenhang, dass auch diverse Geheimdienste und Unternehmen mitlesen. |
| www.youtube.de | YouTube (sprich: [juhtjub]) gehört seit einigen Jahren ebenfalls zum Google-Konzern. Es handelt sich um das weltgrößte Videoportal. Hier kann jeder eigene Videos veröffentlichen – und viele Millionen Videos anderer Nutzer betrachten. Sogar komplette Spielfilme sind im Angebot. Schon mancher Künstler wurde über YouTube entdeckt, ein bekanntes Beispiel ist der kanadische Sänger Justin Bieber. |

| Webadresse | Was findet man hier? |
|---|---|
| www.amazon.de | Auch von Amazon (sprich: [ämesen]) werden Sie bereits in den Medien gehört haben. Zumeist wird negativ über das weltgrößte Internetversandhaus berichtet, aber Sie erhalten hier viele Artikel günstiger als im Geschäft vor Ort (eine Ausnahme sind z.B. Bücher), und der Versand erfolgt in aller Regel schnell und zuverlässig. Bei Amazon bekommen Sie so ziemlich alles, was Sie suchen. Aber aufgepasst: Amazon dient gleichzeitig als Plattform für Verkäufer, die nicht zu Amazon gehören, darauf ist beim Einkauf im Internet zu achten! 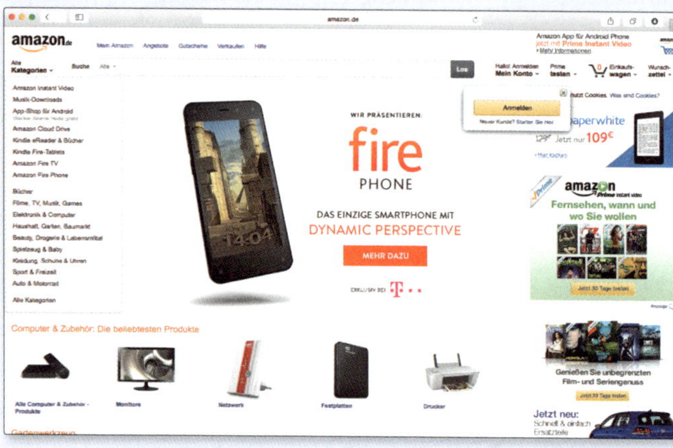  |
| www.ebay.de | Auch eBay (sprich: [ihbei]) ist eine beliebte Anlaufstelle für Einkäufe im Internet. Es handelt sich hierbei um ein Auktionshaus, bei dem Artikel ersteigert werden können. Sehr viele Artikel können aber auch zum Festpreis sofort gekauft werden. Bei eBay tummeln sich sehr viele Händler. Wenn Sie bei eBay etwas ersteigern oder kaufen möchten, achten Sie auf positive Bewertungen des potenziellen Verkäufers. Natürlich können Sie auch selbst Waren versteigern – ideal, wenn Sie mal wieder den Keller ausmisten! |
| de.wikipedia.org | Das Internet ist ein gigantisches Nachschlagewerk. Ein spannendes Angebot in diesem Zusammenhang ist die Wikipedia, eine Internet-Enzyklopädie, in der Begriffe aller Art nachgeschlagen werden können. Die Wikipedia ist ein gemeinnütziges Projekt. Faszinierend ist die Tatsache, dass die Enzyklopädie durch ihre Nutzer selbst zusammengestellt wird und sie sich dennoch als sehr zuverlässig erweist. |

| Webadresse | Was findet man hier? |
|---|---|
| www.yahoo.de | Yahoo (sprich: [jahuu]) ist ein sehr großes Internetportal. Sie finden hier aktuelle Nachrichten und weitere Informationen, erhalten aber auch Zugriff auf eine Vielzahl nützlicher Dienste. Auch eine Webseite lässt sich per Suchfeld auf der Seite starten. Wie die meisten großen Webseiten stammt auch Yahoo aus den USA.<br>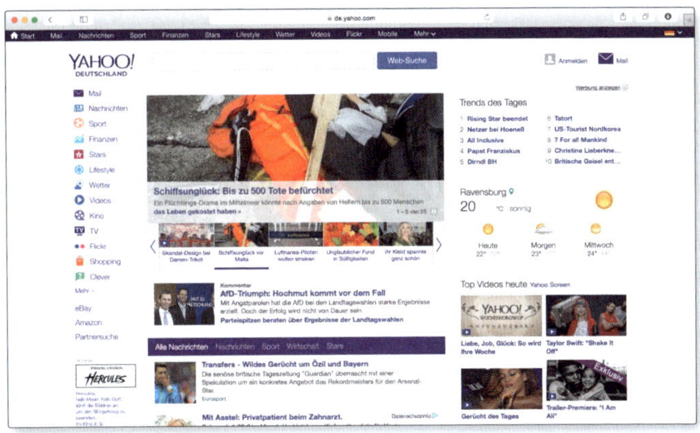 |
| www.twitter.de | Endlich wissen Sie, was gemeint ist, wenn im Fernsehen Twitter-Meldungen präsentiert werden! Twitter ist ein Dienst, der es seinen Nutzern ermöglicht, im Internet kurze Nachrichten zu veröffentlichen. Andere Nutzer können diese Nachrichten verfolgen. Ein sehr einfaches Prinzip, das sich aber in Windeseile durchgesetzt hat. Wer in der Medienbranche etwas auf sich hält, der twittert. Die Frage, ob man diese ganzen Informationen wirklich braucht, steht auf einem anderen Blatt. |
| www.web.de | Bei Web.de handelt es sich um ein sehr beliebtes deutsches Internetportal. Auch hier finden Sie Nachrichten sowie weitere Informationen, und Sie erhalten Zugriff auf verschiedene Dienste. Ebenfalls möglich ist eine Websuche bei Google. Es gibt noch mehr solcher Portale, Sie haben also die freie Wahl! |
| www.spiegel.de | Spiegel Online zählt zu den beliebtesten Nachrichtenangeboten in Deutschland. Wenn Sie möchten, lesen Sie Ihre Nachrichten zukünftig im Internet und sparen sich das Abonnement einer Tageszeitung. Fast alle Magazine und Zeitungen sind inzwischen mit einem eigenen Webauftritt im Internet vertreten. |

# Elektronische Post versenden

Das World Wide Web ist nur eine Funktion des Internets. Eine weitere sehr wichtige Funktion ist der Versand und das Empfangen von E-Mails, von elektronischer Post. Diesem Zweck dient auf Ihrem Mac das Programm »Mail«. Um es einrichten zu können, benötigen Sie allerdings zunächst eine eigene E-Mail-Adresse, unter der andere E-Mail-Empfänger Sie erreichen können und über die der Versand eigener E-Mails läuft. Auf den folgenden Seiten zeige ich Ihnen, wie Sie eine E-Mail-Adresse anlegen und diese anschließend im Programm Mail einrichten; dann stelle ich Ihnen alle für Sie wichtigen E-Mail-Funktionen vor.

## Holen Sie sich im Internet eine kostenlose E-Mail-Adresse

Die E-Mail-Adresse ist gewissermaßen Ihre Wohnanschrift für elektronische Post. Im Internet gibt es eine Vielzahl von Anbietern, die Ihnen eine E-Mail-Adresse kostenlos zur Verfügung stellen. Am Beispiel Gmail (sprich: [dschimeil]) erfahren Sie Schritt für Schritt, wie einfach Sie eine E-Mail-Adresse anlegen:

1. Öffnen Sie Safari, tippen Sie die Webadresse mail.google.com in das Eingabefeld ein und betätigen Sie die Eingabe-Taste ⏎, um die Seite zu laden.
2. Klicken Sie unterhalb der Eingabefelder für die Anmeldung auf den Link *Konto erstellen.*

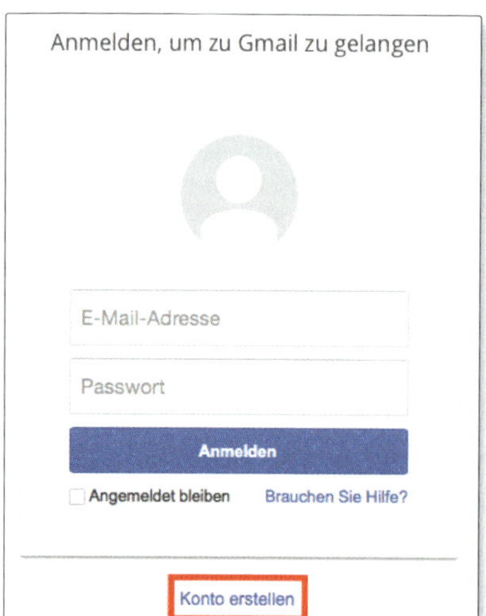

3. Nun sind in den einzelnen Eingabefeldern einige persönliche Angaben erforderlich. Geben Sie zunächst Ihren Vor- und Ihren Zunamen ein. Wählen Sie dann den vorderen Teil Ihrer E-Mail-Adresse, in der Regel ist das – durch einen Punkt getrennt – erneut Ihr Vor- und Zuname. Es folgt die zweimalige Eingabe eines sicheren Passworts, das aus Groß- und Kleinbuchstaben, Ziffern sowie eventuell auch Sonderzeichen besteht. Geben Sie dann noch Ihr Geburtsdatum sowie Ihr Geschlecht an. Benötigt wird außerdem eine Telefonnummer. Tippen Sie den angezeigten Bestätigungscode ein, aktivieren Sie das Kontrollkästchen *Ich stimme den Nutzungsbedingungen von Google zu…* und klicken Sie auf *Nächster Schritt.*

4. Im nächsten Schritt werden Sie noch gefragt, ob Sie ein öffentliches Google+-Profil erstellen möchten. Google+ ist ein soziales Netzwerk von Google. In der Regel klicken Sie hier auf die Schaltfläche *Nein, danke.*
5. Klicken Sie auf *Weiter zu Gmail*, um sich das E-Mail-Konto in Safari anzeigen zu lassen. Gleich zeige ich Ihnen aber auch, wie Sie dieses im Programm Mail einrichten.

**Power User**

Google ist als Datenkrake bekannt, aber die anderen Internetanbieter sind da auch nicht viel besser. Um Ihre Daten bei Google zu verwalten, rufen Sie in Safari die Webadresse www.google.com/settings auf. Sie erhalten einen Überblick über die bei Google gespeicherten Daten und können bestimmte Daten und Produkte entfernen.

## E-Mail-Konto auf dem Mac einrichten

Nachdem Sie über eine E-Mail-Adresse und das zugehörige Passwort verfügen, ist das Einrichten eines E-Mail-Kontos auf dem Mac das reinste Kinderspiel. Gehen Sie hierzu folgendermaßen vor:

1. Klicken Sie im Dock auf das Programmsymbol des Programms Mail, um dieses zu öffnen.

2. Wenn noch kein E-Mail-Konto angelegt wurde, wird automatisch ein entsprechender Assistent geöffnet. Wählen Sie in diesem Assistenten zunächst Ihren E-Mail-Anbieter aus – hier *Google* – und bestätigen Sie mit *Fortfahren*.

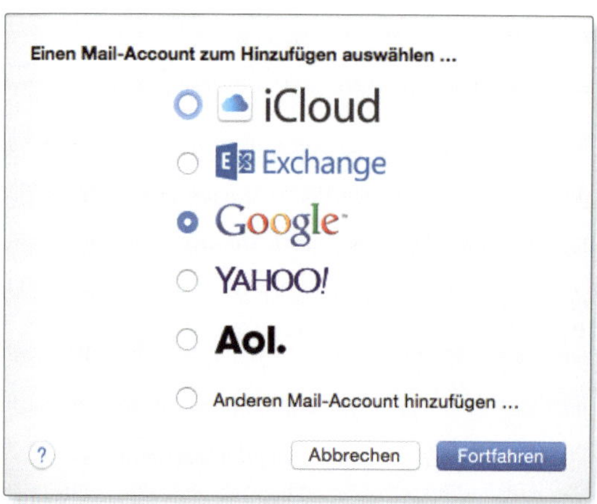

3. Geben Sie Ihren Namen, die angelegte E-Mail-Adresse sowie das zugehörige Passwort ein und bestätigen Sie mit *Konfigurieren*.

4. Mit Gmail lassen sich nicht nur E-Mails, sondern auch Kontakte, Termine, Nachrichten und Notizen aus dem Internet auf den Computer laden und umgekehrt. Wählen Sie im letzten Schritt aus, welche Elemente Sie verwenden möchten, und bestätigen Sie mit *Fertig*.

Bei einigen E-Mail-Anbietern kann das Einrichten eines E-Mail-Kontos etwas komplizierter sein. Sie als Einsteiger wählen aber bitte erst mal den einfachen Weg!

## Das Programm Mail gekonnt nutzen

Die Bedienoberfläche des Programms Mail ist klar strukturiert. Sie erhalten links eine Auswahl an Postfächern, wobei Sie neue E-Mails im Postfach *Eingang* empfangen. Im Bereich rechts werden die Inhalte des ausgewählten Postfachs angezeigt. Wenn Sie eine E-Mail anklicken, erscheinen wiederum deren

Inhalte unten in einem Vorschaufenster. Die *Postfächer* lassen sich über eine gleichlautende Schaltfläche oberhalb der Leiste ein- und ausblenden. Das ist doch nicht schwierig, oder?

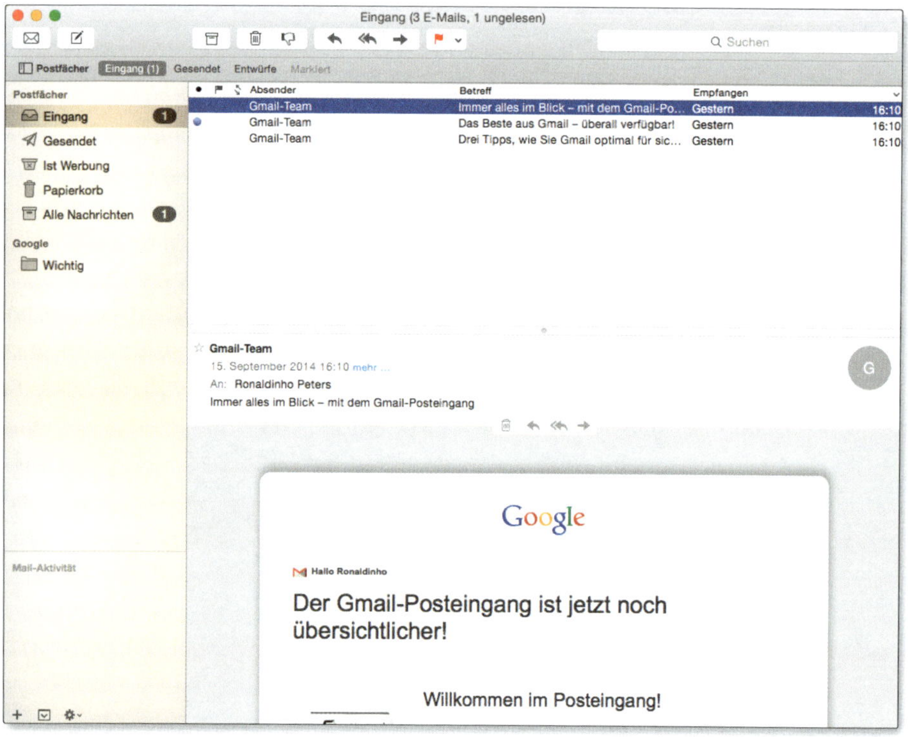


*Die Bedienoberfläche des Programms Mail ist klar strukturiert und übersichtlich.*

Die Abbildung oben zeigt übrigens das klassische Layout, da diese Option bei mir in den Einstellungen aktiviert ist. Um zu prüfen, welches Layout Sie selbst verwenden, klicken Sie in der Menüleiste auf *Mail* und wählen im sich öffnenden Menü den Eintrag *Einstellungen*. Wählen Sie im folgenden Fenster *Darstellung* und aktivieren Sie gegebenenfalls das Kontrollkästchen *Klassisches Layout*.

Verwirrend könnten für Sie allenfalls die verschiedenen Symbole sein, die Sie oben in der Bedienoberfläche vorfinden. Damit lassen sich auf die Schnelle besonders wichtige Programmfunktionen aufrufen – für den Zugriff auf sämtliche Programmfunktionen finden Sie auch im Programm Mail eine Menüleiste. Diese Funktionen stehen Ihnen in der Symbolleiste zur Verfügung:

- : Klicken Sie auf dieses Symbol, um neue E-Mails aus dem Internet abzurufen. Die E-Mails werden im Internet auf einem E-Mail-Server (sprich: [sörwer], englisch für Diener) abgelegt, einem großen Computer, der rund um die Uhr zur Verfügung steht. Von dort holen Sie sich die E-Mails, wenn Sie sie lesen wollen. Das Programm Mail ruft Ihre elektronische Post aber auch automatisch ab, so dass Sie dieses Symbol nur dann benötigen, wenn Sie Ihre E-Mails einmal manuell abrufen möchten.
- : Wenn Sie selbst eine E-Mail verfassen möchten, klicken Sie auf dieses Symbol. Alles, was Sie benötigen, ist die E-Mail-Adresse des Empfängers bzw. der Empfänger, falls Sie die E-Mail an mehrere Personen senden möchten. Geben Sie die E-Mail-Adresse in das Feld *An* ein. Das Feld *Kopie* ist optional und dient zum Versenden einer E-Mail-Kopie. Wieder wichtig ist das Feld *Betreff*, hier machen Sie eine kurze Angabe zum Inhalt der E-Mail – es ist die erste Angabe, die der E-Mail-Empfänger sieht, bevor er die elektronische Post öffnet. Im großen Eingabefeld schließlich verfassen Sie Ihre Nachricht – ganz genauso wie in einem Brief, den Sie von Hand schreiben. Die Symbole oberhalb der E-Mail-Felder dienen dazu, die E-Mail gegebenenfalls noch zu verschönern. Um die elektronische Post zu versenden, klicken Sie auf das Symbol .

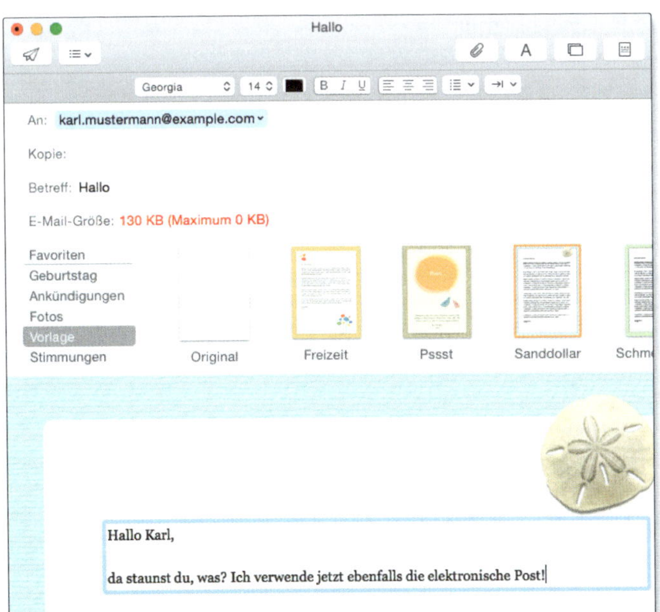


*Hier habe ich für meine E-Mail eines der unter dem Symbol verfügbaren Briefpapiere ausgewählt.*

- : Klicken Sie auf dieses Symbol, um eine ausgewählte (also im Postfach angeklickte) E-Mail aus dem Eingang in ein Archiv zu verschieben. Sie kann dort zu einem späteren Zeitpunkt jederzeit wieder aufgerufen werden.
- : Wird eine ausgewählte E-Mail nicht mehr benötigt? Dann klicken Sie auf dieses Symbol, um die E-Mail zu löschen. Sie steht dann immer noch im Postfach *Papierkorb* zur Verfügung, bis der Papierkorb geleert wird.
- : Leider werden Sie nicht nur erwünschte E-Mails von Ihren Verwandten, Freunden und Bekannten erhalten, sondern im Laufe der Zeit auch viele ungewünschte E-Mails, die z. B. Werbung für eine Spielkasino enthalten können. Klicken Sie auf dieses Symbol, um eine ausgewählte E-Mail entsprechend zu kennzeichnen.
- : Klicken Sie auf dieses Symbol, um eine erhaltene E-Mail zu beantworten. Sie müssen sich dann nicht um die Eingabe von Empfänger-Adresse und Betreff kümmern, sondern brauchen nur noch die E-Mail- Nachricht zu verfassen und zu versenden.
- : Eine E-Mail hatte neben dem Absender auch andere Empfänger? Klicken Sie auf dieses Symbol, um auch ihnen eine Antwort-E-Mail zukommen zu lassen.
- : Auf dieses Symbol klicken Sie dann, wenn Sie eine E-Mail an eine andere Person weiterleiten möchten. Sie können die E-Mail zuvor noch mit eigenen Kommentaren versehen.

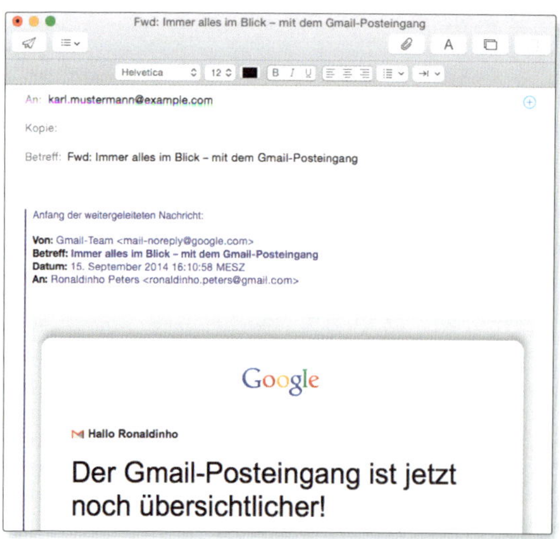


*Hier leite ich eine empfangene E-Mail an einen anderen Empfänger weiter.*

- : Dieses Symbol dient schließlich dazu, eine E-Mail mit einem Etikett in einer bestimmten Farbe zu versehen, um sie von anderen E-Mails im

Postfach abzuheben bzw. um gleich etikettierte E-Mails in einen von Ihnen selbst bestimmten Zusammenhang zu bringen.

**Herr Peters empfiehlt**

Wenn Sie die elektronische Post tatsächlich einsetzen, wird sich das alles schnell wie von selbst erklären. Wissen Sie übrigens noch, wie auf der Mac-Tastatur das für die Eingabe einer E-Mail-Adresse erforderliche @-Zeichen gebildet wird? Ganz genau: Mit den Tasten [⌥]+[L].

## Ihre elektronische Post ideal verwalten

Sie werden sehr schnell sehr viele E-Mails senden und empfangen, denn Sie werden merken, dass in Ihrer Verwandtschaft und Ihrem Freundes- und Bekanntenkreis die meisten elektronische Post verwenden. Auch mit Firmen, Vereinen usw. können Sie per E-Mail kommunizieren. Kurz: Im Moment haben Sie noch nicht viele E-Mails erhalten, doch das wird sich rasch ändern. Um auch bei vielen E-Mails nicht den Überblick zu verlieren, bietet das Programm Mail eine Reihe nützlicher Funktionen, die ich Ihnen sehr gerne vorstellen werde.

### Suchfunktion

Rechts oben im Programm Mail finden Sie ein Suchfeld. Klicken Sie dort hinein und geben Sie einen oder mehrere Suchbegriffe ein, um die E-Mails in sämtlichen Postfächern danach zu durchsuchen (mit Ausnahme des Postfachs für unerwünschte Werbung sowie verschlüsselte E-Mails). Tippen Sie in das Suchfeld also einfach einen Namen oder einen Textbestandteil ein – bereits während der Eingabe werden Ihnen die Treffer angezeigt. Um eine Sucheingabe wieder zu löschen, klicken Sie im Suchfeld auf das Kreuzsymbol ⊗.

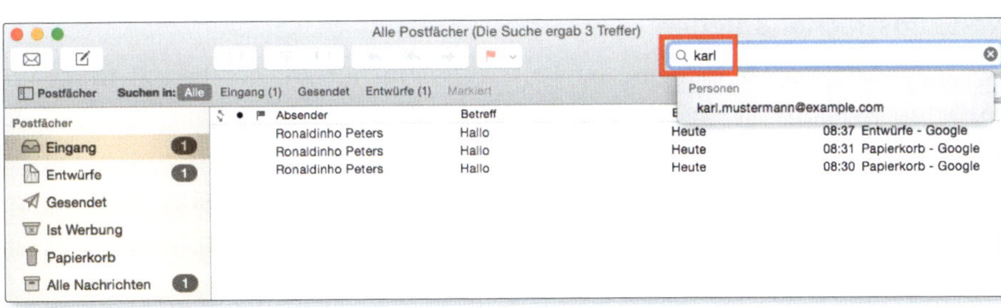


*Hier durchsuche ich die E-Mail-Postfächer nach einem Namen – und werde prompt fündig.*

### E-Mails etikettieren

Das Symbol zum Etikettieren von E-Mails habe ich Ihnen bereits vorgestellt. Sie wählen im Postfach eine E-Mail aus und klicken dann auf den zum Symbol gehörenden Pfeil, um eine Etikettenfarbe auszuwählen (wenn Sie direkt auf die Flagge klicken, wird die E-Mail in genau dieser Farbe etikettiert).

*Hier versehe ich die ausgewählte E-Mail mit einem gelben Etikett.*

Praktisch: Die markierten E-Mails lassen sich nun in einem eigenen Postfach mit der Bezeichnung *Markiert* aufrufen. Auch in der Leiste oberhalb der E-Mails können Sie auf *Markiert* klicken, um die Anzeige der E-Mails auf etikettierte E-Mails zu begrenzen. Kennzeichnen Sie auf diese Weise für Sie in selbst gewählten Zusammenhängen wichtige E-Mails.

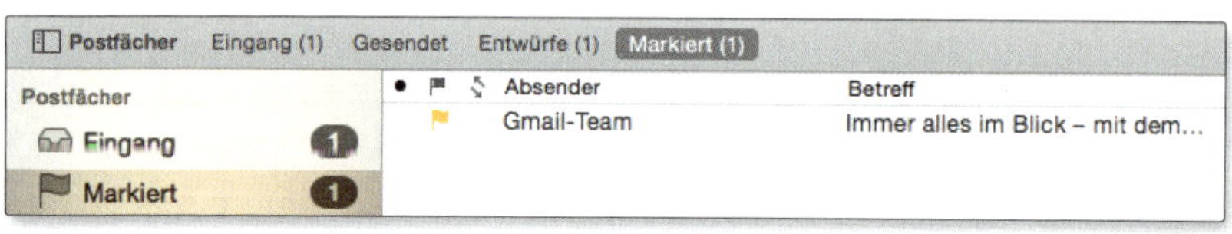


*Alle markierten E-Mails auf einen Blick – hierzu genügt im Programm ein Mausklick auf das entsprechende Postfach.*

### Neue Postfächer anlegen

Bei sehr vielen E-Mails legen Sie weitere Postfächer an, um Ihre E-Mails zu sortieren. Sie können ein Postfach mit einem Aktenordner vergleichen, in den Sie Ihre Briefe abheften. So lässt sich die elektronische Post sortieren, um etwa E-Mails Ihres Gartenbauvereins von denen Ihres Gesangsvereins zu trennen. So gehen Sie im Programm Mail vor, um ein neues Postfach anzulegen:

1. Entscheiden Sie sich in der Menüleiste für *Postfach* und dann für den Menüeintrag *Neues Postfach*.

2. Geben Sie für das Postfach im Feld *Name* eine schlüssige Bezeichnung ein (Sie können gegebenenfalls auch noch einen anderen Speicherort auswählen) und bestätigen Sie mit *OK*.

3. Das Postfach wird prompt hinzugefügt und kann im Programm Mail in der Leiste links ausgewählt werden.

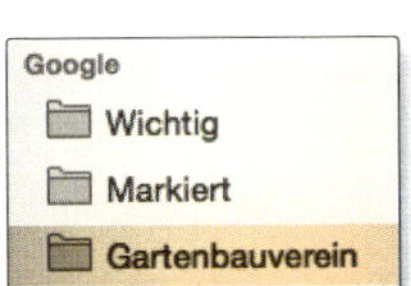

Um eine E-Mail von einem Postfach in ein anderes zu bewegen, ziehen Sie sie einfach bei gedrückter Maustaste dorthin. Alternativ verwenden Sie zum Verschieben die Menüleiste, indem Sie dort auf *E-Mail* klicken und dann unter *Bewegen in* Ihre Postfachauswahl treffen.

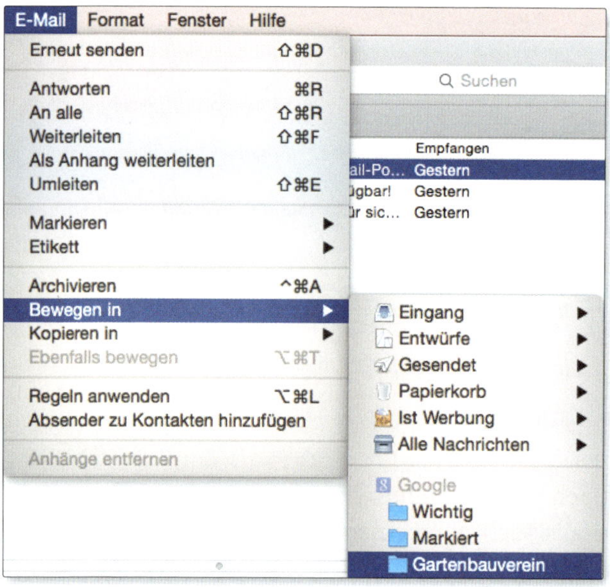


*Zum Verschieben einer E-Mail in ein anderes Postfach verwenden Sie einfach die Menüleiste – oder die gedrückte Maustaste.*

**Power User**

Sie können auch mehrere E-Mails gleichzeitig verschieben. Um mehrere E-Mails im Postfach auszuwählen, klicken Sie diese einfach bei gedrückter ⌘-Taste an. Das gilt übrigens auch z. B. für das Löschen oder Etikettieren von E-Mails.

### Intelligente Postfächer verwenden

Das Programm kann das Einsortieren auch automatisch übernehmen. Hierzu erstellen Sie sogenannte intelligente Postfächer. Wählen Sie in der Menüleiste *Postfach* und dann *Neues intelligentes Postfach*, um ein intelligentes Postfach zu erstellen und die Kriterien festzulegen, nach denen E-Mails in dieses Postfach übernommen werden sollen, z. B. einen bestimmten Absender oder einen bestimmten Betreff. Bestätigen Sie das Erstellen des intelligenten Postfachs mit *OK*.

*Legen Sie die Kriterien, nach denen Ihr intelligentes Postfach E-Mails aufnehmen soll, ganz individuell fest.*

Gut zu wissen: Bei der Verwendung intelligenter Postfächer bleiben die E-Mails am ursprünglichen Speicherort erhalten, d. h. eine E-Mail kann auch in mehrere intelligente Postfächer gleichzeitig aufgenommen werden.

## E-Mail-Regeln erstellen

Eine weitere nützliche Funktion für das automatische Einordnen von E-Mails, aber z. B. auch zum Abspielen eines speziellen Tons bei bestimmten E-Mail-Absendern, ist das Erstellen von E-Mail-Regeln. So gehen Sie vor, um eine neue Regel zu erstellen:

1. Klicken Sie in der Menüleiste auf *Mail* und wählen Sie im sich öffnenden Menü den Eintrag *Einstellungen*.
2. Klicken Sie im folgenden Fenster auf *Regeln* und dann auf die Schaltfläche *Regel hinzufügen*.

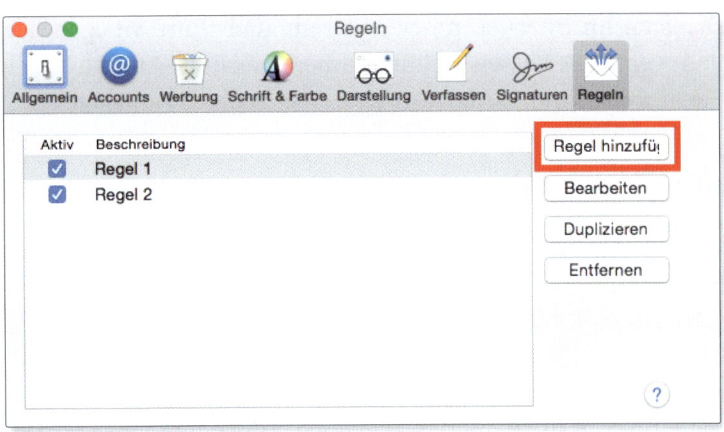

3. Erstellen Sie nun – wiederum ganz individuell – Ihre Regel. Geben Sie in das Feld *Beschreibung* eine Bezeichnung für die Regel ein und bestimmen Sie anschließend in den einzelnen Menüs und Eingabefeldern, was passieren soll, wenn die von Ihnen gewählte Bedingung eintritt. In diesem Fall habe ich das Abspielen eines speziellen Tons beim Erhalt von E-Mails eines bestimmten Absenders gewählt. Aber es stehen auch noch viele weitere Bedingungen und Aktionen zur Auswahl bereit!

Im Zusammenhang mit der elektronischen Post gibt es noch viele, viele weitere Funktionen zu erkunden. Aber ich möchte Sie hier nicht überfordern, sondern Ihnen lediglich die Grundlagen bieten, auf deren Basis Sie dann später eigene Erkundungen starten können.

Für die folgenden Kapitel wird es in jedem Fall noch wichtig sein, dass Sie über eine E-Mail-Adresse verfügen, denn Sie benötigen diese nicht nur zum Austauschen von elektronischer Post, sondern auch für die Anmeldung bei allen möglichen Diensten im Internet, unter anderem auch zum Anlegen der bereits erwähnten Apple-ID. Lassen Sie mich Ihnen gleich im Anschluss zeigen, wie einfach Sie mithilfe Ihrer E-Mail-Adresse eine Apple-ID anlegen.

## Ihre Apple-ID anlegen

Warum eine Apple-ID wichtig ist, haben Sie in diesem Buch bereits erfahren. Um die Apple-ID anzulegen, haben Sie verschiedene Möglichkeiten, z. B. kann das Anlegen der Apple-ID unter der Webadresse appleid.apple.com/de erfolgen, aber auch aus verschiedenen Programmen heraus. Unter der genannten Webadresse nehmen Sie später auch Verwaltungsschritte rund um Ihre Apple-ID vor. Ich stelle Ihnen deshalb das Anlegen einer Apple-ID Schritt für Schritt anhand der Webseite vor:

1. Öffnen Sie auf Ihrem Mac das Programm Safari. Tippen Sie die Webadresse appleid.apple.com/de in das Eingabefeld ein und betätigen Sie mit der Eingabe-Taste ⏎.
2. Klicken Sie auf der geöffneten Webseite auf die Schaltfläche *Apple-ID erstellen.*

3. Wie beim Anlegen Ihres E-Mail-Kontos sind nun wieder einige persönliche Angaben erforderlich. Geben Sie in die einzelnen Eingabefelder Ihren Vor- und Nachnamen ein, verwenden Sie als Apple-ID Ihre E-Mail-Adresse und geben Sie zweimal ein sicheres Passwort für die Apple-ID ein. Verwenden Sie aus Sicherheitsgründen nicht das gleiche Passwort wie für das E-Mail-Konto! Auch drei Sicherheitsfragen müssen eingegeben werden, außerdem Ihre Adresse. Ich empfehle – wiederum aus Sicherheitsgründen – für die Sicherheitsfragen Fantasieangaben zu verwenden, die Sie auf einem Zettel notieren und im Tresor oder an einem anderen sicheren Ort aufbewahren.

4. Geben Sie zum Schluss den Sicherheitscode in das Feld ein und bestätigen Sie mit einem Mausklick auf die Schaltfläche *Apple-ID erstellen*.

Wenn Sie später Programme, Musik oder Filme einkaufen wollen, müssen Sie Ihre Apple-ID noch mit Zahlungsangaben versehen. Doch dazu dann an anderer Stelle mehr. In jedem Fall verfügen Sie nun über eine Apple-ID, die aus Ihrer E-Mail-Adresse sowie einem Passwort besteht.

## Kurze Nachrichten austauschen

Wenden Sie die soeben angelegte Apple-ID doch gleich im Programm Nachrichten an. Dieses Programm dient zum Versenden von Kurznachrichten, wobei zu diesem Zweck verschiedene Dienste eingesetzt werden. Der auf Ihrem Mac hierfür bereits verfügbare Dienst nennt sich iMessage (sprich: [eimässidsch], »message« ist das englische Wort für Botschaft). Kommunizieren Sie damit mit Nutzern anderer Apple-Geräte. Hier zeige ich Ihnen exemplarisch, wie ich iMessage auf dem Mac einrichte und anschließend Nachrichten mit einem iPad austausche:

1. Klicken Sie im Dock auf das Symbol des Programms Nachrichten, um dieses Programm zu starten.

2. Sie werden beim ersten Start automatisch dazu aufgefordert, sich mit Ihrer Apple-ID anzumelden. Geben Sie Ihre E-Mail-Adresse und das zu Ihrer Apple-ID gehörende Passwort ein. Bestätigen Sie per Mausklick auf die Schaltfläche *Anmelden*.

3. Das Programm wird gestartet, und es wird automatisch eine neue Nachricht angelegt. (Später klicken Sie zum Anlegen einer neuen Nachricht auf das Symbol .) Geben Sie in das Feld *An* die Apple-ID des Nachrichtenempfängers ein, also in der Regel ebenfalls dessen E-Mail-Adresse.

Tippen Sie nun in das Eingabefeld unten im Programm Ihre Nachricht ein. Unter dem Symbol finden Sie lustige Minibilder, die Sie per Mausklick in die Nachricht einfügen können; unter dem Symbol können Sie auch

Sprache aufzeichnen und versenden. Drücken Sie die Eingabe-Taste ⏎, um die Nachricht an den Empfänger zu senden.

4. Die andere Person kann direkt antworten, und die Konversation wird in Form von Sprechblasen dargestellt. Das Programm eignet sich also auch sehr gut zum Nachrichtenaustausch in Echtzeit.

Auch dann, wenn das Programm Nachrichten nicht geöffnet ist, werden Sie über neue Nachrichten informiert. Es öffnet sich dazu ein Hinweisfenster rechts oben auf dem Bildschirm. Ungelesene Nachrichten werden außerdem in der Mitteilungszentrale angezeigt, die Sie unter dem Symbol ☰ ganz rechts oben, das Sie bereits kennen, auf dem Bildschirm aufrufen.

Nicht jeder verfügt über ein Apple-Gerät. Um Nachrichten auch mit solchen Personen austauschen zu können, fügen Sie weitere Konten – z. B. ein Google-Konto – für den Nachrichtenaustausch hinzu. Zum Hinzufügen weiterer Konten wählen Sie bei geöffnetem Programm in der Menüleiste *Nachrichten* und dann *Account hinzufügen*. Das Hinzufügen selbst erfolgt dann auf gleiche Weise, wie Sie es im Zusammenhang mit den E-Mail-Konten kennengelernt haben.

### Herr Peters empfiehlt

Wenn Sie Nachrichten mit jüngeren Personen austauschen, dann machen Sie sich darauf gefasst, dass diese zum Teil sehr geschwind schreiben. Das liegt einfach daran, dass sie in Übung sind. Auch Sie werden mit der Zeit schneller schreiben als jetzt. Und falls nicht, dann verwenden Sie doch einfach die Diktierfunktion aus dem 2. Kapitel, die sich selbstverständlich auch zum Verfassen von Nachrichten, E-Mails usw. verwenden lässt.

## Videotelefonate mit dem Enkel führen

Vielleicht würden Sie gerne auch völlig komplikationslos Telefonate über das Internet führen – auch Telefonate mit Videoübertragung. Das wäre doch eine tolle Sache, wenn Ihr Neffe gerade in den USA studiert oder wenn Ihre Tochter nach Spanien ausgewandert ist. Auch ein Programm für (Video-)-Telefonate übers Internet ist auf Ihrem Mac bereits vorhanden, nämlich FaceTime. Wieder beruht das Ganze auf dem Vorhandensein einer Apple-ID. Ich zeige Ihnen Schritt für Schritt, wie es funktioniert:

1. Klicken Sie im Dock auf das Symbol des Programms FaceTime, um dieses Programm zu starten.

2. Wenn Sie zur Eingabe Ihrer Apple-ID aufgefordert werden, leisten Sie dieser Eingabe Folge und klicken auf *Anmelden*, um FaceTime zu verwenden. Die in Ihren Mac eingebaute Kamera zeichnet Ihr Video auf – setzen Sie sich schon mal in Positur!

3. Um jemanden anzurufen, entscheiden Sie sich zunächst zwischen *Video* und *Audio*. Klicken Sie in das eingebaute Suchfeld und geben Sie die Apple-ID der betreffenden Person ein (später können Sie auch gespeicherte Kontakte auswählen). Doppelklicken Sie auf die gefundene Person, um eine Verbindung herzustellen.

4. Auf dem Apple-Gerät der anderen Person beginnt es zu klingeln. Ihnen werden dabei drei Symbole angezeigt, nämlich eines, um das Video (sofern Sie sich für ein Telefonat mit Videoübertragung entschieden haben) im Vollbild zu betrachten, eines zum Beenden des Gesprächs und eines zum Stummschalten.

5. Der Empfänger seinerseits kann nun per Schaltfläche entscheiden, ob er das Gespräch annehmen oder ablehnen möchte.

6. In diesem Fall habe ich ein Selbstgespräch mit mir auf dem iPad angenommen. Auf gleiche Weise können Sie aber auch mit Personen in den USA, China oder Australien kommunizieren!

Achten Sie bei Videotelefonaten stets auf eine gute Ausleuchtung, denn ansonsten sehen auch die Videos sehr dunkel aus. Wichtig ist außerdem eine schnelle Internetverbindung, denn ansonsten kommen eher Wackelbilder denn Videos bei Ihnen an.

### Power User

Für Videotelefonate auch mit Personen, die kein Apple-Gerät ihr Eigen nennen, verwenden Sie das Programm Skype (sprich: [skaip]), das auf ganz ähnliche Weise funktioniert wie FaceTime. Wie Sie weitere Programme auf Ihrem Mac installieren, lesen Sie in Kapitel 4.

# Wichtige Programme kennenlernen

Sie haben nun bereits die wichtigsten Hürden im Zusammenhang mit der Computernutzung bewältigt. Ab jetzt wird alles sogar noch einfacher! Lassen Sich mich Ihnen in diesem Kapitel weitere Programme vorstellen, die auf Ihrem Mac bereits zur Verfügung stehen, z. B. den nützlichen Kalender, der Sie zuverlässig an Geburtstage erinnert, oder das Programm »Karten«, mit dem Sie Straßenkarten und Satellitenaufnahmen aus aller Welt aufrufen, um die nächste Reise zu planen oder das Fernweh von zu Hause aus zu mildern. Schließlich werde ich Ihnen auch noch zeigen, wie Sie viele weitere Programme auf Ihrem Computer installieren – es stehen Programme wirklich aller Art zur Auswahl. Auch das vollständige Entfernen nicht mehr benötigter Programme werde ich darstellen.

# Programme für Ihren Mac

Die Programme – oder auch Apps, wie sie im Zusammenhang mit dem Mac, aber besonders auch mit mobilen Geräten genannt werden – sind Produkte, mit denen Sie alle möglichen Funktionen auf Ihren Mac bringen können. Es gibt kostenlose Programme, aber auch Programme, für die Sie bezahlen müssen. Auf den folgenden Seiten lernen Sie Programme kennen, die für ältere Menschen besonders nützlich und empfehlenswert sind.

## Unbekannte Begriffe nachschlagen

Wahrscheinlich haben Sie noch ein umfangreiches Lexikon im Regal stehen. Das ist auf der einen Seite gut, um auf die Schnelle etwas nachzuschlagen, ohne extra den Computer einzuschalten. Auf der anderen Seite veralten viele Informationen in einem Lexikon schnell, und man ist dann nicht mehr auf dem aktuellen Stand.

Verwenden Sie deshalb im Zweifelsfall lieber das Lexikon, das auf Ihrem Mac bereits zur Verfügung steht und gleich eine Reihe von Nachschlagewerken beinhaltet: ein Apple-Lexikon, in dem Begriffe rund um die verschiedenen Apple-Produkte erklärt werden, die bereits erwähnte Wikipedia zum Nachschlagen enzyklopädischer Begriffe sowie eine Vielzahl von Wörterbüchern in unterschiedlichen Sprachen. So einfach nutzen Sie das Lexikon:

1. Rufen Sie auf Ihrem Mac das Launchpad auf, z. B. per Mausklick auf das Raketensymbol im Dock.

2. Klicken Sie im Launchpad auf das Symbol des Programms »Lexikon«.

3. Wählen Sie in der Leiste oben ein Nachschlagewerk aus, das Sie durchsuchen möchten, bzw. wählen Sie *Alle*, um sämtliche verfügbaren Nachschlagewerke zu durchsuchen.

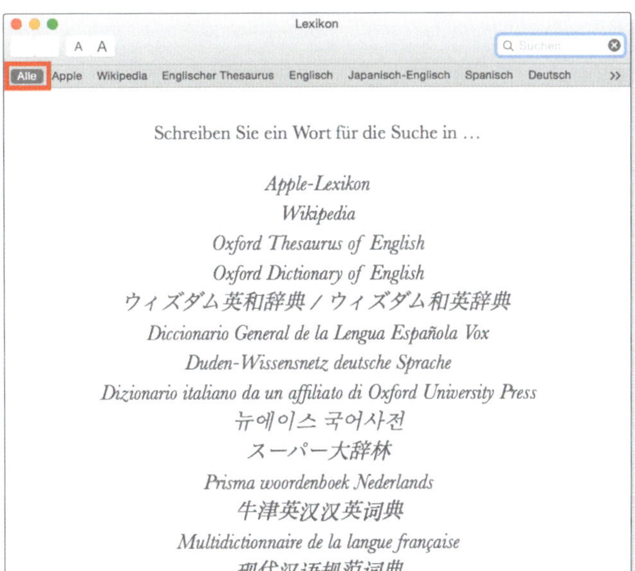

4. Geben Sie nun in das Suchfeld rechts oben im Fenster Ihren Suchbegriff ein. Die passenden Artikel werden Ihnen angezeigt – in diesem Fall beispielsweise ein Artikel aus der Enzyklopädie Wikipedia.

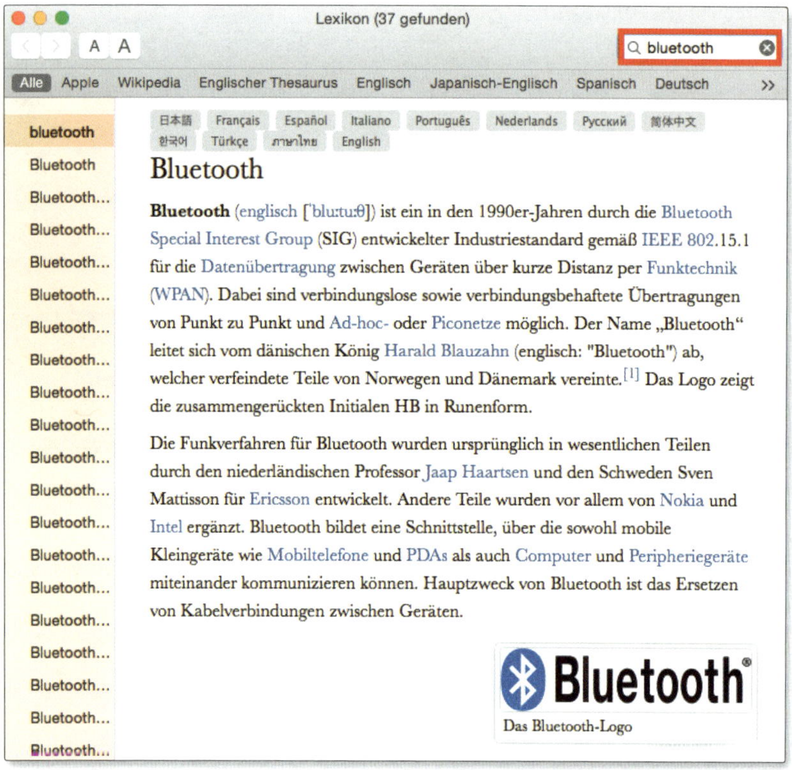


**Grundlagen**

Falls Ihnen die Schrift in den Artikeln zu klein sein sollte: Oben im Fenster des Programms Lexikon finden Sie die Symbole A bzw. A zum Vergrößern bzw. Verkleinern der Schrift.

## Nie wieder einen Geburtstag vergessen

Ihre Termine eintragen, diese mit verschiedenen zusätzlichen Informationen versehen und sich von Ihrem Mac rechtzeitig daran erinnern lassen – mit dem verfügbaren Programm »Kalender« ist das ein Leichtes. Öffnen Sie das Programm per Mausklick auf das Kalendersymbol im Dock – Sie stellen fest, dass das Kalendersymbol für die schnelle Information das jeweils aktuelle Datum anzeigt.

*Klicken Sie auf das Kalendersymbol, welches das jeweils aktuelle Datum anzeigt, um das Programm Kalender zu öffnen.*

Die Bedienoberfläche des Kalenders ist schnell erklärt: Den größten Teil nimmt der Kalenderbereich ein, in dem Sie – je nach gewählter Ansicht – eine Übersicht über einzelne Stunden, Tage oder Monate erhalten. Die Ansichtseinstellung nehmen Sie per Schaltflächen oben im Kalender vor. Rechts neben den Schaltflächen finden Sie ein Suchfeld für die Suche nach bestimmten Terminen. Links neben den Schaltflächen sehen Sie die Schaltfläche *Kalender* zum Einblenden einer Kalenderauswahl sowie ein Plussymbol + zum schnellen Erstellen von Terminen.

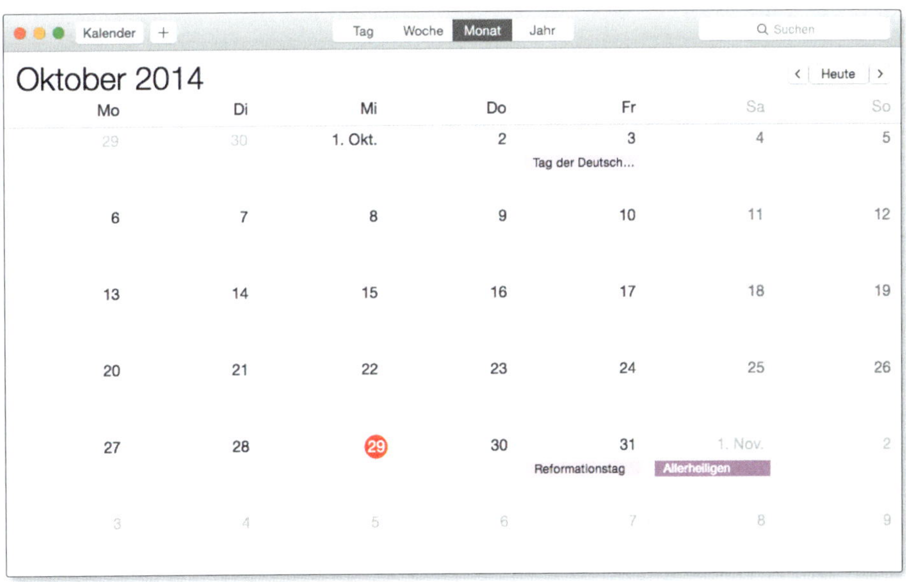


*Diese Abbildung zeigt das Programm Kalender in der Monatsansicht.*

Um sich im Kalender fortzubewegen, streichen Sie mit der Maus oder dem Trackpad nach oben oder unten. Alternativ verwenden Sie die Pfeilsymbole (< bzw. >) rechts oberhalb des Kalenders. Mit der Schaltfläche *Heute* gelangen Sie jederzeit zurück zum aktuellen Tag.

### So legen Sie einen neuen Termin an

Nun möchten Sie im Kalender einen Termin anlegen und mit allerlei Informationen versehen. Hierfür schlage ich Ihnen die folgende Vorgehensweise vor:

1. Blenden Sie den Kalenderbereich ein, in dem Sie einen neuen Termin erstellen möchten. Übrigens: Im Kalender werden die Termine als »Ereignisse« bezeichnet, lassen Sie sich davon bitte nicht irritieren.
2. Doppelklicken Sie auf ein Kalenderfeld. In diesem Fall habe ich die Wochenansicht eingeblendet, um schon die Uhrzeit für den Termin auswählen zu können.

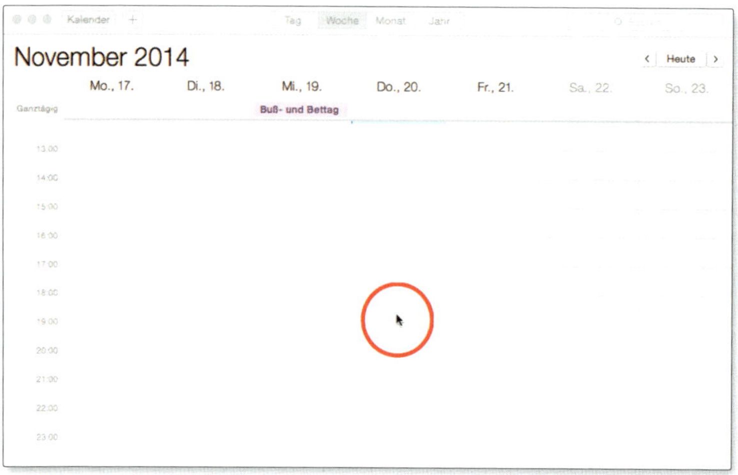


3. Der Termin wird prompt angelegt, und ein kleines Fenster wird dazu geöffnet. Doppelklicken Sie als Nächstes auf den angelegten Termin, um die Daten bearbeiten zu können.

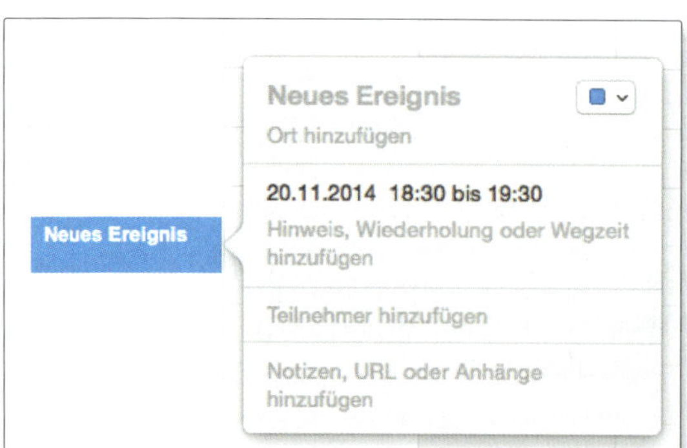

4. Bestimmen Sie zunächst eine schlüssige Bezeichnung für den Termin, also beispielsweise »Treffen mit Helga«. Sie können im oberen Bereich des Fensters außerdem noch einen anderen Kalender auswählen, in den Sie den Termin eintragen möchten, sowie eine Ortsangabe hinzufügen.

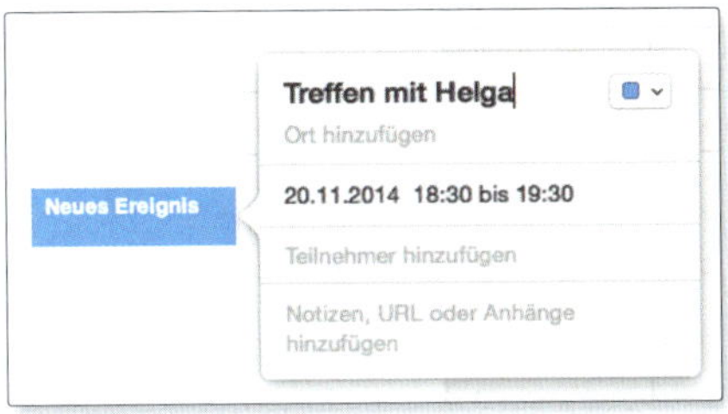


5. Legen Sie nun den Zeitrahmen des Termins fest. Klicken Sie auf die Datumsangabe, um den entsprechenden Bereich aufzuklappen. Klicken Sie dann auf eine Angabe, um diese zu ändern.

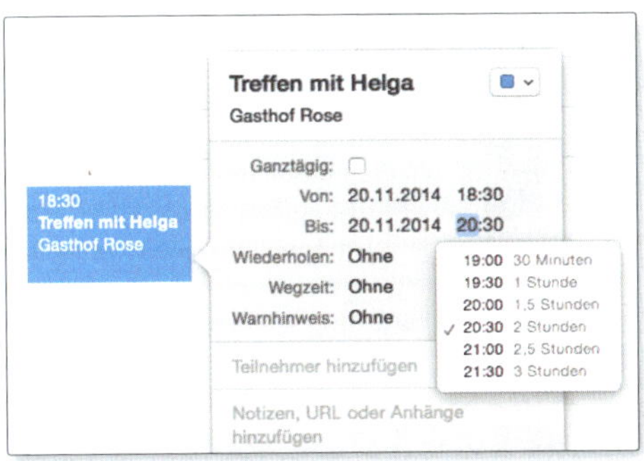


6. Handelt es sich um ein wiederkehrendes Ereignis wie etwa einen Geburtstag? Dann wählen Sie im Menü bei *Wiederholen* den gewünschten Turnus aus, in dem der Termin automatisch eingetragen werden soll.

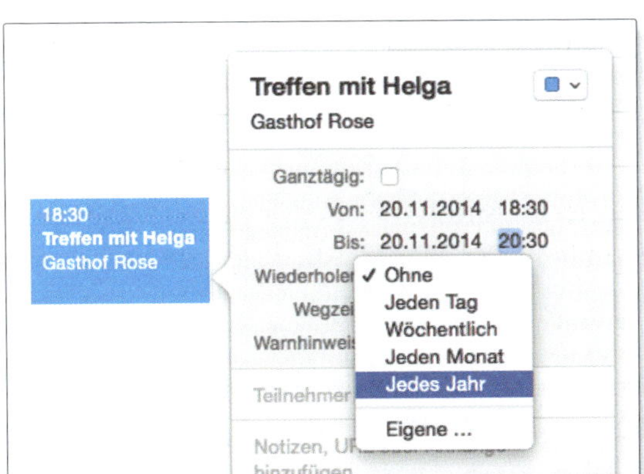

7. Wenn Sie eine Erinnerung an den Termin erhalten möchten, dann wählen Sie bei *Warnhinweis* aus, wie viele Tage oder Wochen vorher Sie an den Termin erinnert werden möchten. Tipp: Bei *Wegzeit* können Sie auch noch eine Anfahrtszeit einplanen.

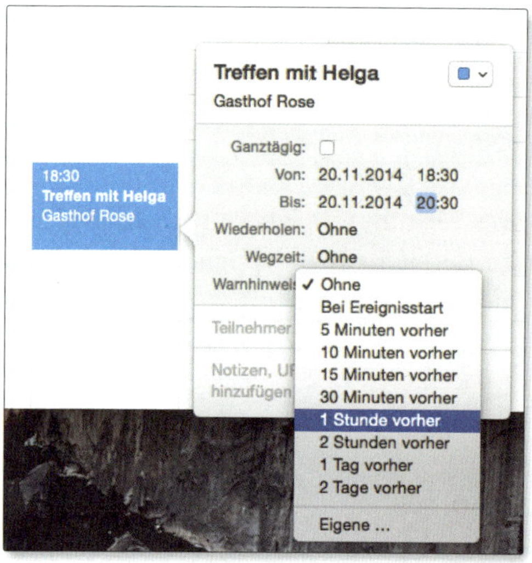


8. Im Abschnitt *Teilnehmer hinzufügen* können Sie auch noch Personen eintragen, die an dem Termin beteiligt sind, und der Abschnitt *Notizen, URL oder Anhänge hinzufügen* bietet Platz für weitere Angaben. Um die Bearbeitung zu beenden, klicken Sie einfach mit der Maus in den Kalender – der Termin wurde Ihren Wünschen entsprechend angepasst.

Falls Sie möchten, dass ein Erinnerungshinweis jedem neuen Termin automatisch hinzugefügt wird, wählen Sie in der Menüleiste *Kalender* und dann *Einstellungen*. Unter *Hinweise* treffen Sie Ihre Auswahl.

Übrigens können Sie auch im Kalender die Schrift vergrößern, und zwar indem Sie sich in der Menüleiste unter *Darstellung* – gegebenenfalls mehrfach – für den Menüeintrag *Schrift größer* entscheiden.

**Herr Peters empfiehlt**

Nutzen Sie Ihren Mac wirklich nur ausschließlich für die Terminplanung, wenn Sie ihn regelmäßig einschalten. Auch sonst bietet es sich an, zumindest die wichtigsten Termine zusätzlich in den Terminplaner für unterwegs oder in den Küchenkalender einzutragen. Doppelt hält besser!

### So legen Sie einen neuen Kalender an

Mit dem Programm Kalender können Sie nicht nur einen einzigen Kalender verwalten, sondern auch mehrere Kalender gleichzeitig, etwa um die Termine Ihres Vereins von Ihren familiären Terminen zu trennen. Gerne zeige ich Ihnen wiederum Schritt für Schritt, wie Sie einen neuen Kalender anlegen:

1. Entscheiden Sie sich in der Menüleiste für *Ablage* und wählen Sie im sich öffnenden Menü den Eintrag *Neuer Kalender* und dann *Lokal* (wenn Sie später den Dienst iCloud nutzen, können Sie auch eine andere Auswahl treffen).

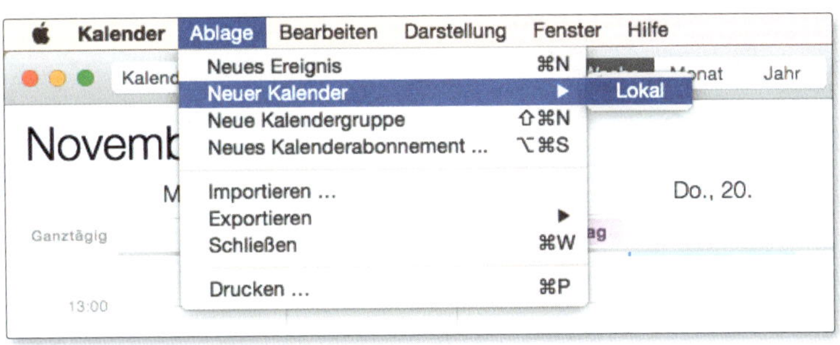


2. Es wird automatisch die Kalenderleiste links eingeblendet, die Sie auch per Mausklick auf die Schaltfläche *Kalender* ein- oder ausblenden können. Doppelklicken Sie hier auf den neu erstellten Kalender, um den Kalendernamen bearbeitbar zu machen, was durch eine blaue Unterlegung dargestellt wird.

3. Geben Sie dem Kalender eine schlüssige Bezeichnung und bestätigen Sie mit der Eingabe-Taste ⏎.

4. Jeder Kalender hat eine eigene Farbe, um die Termine voneinander abzugrenzen. Einzelne Kalender können aber auch in der Kalenderleiste per Kontrollkästchen deaktiviert und wieder aktiviert werden. Um die Farbe eines Kalenders zu ändern, klicken Sie ihn mit der rechten Maustaste bzw. bei gedrückter ctrl-Taste an. Wählen Sie im Kontextmenü eine Farbe aus.

**Power User**

Wenn Sie über eine entsprechende Webadresse verfügen, können Sie übrigens auch Kalender aus dem Internet abonnieren. Hierzu entscheiden Sie sich in der Menüleiste für *Ablage* und dann für *Neues Kalenderabonnement*. Geben Sie anschließend die Adresse des Kalenders ein und bestätigen Sie mit *Abonnieren*.

## Und so lassen Sie sich von Ihrem Mac an wichtige Aufgaben erinnern

Ebenfalls ein nützliches Programm für Sie ist das bereits auf dem Mac verfügbare Programm »Erinnerungen«. Der Name sagt schon, was es mit diesem Programm auf sich hat: Es erinnert Sie an Ihre Aufgaben aller Art, sei es das

Erledigen bestimmter Einkäufe oder die Abgabe der Einkommensteuererklärung. Rufen Sie das Programm Erinnerungen im Launchpad auf.

*So sieht das Symbol des Programms Erinnerungen aus; rufen Sie es im Launchpad auf.*

Ihnen wird links ein Listenbereich angezeigt und rechts ein Listenblatt. Um im Listenbereich eine neue Liste anzulegen, klicken Sie unten in dem Bereich auf *Neue Liste*. Um hingegen einen Eintrag in der aktuell ausgewählten Liste zu erstellen, klicken Sie einfach in die erste Zeile des Listenblatts oder alternativ auf das Plussymbol + rechts oben im Programmfenster. Tippen Sie ein, woran Sie erinnert werden möchten, z. B. »Kaffee kaufen«.

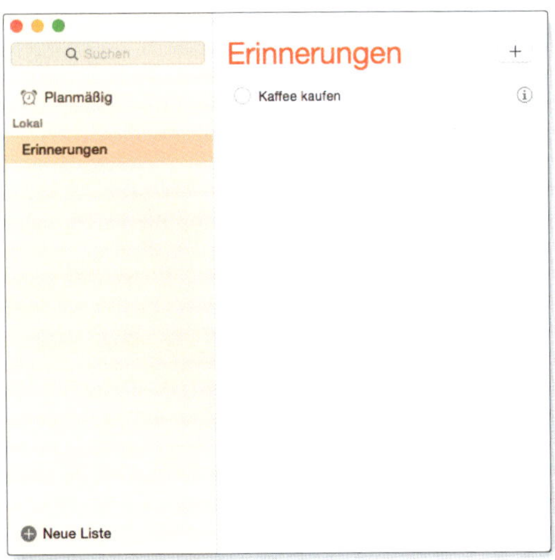


*Das Programm Erinnerungen mit dem Listenbereich links und dem Listenblatt rechts*

Nun möchten Sie den Listeneintrag noch mit einem Erinnerungshinweis versehen. Klicken Sie dazu auf das zum Eintrag gehörende Symbol ⓘ. Es öffnet sich ein kleines Fenster mit folgenden Optionen:

- *Tagesabhängig*: Aktivieren Sie diese Option, wenn Sie zu einem bestimmten Termin einen Erinnerungshinweis erhalten möchten. Wählen Sie dazu nach dem Aktivieren das gewünschte Datum und die gewünschte Uhrzeit aus.

- *Ortsabhängig*: Aktivieren Sie diese Option, wenn Sie an einem bestimmten Ort einen Erinnerungshinweis erhalten möchten. Geben Sie dazu die gewünschte Adresse ein und bestimmen Sie, ob der Erinnerungshinweis bei der Abfahrt oder bei der Ankunft erfolgen soll.

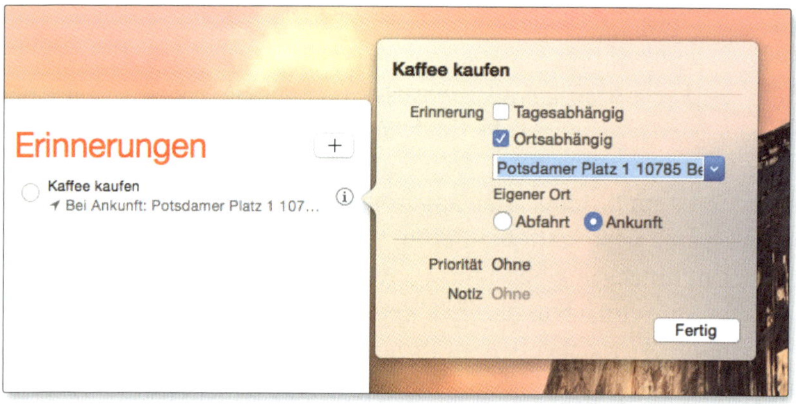


*Ortsabhängige Erinnerungen setzen voraus, dass Sie Ihrem Mac die Ermittlung Ihres Standorts gestatten – Sie werden danach gefragt.*

- *Priorität*: Um Ihre Aufgaben nach Wichtigkeit geordnet in Angriff zu nehmen, versehen Sie sie mit einer Priorität. Wählen Sie die gewünschte *Priorität* dazu im gleichlautenden Menü aus.
- *Notiz*: Sie möchten einen Listeneintrag noch mit einigen weiteren Details versehen? Klicken Sie in das Feld *Notiz* und machen Sie Ihre Eingaben.

So einfach ist das! Haben Sie eine Aufgabe erledigt, klicken Sie in das zugehörige Kreissymbol. Die Aufgabe wird daraufhin sofort in eine Liste mit erledigten Aufgaben verschoben. Um eine Aufgabe ganz zu löschen, klicken Sie sie mit der rechten Maustaste bzw. bei gedrückter ctrl-Taste an und wählen im Kontextmenü den Eintrag *Löschen*.

## All Ihre Adressen verwalten

Auch Adressen müssen Sie nie wieder lange suchen: Speichern Sie Ihre sämtlichen Kontakte auf dem Mac ab. Mithilfe des Dienstes iCloud, den ich Ihnen in Kapitel 8 noch näher vorstellen werde, lassen sich die Kontakte auch im Internet sichern und bequem mit anderen Geräten austauschen. So legen Sie im Programm »Kontakte« einen neuen Kontakt an:

1. Klicken Sie im Dock auf das Symbol des Programms Kontakte, um das Programm zu starten.

2. In diesem Fall stehen in dem Programm noch keine Kontakte zur Verfügung. Um einen Kontakt anzulegen, klicken Sie unten in dem Programm auf das Plussymbol [ + ].

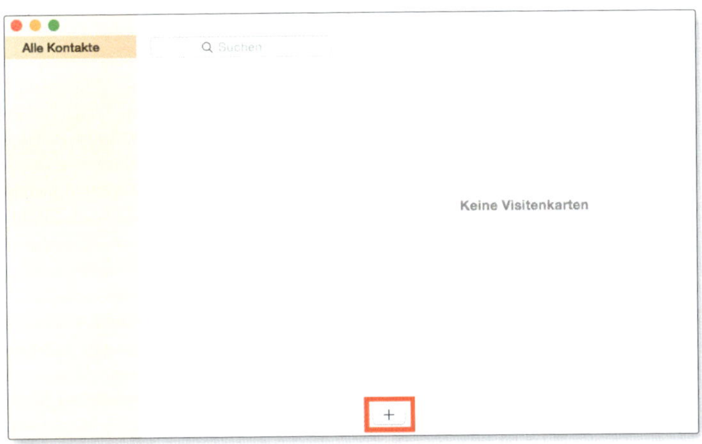


3. Im sich öffnenden Menü wählen Sie den Eintrag *Neuer Kontakt*. (Später können Sie per Eintrag *Neue Gruppe* auch Kontaktgruppen erstellen, um Ihre Kontakte nach Familie, Verein usw. zu sortieren.)

4. Der Kontakt wird angelegt. Füllen Sie die gewünschten Eingabefelder mit Ihren Inhalten, machen Sie also Angaben zu Vorname und Nachname, Telefonnummer, Adresse usw. Die blauen Texte neben den Eingabefeldern bieten jeweils Menüs für die Benennung eines Feldes innerhalb einer Kategorie. Nicht sichtbare Felder blenden Sie mithilfe des Rollbalkens ein.

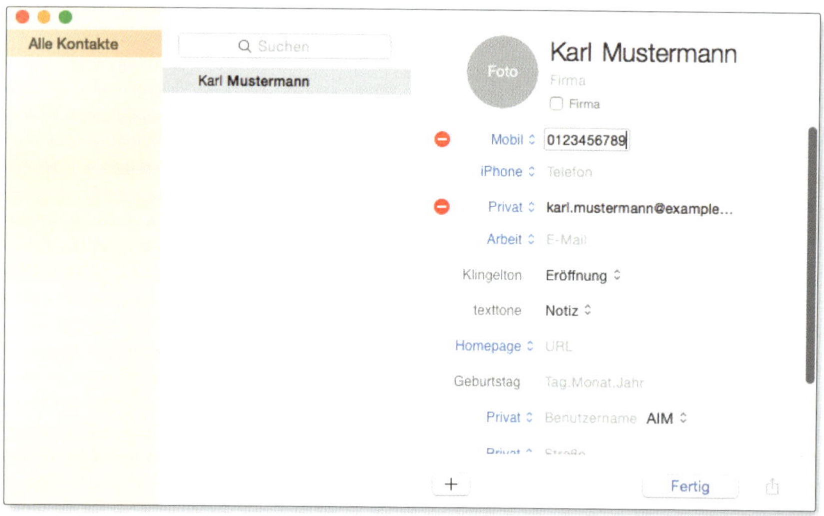


5. Möchten Sie dem Kontakt ein Bild zuweisen? Klicken Sie auf die graue *Foto*-Schaltfläche, um eines auszuwählen. Bestätigen Sie Ihre Auswahl mit *Fertig*.

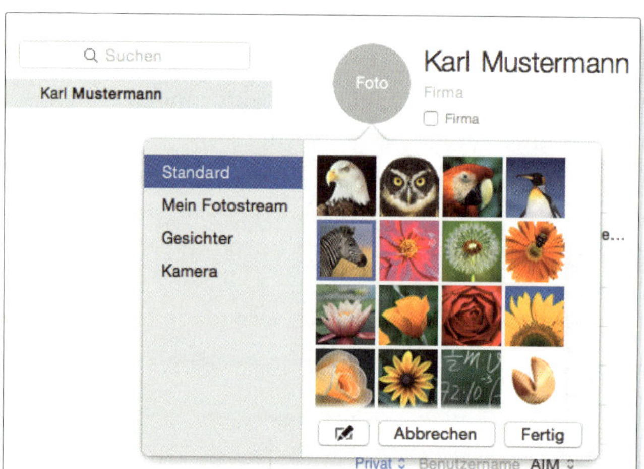

6. Bestätigen Sie schließlich auch das Erstellen des Kontakts mit *Fertig*. Der Kontakt steht ab sofort im Programm Kontakte zur Verfügung. Auch von anderen Programmen kann darauf zugegriffen werden, etwa um im Programm Mail automatisch eine E-Mail-Adresse zu übernehmen. Um die Kontaktdaten nachträglich noch zu verändern oder zu erweitern, klicken Sie beim ausgewählten Kontakt auf die Schaltfläche *Bearbeiten*.

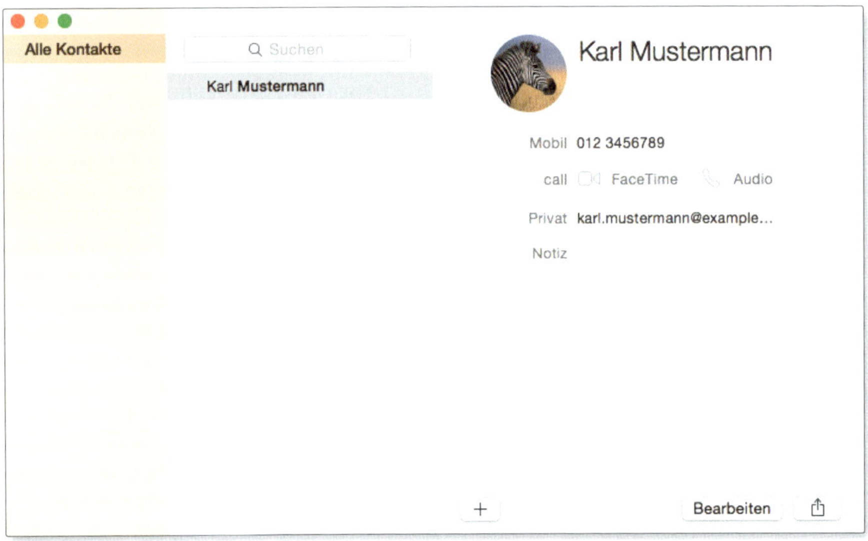


Praktisch bei vielen Kontakten: Verwenden Sie das eingebaute Suchfeld, um nach einem Namen oder Adressbestandteilen zu suchen! Oder möchten Sie einen Kontakt an andere Personen übermitteln? Hierzu dient das Symbol  rechts unten bei einem ausgewählten Kontakt.

## Elektronische Bücher lesen

Manche Menschen stehen elektronischen Büchern skeptisch gegenüber. Sie auch? Nun, die elektronischen Bücher – die E-Books (sprich: [ihbucks]) – haben durchaus ihre Berechtigung. Sie lassen sich verbreiten, ohne dass Bäume dafür gefällt werden müssen. Und sie bieten einige unschätzbare Vorteile wie beispielsweise die Durchsuchbarkeit oder das Anpassen der Schriftgröße ganz nach den eigenen Bedürfnissen.

Auch auf Ihrem Mac steht ein Programm zum Lesen elektronischer Bücher zur Verfügung. Diese können sogar in einem dort eingebauten Buchladen übers

Internet gekauft werden. Allerdings ist das Lesen auf dem Mac sicherlich gewöhnungsbedürftig. Lassen Sie mich Ihnen das Programm iBooks auf den folgenden Seiten vorstellen und entscheiden Sie dann selbst, ob Sie es zum Lesen elektronischer Bücher verwenden möchten oder nicht.

### So kommen Bücher in die elektronischen Regale

Bevor Sie ein Buch in iBooks lesen können, muss es zunächst in das Programm geladen werden. Sie können entweder Bücher vom Computer übernehmen oder aber Bücher aus dem Internet holen. Um ein auf dem Computer bereits vorhandenes elektronisches Buch in iBooks zu übernehmen, öffnen Sie das Programm mit einem Mausklick auf das entsprechende Symbol im Dock. Wählen Sie dann in der Menüleiste des Programms *Ablage* und dann *Zur Bibliothek hinzufügen*. Wählen Sie im folgenden Fenster das gewünschte E-Book aus und bestätigen Sie mit einem Mausklick auf die Schaltfläche *Hinzufügen*.

*Elektronische Bücher, die sich auf dem Computer befinden, in iBooks aufnehmen – dies gelingt mit wenigen Handgriffen.*

Allerdings unterstützt iBooks lediglich drei Formate, nämlich das bereits bekannte Portable Document Format (PDF), das gängige E-Book-Format EPUB (sprich: [ihpab], es handelt sich um die Abkürzung für electronic publication – elektronische Veröffentlichung) sowie ein spezielles iBooks-Format. Es gibt noch eine ganze Reihe weiterer E-Book-Formate – wenn Sie solche Bücher in iBooks hinzufügen möchten, werden sie vom Programm ignoriert.

Das ist gar nicht schlimm, denn im eingebauten Buchladen haben Sie eine riesige Auswahl. Neben aktuellen Titeln stehen auch Tausende kostenloser Klassiker zur Verfügung. So laden Sie ein elektronisches Buch auf Ihren Mac:

1. Klicken Sie im Dock auf das Symbol des Programms iBooks, um dieses Programm zu öffnen.

2. In Ihrem elektronischen Bücherregal herrscht noch gähnende Leere. Um das zu ändern, klicken Sie links oben im Programmfenster auf die Schaltfläche *iBooks Store*.

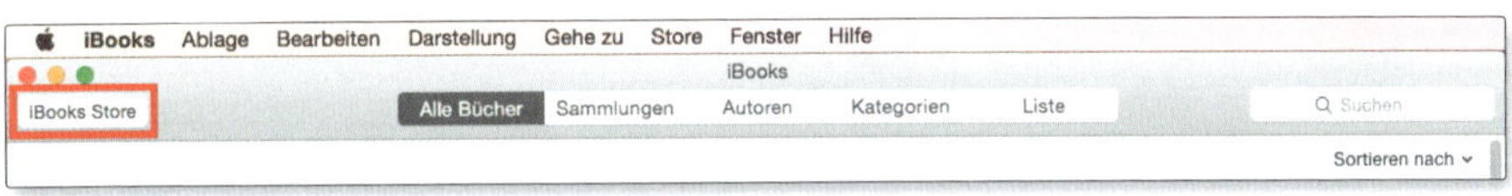


3. Schon befinden Sie sich in einem gut ausgestatteten Buchladen, in dem Sie nach Herzenslust stöbern und Leseproben abrufen können. Um gezielt nach einem bestimmten Klassiker zu suchen, verwenden Sie am besten das eingebaute Suchfeld rechts oben im Fenster. Hier suche ich z. B. nach dem Buch »Wilhelm Meisters Wanderjahre«.

4. Sind Sie fündig geworden? Dann klicken Sie bei einem Buch, das Sie kostenlos in iBooks laden möchten, auf die Schaltfläche *Gratis* (bei einem kostenpflichtigen E-Book wird stattdessen der Preis angezeigt).

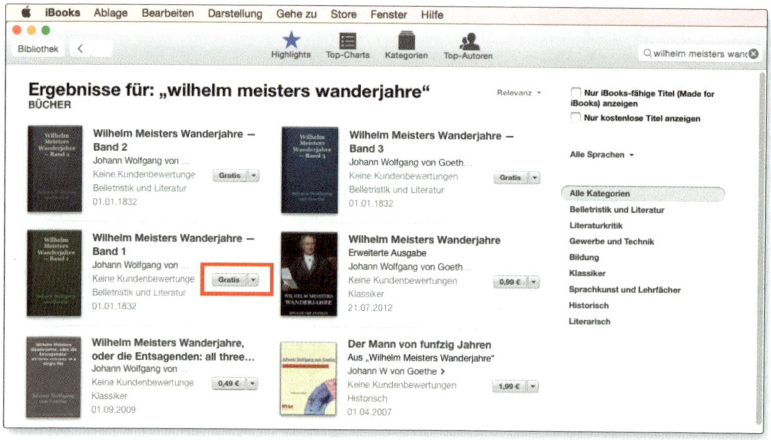


5. Melden Sie sich im sich öffnenden Fenster mit Ihrer Apple-ID an und bestätigen Sie mit der Schaltfläche *Kaufen.* Diese Schaltfläche heißt auch bei kostenlosen E-Books so.

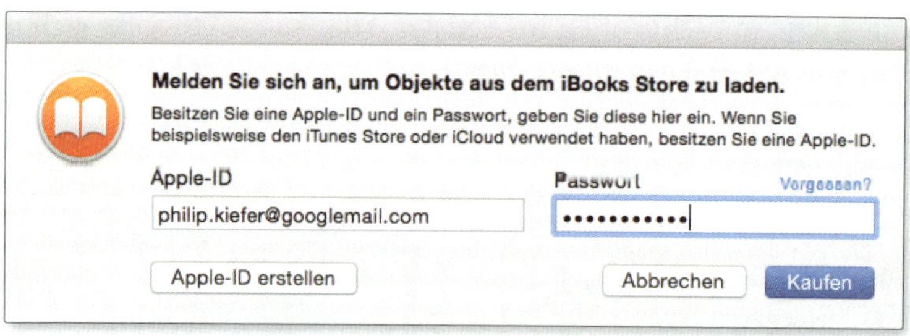


6. Um zu Ihren Bücherregalen zurück zu wechseln, klicken Sie links oben in iBooks auf die Schaltfläche *Bibliothek*.

7. Sie stellen fest, dass das von Ihnen geladene elektronische Buch im elektronischen Bücherregal zur Verfügung steht.

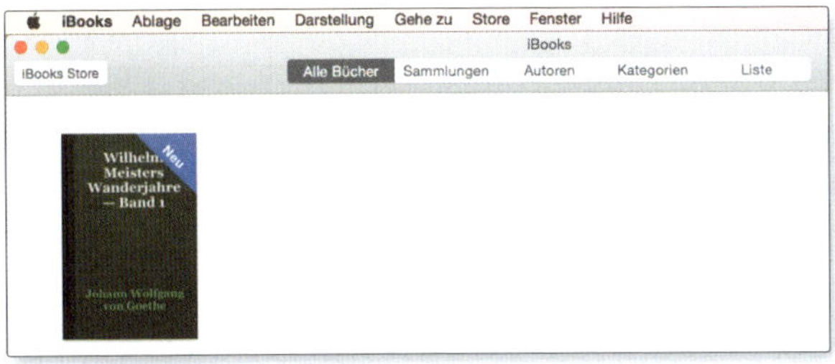


## Herr Peters empfiehlt

Das reichhaltige Angebot an E-Books verführt dazu, sich gleich eine ganze Bibliothek auf einmal herunterzuladen. Tun Sie das nicht! Das würde Ihre elektronische Bibliothek nur unübersichtlich machen, und Sie wissen ja auch noch gar nicht, ob Sie Bücher zukünftig (auch) elektronisch lesen werden. Laden Sie deshalb zunächst lieber nur ein Buch, und wenn Sie dieses gelesen haben, das nächste.

## Tolle Tipps zum Lesen eines E-Books

Um ein elektronisches Buch zu lesen, doppelklicken Sie im Programm iBooks darauf. Dies sind die wichtigsten E-Book-Funktionen auf einen Blick:

- Zum Umblättern verwenden Sie die Pfeilsymbole, die eingeblendet werden, wenn Sie den Mauszeiger an den rechten bzw. linken Rand des E-Books bewegen. Alternativ verwenden Sie zum Umblättern die Tasten [Pfeil rechts] [→] bzw. [Pfeil links] [←] auf der Tastatur.

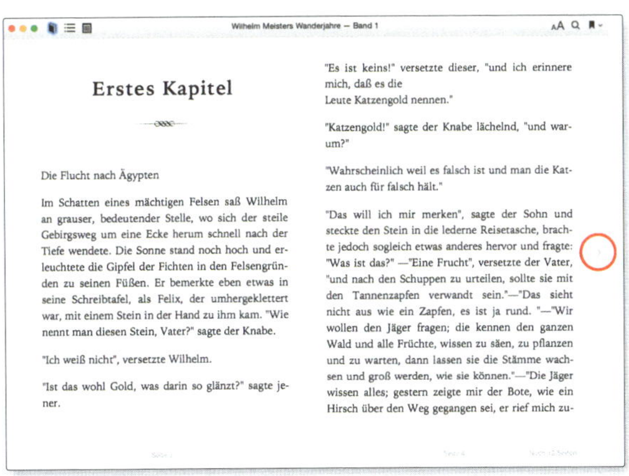


*Das E-Book wurde per Doppelklick darauf geöffnet; zum Umblättern verwenden Sie z. B. die eingeblendeten Pfeilsymbole.*

- Sie möchten im E-Book ein bestimmtes Kapitel auswählen? Klicken Sie dazu in der Leiste oben auf das Symbol ☰. Ein Inhaltsverzeichnis wird eingeblendet, und die Kapitelauswahl kann per Mausklick getroffen werden.
- Oder möchten Sie das E-Book nach einem bestimmten Begriff durchsuchen oder zu einer bestimmten Seitenzahl wechseln? Klicken Sie auf das Lupensymbol 🔍, um ein Suchfeld zu öffnen. Geben Sie dort den gesuchten Begriff bzw. die gewünschte Seitenzahl ein.
- Falls Sie die Schrift vergrößern oder das Erscheinungsbild des E-Books anpassen möchten: Klicken Sie rechts oben auf das Symbol AA, um ein entsprechendes Optionsmenü einzublenden. Hier lässt sich etwa auch der Modus *Nacht* aktivieren, der das E-Book mit weißem Text auf schwarzem Hintergrund darstellt, oder eine andere Schriftart auswählen.

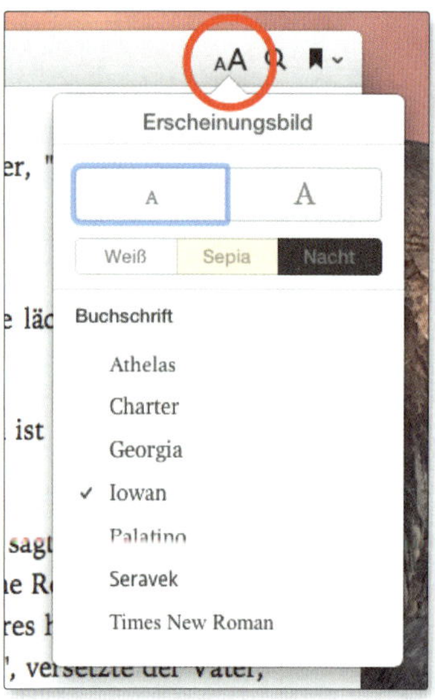


*Passen Sie das Erscheinungsbild eines E-Books ganz Ihren Vorstellungen und Bedürfnissen an.*

- Um auf eine Seite später jederzeit schnell erneut zugreifen zu können, fügen Sie ein Lesezeichen hinzu. Hierzu dient das Symbol ▾. Unter dem zugehörigen Pfeilsymbol lassen sich die hinzugefügten Lesezeichen abrufen.
- Text markern oder mit einer Notiz versehen, auch das geht: Markieren Sie dazu mit der Maus eine Textpassage. Im sich automatisch öffnenden Menü wählen Sie eine Textmarkerfarbe aus bzw. Sie entscheiden sich für die Option *Notiz hinzufügen*, um eine Notiz zu schreiben. Die gemarkerten oder mit einer Notiz versehenen Textpassagen rufen Sie auf, indem Sie sich oben für das Symbol ▤ entscheiden.

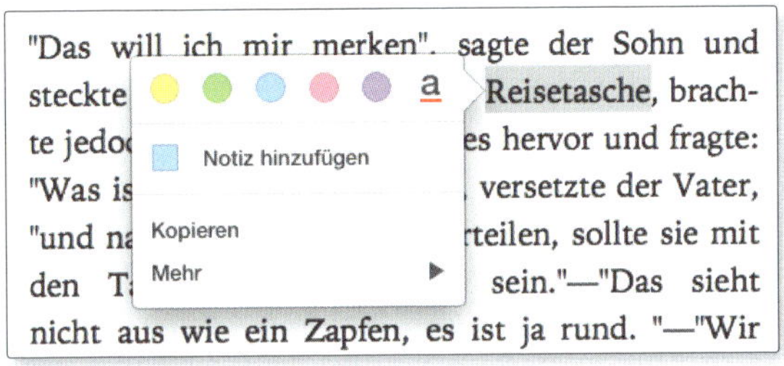


*Text markern oder Notizen einfügen – ein E-Book wird dadurch nicht beschädigt.*

- Sie stoßen in einem E-Book auf ein unbekanntes Wort? Doppelklicken Sie darauf, um es im Wörterbuch nachzuschlagen. Dazu wird ein kleines Extrafenster eingeblendet.
- Wenn Sie ein E-Book schließen möchten, schließen Sie einfach das E-Book-Fenster, um zur Bibliothek zurückzukehren. Gut zu wissen: Das E-Book wird beim nächsten Öffnen an genau der Stelle geöffnet, an der Sie es verlassen haben.

Sie stellen fest, dass E-Books gegenüber gedruckten Büchern eine Menge Vorteile zu bieten haben! Zu erwähnen ist auch noch der geringe Platzbedarf der E-Books: Auf Ihren Mac passt theoretisch eine ganze Bibliothek!

## E-Book-Verwaltung leicht gemacht

Ich habe vorhin erwähnt, dass Ihre E-Books in elektronischen Bücherregalen gespeichert werden. Wenn Sie viele E-Books in iBooks laden, lohnt es sich in jedem Fall, sie in solchen Regalen zu sortieren, wobei Sie aber natürlich auch einfach das eingebaute Suchfeld verwenden können, um jedes gesuchte E-Book schnell aufzufinden. Um ein neues elektronisches Bücherregal – eine neue Sammlung – anzulegen, gehen Sie so vor:

1. Entscheiden Sie sich bei geöffnetem Programm iBooks in der Menüleiste für *Ablage* und dann für *Neue Sammlung.*

2. Die Leiste *Sammlungen* wird links auf der Bedienoberfläche eingeblendet. Doppelklicken Sie auf die neu erstellte Sammlung und geben Sie eine schlüssige Bezeichnung ein.

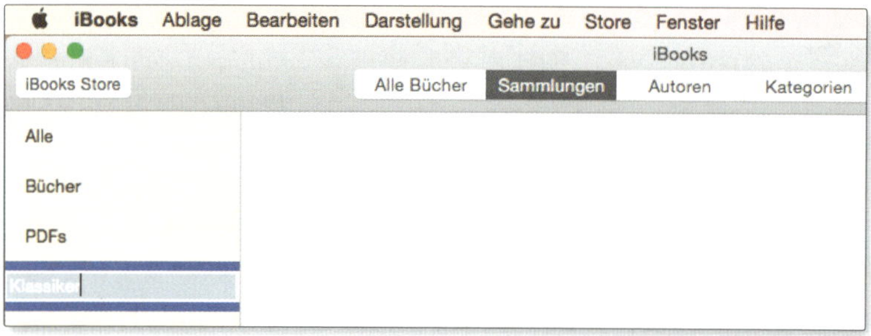


3. Wählen Sie nun in der Leiste links den Eintrag *Alle*, um Ihre sämtlichen E-Books einzublenden.
4. Ziehen Sie ein E-Book bei gedrückter Maustaste auf die Sammlung, um das E-Book in dieses elektronische Bücherregal aufzunehmen.

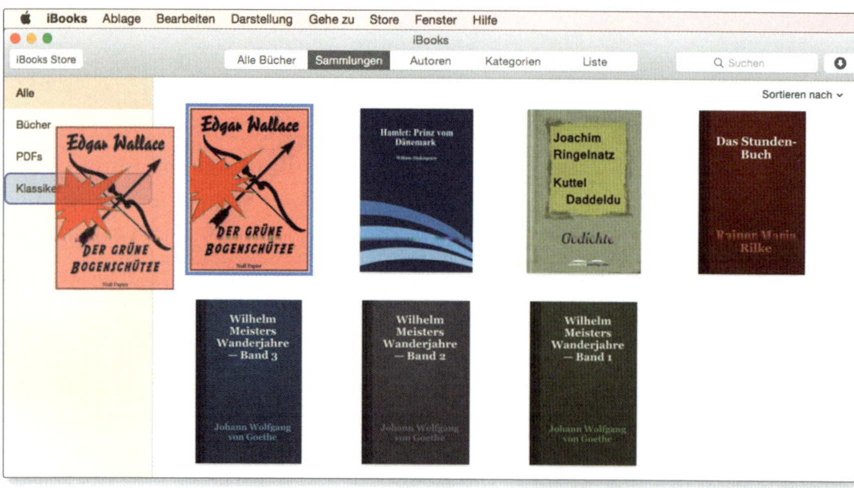


### Herr Peters empfiehlt

Beschränken Sie sich auch bei den E-Books zunächst auf kostenlose Angebote – davon gibt es mehr als genug! Zum Geldausgeben können Sie immer noch übergehen, nachdem ich Ihnen in Kapitel 8 die unterschiedlichen Zahlungsmethoden vorgestellt habe.

# Die Route zur nächsten Familienfeier planen

Steht bei Ihnen noch irgendwo ein Globus herum? So ein Globus ist doch eine wunderbare Zierde für jedes Wohnzimmer – doch ein elektronischer Globus, wie ihn auch Ihr Mac anbietet, kann deutlich mehr. Lassen Sie sich im Programm »Karten« Straßenkarten sowie Satellitenaufnahmen aus der ganzen Welt anzeigen und planen Sie zuverlässig Ihre Routen.

## Orte weltweit aufrufen

Lassen Sie mich Ihnen zunächst vorstellen, wie Sie im Programm Karten eine beliebige Örtlichkeit aufrufen und die Ansicht perfekt anpassen:

1. Klicken Sie im Dock auf das Symbol des Programms Karten, um dieses Programm zu öffnen.

2. Klicken Sie in das Eingabefeld oben im Fenster und geben Sie dort einen Ortsnamen oder eine genaue Adresse ein. Sie können bei einer Eingabe auch einen Vorschlag wählen, den Ihnen das Programm macht. Um Ihren eigenen Standort aufzurufen (sofern Sie Ihrem Mac den Zugriff darauf genehmigen), klicken Sie auf das Symbol .

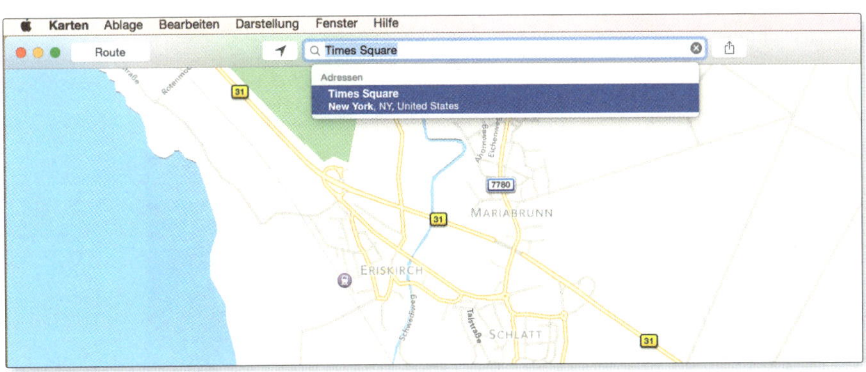

3. Der entsprechende Ort wird Ihnen nun angezeigt. Doch er ist noch zu weit weg. Doppelklicken Sie, gegebenenfalls mehrfach, auf den Ort, um näher heranzugehen. Sie können dazu alternativ auch das Plussymbol [+] rechts unten im Programm verwenden; per Minussymbol [–] vergrößern Sie den Abstand wieder.

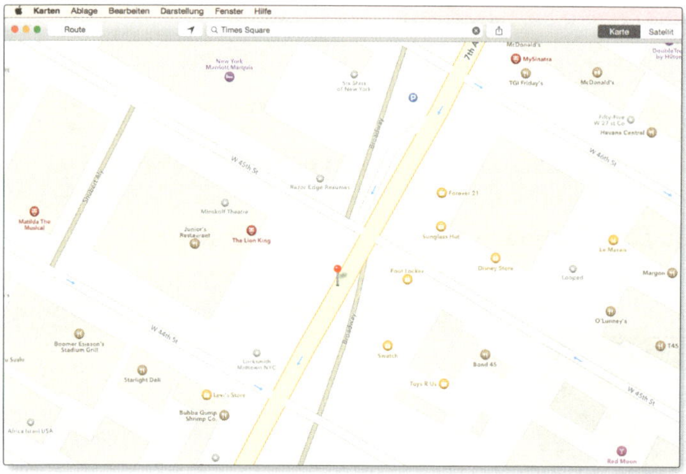


4. Nun möchten Sie sich statt der Straßenkarte eine Satellitenaufnahme ansehen. Hierzu klicken Sie rechts oben im Programm auf die Schaltfläche *Satellit*.

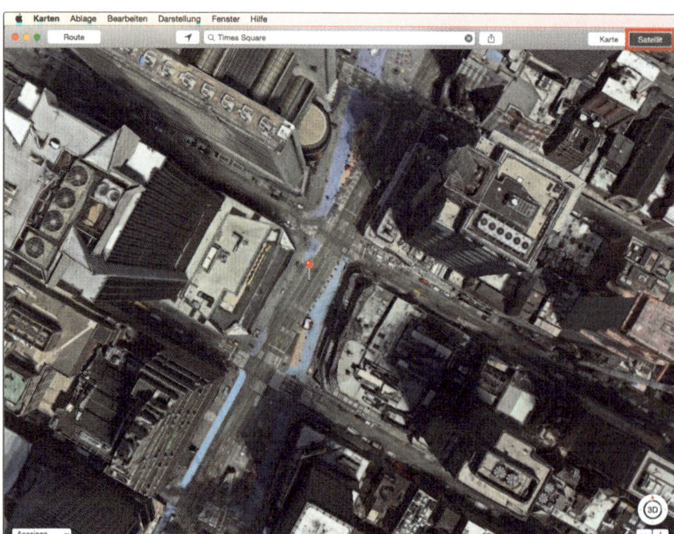

5. Dreidimensionale Ansicht gewünscht? Halten Sie dazu die [alt]-Taste gedrückt und machen Sie auf der Satellitenaufnahme bei gedrückter Maustaste eine Ziehbewegung von unten nach oben. Alternativ können Sie auch einfach rechts unten im Programm auf die *3D*-Schaltfläche klicken.

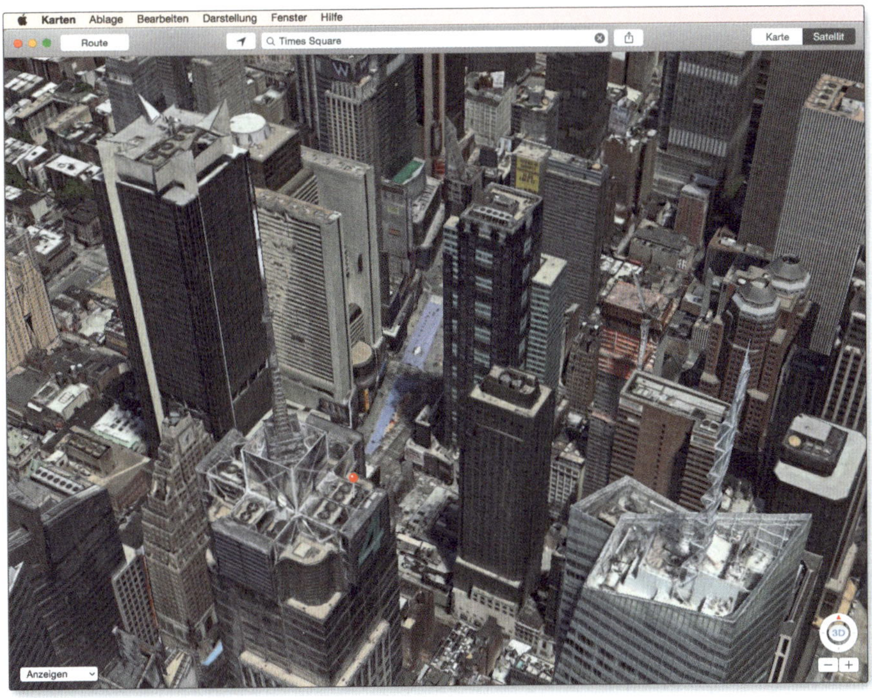


Rufen Sie auf diese Weise doch einmal die Adressen Ihrer Verwandten auf oder besuchen Sie die Golden Gate Bridge in Kalifornien, den Verbotenen Platz in Peking, die Oper in Sydney usw. Übrigens können Sie im eingebauten Suchfeld auch nach Geschäften an einem bestimmten Ort suchen, etwa Apotheken oder Hotels. Geben Sie dazu die Art des Geschäfts an und lassen Sie den Ort folgen in der Form *Hotel in London*.

### Power User

Klicken Sie rechts neben dem Eingabefeld auf das Symbol und wählen Sie *Als Favorit sichern*, um einen Ort zu speichern. Klicken Sie später in das eingebaute Suchfeld und wählen Sie *Favoriten*, um auf Ihre gespeicherten Orte zuzugreifen.

## So funktioniert die Routenplanung

Auch die Routenplanung ist mit dem Programm Karten eine ganz simple Sache. Wenn Sie in dem Programm einen Ort aufrufen, können Sie auf das Autosymbol klicken, um eine Routenplanung von Ihrem aktuellen Standort aus zu starten. Gerne zeige ich Ihnen hier, wie Sie eine ganz beliebige Route, etwa zu Ihrem Urlaubsort, planen:

1. Klicken Sie links oben im Programm Karten auf die Schaltfläche *Route*.

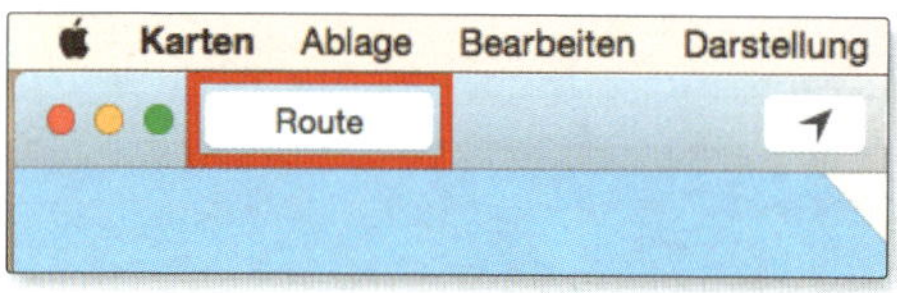


2. Geben Sie in das Feld *Start* die Startorte der Routenplanung ein bzw. verwenden Sie hierfür Ihren aktuellen Standort. In das Feld *Ende* geben Sie entsprechend den Zielort der Routenplanung ein.

3. Wenn Sie als Fußgänger unterwegs sind: Wechseln Sie von der Schaltfläche *Fahren* zur Schaltfläche *Gehen*.
4. Drücken Sie die Eingabe-Taste ⏎, um die passende Route zu planen. Diese wird in Form einer blauen Linie auf der Karte eingezeichnet. In der Leiste links finden Sie die Textinformationen dazu.

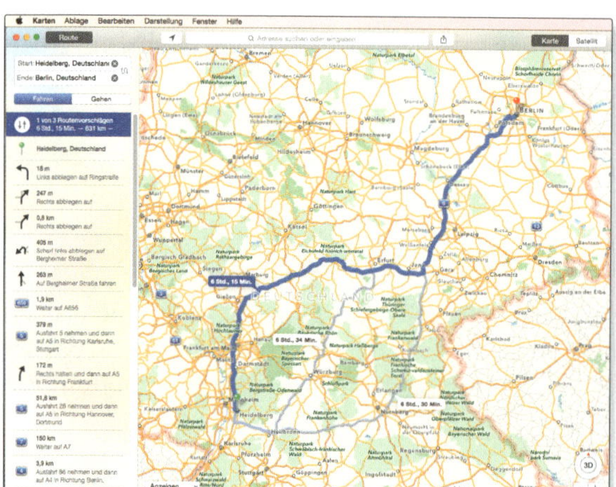

### Power User

Und wie steht es mit dem Verkehr? Klicken Sie links unten in der Karte auf die Schaltfläche *Anzeigen* und setzen Sie per Mausklick ein Häkchen bei *Verkehr anzeigen*. Ihnen werden dann Staus und Straßensperrungen auf der Karte angezeigt, also für die Planung Ihrer Route wichtige Verkehrsinformationen.

## Praktische Minianwendungen nutzen

Neben den richtigen Programmen können Sie auf Ihrem Mac auch auf verschiedene Minianwendungen zugreifen. Hierfür steht Ihnen das Dashboard (sprich: [däschbord], englisch für Armaturenbrett) zur Verfügung, das sich links neben dem Schreibtisch einblenden lässt. Wählen Sie es z. B. in der Mission Control aus oder drücken Sie einfach die [F12]-Taste bzw. [fn] + [F12], um es einzublenden. Übrigens: Eine Minianwendung im Dashboard wird als Widget [sprich: [widschett]) bezeichnet.

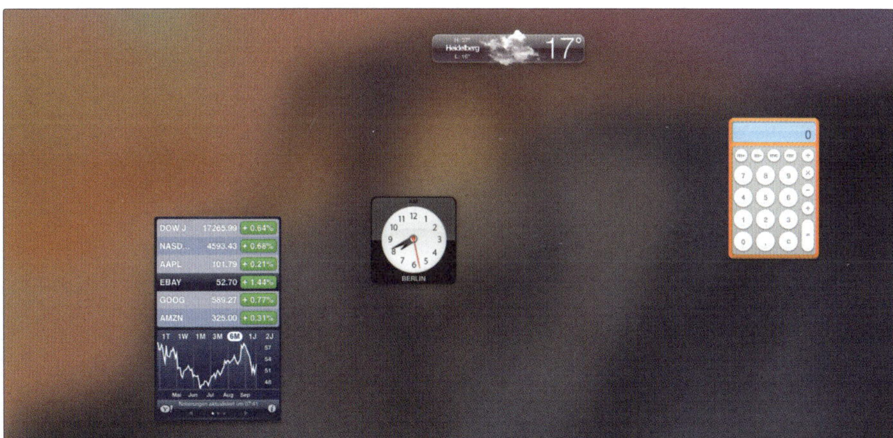


*Das Dashboard ermöglicht den schnellen Zugriff auf ganz verschiedene Minianwendungen.*

Im Dashboard sind bereits einige Minianwendungen vorhanden. Um eine Minianwendung anzupassen, bewegen Sie den Mauszeiger auf eine von ihnen und klicken auf das gegebenenfalls verfügbare Symbol **i**, z. B. um die Wetterprognose für einen bestimmten Ort einzurichten. Um eine Minianwendung im Dashboard anders zu positionieren, ziehen Sie sie einfach bei gedrückter Maustaste in eine andere Position.

Wenn Sie weitere Minianwendungen im Dashboard verwenden möchten, klicken Sie links unten im Dashboard auf das Plussymbol ⊕. Klicken Sie anschließend eines der verfügbaren Programmsymbole an, um die entsprechende Minianwendung zu übernehmen. Eine weitere Auswahl erhalten Sie, wenn Sie unten im Dashboard auf die Schaltfläche *Weitere Widgets* klicken.

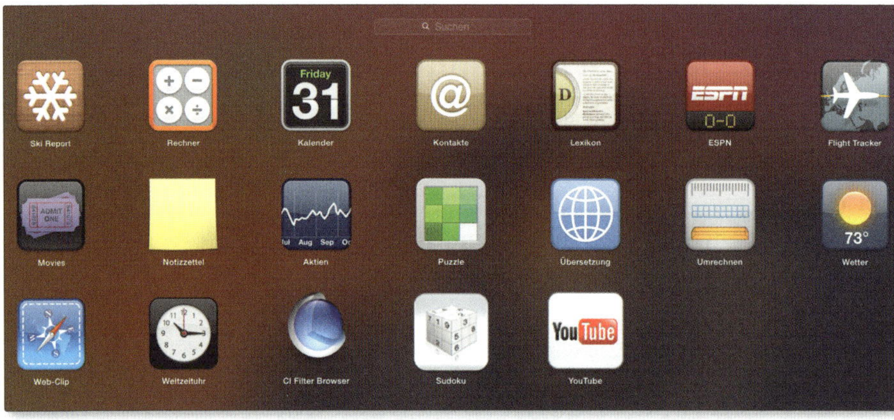


*In das Dashboard können beliebige weitere Minianwendungen aufgenommen werden.*

Möchten Sie eine nicht benötige Minianwendung wieder aus dem Dashboard entfernen? Dazu klicken Sie links unten im Dashboard auf das Minussymbol ⊖ und dann bei der zu entfernenden Minianwendung auf das Kreuzsymbol ⊗.

**Power User**

Sie möchten die Minianwendungen direkt auf dem Schreibtisch verwenden? Auch das ist möglich: Öffnen Sie dazu die Systemeinstellungen, wählen Sie die Kategorie *Mission Control* und entscheiden Sie sich im Menü *Dashboard* für den Eintrag *Als Überlagerung*. Drücken Sie dann jeweils die [F12]-Taste bzw. [fn]+[F12]-Taste, um die Minianwendungen einzublenden.

## Weitere Programme installieren

Um weitere Programme auf Ihrem Mac installieren zu können, steht Ihnen ein App Store zur Verfügung, also ein elektronischer Laden, um Programme einzukaufen. Zusätzlich können Sie aber auch Programme von einer DVD installieren oder solche, die Sie aus dem Internet herunterladen. Gestatten Sie mir, Ihnen die verschiedenen Varianten vorzustellen.

## Den App Store verwenden

Das Herunterladen von Programmen aus dem App Store ist nicht nur am einfachsten, sondern auch am sichersten. Apple prüft die Programme, die im App Store zur Verfügung gestellt werden, gründlich. Sicherheits- oder Funktionsprobleme sind deshalb sehr selten. So gelingt die Installation eines Programms aus dem App Store:

1. Klicken Sie im Dock auf das Symbol des App Stores, um ihn zu öffnen.

2. Nun ist ein wenig Stöbern angesagt, um ein passendes Programm zu finden. Klicken Sie z. B. auf Kategorien, um die Programme nach thematischen Gesichtspunkten sortiert angezeigt zu bekommen. Oder entscheiden Sie sich für eines der Programme aus den »Hitlisten«.

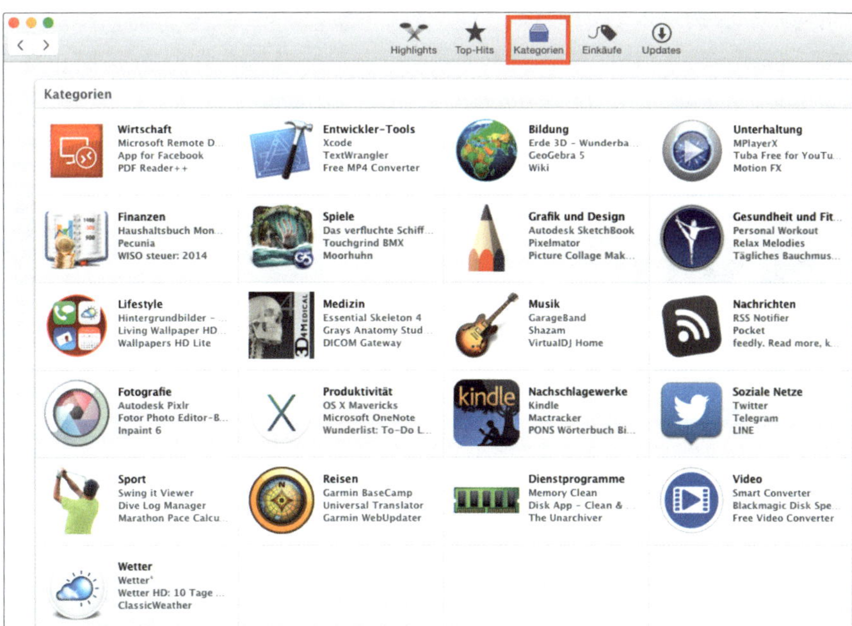

3. Um ein Programm zu installieren, klicken Sie beim entsprechenden Programm auf die zugehörige Schaltfläche *Gratis* (bzw. bei einem kostenpflichtigen Programm auf den angezeigten Preis). Hier entscheide ich mich beispielsweise für das Programm Shazam (sprich: [schasamm]), das sich einen Ausschnitt aus einem Musiktitel anhört und Ihnen dann mitteilt, um welches Lied es sich handelt.

4. Bestätigen Sie mit *App installieren*.

5. Melden Sie sich mit Ihrer Apple-ID an, um das Herunterladen und die anschließende automatische Installation zu starten.

6. Ein Symbol für das neue Programm steht anschließend im Launchpad zur Verfügung. Klicken Sie auf das Symbol, um das Programm zu starten.

Jedes Programm funktioniert etwas anders, d. h. in jedes Programm müssen Sie sich selbst ein wenig einarbeiten. Die gute Nachricht: Je mehr Programme Sie genutzt haben, desto leichter wird Ihnen dies fallen. Installieren Sie also ruhig einmal einige Programme und lernen Sie diese auf eigene Faust kennen. In der folgenden Tabelle finden Sie zehn Vorschläge für ganz unterschiedliche Programme, die bei Redaktionsschluss kostenlos zu haben waren – suchen Sie mithilfe des in den App Store eingebauten Suchfelds danach!

| Name des Programms | Was kann das? |
|---|---|
| Alfred | Das Programm Alfred hilft Ihnen dabei, auf Programmfunktionen schneller mit der Tastatur zuzugreifen. Als Einsteiger mag Ihnen das etwas kompliziert erscheinen, doch das ist gerade die Herausforderung! |
| Caffeine | Dieses kleine, aber feine Programm verhindert, dass sich Ihr Mac in den Ruhezustand begibt, wenn Sie dies gerade gar nicht gebrauchen können, und zwar unabhängig davon, welche Energieeinstellungen Sie vorgenommen haben. |

<table>
<tr><th>Name des Programms</th><th>Was kann das?</th></tr>
<tr><td>Das Örtliche</td><td>Holen Sie mit diesem Programm ein Telefonbuch für ganz Deutschland auf Ihren Mac. Damit finden Sie auch Geschäfte und können sich beispielsweise auch die jeweiligen Öffnungszeiten anzeigen lassen.

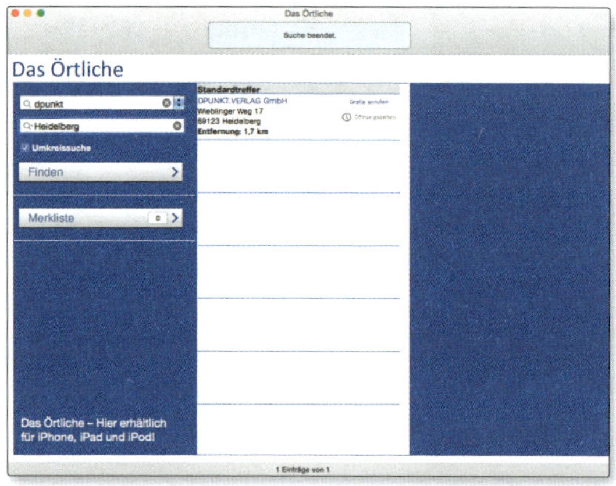
</td></tr>
<tr><td>Evernote</td><td>Das Programm Evernote (sprich: [äwernout]) ist sehr beliebt, um Notizen aller Art zu erstellen und über das Internet mit anderen Geräten auszutauschen.</td></tr>
<tr><td>Kamin</td><td>Mit diesem Programm verwandeln Sie den Bildschirm Ihres Macs in einen knisternden Kamin – per Mausklick schaffen Sie damit eine entspannte, vielleicht auch ein wenig romantische Atmosphäre.</td></tr>
<tr><td>kaufDA Navigator</td><td>Werbeprospekte benötigen Sie zukünftig nicht mehr in Papierform. Durchstöbern Sie die Prospekte umweltfreundlich direkt auf Ihrem Mac.</td></tr>
<tr><td>MPlayerX</td><td>Bei diesem Programm handelt es sich um einen sogenannten Player (sprich: [pleier], englisch für Spieler) für die Medienwiedergabe. Im Vergleich zu den auf dem Mac bereits vorhandenen Programmen beherrscht er viel mehr Formate.</td></tr>
</table>

| Name des Programms | Was kann das? |
|---|---|
| Solitaire! | Dieses Programm ist nur eines von unzähligen Spielen, die im App Store für den Mac zur Verfügung stehen.<br><br> |
| The Unarchiver | Manchmal werden Daten für den Versand in ein Archiv gepackt. Wenn Sie Dateien mit Kleidern vergleichen, die Sie in den Urlaub mitnehmen möchten, so ist ein Archiv der Koffer, in den Sie die Kleider platzsparend packen. Um die Daten dann in vielen Archivformaten wieder entpacken zu können, setzen Sie dieses Programm ein. Das gängige Archivformat ZIP beherrscht Ihr Mac bereits von Haus aus. |
| Universal Translator | Dieses Programm schließlich dient dazu, Texte aus oder in über 50 Fremdsprachen automatisch zu übersetzen. |

### Herr Peters empfiehlt

So viele Programme! Beginnen Sie damit, erst mal ein Programm zu installieren und dieses ausführlich kennenzulernen. Dann kommt das nächste dran. Je mehr Übung Sie haben, desto mehr Ähnlichkeiten werden Sie zwischen den verschiedenen Programmen ausmachen.

### Installation von einer DVD

Nicht jedes Programm ist im App Store zu finden. Manche müssen von einem Datenträger installiert werden. Häufig handelt es sich bei diesem Datenträger um eine DVD, welche die Installationsdaten enthält. Am Beispiel des Office-Pakets Microsoft Office für Mac (sprich: [maikrosoft offiss], Microsoft ist ein bekanntes amerikanisches Unternehmen, office ist das englische Wort für Büro) möchte ich Ihnen diese Form der Programminstallation vorstellen. Auf das Office-Paket von Microsoft werde ich auch noch mal in Kapitel 5 eingehen.

Sofern Ihr Mac nicht über ein DVD-Laufwerk verfügen sollte, rüsten Sie ein externes DVD-Laufwerk nach. Solche DVD-Laufwerke sind im Elektronikfachmarkt bereits für um die 30 Euro erhältlich und werden einfach über den USB-Anschluss mit dem Mac verbunden. In vielen Fällen lassen sich Programme alternativ auch aus dem Internet laden, wie es noch im anschließenden Abschnitt beschrieben wird. Office für Mac z. B. laden Sie unter der Webadresse www.microsoft.com/germany/mac herunter.

Achten Sie bei einem Programmkauf in jedem Fall darauf, dass es auf einem Mac installiert werden kann, denn viele Programme stehen nur für Windows-Computer zur Verfügung! So gehen Sie anschließend vor, um das Programm zu installieren (die einzelnen Schritte können jeweils leicht abweichen, das Prinzip ist aber stets ähnlich):

1. Legen Sie den Datenträger in das DVD-Laufwerk Ihres Macs ein.
2. Ihnen wird eine Installationsdatei angezeigt. Doppelklicken Sie darauf.

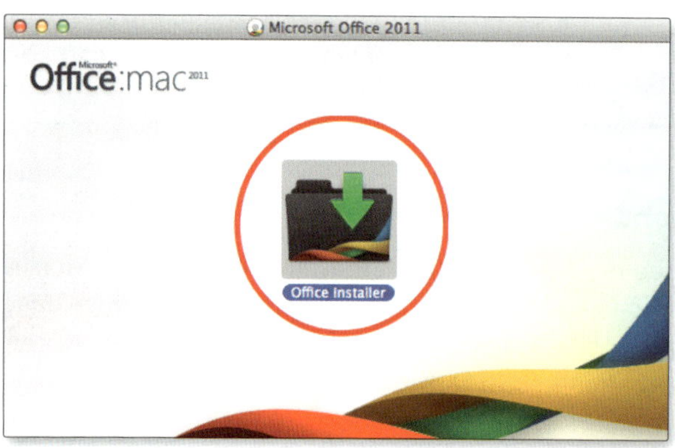


3. Nun führt Sie ein Assistent durch den Installationsvorgang. Folgen Sie den angezeigten Hinweisen und klicken Sie sich im Assistenten weiter.

4. Nachdem Sie die Lizenzbedingungen akzeptiert und den Installationsort bestätigt haben, führen Sie die Installation durch und beenden zum Schluss den Assistenten.
5. Bei den meisten kostenpflichtigen Programmen ist noch die Eingabe eines Produktschlüssels (englisch: Product Key, sprich: [prodakt kih]) erforderlich, die das Verbreiten von Raubkopien eindämmen soll. Manche Programme – so auch Microsoft Office für Mac – müssen zusätzlich über das Internet aktiviert werden, um voll funktionsfähig zu sein.

6. Auch die auf diese Weise installierten Programme finden Sie anschließend im Launchpad, um sie dort aufrufen zu können.

### Ein aus dem Internet heruntergeladenes Programm installieren

Schließlich bietet auch das Internet viele Programme für Ihren Mac, und zwar zu einem großen Teil kostenlos. Lassen Sie mich das Ganze wieder anhand eines Office-Pakets darstellen, nämlich anhand des kostenlosen Office-Paktes LibreOffice:

1. Rufen Sie in Safari die Seite auf, auf der sich ein Link zum Herunterladen der Installationsdatei befindet, in diesem Fall lautet die Webadresse de.libreoffice.org.

2. Klicken Sie auf den Link zum Herunterladen des Mac-Programms – hier in Form einer Schaltfläche.

3. Klicken Sie rechts oben in Safari auf das Symbol , um den Vorgang des Herunterladens zu verfolgen.

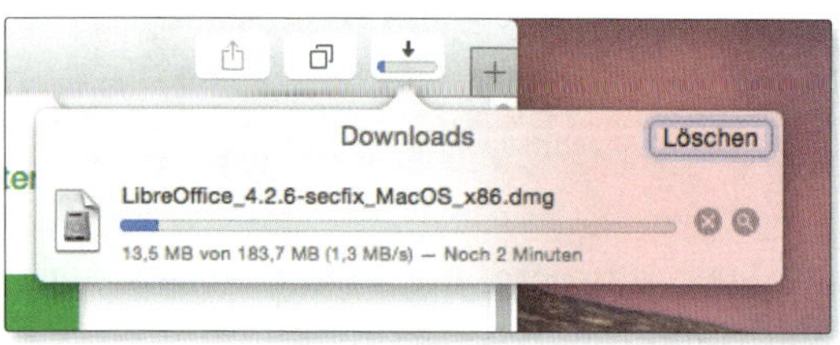


4. Nachdem die Datei fertig heruntergeladen wurde, wird sie unter dem Symbol angezeigt. Doppelklicken Sie darauf.

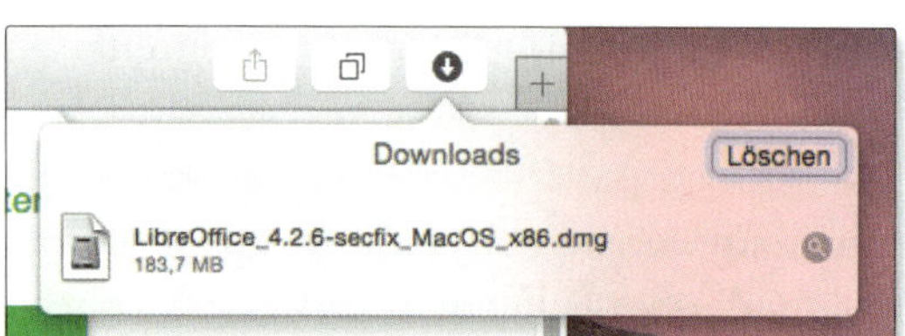

5. Die Datei wird geöffnet, was einen Moment dauern kann. In diesem Fall ziehen Sie die Installationsdatei bei gedrückter Maustaste in den Programmordner (Applications, sprich: [äpplikeischens], ist das englische Wort für Programme).

6. Das Programm wird in den Programmordner kopiert und steht anschließend wie gehabt im Launchpad zur Verfügung.

**Power User**

Übrigens lassen sich auch Windows-Programme auf einem Mac installieren. Hierfür benötigen Sie allerdings ein zusätzliches Programm wie etwa Parallels (sprich: [pärellels]). Mit diesem Programm wird auf Ihrem Mac zusätzlich ein Windows-Betriebssystem installiert, das sich dann entweder wie in einem Programmfenster öffnen, aber auch in das Mac-Betriebssystem integrieren lässt. Nähere Informationen dazu finden Sie unter der Webadresse www.parallels.com/de. Es gibt auch kostenlose, dafür allerdings etwas kompliziertere Alternativen, z. B. das Programm VirtualBox (sprich: [wördschuel box]), das Sie unter der folgenden Webadresse finden: www.virtualbox.org.

## Programme nach dem Einschalten des Macs automatisch starten

Häufig genutzte Programme können Sie nach dem Einschalten Ihres Macs automatisch starten lassen. So geht es am einfachsten: Klicken Sie das Programmsymbol im Dock mit der rechten Maustaste bzw. bei gedrückter [ctrl]-Taste an (öffnen Sie das Programm gegebenenfalls zunächst). Im sich öffnenden Kontextmenü bewegen Sie den Mauszeiger auf *Optionen* und klicken dann auf den Menüeintrag *Bei der Anmeldung öffnen*.

*Diese Abbildung zeigt, wie ich das Programm Kalender den Anmeldeobjekten hinzufüge.*

Um eine Übersicht über die automatisch startenden Programme zu erhalten und Einstellungen dazu vorzunehmen, öffnen Sie die Systemeinstellungen. Unter der Kategorie *Benutzer & Gruppen* klicken Sie auf *Anmeldeobjekte*, um die entsprechende Aufstellung zu erhalten und die gewünschten Einstellungen vorzunehmen. Per Plussymbol [+] können Sie auch hier Programme zum automatischen Starten hinzufügen.

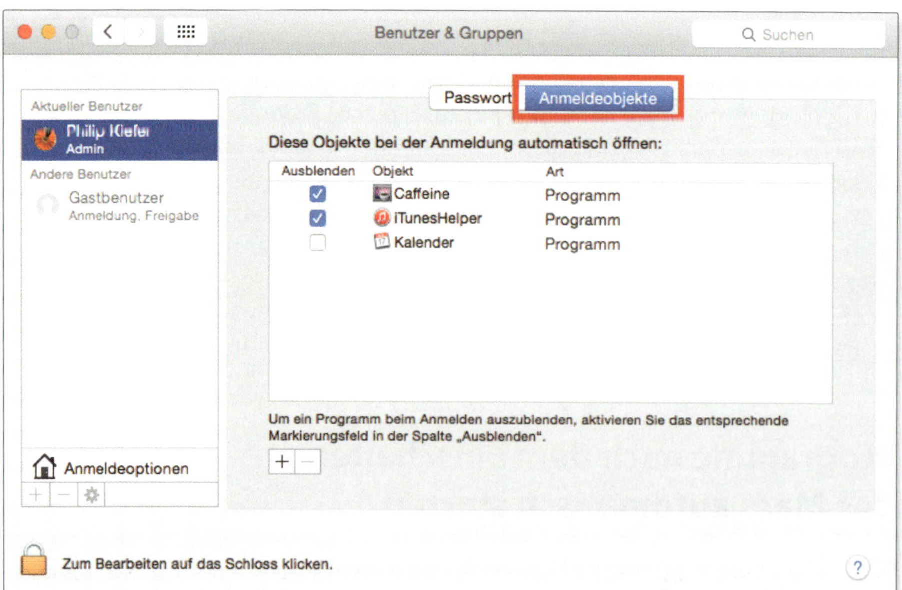


*Die Anmeldeobjekte verwalten Sie in den Systemeinstellungen.*

# Alle Ihre Programme auf dem Mac verwalten

Lernen Sie nun noch einige wichtige Funktionen zur Programmverwaltung kennen. Dazu gehört das Entfernen nicht mehr gewünschter Programme, aber auch das regelmäßige Aktualisieren derselben. Wie die Deinstallation und das Aktualisieren funktioniert, zeige ich Ihnen auf den nächsten Seiten. Außerdem stelle ich Ihnen nützliche Funktionen vor, mit denen Sie auch bei vielen Apps den Überblick im Launchpad behalten.

## Nicht mehr benötigte Programme entfernen

Beim Entfernen von Programmen wird zwischen Programmen unterschieden, die Sie aus dem App Store geladen haben, und solchen Programmen, die Sie anderweitig installiert haben.

Das Entfernen eines Programms aus dem App Store ist besonders einfach: Öffnen Sie hierzu das Launchpad und halten Sie ein Programmsymbol gedrückt. Sie stellen fest, dass alle Programmsymbole zu wackeln beginnen, und einige der Symbole werden mit einem Kreuzsymbol versehen ⊗. Dies sind die aus dem App Store heruntergeladenen Programme. Klicken Sie auf ein Kreuzsymbol und bestätigen Sie mit *Löschen*, um das Programm zu entfernen.

*Ein aus dem App Store geladenes Programm lässt sich mit nur wenigen Mausklicks wieder entfernen.*

Zum Entfernen anderer Programme lernen Sie nun den Finder schon etwas näher kennen. Dieses Programm werde ich Ihnen in Kapitel 6 noch viel ausführlicher vorstellen. Gehen Sie zum Löschen eines Programms folgendermaßen vor:

1. Klicken Sie im Dock auf das Symbol des Finders.

2. Klicken Sie in der Leiste links auf den Eintrag *Programme*. Die anderen Einträge beachten Sie an dieser Stelle erst mal nicht.

3. Im Bereich rechts erhalten Sie nun eine Auflistung der Programme, die auf Ihrem Mac installiert sind. Zum Löschen eines Programms klicken Sie dieses mit der rechten Maustaste bzw. bei gedrückter [ctrl]-Taste an. Im sich öffnenden Kontextmenü entscheiden Sie sich dann für den Eintrag *In den Papierkorb legen*. Alternativ ziehen Sie das Programm bei gedrückter Maustaste auf das Papierkorbsymbol im Dock.

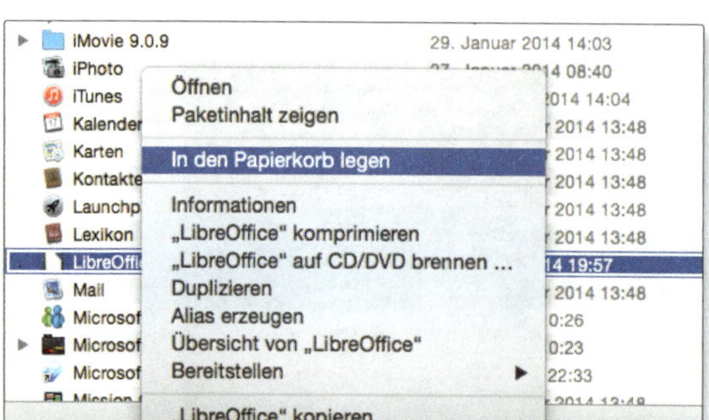

**Power User**

Das hört sich einfach an und ist es auch. Allerdings kann es sein, dass Programmreste auf dem Mac zurückbleiben. Für ein vollständiges Entfernen von Programmen empfehle ich Ihnen das kostenlose Programm AppCleaner (sprich: [äppklihner], übersetzt etwa »Programmbereiniger«), das Sie unter der Webadresse www.freemacsoft.net herunterladen. Ziehen Sie ein Programm aus dem Finder in das Programm AppCleaner und bestätigen Sie mit *Löschen*, um eine vollständige Deinstallation durchzuführen.

## Ihre Programme auf dem aktuellsten Stand halten

Viele Programme werden regelmäßig aktualisiert, um Fehler zu beheben oder neue Funktionen anzubieten. Eine solche Aktualisierung bezeichnet man auch als »Update« (sprich: [appdeit], englisches Wort für Aktualisierung). Wieder wird zwischen Programmen unterschieden, die Sie im App Store heruntergeladen haben, und solchen, die Sie anderweitig installiert haben.

Die Aktualisierung von Programmen aus dem App Store erfolgt im App Store. Ihr Mac prüft die installierten Programme regelmäßig auf Aktualisierungen und bietet Ihnen diese dann im App Store unter der Rubrik *Updates* an. Hier werden übrigens auch Aktualisierungen des Betriebssystems selbst aufgeführt.

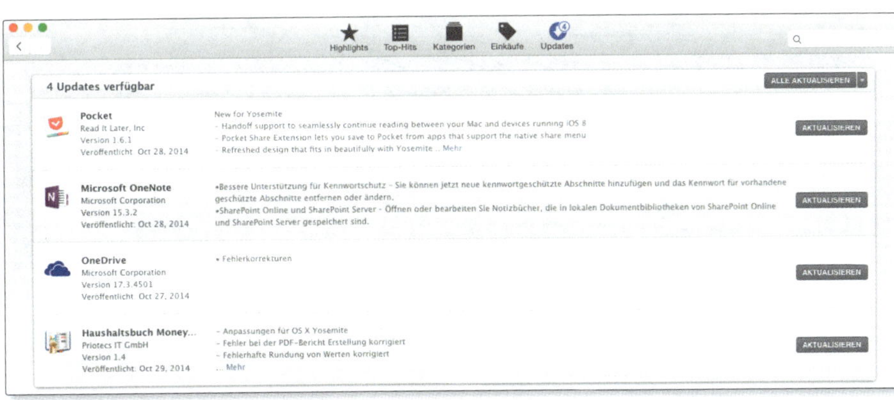


*Auch Aktualisierungen (Updates) werden aus dem App Store geladen.*

Was die von Ihnen anderweitig installierten Programme betrifft, müssen Sie sich selbst um die Aktualisierungen kümmern. Häufig kann in den Programmen die automatische Suche nach Aktualisierungen aktiviert werden. In anderen Fällen finden Sie in der Menüleiste des Programms unter *Hilfe* die entsprechende Option. Eher selten müssen Sie die Webseite des Herstellers aufsuchen, um sich über mögliche Aktualisierungen zu informieren.

## Auf Ihre Programme übersichtlich zugreifen

Wenn Sie erst einmal hundert Programme auf Ihrem Mac installiert haben, kann leicht die Übersicht verloren gehen. Meine generelle Empfehlung ist es daher, wirklich nur solche Programme auf dem Computer zu installieren bzw. auf dem Computer zu belassen, die Sie tatsächlich verwenden. Vergleichen Sie das mit den Kleidern in Ihrem Kleiderschrank: Was nicht getragen wird, nimmt nur Platz weg und gehört in die Altkleidersammlung.

Es gibt aber einige Funktionen, die Ihnen helfen, selbst bei zahlreichen installierten Programmen den Überblick zu bewahren:

- Verschieben von Symbolen im Launchpad: Um ein Programmsymbol im Launchpad zu verschieben, ziehen Sie es einfach bei gedrückter Maustaste in eine andere Position.

*Ein Programmsymbol lässt sich im Launchpad bei gedrückter Maustaste in eine andere Position ziehen.*

- Ordner erstellen: Programme mit ähnlichen Themen lassen sich im Launchpad in Ordnern sortieren. Um einen Ordner zu erstellen, ziehen Sie ein Programmsymbol bei gedrückter Maustaste auf ein anderes. Lassen Sie die Maustaste los, um den Ordner anzuzeigen. Klicken Sie auf die automatisch erstellte Bezeichnung des Ordners, um eine neue Bezeichnung einzugeben. Um den Ordner zu schließen, klicken Sie auf eine Fläche außerhalb des Ordners. Ziehen Sie gegebenenfalls weitere Programmsymbole bei gedrückter Maustaste auf den Ordner.

*Ziehen Sie ein Programmsymbol im Launchpad auf ein anderes Symbol, um einen Ordner zu erstellen.*

- Verschieben von Symbolen auf eigene Seite: Das Launchpad kann aus mehreren Seiten bestehen. Ziehen Sie ein Programmsymbol (oder einen Ordner) bei gedrückter Maustaste über den rechten Rand hinaus, um es auf einer weiteren Seite abzulegen. Der Wechsel zwischen den einzelnen Seiten kann beispielsweise mit den Punktsymbolen unten im Launchpad erfolgen – jeder Punkt steht hierbei für eine Seite.

*Das Launchpad kann aus mehreren Seiten bestehen – diese werden durch Punktsymbole unten im Launchpad dargestellt.*

- Weitere Programme im Dock ablegen: Sie wissen bereits, dass sich Programme im Dock ablegen lassen, indem Sie diese bei gedrückter Maustaste aus dem Launchpad in den linken Bereich des Docks ziehen. Eine weitere Möglichkeit: Öffnen Sie den Finder, klicken Sie in der Leiste links auf den Eintrag *Programme* und ziehen Sie diesen in den rechten Bereich des Docks – Sie erhalten einen Ordner für den schnellen Zugriff auf die enthaltenen Programme.

*Eine Alternative bzw. Ergänzung zum Zugriff im Dock: Legen Sie den Programmordner im Dock ab.*

## Tipp

Auch so greifen Sie schnell auf ein bestimmtes Programm zu: Klicken Sie rechts oben auf dem Bildschirm auf das Lupensymbol 🔍, um die Spotlight-Suche aufzurufen. Tippen Sie den Programmnamen ein und klicken Sie ein gefundenes Programm an, um es zu öffnen.

Kapitel
5

# Dokumente erstellen und ausdrucken

Neben den Programmen für die Internetnutzung zählen Büroprogramme zu den am häufigsten verwendeten Programmen auf dem Computer. Ein Office-Paket besteht insbesondere aus einem Programm zum Schreiben (einem Textverarbeitungsprogramm), einem Programm zum Erstellen von Tabellen und Diagrammen (einem Tabellenkalkulationsprogramm) sowie einem Programm zum Erstellen von Präsentationen. In diesem Kapitel möchte ich Ihnen die Basisfunktionen eines Office-Pakets näherbringen, damit Sie z. B. Ihre Briefe zukünftig am Computer verfassen können.

# Welche Programme soll ich für Büroarbeiten verwenden?

Haben Sie Ihre Briefe bisher von Hand verfasst oder noch mit einer alten Schreibmaschine getippt? Das gehört nun der Vergangenheit an, denn Ihr Mac bietet gerade für eine solche Nutzung viele Funktionen. Dokumente lassen sich richtig schön gestalten und für den späteren erneuten Gebrauch archivieren. Mit einem Drucker lassen sich die Dokumente zu Papier bringen. Auf dem Computer angelegte Tabellen gestatten automatische Berechnungen. Schließlich lassen sich auch noch ansprechende Präsentationen erstellen, mit denen Sie Ihre Zuhörer im Verein begeistern oder einfach Ihre Urlaubserinnerungen im privaten Kreis vorstellen – mit einem Projektor, auch Beamer (sprich: [biemer]) genannt, können Sie Ihre Präsentationen auf eine Leinwand übertragen.

Auf Ihrem Computer befinden sich einige Programme, die Ihnen für Ihre Büroarbeiten sicherlich nützlich sein werden. Darunter das bereits bekannte Programm Notizen, bei dem es sich um eine Art elektronischen Notizblock handelt. Aber auch das Programm Rechner, das Sie im Launchpad finden, wird Ihnen dienlich sein – falls Sie Ihren Taschenrechner mal wieder verlegen sollten.

Auch ein einfaches Programm für die Textverarbeitung ist von Haus aus auf Ihrem Mac bereits vorhanden. Es nennt sich TextEdit und erlaubt es, Texte einzugeben und zu bearbeiten, wobei sich das Programm allerdings auf die wichtigsten Funktionen konzentriert.

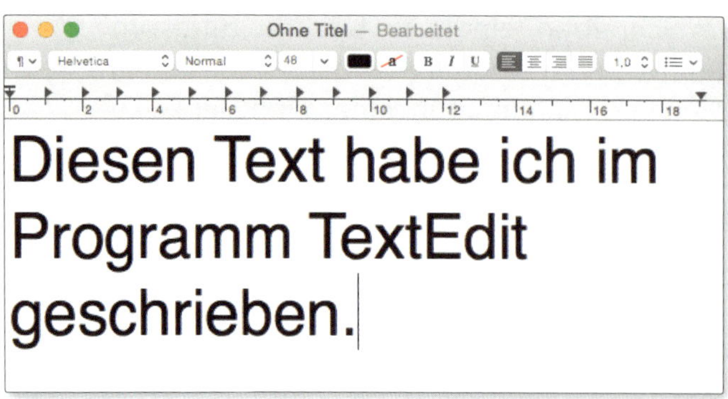


*Das simple Textverarbeitungsprogramm TextEdit steht auf Ihrem Mac bereits zur Verfügung.*

Ein vollwertiges Textverarbeitungsprogramm müssen Sie gegebenenfalls zunächst installieren. Eine Auswahl stelle ich Ihnen im Folgenden vor:

- iWork: iWork ist das Office-Paket aus dem Hause Apple. Es besteht aus drei Einzelprogrammen, namentlich dem Textverarbeitungsprogramm Pages (sprich: [peidschis], »page« ist das englische Wort für Seite), dem Tabellenkalkulationsprogramm Numbers (sprich: [nambers], »number« ist das englische Wort für Zahl) sowie dem Präsentationsprogramm Keynote (sprich: [kihnout], »keynote« ist das englische Wort für Leitgedanke). Dieses Office-Paket bietet zwei gewichtige Vorteile: Zum einen ist es kostenlos für Personen, die ihren Mac ab Herbst 2013 gekauft haben, zum anderen ermöglicht iWork einen einfachen Austausch mit iWork-Programmen auf anderen Apple-Geräten wie etwa dem iPad. Die Programme finden Sie, falls auf Ihrem Mac nicht vorinstalliert, im App Store.

*iWork erlaubt den einfachen Datenaustausch zwischen mehreren Apple-Geräten. (Quelle der Abbildung: Apple)*

- Microsoft Office für Mac: Microsoft Office ist das weltweit am häufigsten genutzte Office-Paket. Es enthält unter anderem die bekannten Programme Word (sprich: [wörd], englisch für Wort), Excel (sprich: [äxel], vom englischen Wort für »sich auszeichnen«) sowie PowerPoint (sprich: [paoerpoint], übersetzt etwa »Kraftpunkt«). Microsoft Office bietet einen sehr großen Funktionsumfang und eignet sich selbst für die professionelle Verwendung. Die Installation erfolgt entweder von einer DVD oder mittels einer Installationsdatei, die Sie aus dem Internet herunterladen, und zwar unter der folgenden Webadresse: www.microsoft.com/germany/mac. Wie Sie auf der Webseite sehen, ist das Ganze nicht ganz billig, aber dafür entscheiden Sie sich für Qualität.

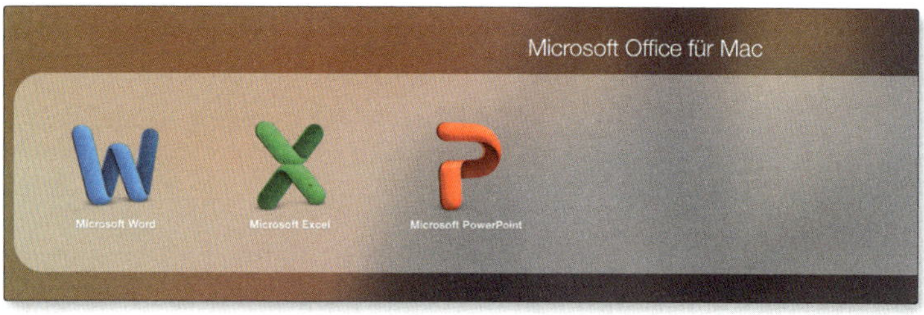


*Hier habe ich die wichtigsten Office-Programme Word, Excel und PowerPoint im Launchpad in einen eigenen Ordner gepackt.*

- LibreOffice: Dieses Office-Paket habe ich Ihnen im vorangegangenen Kapitel bereits kurz vorgestellt. Es handelt sich um ein (kosten-)freies Office-Paket, das Ihnen dennoch alle wichtigen Funktionen bietet und deshalb eine nennenswerte Alternative zu Microsoft Office darstellt. Leider ist aber die Handhabung nicht ganz so komfortabel und für Sie als Einsteiger deshalb unter Umständen nervenaufreibender. Die Webadresse lautet de.libreoffice.org.

Unabhängig davon, welches Office-Paket Sie selbst verwenden, empfehle ich Ihnen, zum Speichern Ihrer Dokumente, Tabellen und Präsentationen jeweils die Standardformate von Microsoft Office zu verwenden. Dies ist auch aus iWork und LibreOffice heraus möglich! Und Sie können übrigens auch Dateien, die mit Microsoft Office auf einem Windows-Computer erstellt wurden, in allen drei Office-Paketen auf dem Mac öffnen. Zu beachten ist allerdings, dass es dabei zu verschiedenen Formatierungsfehlern kommen kann, die eine Nachbearbeitung erfordern. Ich erlaube mir, mich bei der folgenden Darstellung auf Microsoft Office zu beziehen.

**Herr Peters empfiehlt**

Zumindest was die Grundlagen anbelangt, funktionieren die großen Textverarbeitungsprogramme ganz ähnlich. Wenn Sie sich für ein anderes Office-Programm entscheiden, werden Sie den Anleitungen auf den nächsten Seiten dennoch folgen können, auch wenn sich nicht jeder Menüpunkt an der gleichen Stelle befindet.

# So verfassen Sie auf Ihrem Mac einen Brief

Mit dem Programm Word können Sie eine ganze Menge mehr machen als lediglich Text erfassen. Die Basisfunktionen sind wirklich einfach zu verstehen. Im Folgenden zeige ich Ihnen Schritt für Schritt, wie Sie mit Word beispielsweise einen Brief verfassen und auf dem Computer speichern:

1. Starten Sie das Programm Word per Mausklick auf das entsprechende Programmsymbol im Launchpad bzw. im Dock.
2. Im Startfenster werden Sie zunächst dazu aufgefordert, eine Vorlage für das neue Dokument auszuwählen. In diesem Fall bestätige ich das Erstellen eines leeren Word-Dokuments mit der Schaltfläche *Auswählen*. Sie können aber auch eine andere Vorlage auswählen oder das eingebaute Suchfeld verwenden, um weitere Vorlagen ausfindig zu machen.

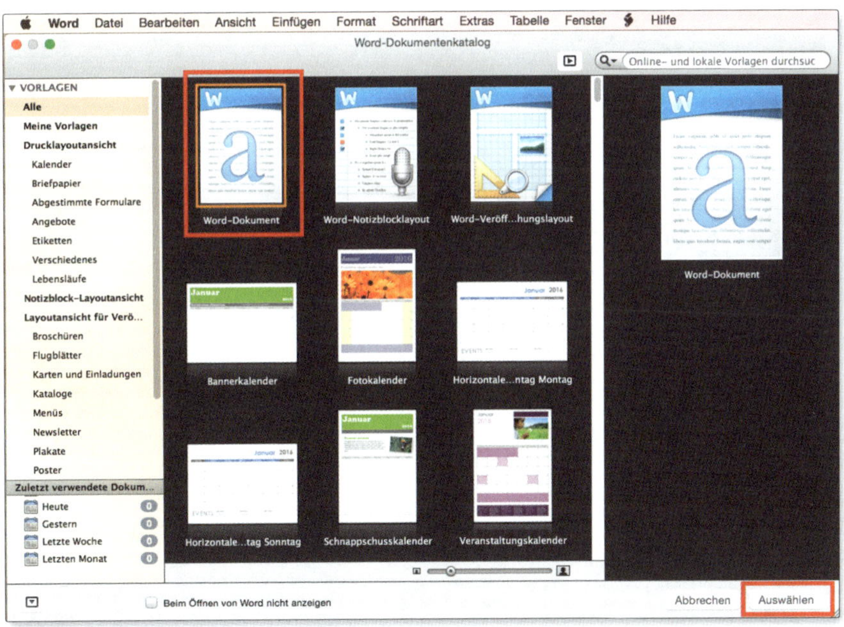


3. Machen Sie sich nun mit der Word-Bedienoberfläche auf Ihrem Mac vertraut. Sie finden, wie übrigens in allen Textverarbeitungsprogrammen, ein großes Feld zum Eintippen Ihres Textes vor, wobei die Größe des Feldes hier dem ausgewählten Papierformat (in der Regel DIN A4) entspricht. Oberhalb des Textfelds befindet sich ein Menüband, das in mehrere Registerkarten

untergliedert ist und zum Aufrufen der verschiedenen Textverarbeitungsfunktionen dient. In der Symbolleiste oberhalb des Menübands rufen Sie besonders wichtige Funktionen auf wie beispielsweise die Neuanlage, das Speichern oder das Ausdrucken eines Dokuments. Außerdem ist ein Suchfeld für die Suche innerhalb eines Dokuments eingebaut. Die Mac-typische Menüleiste zum Aufrufen von Programmfunktionen und -einstellungen fehlt auch bei Word für Mac nicht. Schließlich findet sich unten in der Bedienoberfläche eine Statusleiste mit Informationen zum aktuellen Dokument sowie Ansichtsoptionen.

4. Tippen Sie nun Ihren Text in das Feld ein, wobei Sie per Eingabe-Taste [↵] Absätze bzw. mit den Tasten [⇧]+[↵] Zeilenwechsel erzeugen.

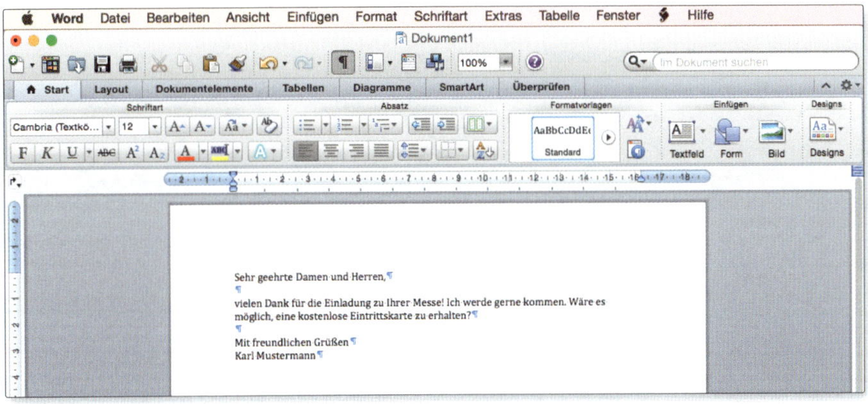


5. Sie können nun den gesamten Text oder einzelne Textpassagen mit der Maus markieren (ziehen Sie dazu den Mauszeiger bei gedrückter Maustaste darüber) und auf verschiedene Weise formatieren, z. B. können Sie im Menüband auf das Symbol [F] klicken, um den Text fettgedruckt darzustellen. Um in Erfahrung zu bringen, wofür die weiteren Symbole gut sind, bewegen Sie einfach den Mauszeiger darauf – es erscheint dann ein kurzer Infotext.

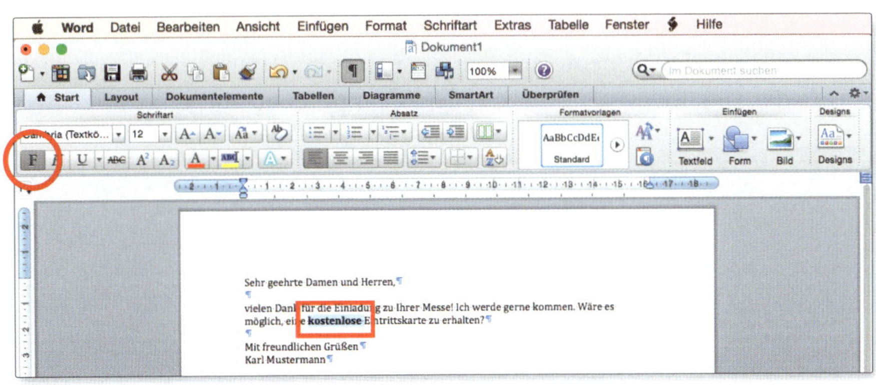

6. Möchten Sie noch die Seitenränder anpassen, ein anderes Papierformat auswählen oder die Seitenränder verändern? Dies bewerkstelligen Sie im Menüband unter *Layout*.

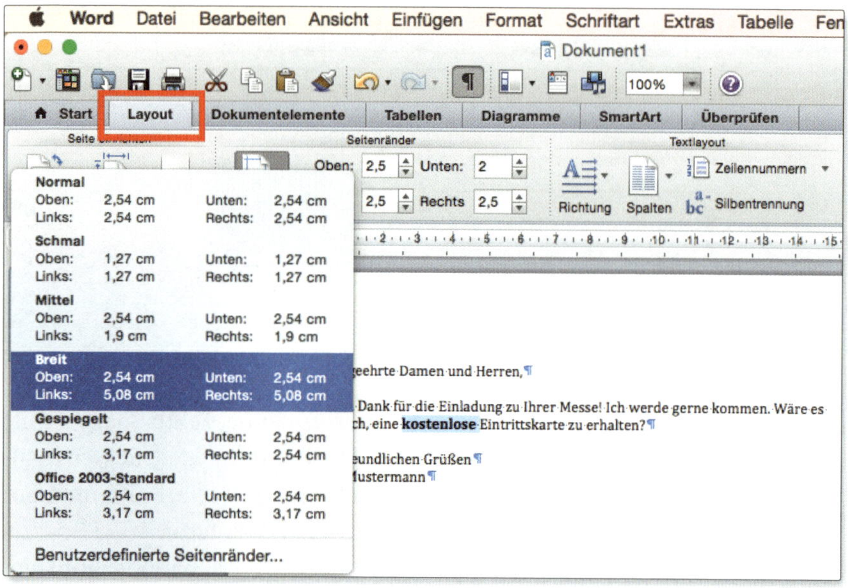


7. Um das Dokument schließlich zu speichern, klicken Sie in der Symbolleiste auf das Symbol . Im sich öffnenden Fenster geben Sie dem Dokument im Feld *Sichern unter* eine schlüssige Bezeichnung. Den vorgeschlagenen Speicherort Dokumente können Sie belassen. Bestätigen Sie mit *Sichern*, um das Dokument als Datei auf dem Computer abzulegen.

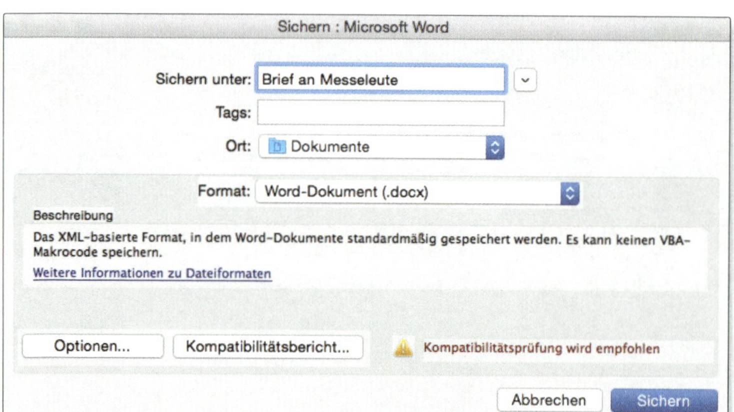

8. Wählen Sie in der Word-Menüleiste unter *Datei* den Eintrag *Schließen*, um das Dokument zu schließen – es wird Ihnen ansonsten beim nächsten Start des Programms erneut angezeigt.

**Herr Peters empfiehlt**

Word bietet noch deutlich mehr Funktionen, aber Sie müssen nicht auf Anhieb zum Word-Profi werden, sondern Sie erkunden die einzelnen Funktionen am besten Schritt für Schritt frei nach Ihren eigenen Bedürfnissen.

## So erstellen Sie auf Ihrem Mac eine Tabelle

Zwar lassen sich auch mit dem Programm Word Tabellen und Diagramme erstellen und in ein Dokument einfügen. Für wesentlich leistungsstärkere Tabellen und Diagramme verwenden Sie jedoch das Tabellenkalkulationsprogramm Excel. Die folgende Praxisanleitung zeigt Ihnen, wie Sie in Excel eine Tabelle anlegen, diese mit Ihren Daten füllen und schließlich eine automatische Berechnung durchführen:

1. Ebenso wie beim Programmstart von Word wählen Sie nach dem Start des Programms Excel zunächst eine Vorlage aus – im Beispiel wähle ich eine (leere) Excel-Arbeitsmappe–und bestätigen sie mit einem Mausklick auf *Auswählen*.

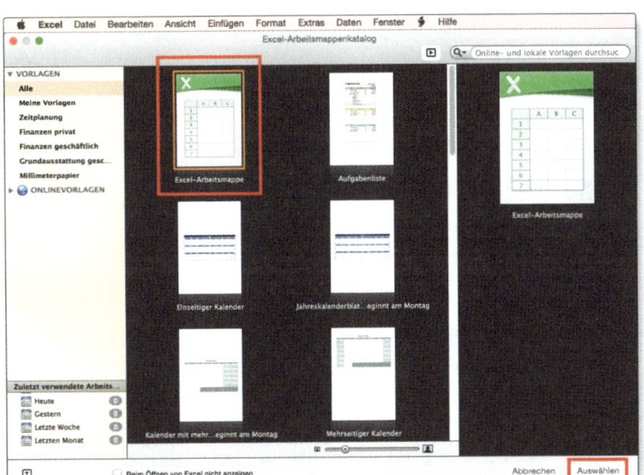

2. Die Bedienoberfläche von Excel ist ganz ähnlich aufgebaut wie die von Word, wobei Sie aber statt des großen Textfeldes ein großes Tabellenfeld für die Eingabe Ihrer Daten vorfinden. Oberhalb des Tabellenfeldes sehen Sie das Menüband zum Aufrufen der verschiedenen Tabellenkalkulationsfunktionen, darüber wiederum eine Symbolleiste zum Aufrufen wichtiger Programmfunktionen. Die Mac-typische Menüleiste ist bei Excel ebenfalls vorhanden. Auch ein Suchfeld ist zu finden. Unten in der Bedienoberfläche finden Sie eine Statusleiste mit Ansichtsoptionen sowie Informationen zur aktuell geöffneten Datei. Oberhalb der Statusleiste erhalten Sie die Möglichkeit zum Erstellen weiterer Arbeitsblätter innerhalb einer Arbeitsmappe.

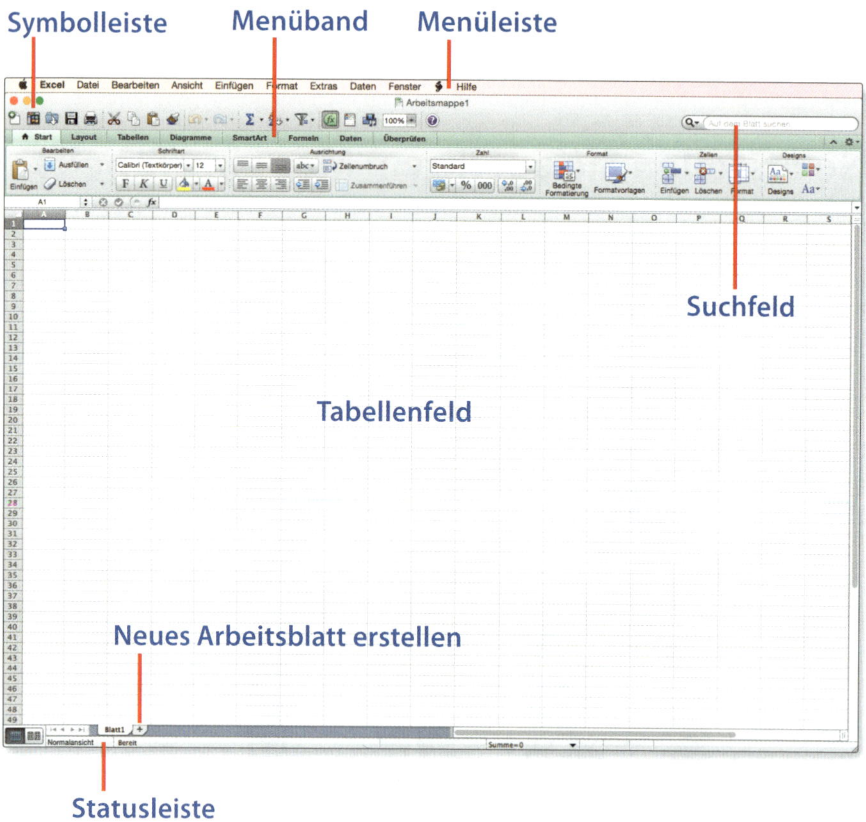


3. In dieser Praxisanleitung sollen Autokosten berechnet werden. Geben Sie dazu in die Felder der ersten Spalte den jeweiligen Posten ein wie Benzin, Kfz-Steuer, Kfz-Versicherung usw. In der Spalte rechts daneben ordnen Sie den einzelnen Posten einen Wert zu. Um ein Feld auszufüllen, klicken Sie

jeweils hinein. Alternativ wechseln Sie mit den Pfeil-Tasten ← → ↓ ↑ auf der Mac-Tastatur zwischen den Feldern.

4. Zum Kalkulieren der Tabellen zwar nicht unbedingt notwendig, aber für den besseren Überblick doch empfehlenswert: Formatieren Sie die Zellen und Zelleninhalte mithilfe der Funktionen im Menüband. Im Beispiel etwa entscheide ich mich für das automatische Anpassen der Spaltenbreite in den beiden markierten Spalten.

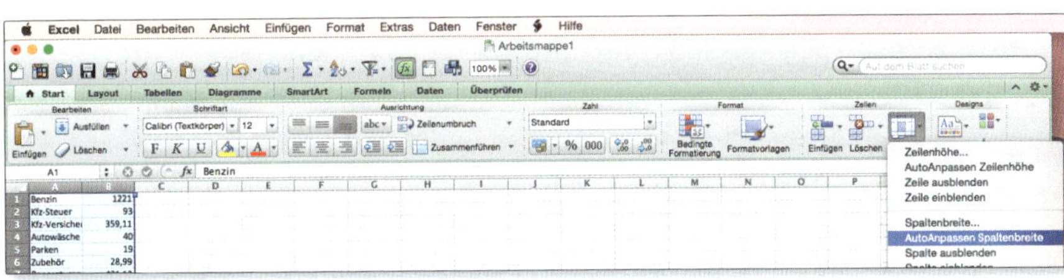


5. Um Ihre Autokosten zusammenzurechnen, markieren Sie mit der Maus sämtliche Werte. Klicken Sie dann in der Symbolleiste auf das Symbol Σ, das eine Funktion zur Verfügung stellt, die dem Berechnen der Summe dient, bzw. wählen Sie gegebenenfalls unter dem zum Symbol gehörenden Pfeil eine andere Berechnungsoption aus.

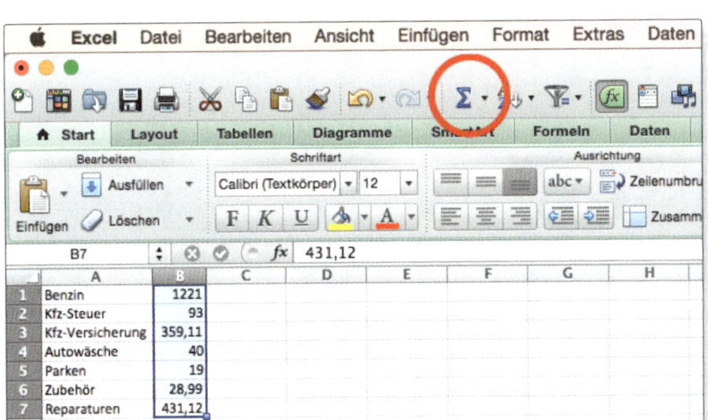

6. Das Rechenergebnis wird nun unterhalb der markierten Werte angezeigt. Das Ergebnis wird automatisch angepasst, wenn Sie die einzelnen Werte verändern.

| | A | B |
|---|---|---|
| 1 | Benzin | 1221 |
| 2 | Kfz-Steuer | 93 |
| 3 | Kfz-Versicherung | 359,11 |
| 4 | Autowäsche | 40 |
| 5 | Parken | 19 |
| 6 | Zubehör | 28,99 |
| 7 | Reparaturen | 431,12 |
| 8 | | 2192,2 |
| 9 | | |

7. Auch in Excel erfolgt das Speichern als Datei auf Ihrem Computer unter dem Symbol in der Symbolleiste.

Das ist doch gar nicht schwer! Aber es war auch nur ein kleiner Einblick. Mit Excel können Sie äußerst komplexe Berechnungen durchführen. Und aus Ihren Daten lassen sich auch ansprechende Diagramme erstellen. Markieren Sie dazu wiederum die Werte in Ihrer Tabelle und entscheiden Sie sich im Menüband unter *Diagramm* für einen Diagrammtyp, der Ihnen zusagt.

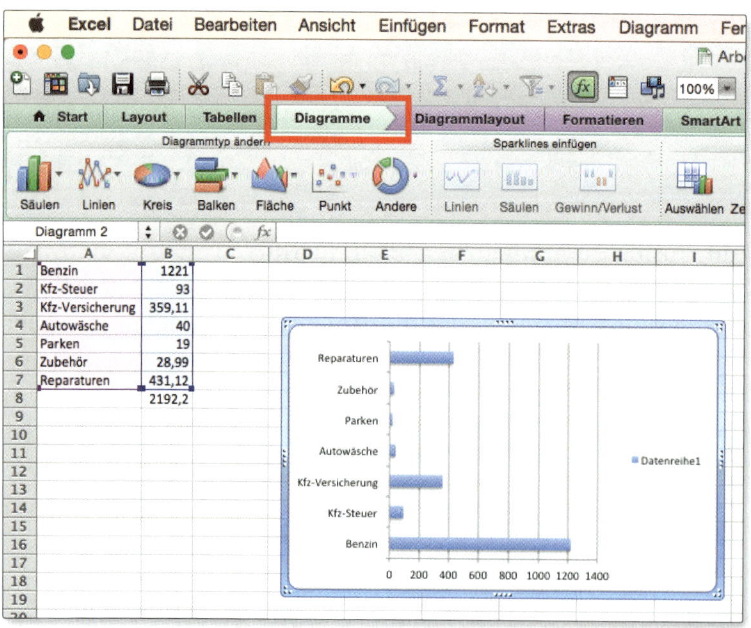


*Aus Ihren Daten ansprechende Diagramme erstellen – auch das ist kein Problem mit dem Programm Excel.*

**Grundlagen**

Sie möchten einen ungewünschten Bearbeitungsschritt rückgängig machen? In der Menüleiste unter *Bearbeiten* finden Sie dazu den Menüeintrag *Rückgängig*. Auch ein Menüeintrag *Wiederholen* zum erneuten Ausführen einer Aktion steht zur Verfügung.

## So gestalten Sie auf Ihrem Mac eine Präsentation

Für ansprechende Präsentationen in Ihrem Verein oder auf einer großen Familienfeier verwenden Sie das Programm PowerPoint. Die einzelnen Seiten, die Sie damit erstellen, werden »Folien« genannt, da sie für die Übertragung mit einem Projektor gedacht sind. Diese Folien füllen Sie mit beliebigen Texten, Bildern und weiteren Inhalten. Lassen Sie eine Präsentation dann automatisch auf Ihrem MacBook ablaufen oder speichern Sie sie ab, um sie als Datei an andere Personen weiterzureichen. So einfach erfolgt das Erstellen einer Präsentation mit PowerPoint:

1. Nach dem Starten des Programms PowerPoint erscheint das bereits von Word und Excel her bekannte Vorlagenfenster. Wählen Sie hier nicht nur die Vorlage aus, sondern passen Sie auch die Designfarben, die Standardschriftart sowie die Foliengröße für Ihre Präsentation an, bevor Sie auf *Auswählen* klicken.

2. Die Bedienoberfläche von PowerPoint ähnelt ebenfalls der von Word und Excel: Sie finden auch hier das Menüband, die Symbolleiste, die Menüleiste sowie die Statusleiste vor. Der große Eingabebereich ist allerdings zweigeteilt: Rechts wird die aktuelle Folie angezeigt, in der Leiste links daneben werden die verfügbaren Folien ausgewählt und sortiert.

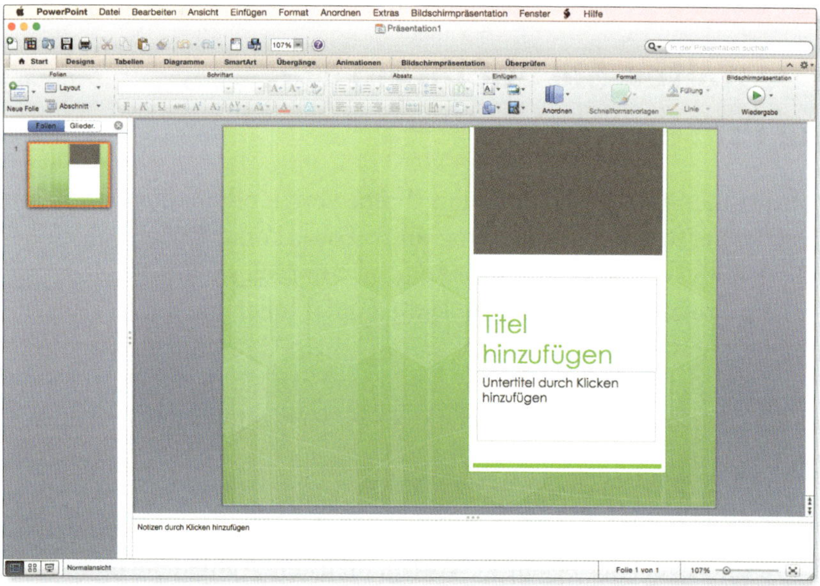


3. Um eine Folie mit Inhalten zu füllen, klicken Sie die einzelnen Elemente auf der Folie einfach an und machen Ihre individuellen Eingaben. Weitere Elemente (Texte, Formen, Bilder, Videos usw.) fügen Sie mithilfe der Funktionen im Menüband ein.

4. Weitere Folien gewünscht? Klicken Sie im Menüband unter *Start* auf den Pfeil bei der Schaltfläche *Neue Folie*. Wählen Sie per Mausklick eine Folienvorlage aus, um die entsprechende Folie zu erstellen und wiederum mit Ihren eigenen Inhalten zu füllen.

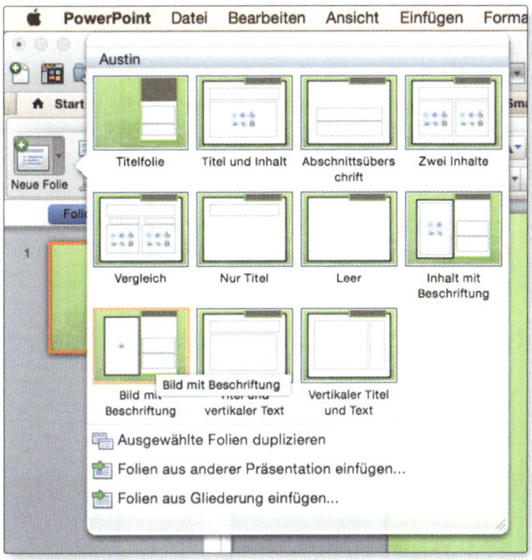


5. Nun können Sie noch Bewegung in Ihre Folien bringen: Im Menüband unter *Animationen* lassen sich einzelne Elemente auf einer Folie animieren, z. B. rotieren, langsam einblenden usw. Unter *Übergänge* wählen Sie einen Übergangseffekt aus, der zwischen einem Folienwechsel ausgeführt wird.

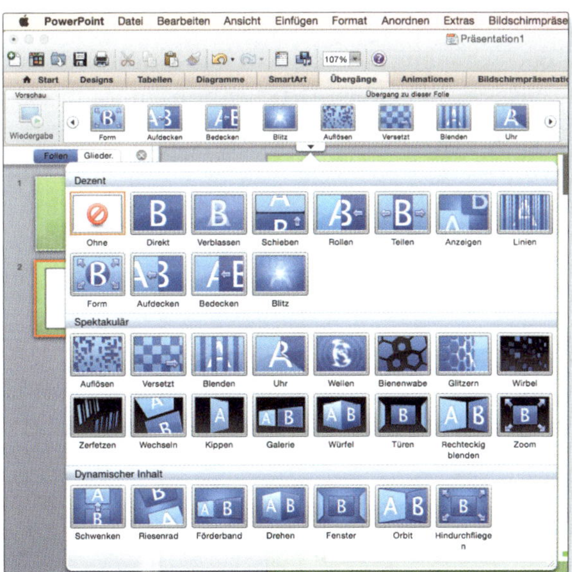

6. Wieder klicken Sie auf das Symbol in der Symbolleiste, um die Präsentation als Datei auf dem Computer zu speichern. Um Ihre Präsentation wiederzugeben – gegebenenfalls auf einem angeschlossenen Projektor –, wählen Sie im Menüband *Bildschirmpräsentation* und klicken dort auf die Schaltfläche *Von Anfang an*. Natürlich gibt es auch im Zusammenhang mit der Bildschirmpräsentation noch viele Einstellungsmöglichkeiten.

**Power User**

Sowohl in Word, in Excel als auch in PowerPoint steht Ihnen ein Medienbrowser (sprich: [medienbrauser]) zur Verfügung, um Mediendateien verschiedener Art schnell in Ihre Dateien einfügen zu können. Den Medienbrowser rufen Sie jeweils im Menüband unter dem Symbol auf. Ziehen Sie ein Element bei gedrückter Maustaste aus dem Medienbrowser in Ihre Datei. Es lässt sich dort noch bei gedrückter Maustaste im Hinblick auf Größe und Position anpassen.

# Ausdrucken geht ganz leicht

Wie bereits weiter vorn im Buch erwähnt, ist nach dem Bildschirm der Drucker ein weiteres wichtiges Ausgabegerät. Mit einem Drucker bringen Sie Ihre Dokumente und Bilder zu Papier, die zuvor lediglich als Datei auf dem Computer vorlagen. Auf den nächsten Seiten zeige ich Ihnen zunächst, wie Sie einen Drucker in Betrieb nehmen. Anschließend stelle ich dar, wie Sie ein Dokument ausdrucken.

## Einen Drucker in Betrieb nehmen

Die erste Voraussetzung für die Nutzung eines Druckers ist zunächst, dass Sie diesen an Ihren Mac anschließen – meist geschieht das via USB-Anschluss. (Sie erinnern sich sicher an die Übersicht der verschiedenen Anschlüsse!)

Die zweite Voraussetzung: Installieren Sie, sofern dieser auf Ihrem Mac noch nicht zur Verfügung steht, den passenden Gerätetreiber. So bezeichnet man Software, die eine Kommunikation zwischen dem Computer und einem Gerät, in diesem Fall dem Drucker, erst ermöglicht. Normalerweise sollte der Gerätetreiber zusammen mit dem Drucker auf einem Datenträger mitgeliefert werden. Ansonsten werden Sie auf der Webseite des Herstellers fündig. Erst nachdem die Treiberinstallation erfolgt ist, schalten Sie den mit dem Mac verbundenen Drucker an, so dass Ihr Mac diesen erkennen kann. Die Treiberinstallation erfolgt ganz ähnlich wie eine Programminstallation.

Um den Drucker auf dem Mac hinzuzufügen, gehen Sie anschließend wie folgt vor:

1. Öffnen Sie die Systemeinstellungen und entscheiden Sie sich dort für die Kategorie *Drucker & Scanner*.

2. Klicken Sie links unten auf das Plussymbol [+].

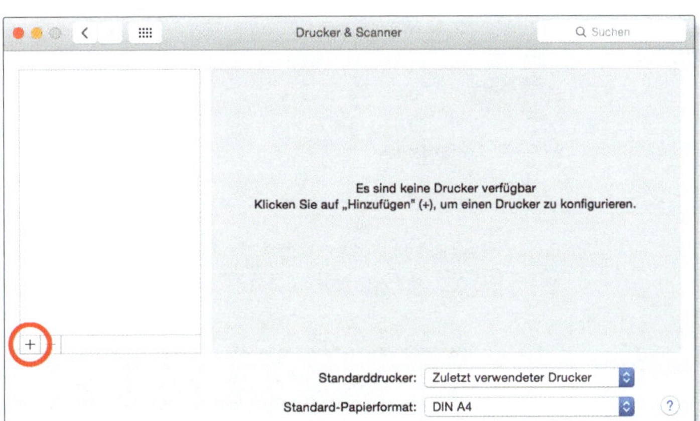

3. Wählen Sie Ihren Drucker in der Liste aus und bestätigen Sie mit einem Mausklick auf die Schaltfläche *Hinzufügen*.

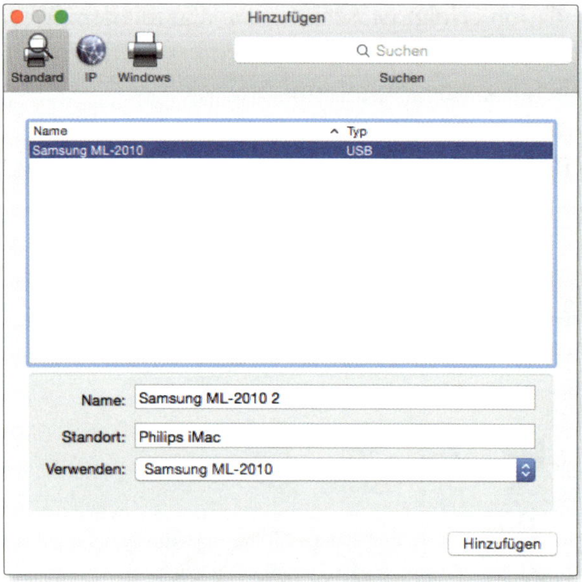


4. Das war es bereits. Der Drucker steht nun in den Systemeinstellungen in der Kategorie *Drucker & Scanner* zur Verfügung und kann dort im Menü *Standarddrucker* als Standarddrucker festgelegt werden. Sie finden außerdem verschiedene Verwaltungsoptionen, die Sie per Schaltfläche aufrufen.

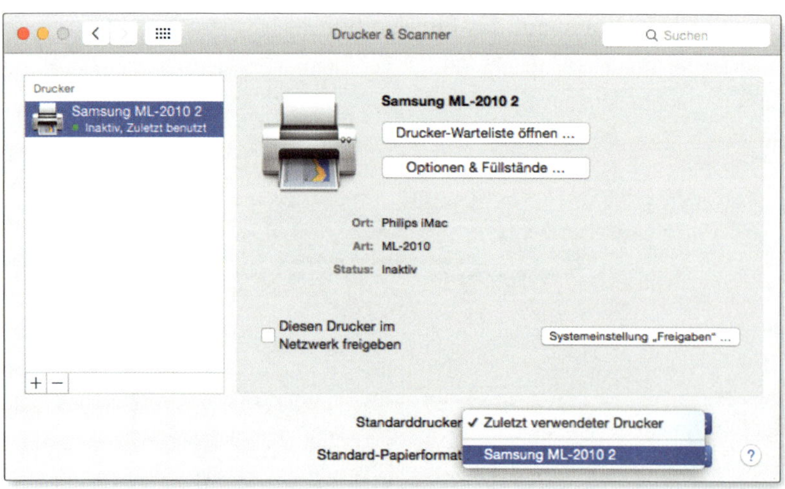

Es gibt übrigens auch Drucker, die nicht per Kabel mit dem Mac verbunden werden, sondern drahtlos. Man bezeichnet diese Drucker als AirPrint-Drucker (sprich: [ärprint-drucker], airprint bedeutet übersetzt so viel wie »Luftausdruck«). Sofern sich der Drucker im gleichen WLAN befindet, wird er von Ihrem Mac automatisch erkannt und kann für den Ausdruck ausgewählt werden. Wenn Sie einen Drucker erst noch erwerben müssen, können Sie darauf achten, dass er über eine AirPrint-Funktion verfügt – fragen Sie im Elektronikfachmarkt danach. Im Vergleich mit einem Drucker, der per Kabel angeschlossen wird, ist der AirPrint-Drucker allerdings deutlich teurer. In einem Netzwerk reicht generell ein Drucker aus, der dann gegebenenfalls über einen Computer mit diesem Netzwerk verbunden wird.

## Ein Dokument zu Papier bringen

Das Ausdrucken selbst kann aus vielen Programmen heraus erfolgen. Häufig erfolgt das Senden eines Dokuments an den Drucker in der Menüleiste unter *Ablage*, indem Sie sich im sich öffnenden Menü für den Eintrag *Drucken* entscheiden. Auch die Tastenkombination [⌘]+[P] kann zum schnellen Ausdrucken eines Dokuments zum Einsatz kommen. Und so funktioniert das Ausdrucken aus Word heraus:

1. Öffnen Sie zunächst mal das Dokument, das Sie ausdrucken möchten.
2. Entscheiden Sie sich in der Menüleiste des Programms Word für *Datei* und dann für *Drucken*.

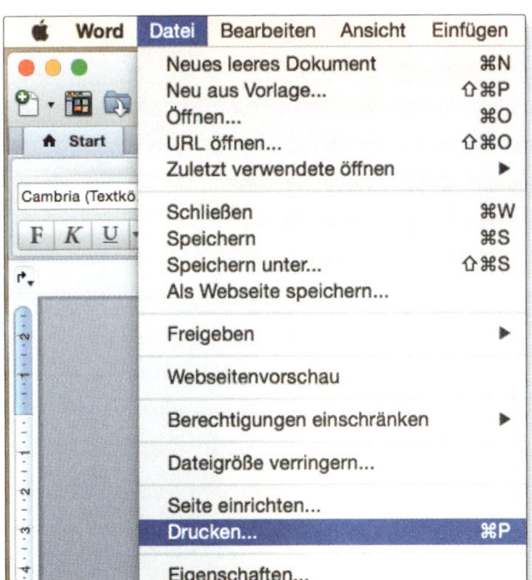

3. Ihnen wird in einem neuen Fenster eine Druckvorschau angezeigt. Hier können Sie noch verschiedene Einstellungen zum Ausdruck vornehmen: Bestimmen Sie die Anzahl der Exemplare und entscheiden Sie, ob sämtliche Seiten des Dokuments ausgedruckt werden sollen oder nur einige. Um das Dokument schließlich zu Papier zu bringen, klicken Sie auf die Schaltfläche *Drucken*.

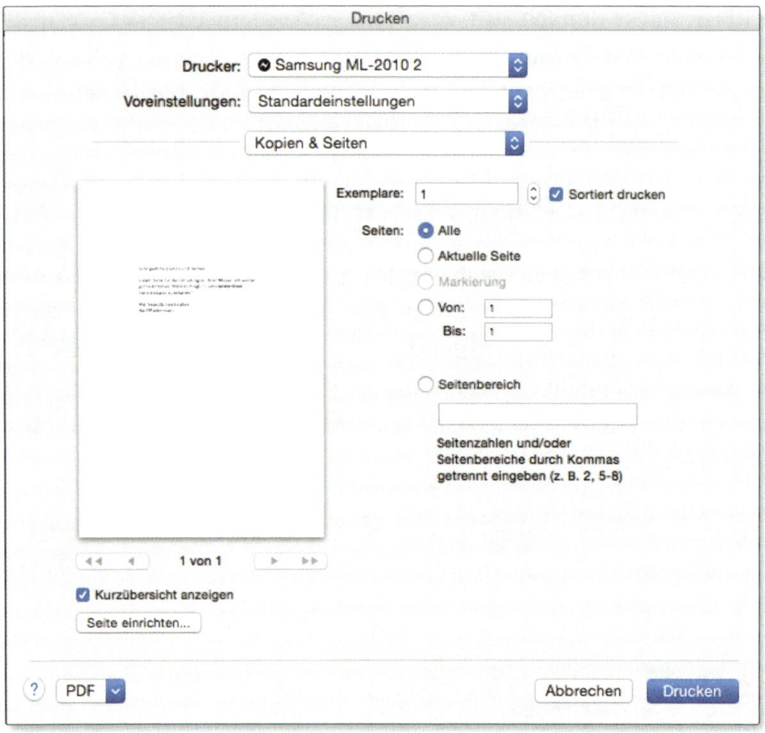

Kapitel 6

# Jederzeit Ordnung halten auf Ihrem Mac

In diesem Buch war bereits einige Male vom Finder die Rede. Dieses Kapitel wird sich nun ausführlich diesem so wichtigen Programm widmen. Sie werden das Datei- und Ordnersystem Ihres Macs kennenlernen, erfahren, wie Sie Dateien von einem Speicherort an einen anderen kopieren, wie Sie Dateien archivieren oder löschen und wie Sie Dateien auf einer CD oder einem USB-Stick speichern können, etwa um diese zu sichern oder um sie an andere Personen weiterzureichen.

# Daten verwalten mit dem Finder

Der Finder ist so etwas wie ein Einbauschrank, in den Sie Gegenstände aller Art einräumen. Auf Ihrem Mac befinden sich eine Menge Gegenstände in Form von Dateien: Jedes Dokument, jedes Bild, jedes Video, jedes Lied, das Sie auf dem Computer speichern, ist eine Datei. Wie Sie mithilfe des Einbauschranks Finder auf Ihrem Mac Ordnung halten, erfahren Sie auf den folgenden Seiten.

Der Finder wird auf Ihrem Mac automatisch geöffnet. Wenn Sie kein anderes Programm aufrufen, wird Ihnen oben auf dem Bildschirm die Menüleiste des Finders angezeigt. Um ein Programmfenster des Finders aufzurufen, klicken Sie im Dock auf das Symbol des Finders. Um direkt einen bestimmten Speicherort zu öffnen, wählen Sie in der Menüleiste des Finders *Gehe zu* und entscheiden sich dann im sich öffnenden Menü für den gewünschten Speicherort.

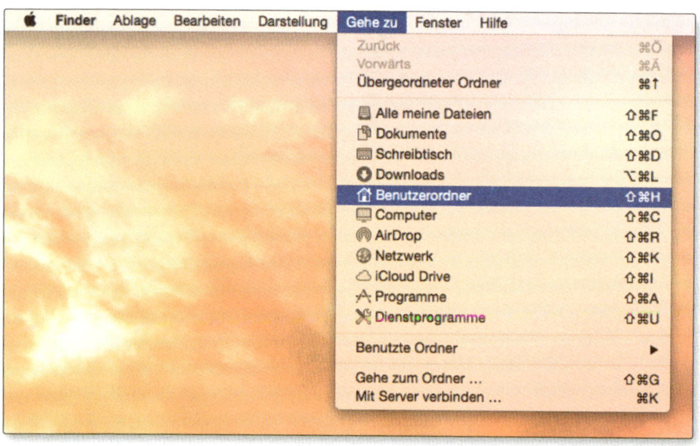


*Greifen Sie in der Menüleiste des Finders direkt auf einen bestimmten Speicherort zu.*

## Nicht so schnell! Was ist denn ein Speicherort?

Wie Sie bereits wissen, werden zusammengehörende Daten auf Ihrem Computer in einer Datei zusammengefasst, um mit diesen als einheitliches Gebilde umgehen zu können. Die Dateien werden dabei an einem bestimmten Speicherort abgelegt. Dabei kann es sich direkt um ein Laufwerk handeln, so nennt man unterschiedliche Speichermedien, oder aber um einen Ordner, der auf einem Speichermedium angelegt wurde. Vergleichen Sie eine Datei ruhig mit einem Brief, den Sie in einem Ordner abheften, und ein Laufwerk mit einem Regal, in dem Sie den Ordner abstellen.

Aus den Speicherorten ergeben sich bestimmte Speicherpfade. Hierzu ein Beispiel: Das Speichermedium sei die Festplatte *Macintosh HD*. Auf diesem Laufwerk wurde der Ordner *Benutzer* angelegt. Im Ordner *Benutzer* befindet sich der Benutzerordner *karlmustermann*. Im Benutzerordner *karlmustermann* befindet sich der Ordner *Dokumente* usw. Das mag anfangs kompliziert erscheinen, ist aber im Mac-Alltag eine ganz einfache Sache.

## Die Bedienoberfläche des Finders im Überblick

Machen Sie sich zunächst einmal mit der Bedienoberfläche des Finders vertraut. Auch das Fenster dieses Programms besteht aus mehreren Bereichen: links die Seitenleiste, rechts der Anzeigebereich, oben eine Symbolleiste mit eingebautem Suchfeld und eine Titelleiste sowie unten im Fenster eine Statusleiste mit Informationen zum jeweils ausgewählten Element.

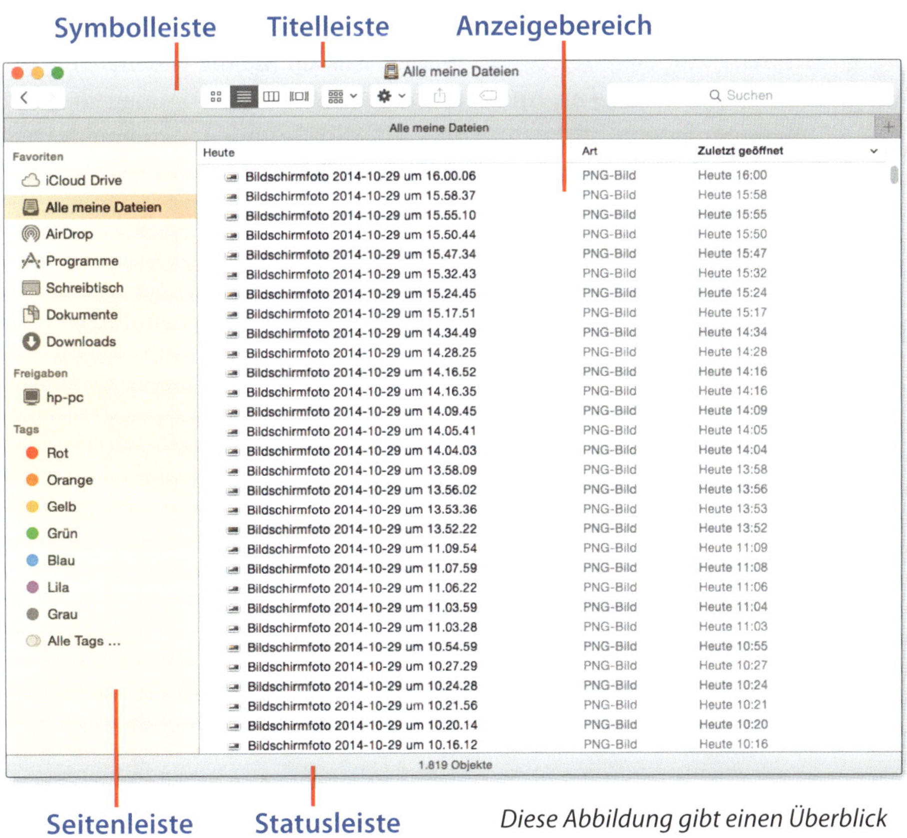


*Diese Abbildung gibt einen Überblick über die Bedienoberfläche des Finders.*

Das ging Ihnen etwas zu schnell? Gut, hier noch eine etwas nähere Beschreibung der einzelnen Elemente der Bedienoberfläche des Finders:

- Seitenleiste: Diese Leiste dient insbesondere der Auswahl eines Speicherorts, aber auch zum Filtern nach farbigen Markierungen (den Tags, sprich: [tägs]). Um einem Element eine Markierung zuzuweisen, klicken Sie es z. B. mit der rechten Maustaste bzw. bei gedrückter ctrl-Taste an und wählen im Kontextmenü die gewünschte Farbe aus.
- Anzeigebereich: Im Anzeigebereich werden diejenigen Elemente dargestellt, die am jeweils ausgewählten Speicherort zur Verfügung stehen, also Dateien, aber gegebenenfalls auch Ordner, die innerhalb eines Speicherorts angelegt wurden.
- Symbolleiste: In dieser Leiste stehen Ihnen eine Reihe wichtiger Funktionen zur Verfügung:
  - » Verwenden Sie die Symbole < und >, um zwischen den zuletzt geöffneten Speicherorten zu navigieren.
  - » Mit den Symbolen , , , und wählen Sie die gewünschte Ansichtsoption aus, die im Anzeigebereich zum Einsatz kommen soll.
  - » Unter dem Symbol nehmen Sie eine Sortierung der an einem Speicherort enthaltenen Elemente nach unterschiedlichen Kriterien vor.
  - » Unter dem Symbol rufen Sie verschiedene Programmoptionen sowie Informationen zu einem ausgewählten Element auf.
  - » Unter dem Symbol finden Sie verschiedene Angebote zum Weiterreichen einer ausgewählten Datei, z. B. den Versand mit dem Programm Mail.
  - » Das Symbol schließlich bietet eine alternative Möglichkeit, einem Element eine farbliche Markierung zuzuweisen.

In die Symbolleiste ist ein Suchfeld eingebaut. Wenn Sie einmal nicht mehr genau wissen, wo Sie eine bestimmte Datei gespeichert haben, tippen Sie hier einen entsprechenden Suchbegriff ein und entscheiden anschließend in einer zusätzlich eingeblendeten Leiste, ob Sie nur am aktuell geöffneten Speicherort oder auf dem gesamten Computer nach der Datei suchen möchten.

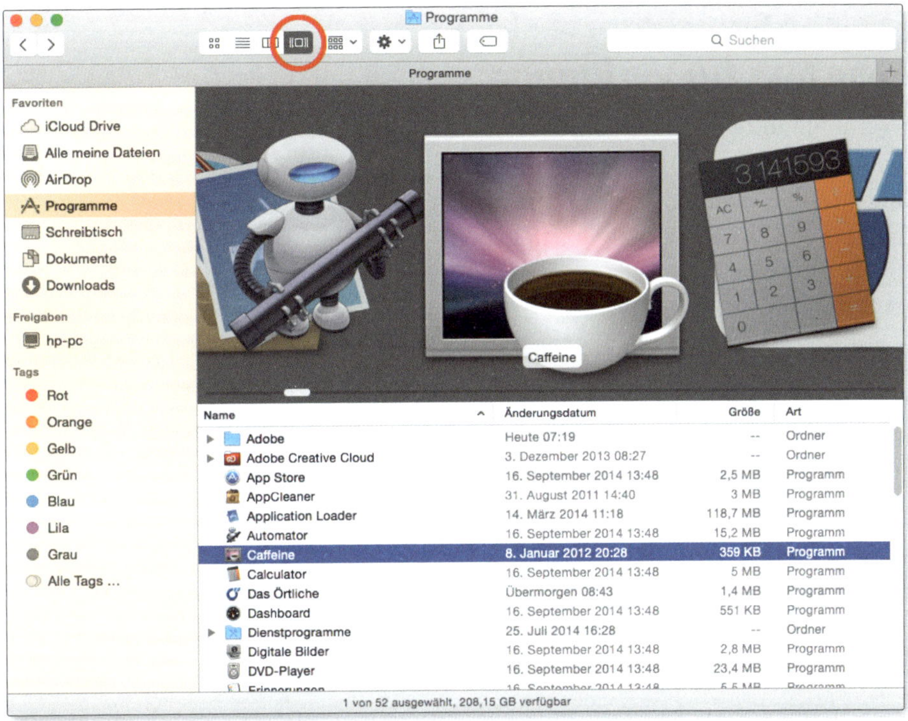


*Hier habe ich im Finder eine andere Ansichtsoption ausgewählt, die eine größere Darstellung der ausgewählten Elemente erlaubt.*

- Titelleiste: Ganz oben im Fenster des Finders wird Ihnen der Name des jeweils aufgerufenen Speicherorts angezeigt. Tipp: Klicken Sie den Speicherort bei gedrückter [cmd]-Taste ⌘ an, um sich die jeweils übergeordneten Speicherorte anzeigen zu lassen.
- Statusleiste: Die Statusleiste schließlich bietet (sofern in der Menüleiste unter *Darstellung* eingeblendet) verschiedene Informationen wie die Anzahl der an einem Speicherort verfügbaren Elemente sowie den verfügbaren Speicherplatz.

Das Öffnen von Elementen im Anzeigebereich erfolgt jeweils per Doppelklick, d. h., Sie doppelklicken im Anzeigebereich auf einen Ordner, um sich dessen Inhalte anzusehen, und Sie doppelklicken auf eine Datei, um diese mit dem dafür vorgesehenen Programm zu öffnen. Die Auswahl in der Seitenleiste erfolgt hingegen mit einem einfachen Mausklick.

## Welche Speicherorte stehen auf dem Mac zur Verfügung

Wenn Sie in der Finder-Menüleiste auf *Gehe zu* klicken, erhalten Sie wie erwähnt Zugriff auf besonders wichtige Speicherorte. Diese werden zum Teil auch in der Seitenleiste des Finders angezeigt. Gestatten Sie mir, Ihnen auch dazu einen kleinen Überblick zu geben:

- *Alle meine Dateien*: Wenn Sie sich für diesen Speicherort entscheiden, werden Ihnen sämtliche in Ihrem Benutzerordner (dazu gleich mehr) gespeicherten Elemente angezeigt, Systemdateien werden hierbei jedoch ausgespart.
- *Dokumente*: Dies ist der Speicherort, an dem standardmäßig Ihre Dokumente abgelegt werden. Behalten Sie diesen Standard ruhig bei.
- *Schreibtisch*: Auch der Schreibtisch ist ein Speicherort, der sich im Finder aufrufen lässt.
- *Downloads*: In diesem Ordner werden standardmäßig die Dateien gespeichert, die Sie aus dem Internet herunterladen.
- *Benutzerordner*: Für jeden Benutzer auf Ihrem Mac werden verschiedene Ordner in einem Benutzerordner angelegt, z. B. die bereits bekannten Ordner *Dokumente* sowie *Downloads*. Der Benutzerordner dient dazu, die eigenen Dateien von den Dateien anderer Benutzer zu trennen.
- *Library*: Dieser Speicherort wird Ihnen nur dann angezeigt, wenn Sie das Menü *Gehe zu* in der Finder-Menüleiste bei gedrückter [alt]-Taste öffnen. Die Library (sprich: [laibrärih], englisch für Bibliothek) enthält Systemdateien, auf die Sie nur in Ausnahmefällen zugreifen.

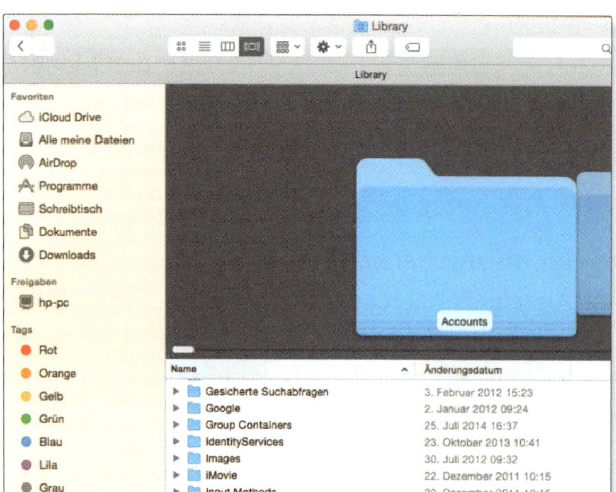


*Auf die Library mit den Systemdateien benötigen Sie als Einsteiger kaum Zugriff, aber es ist doch gut zu wissen, wo man sie finden kann.*

- *Computer*: Wenn Sie sich unter *Gehe zu* für diesen Eintrag entscheiden, erhalten Sie einen Überblick über die auf Ihrem Mac zur Verfügung stehenden Laufwerke.
- *AirDrop*: AirDrop (sprich: [ärdropp], übersetzt etwa »LuftSprung«) ist ein Dienst, der den einfachen drahtlosen Austausch mit anderen Macs ermöglicht, die sich in der Nähe befinden.
- *Netzwerk*: Klicken Sie unter *Gehe zu* auf diesen Eintrag, werden Ihnen im Finder die im gleichen Netzwerk zur Verfügung stehenden Geräte angezeigt. Ein gleiches Netzwerk stellen Sie entweder durch eine Verbindung mit einem Netzwerkkabel her oder aber drahtlos in Form eines WLANs.
- *iCloud Drive*: Das iCloud Drive (sprich: [aiklaud draif], »drive« ist das englische Wort für Laufwerk) ist ein im Internet befindlicher Speicherort, den Apple bis zu einem bestimmten Speichervolumen kostenlos zur Verfügung stellt.
- *Programme*: Diesen Speicherort haben Sie bereits kennengelernt. Hier werden die auf Ihrem Mac installierten Programme abgelegt.
- *Dienstprogramme*: In diesem Ordner schließlich sind verschiedene Dienstprogramme, die auf Ihrem Mac entweder bereits vorhanden sind oder die Sie nachträglich auf dem Computer installieren. Dienstprogramme sind in erster Linie Programme, die das System selbst betreffen.

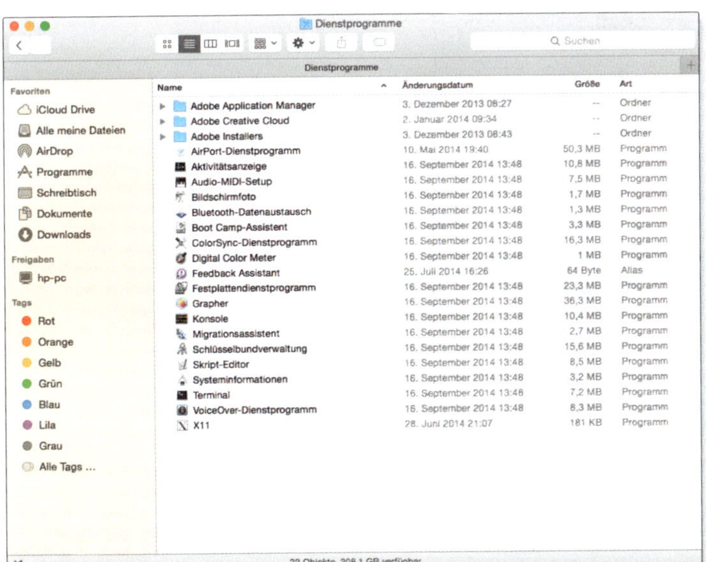


*Die Dienstprogramme sind in erster Linie solche Programme, die das System selbst betreffen.*

**Herr Peters empfiehlt**

Wenn Sie sich an den vielen fremden und seltsamen Bezeichnungen stören, dann denken Sie doch nur mal an ein Auto. Dieses verfügt über einen Airbag, einen Katalysator, vielleicht auch über einen Tempomat, und Sie wissen zumindest ungefähr, was diese Wörter bedeuten. Mit der Zeit werden auch Computerbegriffe zu Ihrem ganz normalen Wortschatz gehören.

## So greifen Sie schneller auf häufig genutzte Speicherorte zu

Um im Finder schnell auf häufig genutzte Speicherorte zuzugreifen, fügen Sie sie Ihren Favoriten hinzu. Diese werden Ihnen dann in der Seitenleiste zum schnellen Öffnen per Mausklick angeboten. Entfernen Sie zunächst Speicherorte in den Favoriten, die Sie überhaupt nicht benötigen. Klicken Sie einen Eintrag hierzu mit der rechten Maustaste bzw. bei gedrückter ctrl-Taste an. Im sich öffnenden Kontextmenü wählen Sie dann den Eintrag *Aus der Seitenleiste entfernen*.

*Entfernen Sie mit wenigen Handgriffen nicht benötigte Einträge aus den Favoriten.*

Oder möchten Sie den Favoriten einen Speicherort hinzufügen? Hierzu ziehen Sie den gewünschten Speicherort einfach bei gedrückter Maustaste aus dem Anzeigebereich in die Seitenleiste und platzieren ihn unterhalb bzw. oberhalb eines anderen Speicherorts. Nehmen Sie sich ruhig etwas Zeit, um die Favoriten in der Seitenleiste ganz nach Ihrem Bedarf einzurichten – diese Zeit sparen Sie später im Mac-Alltag beim Öffnen der entsprechenden Speicherorte!

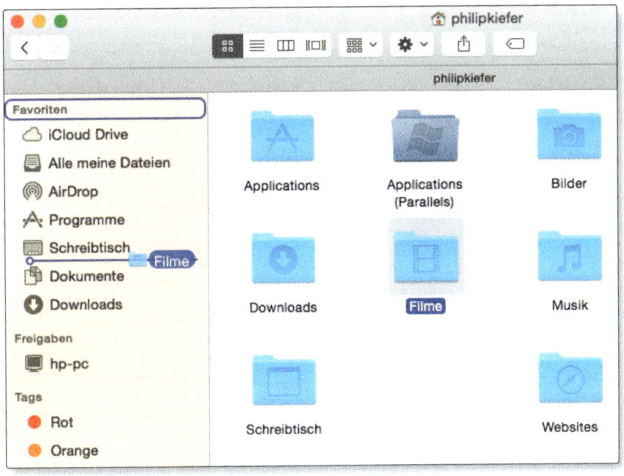


*Ziehen Sie einen Speicherort aus dem Anzeigebereich in die Favoriten, um später schneller darauf zugreifen zu können.*

Alternativ bzw. zusätzlich können Sie die Seitenleiste auch in den Einstellungen des Finders einrichten. Hierzu gehen Sie wie folgt vor:

1. Entscheiden Sie sich in der Menüleiste für *Finder* und dann für *Einstellungen*.
2. Wählen Sie im sich öffnenden Fenster die Rubrik *Seitenleiste*.
3. Klicken Sie nun ein Element an, um es in der Seitenleiste ein- bzw. wieder auszublenden.

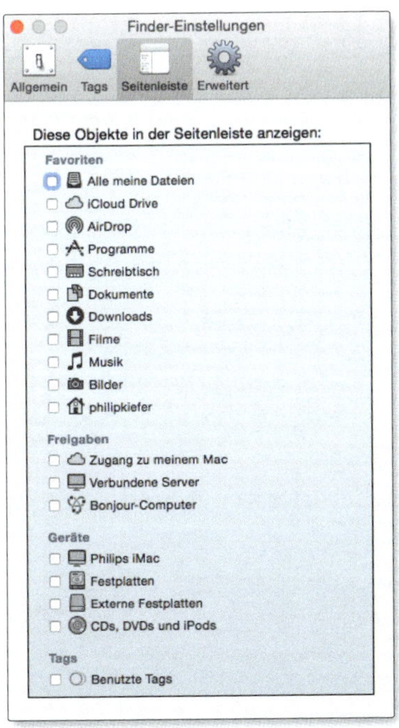

**Power User**

Festplatten und weitere Laufwerke lassen sich auch auf dem Schreibtisch einblenden: Wählen Sie dazu in den Finder-Einstellungen die Rubrik *Allgemein* und aktivieren Sie bei *Diese Objekte auf dem Schreibtisch anzeigen* die gewünschten Kontrollkästchen.

## Verknüpfungen auf dem Schreibtisch ablegen

Sie möchten auf wichtige Speicherorte und Dateien zugreifen, ohne immer erst den Finder öffnen zu müssen? Dann legen Sie entsprechende Verknüpfungen auf dem Schreibtisch an. Eine solche Verknüpfung wird auf Ihrem Mac als »Alias« bezeichnet. Sie ist so etwas Ähnliches wie ein Link auf einer Webseite: Die Verknüpfung ist nicht die Datei selbst, sondern dient lediglich dazu, die Datei zu öffnen. Entsprechend wird beim Löschen einer Verknüpfung nur diese, nicht die Datei selbst gelöscht. Um eine Verknüpfung zu erstellen, gehen Sie so vor:

1. Klicken Sie ein Element, zu dem Sie eine Verknüpfung erstellen möchten, im Finder mit der rechten Maustaste bzw. bei gedrückter ctrl-Taste an. Entscheiden Sie sich im Kontextmenü für den Eintrag *Alias erzeugen*.

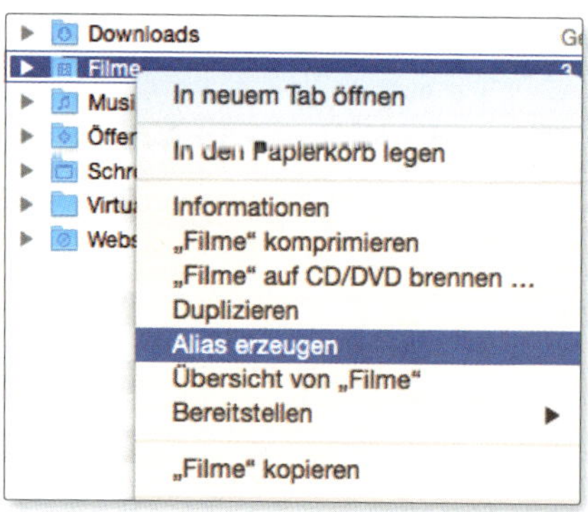


2. Die Verknüpfung wird am gleichen Speicherort erzeugt, und Sie können sie, wenn gewünscht, noch umbenennen.

3. Ziehen Sie die Verknüpfung nun einfach bei gedrückter Maustaste heraus auf den Schreibtisch, um sie dort abzulegen.

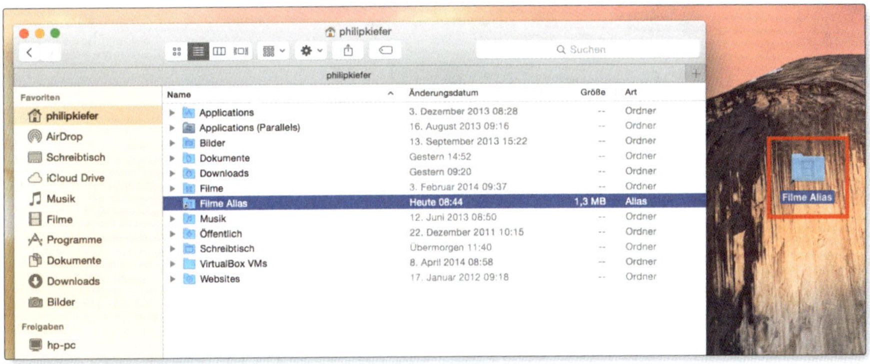


4. Um das verknüpfte Element zu öffnen, doppelklicken Sie auf die Verknüpfung.

**Power User**

Um eine Verknüpfung auf dem Schreibtisch noch schneller zu erstellen, ziehen Sie ein Element bei gedrückter Maustaste auf den Schreibtisch, während Sie gleichzeitig die [alt]-⌥ und die [cmd]-Taste ⌘ gedrückt halten. Achtung: Die Tasten bei dieser Methode wirklich erst dann loslassen, wenn die Verknüpfung erstellt wurde, ansonsten wird das Element selbst auf den Schreibtisch verschoben!

## Neue Ordner erstellen

Um an einem Speicherort auch bei vielen gespeicherten Dateien die Übersicht zu behalten, empfiehlt es sich in jedem Fall, weitere Ordner an diesem Speicherort zu erstellen, um die Dateien darin zu sortieren. Im Ordner *Dokumente* könnten beispielsweise Unterordner namens Briefe, Memoiren, Einkommensteuererklärung usw. erstellt werden. Das Erstellen eines neuen Ordners lässt sich mit nur wenigen Mausklicks bewerkstelligen. Ich empfehle Ihnen die folgende Vorgehensweise:

1. Öffnen Sie zunächst den Speicherort, an dem Sie einen neuen Ordner erstellen möchten.

2. Entscheiden Sie sich nun in der Menüleiste des Finders für *Ablage* und dann für den Menüeintrag *Neuer Ordner*.

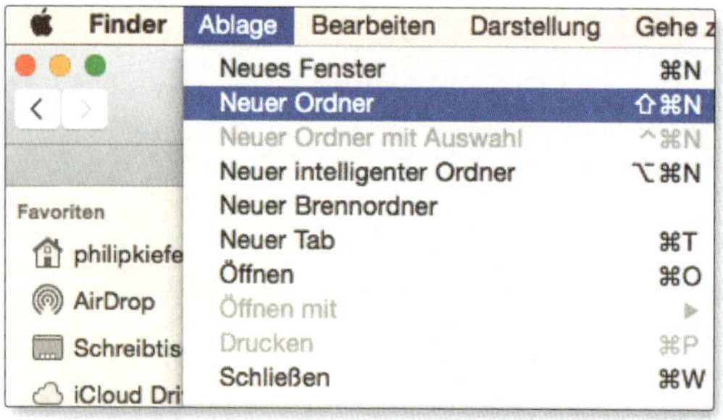


3. Der neue Ordner wird angelegt. Tippen Sie eine schlüssige Bezeichnung für den Ordner ein, also beispielsweise »Briefe«. Bestätigen Sie mit der Eingabe-Taste ↩.

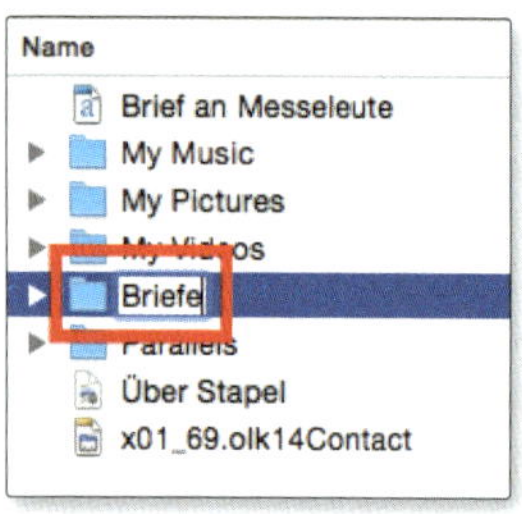


Eine alternative Methode, um einen neuen Ordner zu erstellen und gleich Elemente in den Ordner zu übernehmen, besteht darin, zunächst die Dateien auszuwählen, die in den neuen Ordner aufgenommen werden sollen. Mehrere Elemente werden dazu bei gedrückter [cmd]-Taste ⌘ angeklickt. Entscheiden Sie sich dann in der Menüleiste des Finders unter *Ablage* für den Menüeintrag *Neuer Ordner mit Auswahl.*

## Intelligente Ordner erstellen

Erinnern Sie sich noch an die intelligenten Postfächer, die Sie im Zusammenhang mit dem Programm Mail kennengelernt haben? Nun, so etwas Ähnliches gibt es auch im Finder: die intelligenten Ordner. Der intelligente Ordner ist einfach eine von Ihnen im Finder durchgeführte und gespeicherte Suche. Der tatsächliche Speicherort bleibt von der Aufnahme in einen intelligenten Ordner unberührt. Um einen solchen Ordner zu erstellen, wählen Sie in der

Menüleiste des Finders *Ablage* und dann *Neuer intelligenter Ordner*. Geben Sie einen Suchbegriff in das Suchfeld ein. Wählen Sie dann *Sichern*, geben Sie dem intelligenten Ordner im folgenden Fenster eine schlüssige Bezeichnung und bestätigen Sie erneut mit *Sichern*.

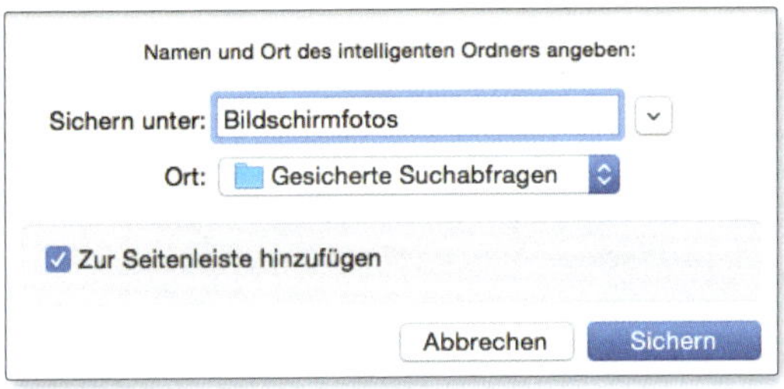


*In den intelligenten Ordner werden alle Dateien aufgenommen, die einer von Ihnen im Finder durchgeführten Suche entsprechen.*

## Elemente im Finder kopieren oder verschieben

Wenn Sie ein Element im Finder von einem Speicherort an einen anderen kopieren möchten, wählen Sie das Element zunächst aus. Wählen Sie dann in der Menüleiste des Finders unter *Bearbeiten* den *kopieren*-Eintrag aus. Öffnen Sie den gewünschten neuen Speicherort und wählen Sie in der Menüleiste unter *Bearbeiten* den Eintrag *Objekt einsetzen*. Kopieren bedeutet, dass das Element anschließend sowohl am alten als auch am neuen Speicherort zur Verfügung steht.

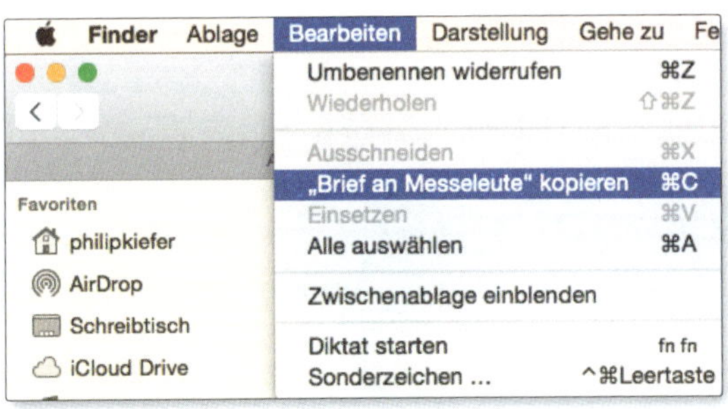


*Hier kopiere ich ein ausgewähltes Element, es wird dadurch vorübergehend in einer Zwischenablage gespeichert.*

Statt ein Element zu kopieren, können Sie es auch verschieben. In diesem Fall steht das Element anschließend nur am neuen Speicherort zur Verfügung. Um das zu bewerkstelligen, kopieren Sie das Element zunächst wie beim Kopiervorgang in die Zwischenablage. Öffnen Sie anschließend den neuen Speicherort. Halten Sie die [alt]-Taste ⌥ gedrückt, während Sie in der Menüleiste auf *Bearbeiten* klicken. Entscheiden Sie sich für den nun erscheinenden Eintrag *Objekt hierher bewegen*.

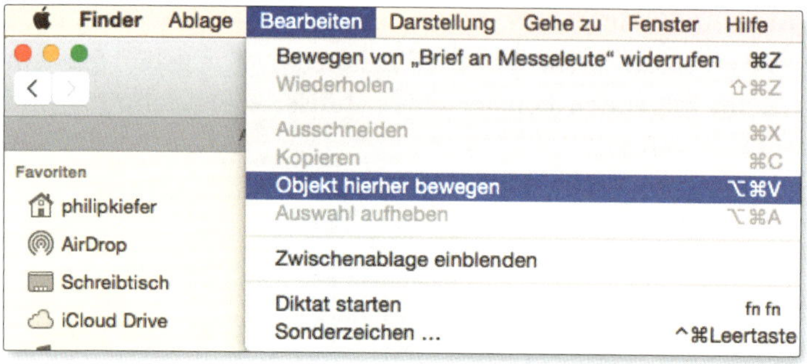


*Beim Verschieben wird das in die Zwischenablage kopierte Element am ursprünglichen Speicherort entfernt.*

**Power User**

Welche Elemente stehen in der Zwischenablage zur Verfügung? Entscheiden Sie sich in der Menüleiste des Finders unter *Bearbeiten* für den Eintrag *Zwischenablage einblenden*, um ein Fenster zu öffnen, das die aktuell in der Zwischenablage enthaltenen Elemente anzeigt.

### Kopieren, Verschieben und Einsetzen mit Tastenkombinationen

Um das Kopieren, Verschieben und Einsetzen noch etwas komfortabler zu gestalten, lohnt es sich, die folgenden Tastenkombinationen kennenzulernen. Wählen Sie im Finder ein Element aus und verwenden Sie zum

- Kopieren: die Tastenkombination [⌘]+[C]. Das ausgewählte Element wird mit dieser Tastenkombination in die Zwischenablage kopiert.
- Einsetzen: die Tastenkombination [⌘]+[V]. Eine Kopie des in der Zwischenablage befindlichen Elements wird mit dieser Tastenkombination am neuen Speicherort erzeugt.
- Verschieben: die Tastenkombination [alt ⌥]+[⌘]+[V]. Das in der Zwischenablage befindliche Element wird mit dieser Tastenkombination am neuen Speicherort erzeugt und am ursprünglichen Speicherort entfernt.

Auch Elemente in Textverarbeitungsprogrammen und weiteren Programmen lassen sich kopieren und anderswo einsetzen. Markieren Sie z. B. mit der Maus eine Textpassage. Mit der Tastenkombination [⌘]+[C] kopieren Sie diese in die Zwischenablage, mit der Tastenkombination [⌘]+[X] schneiden Sie sie aus der Zwischenablage heraus und mit der Tastenkombination [⌘]+[V] fügen Sie sie an anderer Stelle ein. Auf einem Windows-Computer werden übrigens ganz ähnliche Tastenkombinationen verwendet, nämlich [Strg]+[C] (Kopieren), [Strg]+[X] (Ausschneiden) und [Strg]+[V] (Einsetzen).

### Mehrere Dateien gleichzeitig auswählen

Selbstverständlich können Sie im Finder nicht nur ein Element kopieren oder verschieben, sondern auch mehrere Elemente gleichzeitig. Dies sind die entsprechenden Funktionen:

- Alle Elemente auswählen: Drücken Sie die Tasten [⌘]+[A] bzw. wählen Sie in der Menüleiste des Finders unter *Bearbeiten* den Eintrag *Alle auswählen*, um sämtliche Elemente an einem Speicherort auszuwählen.
- Mehrere Elemente auswählen: Das wissen Sie bereits – um mehrere Elemente auszuwählen, klicken Sie diese bei gedrückter [⌘]-Taste an. Um ein Element wieder von der Auswahl auszuschließen, klicken Sie einfach erneut bei gedrückter [⌘]-Taste darauf.
- Mehrere Elemente in einer Reihe auswählen: Um mehrere Elemente in einer Reihe auszuwählen, klicken Sie zunächst das erste Elemente in der Reihe an. Drücken Sie dann die Umschalt-Taste [⇧] und klicken Sie auf die letzte Datei in der Reihe. Diese Methode funktioniert allerdings nicht in der Symbolansicht.

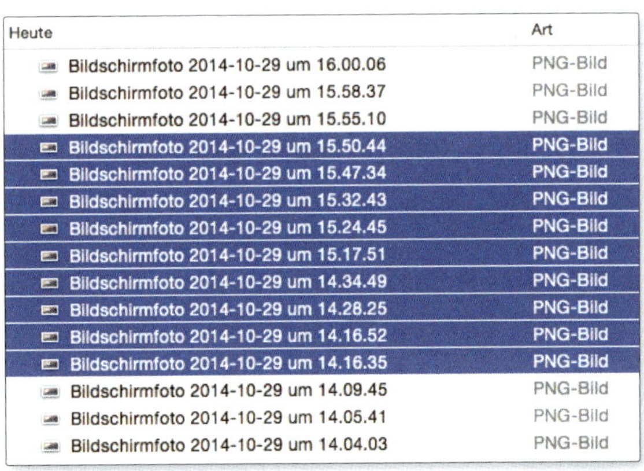

| Heute | Art |
|---|---|
| Bildschirmfoto 2014-10-29 um 16.00.06 | PNG-Bild |
| Bildschirmfoto 2014-10-29 um 15.58.37 | PNG-Bild |
| Bildschirmfoto 2014-10-29 um 15.55.10 | PNG-Bild |
| Bildschirmfoto 2014-10-29 um 15.50.44 | PNG-Bild |
| Bildschirmfoto 2014-10-29 um 15.47.34 | PNG-Bild |
| Bildschirmfoto 2014-10-29 um 15.32.43 | PNG-Bild |
| Bildschirmfoto 2014-10-29 um 15.24.45 | PNG-Bild |
| Bildschirmfoto 2014-10-29 um 15.17.51 | PNG-Bild |
| Bildschirmfoto 2014-10-29 um 14.34.49 | PNG-Bild |
| Bildschirmfoto 2014-10-29 um 14.28.25 | PNG-Bild |
| Bildschirmfoto 2014-10-29 um 14.16.52 | PNG-Bild |
| Bildschirmfoto 2014-10-29 um 14.16.35 | PNG-Bild |
| Bildschirmfoto 2014-10-29 um 14.09.45 | PNG-Bild |
| Bildschirmfoto 2014-10-29 um 14.05.41 | PNG-Bild |
| Bildschirmfoto 2014-10-29 um 14.04.03 | PNG-Bild |

*Mehrere Elemente in einer Reihe auswählen – dies gelingt durch Gedrückthalten der [Umschalt]-Taste beim Anklicken des letzten Elements der Reihe.*

Diese nützlichen Funktionen sollten Sie sich in jedem Fall merken! Sie werden sehen: Im Mac-Alltag werden Sie diese sehr schnell verinnerlichen.

## Zur Ordnung gehört auch ein Papierkorb

Ein sehr bekanntes Zitat von Kurt Tucholsky lautet: »Die Basis jeder gesunden Ordnung ist ein großer Papierkorb«. Dieses Zitat lässt sich auch auf Ihren Mac anwenden: Löschen Sie Dateien, die Sie nicht mehr benötigen, möglichst gleich, damit sich im Laufe der Zeit kein unnötiger Ballast auf dem Computer ansammelt. Wie Sie bereits wissen, finden Sie den Papierkorb ganz rechts im Dock.

Um ein Element zu löschen, klicken Sie es mit der Maus an und drücken anschließend die [cmd] - und die Delete-Taste ⌘+←, um es in den Papierkorb zu verschieben. Alternativ ziehen Sie ein Element einfach bei gedrückter Maustaste aus dem Finder heraus auf das Papierkorbsymbol.

*Hier ziehe ich eine Datei bei gedrückter Maustaste auf das Papierkorbsymbol im Dock, um sie dort hinein zu verschieben.*

Die Elemente, die Sie in den Papierkorb verschieben, sind noch nicht vollständig gelöscht, sondern lassen sich im Papierkorb weiterhin abrufen. Wenn Sie so wollen: Die Müllabfuhr war noch nicht da. Zum Leeren des Papierkorbs klicken Sie diesen mit der rechten Maustaste bzw. bei gedrückter ctrl-Taste an oder Sie halten das Papierkorbsymbol einfach gedrückt. Im sich öffnenden Kontextmenü wählen Sie den Eintrag *Papierkorb entleeren*. Es erscheint eine Rückfrage, in der Sie mit einem Mausklick auf die Schaltfläche *Papierkorb entleeren* bestätigen.

*Das Entleeren des Papierkorbs wählen Sie z. B. im Kontextmenü aus.*

Wenn Sie beim Rechtsklick auf das Papierkorbsymbol gleichzeitig die [⌘]-Taste drücken, erscheint eine Option zum sicheren Entleeren des Papierkorbs. Damit ist gemeint, dass die im Papierkorb enthaltenen Dateien unter gar keinen Umständen mehr wiederhergestellt werden können, wie es beim herkömmlichen Entleeren möglicherweise der Fall sein könnte. Beide Varianten, sowohl das herkömmliche Entleeren des Papierkorbs als auch das sichere Entleeren, finden Sie auch in der Menüleiste des Finders, indem Sie dort auf *Finder* klicken und dann entweder *Papierkorb entleeren* oder *Papierkorb sicher entleeren* wählen.

### Den Papierkorb stets sicher entleeren

Wenn Sie den Papierkorb stets sicher entleeren möchten, legen Sie dies wie folgt fest: Klicken Sie in der Menüleiste des Finders auf *Finder* und wählen Sie im sich öffnenden Menü den Eintrag *Einstellungen*. Im folgenden Fenster entscheiden Sie sich für die Rubrik *Erweitert* und aktivieren dort das Kontrollkästchen *Papierkorb sicher entleeren*. Nun können Sie auch die Rückfrage beim Entleeren des Papierkorbs deaktivieren, indem Sie das Häkchen bei *Vor dem Entleeren des Papierkorbs nachfragen* entfernen.

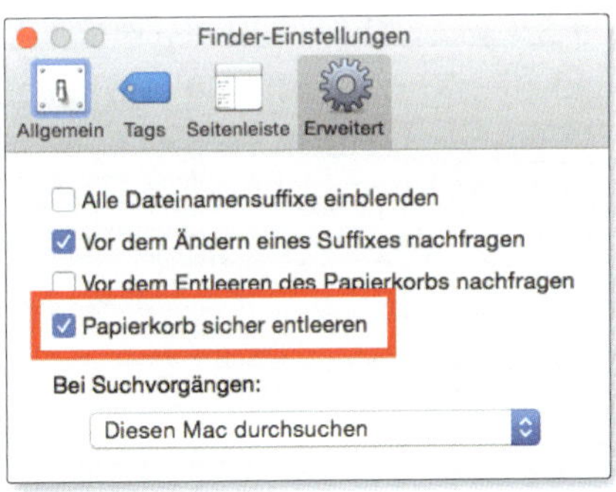


*Wenn Sie den Papierkorb stets sicher entleeren möchten, aktivieren Sie diese Option in den Einstellungen des Finders.*

### Dateien aus dem Papierkorb wiederherstellen

Doch seien Sie vorsichtig beim Entleeren des Papierkorbs! Denn nur dann, wenn dieser nicht entleert wurde, lassen sich Elemente aus dem Papierkorb ohne Weiteres wiederherstellen, sofern die Daten nicht anderweitig gesichert wurden. Klicken Sie dazu auf das Papierkorbsymbol im Dock. Ihnen bieten sich daraufhin drei Möglichkeiten:

- Klicken Sie eine Datei, die Sie an ihrem ursprünglichen Speicherort wiederherstellen möchten, mit der rechten Maustaste bzw. bei gedrückter [ctrl]-Taste an. Im Kontextmenü wählen Sie daraufhin den Eintrag *Zurücklegen*. (Sie finden diesen Eintrag alternativ auch in der Menüleiste unter *Ablage*.)

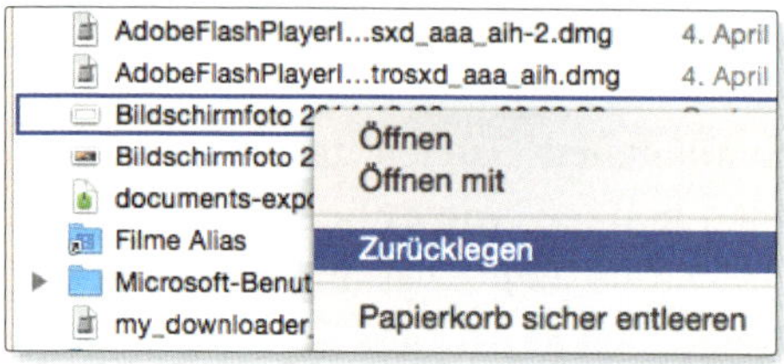


*In den Papierkorb verschobene Dateien lassen sich auf verschiedene Weise wiederherstellen, etwa per Kontextmenü.*

- Wenn Sie eine Tastenkombination bevorzugen, verwenden Sie zum Zurücklegen der ausgewählten Datei(en) an den ursprünglichen Speicherort die Tasten ⌘+←.
- Oder Sie ziehen eine Datei einfach bei gedrückter Maustaste aus dem Papierkorb heraus, entweder auf den Schreibtisch oder an einen beliebigen Speicherort, den Sie im Finder geöffnet haben.

## Weitere nützliche Finder-Funktionen im Überblick

Der Finder bietet noch eine ganze Reihe weiterer nützlicher Funktionen für die Dateiverwaltung. Lassen Sie mich Ihnen die wichtigsten Funktionen in aller Kürze vorstellen und dabei mit dem Infofenster zu einem Element beginnen. Um das Infofenster einzublenden, wählen Sie z. B. in der Menüleiste des Finders *Ablage* und dann *Informationen*.

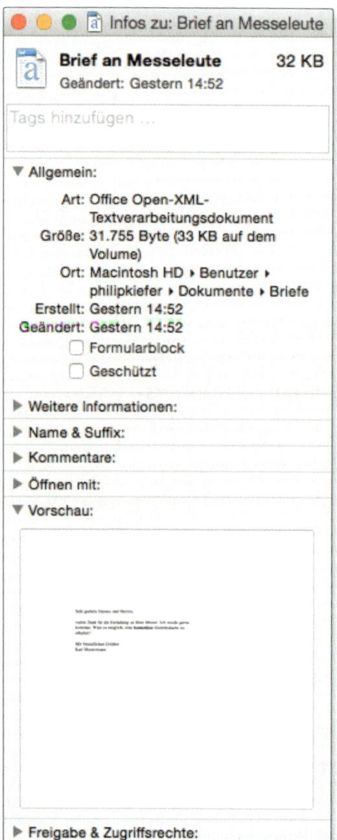


*Diese Abbildung zeigt das Infofenster eines Dokuments: Neben Detailinformationen und einer Vorschau lassen sich eine Reihe weiterer Funktionen aufrufen.*

In diesem Fenster finden Sie nicht nur Detailinformationen und eine Vorschau zu einem Element, sondern können diese beispielsweise auch gegen versehentliches Löschen schützen, indem Sie ganz einfach das Kontrollkästchen *Geschützt* aktivieren. Auch Schlagwörter und Kommentare lassen sich in diesem Fenster hinzufügen, um die Datei besser auffindbar zu machen. Oder Sie wählen unter *Öffnen mit* ein anderes Programm aus, mit dem die Datei geöffnet werden soll.

### Elemente umbenennen

Möchten Sie ein Element schlicht umbenennen? Dazu brauchen Sie kein Infofenster. Klicken Sie ein Element im Finder einfach zweimal an, so dass der bisherige Dateiname hellblau unterlegt erscheint. Geben Sie dann einfach die neue Bezeichnung ein.

### Pfadleiste einblenden

Damit Sie bei einem ausgewählten Element sofort den Speicherpfad sehen, blenden Sie die Pfadleiste ein, die dann unten im Finder - oberhalb der Statusleiste - angezeigt wird. Zum Einblenden wählen Sie in der Menüleiste des Finders *Darstellung* und dann *Pfadleiste einblenden.*

### Symbolleiste anpassen

Vermissen Sie bestimmte Funktionen in der Symbolleiste des Finders? Dann wird es Sie freuen, dass sich die Symbolleiste individuell anpassen lässt. Zu diesem Zweck wählen Sie in der Menüleiste des Finders erneut *Darstellung* und entscheiden sich dann für den Menüeintrag *Symbolleiste anpassen.*

Um ein Symbol in die Symbolleiste aufzunehmen, ziehen Sie es einfach bei gedrückter Maustaste dort hinein, etwa ein Symbol zum *Löschen* ausgewählter Elemente. Sie können auch Symbole aus der Symbolleiste entfernen, indem Sie diese aus der Leiste herausziehen. Bestätigen Sie zum Schluss mit *Fertig.*

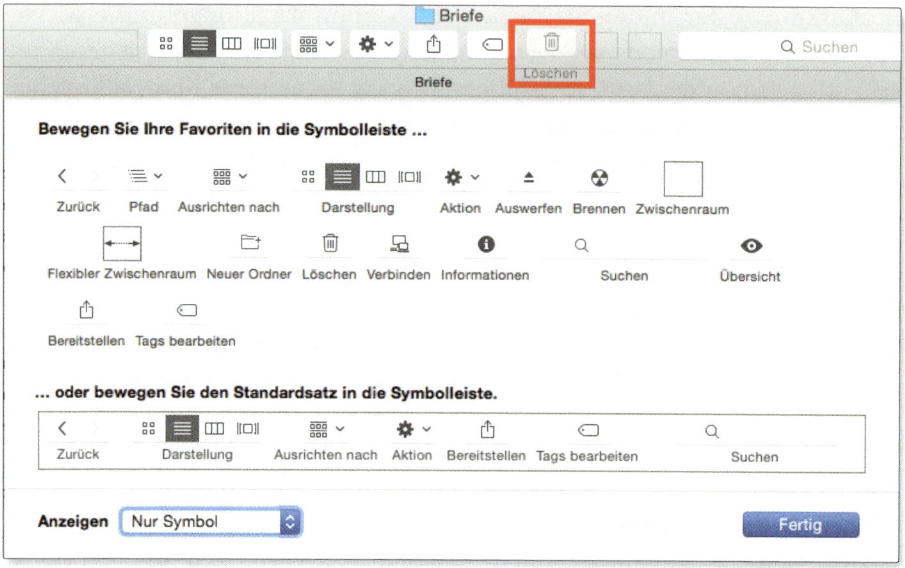


*Die Symbolleiste des Finders lässt sich ganz nach dem eigenen Bedarf anpassen.*

## Übersicht anzeigen

Sie möchten sich ein Element näher ansehen, ohne es gleich mit dem dafür vorgesehenen Programm zu öffnen? Dann schauen Sie sich die Übersicht an. Klicken Sie ein Element dazu an und drücken Sie anschließend die Leertaste ⎵.

*Die Übersicht ermöglicht einen Einblick in Dateien, ohne dass diese dazu mit dem dafür vorgesehenen Programm geöffnet werden müssen.*

### Dateien Platz sparend verpacken

Falls Sie beispielsweise mehrere Dateien mit der elektronischen Post versenden oder diese einfach Platz sparend auf Ihrem Computer archivieren möchten, ist es praktisch, sie zu komprimieren – man sagt auch: zu verpacken. Auf Ihrem Mac ist das eine simple Sache: Markieren Sie die Elemente, die Sie verpacken möchten, und klicken Sie sie mit der rechten Maustaste bzw. bei gedrückter ctrl-Taste an. Im Kontextmenü entscheiden Sie sich dann für den *komprimieren*-Eintrag. Es wird eine Datei *Archiv.zip* am gleichen Speicherort erstellt.

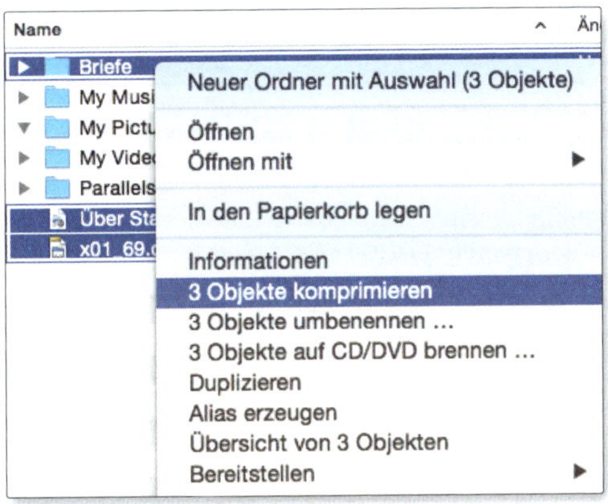


*Die Option zum Komprimieren von Dateien finden Sie im Kontextmenü.*

Das Entpacken ist sogar noch einfacher: Doppelklicken Sie auf ein Archiv, um die Elemente in einem Ordner öffnen zu können.

#### Herr Peters empfiehlt

Sie haben sicherlich bereits festgestellt, dass sich die meisten Funktionen auf unterschiedliche Weise aufrufen lassen, insbesondere im Kontextmenü, in der Menüleiste sowie mithilfe von Tastenkombinationen. Wenn Ihnen vielfach nur eine Methode vorgestellt wird, ist diese für Sie natürlich nicht bindend. Falls Sie beispielsweise statt mit dem Kontextmenü lieber mit der Menüleiste arbeiten, dann tun Sie dies! In der Menüleiste gibt es übrigens zu vielen Befehlen rechts neben dem Befehl eine Angabe der zugehörigen Tastenkombination.

# Daten auf einem USB-Stick speichern oder auf CD brennen

Die komfortabelste Methode zum Weiterreichen von Dateien an andere Personen ist die elektronische Post, indem Sie die Dateien an E-Mails anhängen. Allerdings ist die Größe einer E-Mail relativ stark beschränkt – sehr viele Fotos können Sie mit einer einzigen E-Mail nicht versenden, noch weniger Musikstücke und höchstens ein kleines Video. Größere Dateien reichen Sie am besten auf einem USB-Stick oder auf einer CD (bzw. DVD) weiter. Auf den nächsten Seiten erfahren Sie, wie Sie diese beiden Speichermedien auf Ihrem Mac nutzen.

## So kopieren Sie Ihre Dateien auf einen USB-Stick

USB-Sticks gibt es mittlerweile für ganz wenig Geld in jedem Elektronikfachmarkt und sogar in praktisch jedem Supermarkt. Ein USB-Stick ist ein kleines Speichermedium, das – Sie werden es bereits erraten haben – über den USB-Anschluss mit dem Computer verbunden wird. Dazu ist gar kein Kabel erforderlich, denn der USB-Stecker ist in den USB-Stick bereits integriert.

*So z. B. kann ein USB-Stick aussehen – es gibt aber auch kleinere und buntere Varianten.*

Um Daten von Ihrem Mac auf einen USB-Stick zu kopieren – oder umgekehrt – gehen Sie auf folgende Weise vor:

1. Verbinden Sie den USB-Stick mit Ihrem Mac, indem Sie ihn in einen der vorhandenen USB-Anschlüsse stöpseln.

2. Öffnen Sie den Finder. Der USB-Stick wird – unter einer vom Gerät abhängigen Bezeichnung – in der Seitenleiste unter *Geräte* aufgeführt. Klicken Sie den Eintrag an, wenn Sie auf die Inhalte des USB-Sticks zugreifen möchten. Zum Kopieren von auf dem USB-Stick befindlichen Elementen gehen Sie genauso vor wie im Zusammenhang mit auf dem Computer befindlichen Elementen beschrieben.

3. Um Elemente auf den USB-Stick zu kopieren, ziehen Sie diese nun einfach bei gedrückter Maustaste aus dem Anzeigebereich auf den Eintrag in der Seitenleiste.

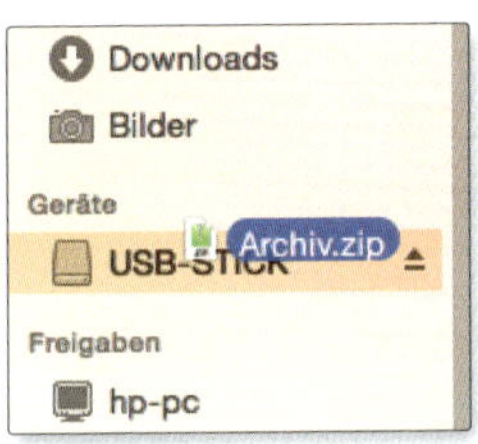


4. Fertig? Bevor Sie den USB-Stick wieder vom Computer abziehen, sollten Sie ihn auswerfen. Klicken Sie den Eintrag in der Seitenleiste dazu mit der rechten Maustaste bzw. bei gedrückter ctrl-Taste an und entscheiden Sie sich im Kontextmenü für den *auswerfen*-Eintrag.

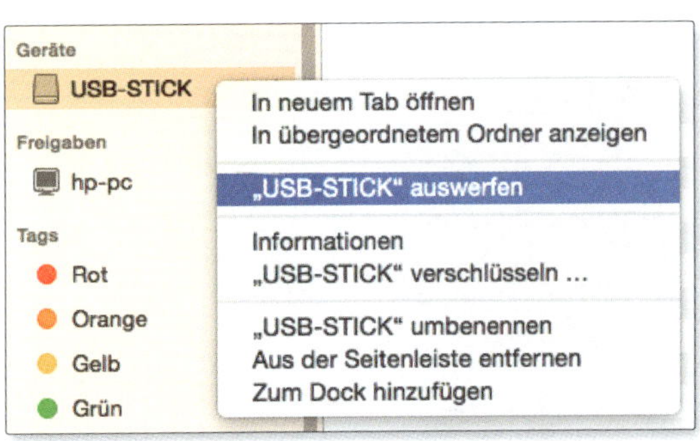

5. Jetzt können Sie den USB-Stick aus dem USB-Anschluss ziehen und anderweitig einsetzen.

Wenn Sie einmal vergessen sollten, den USB-Stick auszuwerfen, hat das in den meisten Fällen keine Folgen. Es erscheint dann allerdings ein lästiger Warnhinweis, den Sie wegklicken müssen.

## So brennen Sie Ihre Dateien auf eine CD

Durch versehentliches Löschen, aber vielleicht auch durch Defekte können unter Umständen wichtige Daten verloren gehen. In Kapitel 9 zeige ich Ihnen deshalb noch ausführlich, wie Sie eine komplette Datensicherung durchführen. Wenn Sie nur bestimmte Daten sichern oder beispielsweise Urlaubsfotos an andere Personen weiterreichen möchten, brennen Sie diese auf eine CD oder DVD.

Was Sie dazu benötigen, ist ein beschreibbarer Datenträger. Auch die sogenannten CD-ROMs oder – mit mehr Speicherkapazität, aber dafür teurer – DVD-ROMs gibt es in unterschiedlichen Varianten in praktisch jedem Supermarkt und sogar bei den großen Discountern. Wenn Sie sich mit solchen Datenträgern ausgestattet haben, ist das Brennen gar kein Problem mehr:

1. Legen Sie eine CD- oder DVD-ROM in das DVD-Laufwerk Ihres Macs ein.

2. Es öffnet sich ein Hinweisfenster. Bestätigen Sie die Option *Finder öffnen* mit *OK*.

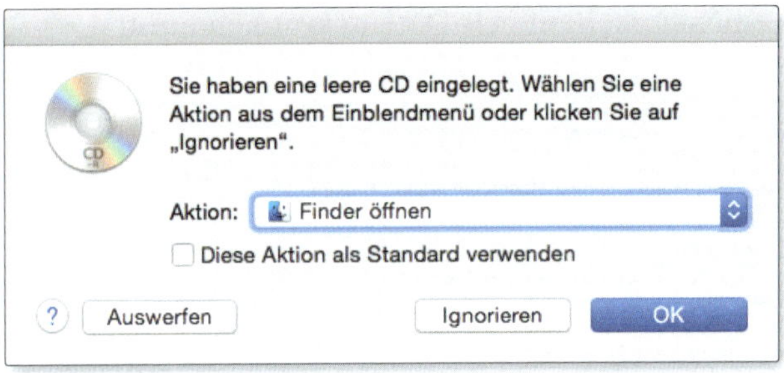


3. Es wird ein CD-Symbol sowohl auf dem Schreibtisch als auch in der Seitenleiste des Finders angezeigt. Ziehen Sie die zu brennenden Elemente bei gedrückter Maustaste auf eines der Symbole.

4. Wenn Sie Ihre Auswahl beendet haben, klicken Sie auf die Schaltfläche *Brennen* rechts oberhalb der Dateiliste, die bei dem in der Seitenleiste ausgewählten Datenträger erscheint.

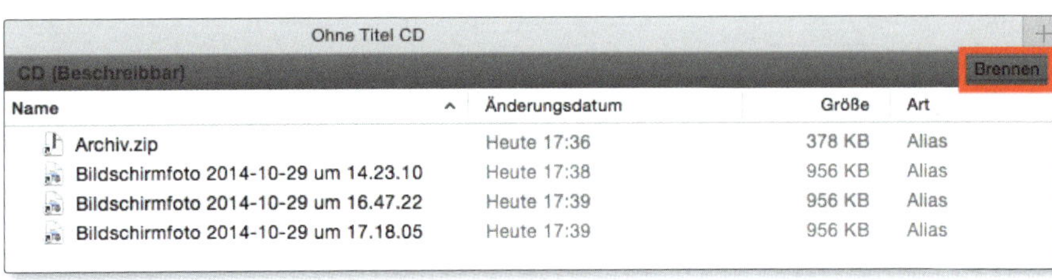

5. Geben Sie dem Datenträger im folgenden Fenster noch eine schlüssige Bezeichnung, bevor Sie auf die Schaltfläche *Brennen* klicken, um den Brennvorgang zu starten. Das Brennen ist übrigens ganz wörtlich gemeint: Die Dateien werden mit einem Laser auf den Datenträger gebrannt.

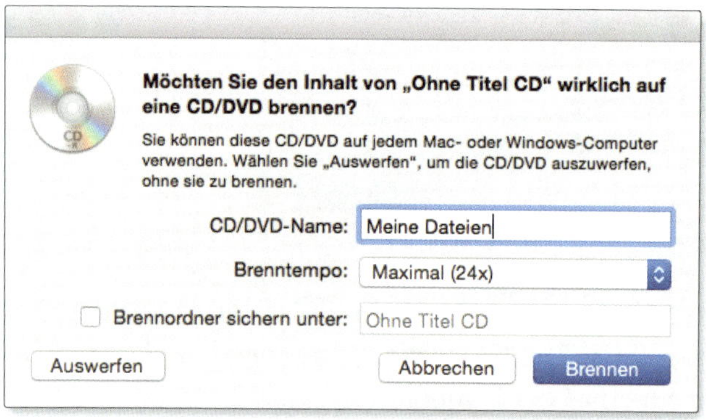


6. Der Datenträger wird nun gebrannt und steht nach der Fertigstellung in der Seitenleiste des Finders unter *Geräte* zum Auswählen oder Auswerfen zur Verfügung.

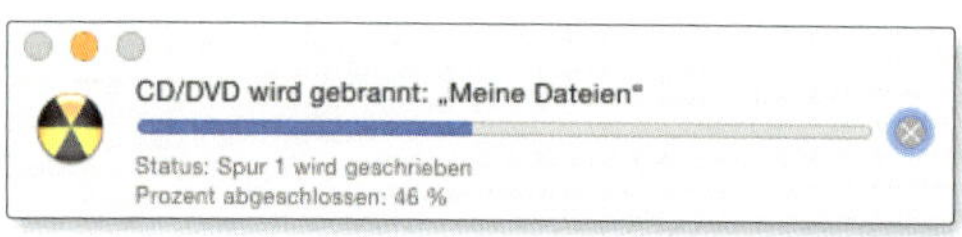


### Herr Peters empfiehlt

CDs oder DVDs beispielsweise mit tollen Fotos können ein schönes, persönliches Geschenk sein. Achten Sie dann aber auch darauf, den Datenträger selbst und seine Verpackung schön zu gestalten. Im Elektronikfachmarkt finden Sie dazu alles Zubehör, das Sie benötigen: Hüllen, Einlagen, Etiketten und noch eine Menge mehr!

## Datenaustausch in einem Netzwerk

Wenn bei Ihnen zu Hause mehrere Computer genutzt werden, lassen sich Daten auch in einem Heimnetzwerk austauschen. Das ist einfach eine Verbindung zwischen mehreren Computern, die entweder per Kabel oder drahtlos hergestellt wird. In der Regel wird ein sogenannter Router (sprich: [ruhter], übersetzt etwa Vermittler) zwischengeschaltet, der für funktionierende

Verbindungen sorgt. In der Regel ist das Gerät, mit dem Sie eine Internetverbindung herstellen, ein Router mit eingebautem Modem, so dass Sie dieses Gerät auch für Netzwerkverbindungen verwenden und alle damit verbundenen Geräte die Internetverbindung nutzen können. Es gibt aber auch Router ohne eingebautes Modem, die dem Anlegen eines Heimnetzwerks dienen können. Um die Netzwerkverbindung herzustellen, müssen die Geräte lediglich entweder per Kabel oder drahtlos mit dem gleichen Router verbunden werden.

Die verfügbaren Netzwerke rufen Sie auf Ihrem Mac in den Systemeinstellungen in der Kategorie *Netzwerk* auf. In den meisten Fällen genügt hier Gucken, nur in Ausnahmefällen werden Sie hier die Einstellungen verändern müssen. Mit den vielen seltsamen Begriffen, die im Zusammenhang mit Netzwerken auftauchen, will ich Sie deshalb gar nicht erst behelligen. Nur den Begriff IP-Adresse sollten Sie in jedem Fall kennen: Als IP-Adresse bezeichnet man die »Wohnanschrift« Ihres Computers in einem Netzwerk, aber auch im Internet. Durch die IP-Adresse weiß der Router (der »Postbote«), wohin die Daten geschickt werden müssen. Durch die IP-Adresse kann jeder Nutzer eines Netzwerks oder des Internets eindeutig identifiziert werden.

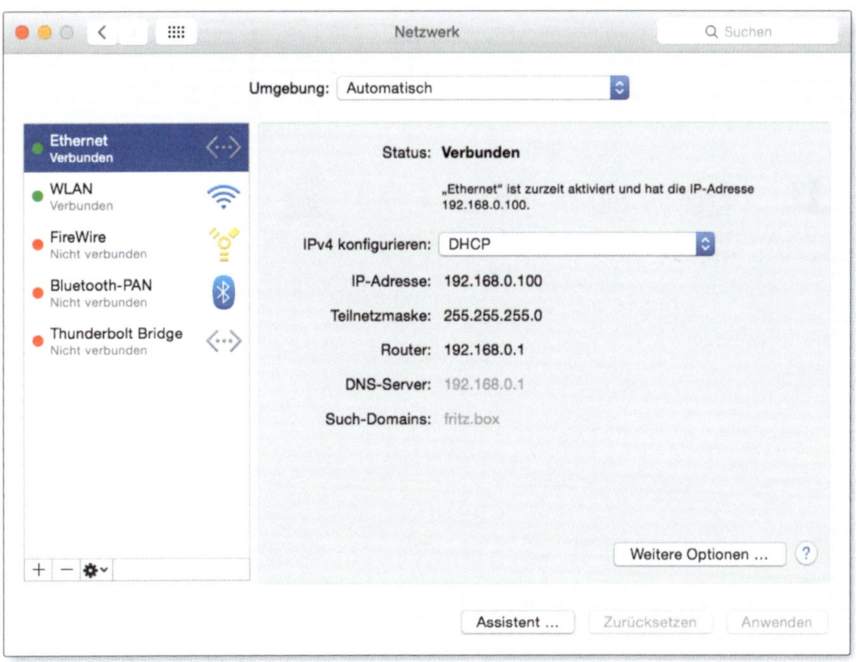


*Erhalten Sie in den Systemeinstellungen eine Übersicht über die verfügbaren Netzwerke.*

## Einen Ordner im Netzwerk freigeben

In einem Netzwerk sind verschiedene Freigaben möglich. Durch eine Freigabe ermöglichen Sie anderen Geräten den Zugriff auf bestimmte Ordner und Funktionen. Hier zeige ich Ihnen zunächst Schritt für Schritt, wie Sie einen beliebigen Ordner (und die darin befindlichen Dateien) im Netzwerk freigeben:

1. Öffnen Sie die Systemeinstellungen und klicken Sie auf die Kategorie *Freigaben*.

2. In der Leiste links soll das Kontrollkästchen *Dateifreigabe* aktiviert sein. Rechts klicken Sie unterhalb des Felds *Freigegebene Ordner* auf das Plussymbol [+].

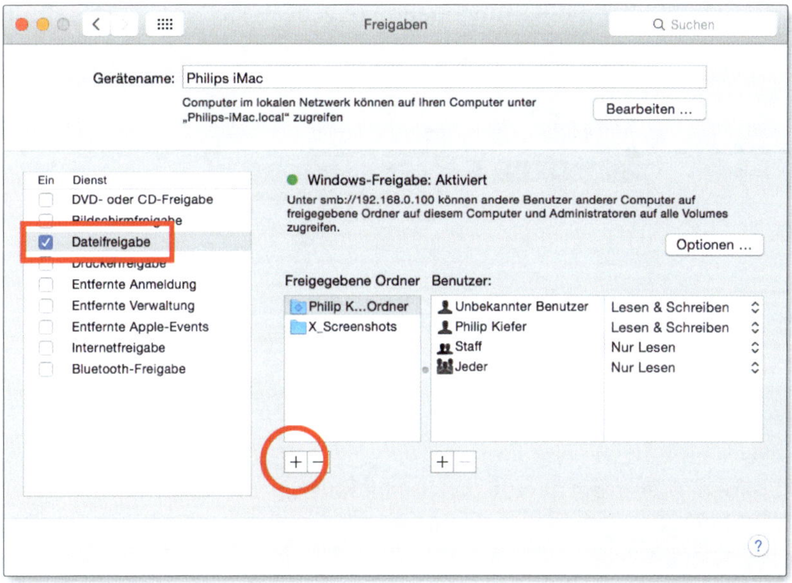


3. Wählen Sie nun einen beliebigen Ordner auf Ihrem Mac aus – hier entscheide ich mich für den Ordner *Briefe* – und bestätigen Sie mit einem Mausklick auf die Schaltfläche *Hinzufügen*.

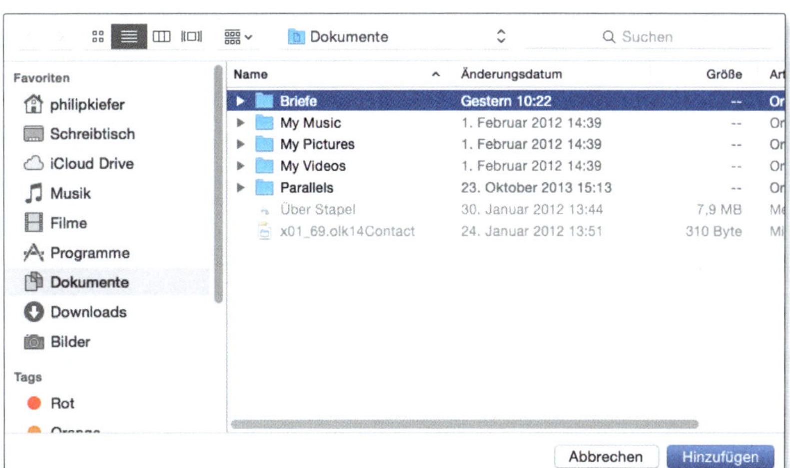

4. Der Ordner wird nun ebenfalls im Feld *Freigegebene Ordner* aufgeführt. Wählen Sie den Ordner dort per Mausklick aus und entscheiden Sie anschließend im Feld *Benutzer* noch, wie jeder auf den Ordner zugreifen darf. Per Plussymbol [+] unterhalb des Felds können Sie auch weitere Benutzer hinzufügen und für diese individuelle Freigabeeinstellungen vornehmen.

## Tipp

Falls Sie eine Netzwerkverbindung mit einem Windows-Computer hergestellt haben, achten Sie darauf, dass in der Kategorie *Freigaben* unter *Optionen* die Einträge *Dateien und Ordner über SMB freigeben* sowie *Windows-Dateifreigabe* aktiviert sind.

Auf Ordner, die auf anderen Computern im Netzwerk freigegeben wurden, greifen Sie Ihrerseits im Finder zu. Es findet sich dort dann unter *Freigaben* ein entsprechender Eintrag – klicken Sie ihn an, um auf die freigegebenen Ordner zuzugreifen. Je nach Freigabeeinstellungen auf dem anderen Rechner müssen Sie dort unter Umständen über ein eigenes Benutzerkonto verfügen und sich mit diesem übers Netzwerk anmelden.

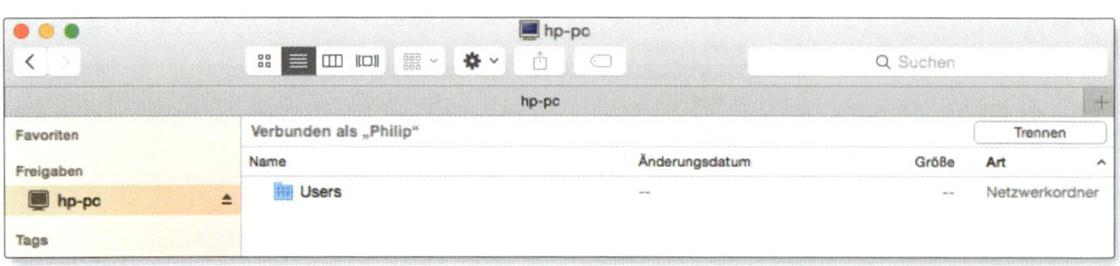


*Hier greife ich im Finder auf die Freigaben eines Windows-Computers zu.*

Für den schnellen und bequemen Datenaustausch zwischen zwei Macs bietet die bereits bekannte Funktion AirDrop, auf die Sie im Finder zugreifen, eine gute Alternative. Eine Ordnerfreigabe ist in diesem Fall überhaupt nicht notwendig.

## Was kann ich noch im Netzwerk freigeben?

In einem Netzwerk lassen sich nicht nur Ordner und Dateien, sondern auch weitere Elemente und Funktionen freigeben. Bei einigen Freigaben funktioniert das allerdings nur von Mac zu Mac. Um eine Freigabe vorzunehmen, aktivieren Sie in den Systemeinstellungen in der Kategorie *Freigaben* jeweils das entsprechende Kontrollkästchen. Dies sind Ihre Optionen:

- *DVD- oder CD-Freigabe*: Diese Freigabeoption ermöglicht anderen Computern im Netzwerk den Zugriff auf das DVD-Laufwerk Ihres Macs.
- *Bildschirmfreigabe*: Wenn Sie diese Freigabeoption aktivieren, kann von einem anderen Computer aus auf den Bildschirm Ihres Macs zugegriffen werden.
- *Druckerfreigabe*: Damit auch andere Computer den Drucker verwenden können, der an Ihren Mac angeschlossen ist, aktivieren Sie diese Freigabeoption.

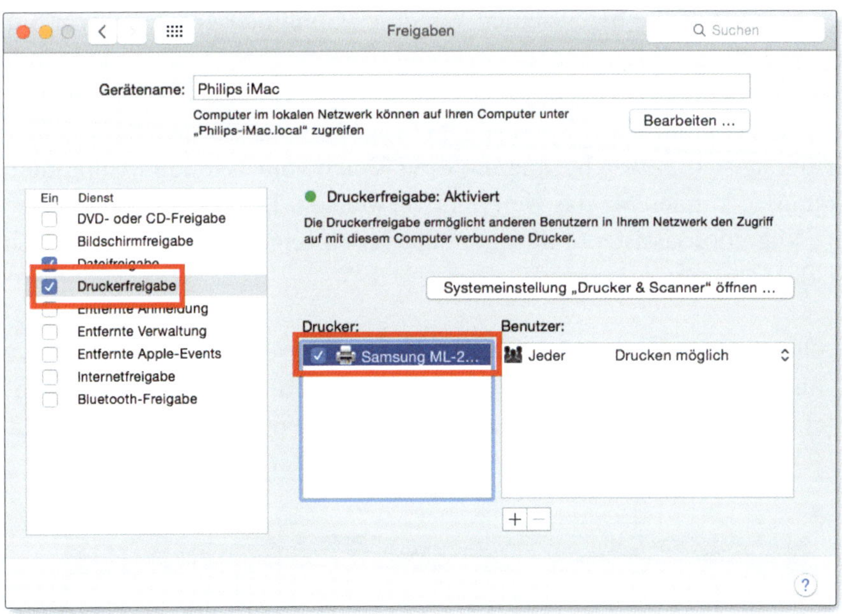


*Hier habe ich einen Drucker für die gemeinsame Nutzung im Netzwerk freigegeben.*

- *Entfernte Anmeldung*: Durch diese Freigabeoption kann sich ein anderer Benutzer aus der Ferne – über eine verschlüsselte Verbindung – an Ihrem Mac anmelden und Änderungen darauf durchführen.

- *Entfernte Verwaltung*: Wenn diese Freigabeoption aktiviert ist, kann ein anderer Benutzer ebenfalls aus der Ferne auf den Computer zugreifen und beispielsweise auch neue Programme darauf installieren.
- *Entfernte Apple-Events*: Ermöglichen Sie mit dieser Freigabeoption Programmen auf verschiedenen Computern die Kommunikation untereinander.
- *Internetfreigabe*: Geben Sie mit dieser Freigabeoption die auf Ihrem Mac genutzte Internetverbindung auch für die Nutzung auf anderen Computern frei.
- *Bluetooth-Freigabe*: Diese Freigabeoption schließlich bezieht sich auf den drahtlosen Datenaustausch via Bluetooth.

Ich empfehle Ihnen, stets nur diejenigen Freigaben zu aktivieren, die Sie tatsächlich benötigen, da bestimmte Freigabeoptionen – etwa *Entfernte Verwaltung* – ein gewisses Sicherheitsrisiko darstellen können.

## Windows-Dateien auf Ihren Mac übertragen

Vielleicht haben Sie bereits einen Windows-Computer genutzt, bevor Sie auf den Mac umgestiegen sind. Dann können Sie die meisten auf dem Windows-Computer erstellten Dateien weiterhin nutzen, vorausgesetzt natürlich, dass auch auf dem Mac ein entsprechendes Programm zum Öffnen der Dateien zur Verfügung steht. Zur Übertragung Ihrer Daten vom Windows-Computer auf Ihren Mac können Sie das Netzwerk verwenden. Der auf Ihrem Mac verfügbare Migrationsassistent hilft Ihnen dabei. Ich zeige Ihnen Schritt für Schritt, wie das Ganze funktioniert:

1. Öffnen Sie auf dem Windows-Computer die Webadresse www.apple.com/migrate-to-mac. Klicken Sie auf der geöffneten Webseite auf die Schaltfläche *Download*, um den Migrationsassistenten herunterzuladen und anschließend auch auf Ihrem Windows-Computer zu installieren.

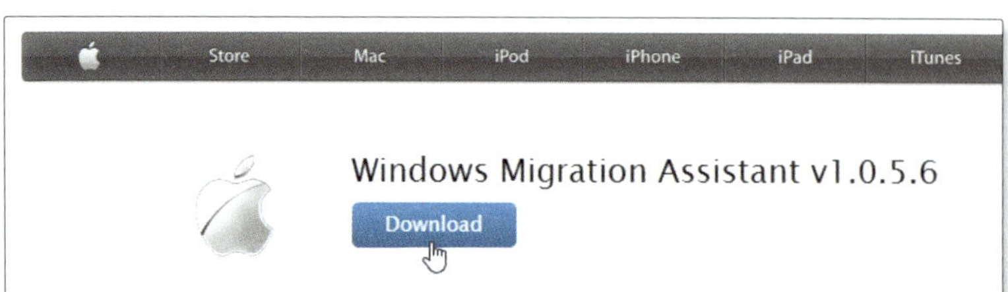

2. Starten Sie den Migrationsassistenten auf dem Windows-Computer und klicken Sie auf *Fortfahren*. Das Programm wartet nun auf den Kontakt mit dem Migrationsassistenten auf dem Mac.

3. Öffnen Sie nun den Migrationsassistenten auf dem Mac. Sie finden dieses Programm im Launchpad im Ordner *Andere*.

4. Klicken Sie auch im Migrationsassistenten auf dem Mac auf *Fortfahren*. Geben Sie anschließend Ihr Administrator-Kennwort ein, das Sie bei der Inbetriebnahme Ihres Macs gewählt haben, und bestätigen Sie mit *OK*.

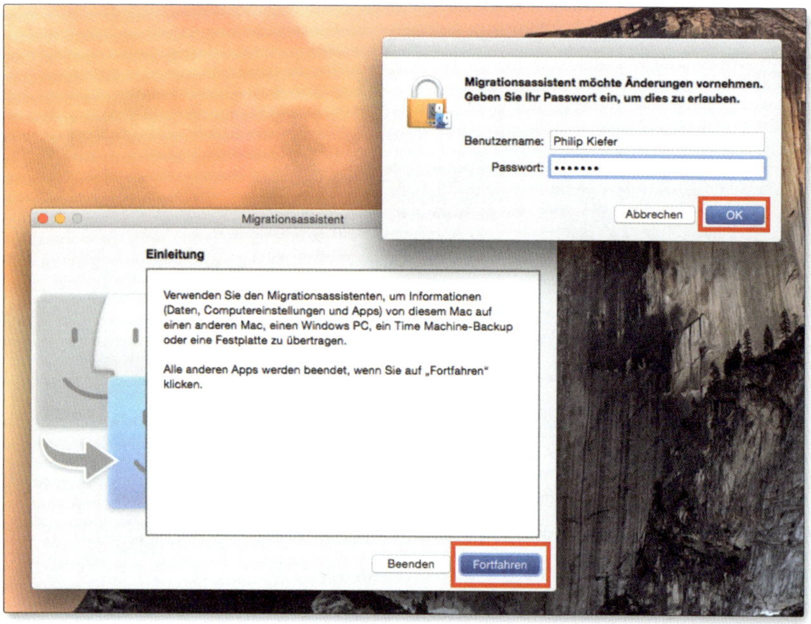


5. Der Migrationsassistent wird nun auf einem eigenen Bildschirm angezeigt. Wählen Sie die Option *Von einem Windows PC* und klicken Sie auf *Fortfahren*.

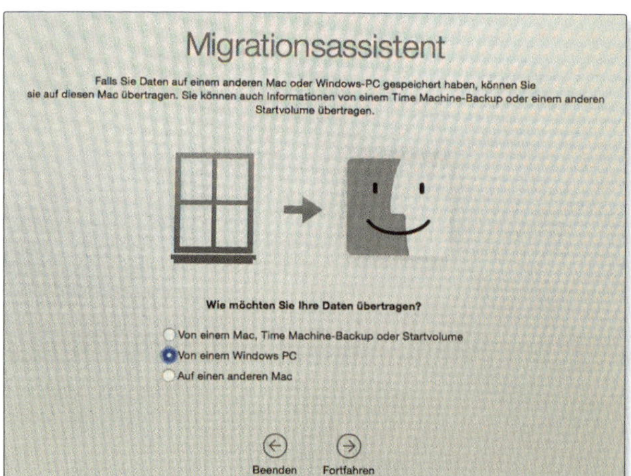

6. Der Windows-Computer, auf dem der Migrationsassistent installiert und gestartet wurde, wird angezeigt. Klicken Sie Ihn an, um ihn auszuwählen und bestätigen Sie erneut mit *Fortfahren*.

7. Ihnen wird nun eine Nummer angezeigt. Die gleiche Nummer wird Ihnen auch im Migrationsassistenten auf dem Windows-Computer angezeigt. Vergleichen Sie die Nummern und klicken Sie auf *Fortfahren*.

8. Bestimmen Sie auf Ihrem Mac nun, welche Daten vom Windows-Computer übertragen werden sollen. Die Auswahl erfolgt per Kontrollkästchen. Bestätigen Sie Ihre Auswahl mit *Fortfahren*.

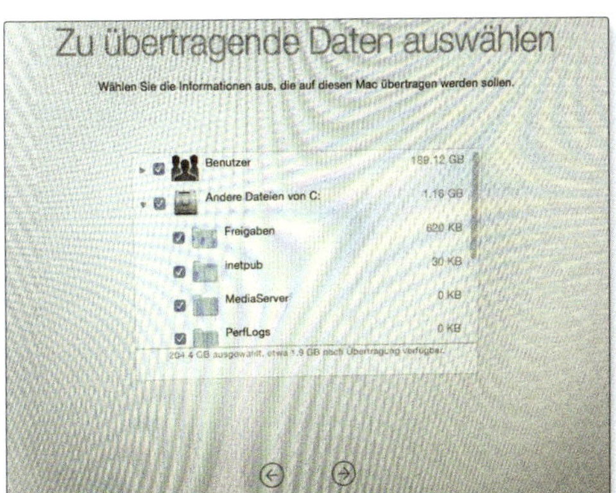

9. Die Datenübertragung wird gestartet. Je nachdem, wie viele Daten übertragen werden, kann das Vorhaben eine ganze Weile in Anspruch nehmen. Bestätigen Sie nach Abschluss der Datenübertragung mit *Beenden*.

Der Vorteil des Migrationsassistenten besteht in erster Linie darin, dass nicht nur Ordner und Dateien, sondern auch Einstellungen übertragen werden können. Wenn lediglich Ordner und Dateien übertragen werden sollen, können Sie dazu auch die Ordnerfreigabe im Netzwerk nutzen.

**Herr Peters empfiehlt**

Betrachten Sie den Wechsel eines Computers immer auch als gute Möglichkeit, einmal gründlich auszumisten. Fassen Sie dabei jede Datei an und überlegen Sie sich, ob Sie diese auf dem neuen Computer wirklich benötigen – ansonsten löschen Sie sie vor der Datenübertragung mit dem Migrationsassistenten.

Kapitel

7

# Fotos auf den Mac kopieren und gekonnt bearbeiten

Wer gerne fotografiert, verwendet heutzutage in der Regel eine Digitalkamera, also eine Kamera, welche die Bilder in elektronischer Form aufnimmt und speichert. Dies bietet Ihnen den Vorteil, dass Sie die Fotos anschließend auf Ihren Computer kopieren können, um sie dort zu bearbeiten, zu verwalten, zu präsentieren oder um sie an andere Personen weiterzureichen. Das Gleiche gilt übrigens auch für Videos, die sich mit den meisten Digitalkameras ebenfalls erstellen lassen. Lernen Sie in diesem Kapitel alle wichtigen Funktionen rund um den Umgang mit Ihren Digitalfotos kennen.

# Welche Digitalkamera ist die richtige für mich?

Falls Sie noch nicht über eine Digitalkamera verfügen sollten, machen Sie sich auf in den Elektronikfachmarkt oder ins Fotogeschäft, um sich eine zu kaufen – es lohnt sich! Vorbei ist die lästige Wartezeit für das Entwickeln eines Films, und vorbei sind auch kleinere Fehler in einem Bild, deretwegen man ein ganzes Bild verwerfen musste. Auf dem Computer lassen sich Bildfehler verschiedener Art ganz einfach beheben. Und ein weiterer wichtiger Vorteil: Der Speicher einer Digitalkamera lässt sich jederzeit wieder löschen – machen Sie also ruhig beliebig viele Aufnahmen von einem Motiv und behalten Sie nur die besten! Es geht aber auch ohne Digitaltechnologie: Wenn Sie Ihre alte Kamera weiter nutzen möchten, lassen Sie sich die entwickelten Bilder in einem der großen Drogeriemärkte einfach in digitaler Form auf einer CD aushändigen und übertragen diese anschließend auf Ihren Mac.

Es gibt verschiedene Arten von Digitalkameras. Falls Sie noch nicht über eine Digitalkamera verfügen sollten, müssen Sie sich zunächst mal für einen Kameratyp entscheiden. Diese Entscheidung richtet sich in erster Linie danach, was Sie mit der Digitalkamera machen möchten, sowie natürlich nach dem Umfang Ihres Portemonnaies.

Die beste Aufnahmequalität erzielen Sie mit einer digitalen Spiegelreflexkamera (auch DSLR genannt). Es gibt mittlerweile aber auch sehr gute Alternativen ohne Spiegel. Für den normalen Gebrauch reicht eine kompakte Digitalkamera aber völlig aus. Wenn Sie sich für ein bestimmtes Gerät entschieden haben, vergleichen Sie die Preise in mehreren Elektronikfachmärkten und Fotogeschäften – diese unterscheiden sich nämlich zum Teil erheblich!

## Ein Mobiltelefon mit eingebauter Kamera für die Digitalfotografie verwenden

Auch in moderne Mobiltelefone, insbesondere die Smartphones (sprich: [smartfouns], Smartphone bedeutet übersetzt so viel wie »Pfiffiges Telefon«), sind in der Regel Digitalkameras eingebaut. Ob diese für die alltägliche Nutzung empfehlenswert sind, richtet sich nach der Qualität der Kamera. Die aktuellen iPhones (sprich: [eifoun]) beispielsweise bieten exzellente Digitalkameras. Selbst die in das aktuelle iPad eingebaute Digitalkamera kann sich sehen lassen, allerdings ist das iPad zum Fotografieren etwas unhandlich.

## Lassen Sie sich nicht durch die Angabe von vielen Megapixeln in einem Werbeprospekt blenden

Sie haben bereits im Zusammenhang mit dem Einrichten des Mac-Bildschirms gelernt, dass ein Pixel ein Bildpunkt ist. Die Angabe Megapixel steht für eine Million solcher Bildpunkte. Auch hier gilt: Je mehr Pixel, desto größer können die Aufnahmen dargestellt oder ausgedruckt werden. Über die Fotoqualität sagt diese Angabe allerdings nichts aus. Diese Angabe allein sollte für Ihre Kaufentscheidung also nicht ausschlaggebend sein. Viele Megapixel haben übrigens auch einen Nachteil: Denn je mehr Megapixel ein Foto hat, desto mehr Speicherplatz benötigt es auf der Speicherkarte in Ihrer Kamera – und desto schneller ist diese voll.

# So übertragen Sie Fotos, die Sie mit Ihrer Digitalkamera aufgenommen haben

Sie haben mit Ihrer Digitalkamera Aufnahmen getätigt und möchten diese nun auf Ihren Mac übertragen. Dazu verbinden Sie die Digitalkamera zunächst mit Ihrem Mac, in der Regel geschieht dies per USB-Anschluss. Ansonsten können unter Umständen auch Speicherkarten aus der Digitalkamera direkt in das in den Mac integrierte Schubfach eingeschoben werden. Gegebenenfalls muss noch die Verbindung zum Computer auf der Digitalkamera aktiviert werden.

*Hier habe ich eine Digitalkamera per USB-Anschluss mit meinem iMac verbunden.*

Die Kamera wird in der Seitenleiste des Finders unter *Geräte* angezeigt. Wählen Sie den Eintrag aus, um die Bilder auszuwählen und an einen Speicherort auf Ihrem Mac zu übertragen – die Vorgehensweise entspricht dem Kopieren von Elementen vom USB-Stick auf einen Computer.

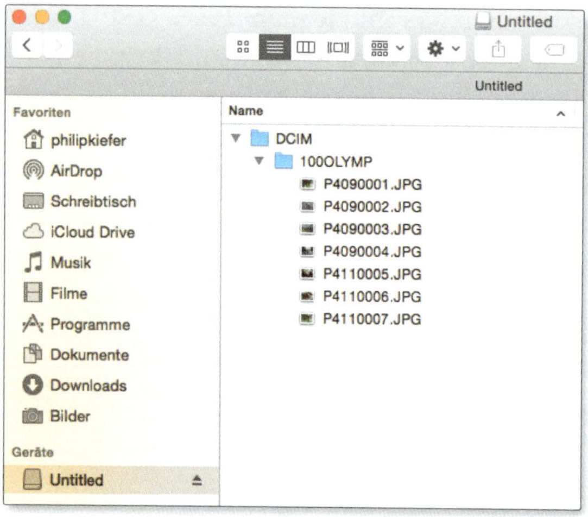


*Auf die Speicherkarte in der Digitalkamera und damit auf die Aufnahmen kann im Finder zugegriffen werden.*

Noch etwas komfortabler gelingt das Übertragen Ihrer Fotos mit einem dafür vorgesehenen Programm. Dabei kann es sich um das Programm iPhoto (bzw. dessen Nachfolgeprogramm, das aller Voraussicht nach Fotos heißen wird) handeln oder um das auf Ihrem Mac ebenfalls bereits vorhandene Programm »Digitale Bilder«. Lassen Sie mich Ihnen das Ganze am Beispiel Digitale Bilder vorführen.

1. Öffnen Sie das Programm Digitale Bilder im Launchpad im Ordner *Andere*.

2. Im sich öffnenden Programmfenster werden die auf der Digitalkamera enthaltenen Fotos automatisch angezeigt. Bestimmen Sie im Menü *Importieren nach* den Speicherort für die übertragenen Bilder. Mit der Schaltfläche *Alle importieren* starten Sie anschließend die Übertragung. Alternativ können Sie auch einzelne Bilder auswählen und die Übertragung dann mit der Schaltfläche *Importieren* starten.

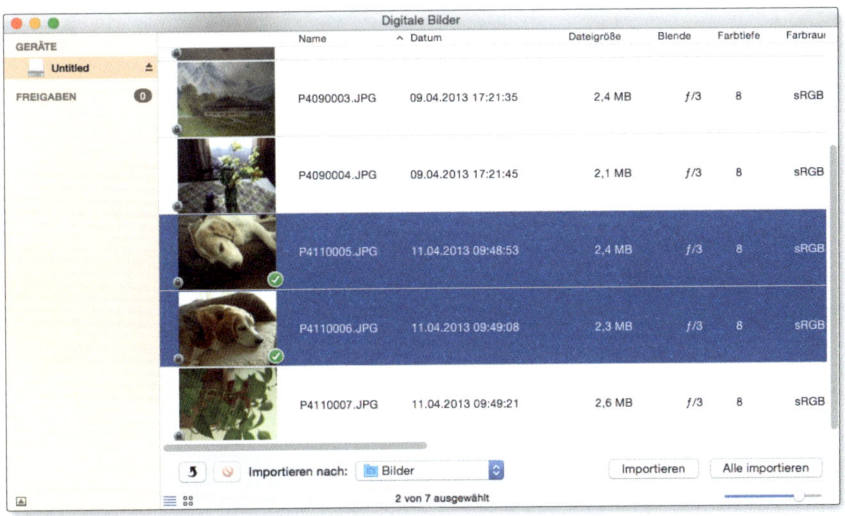


3. Die Bilder stehen nach der Übertragung am ausgewählten Speicherort zur Verfügung.

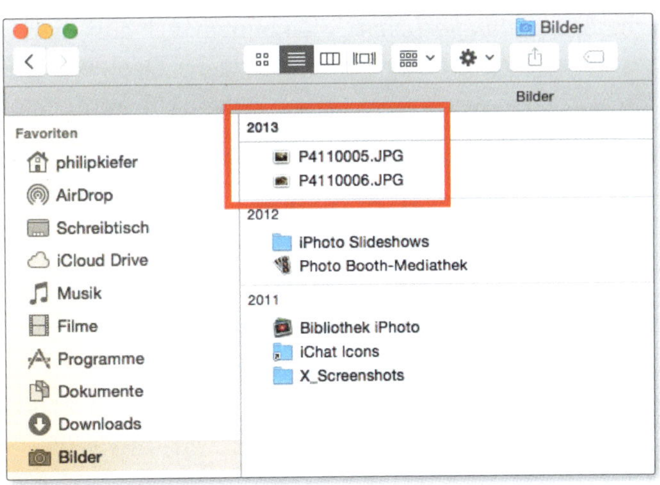

**Grundlagen**

Verwenden Sie zum Speichern Ihrer Bilder am besten den bereits vorhandenen Benutzerordner *Bilder*. Erstellen Sie darin, wie in Kapitel 6 beschrieben, Unterordner für die thematische Sortierung, also z. B. »Sylt-Urlaub 2014«, »Goldene Hochzeit« usw.

## Dank dieses Programms jedes gesuchte Foto wiederfinden

Als Nächstes möchte ich Ihnen ein Programm zur Verwaltung Ihrer Bilder sowie auch selbst aufgenommener Videos vorstellen. Für das Programm iPhoto ist allerdings ein Nachfolger angekündigt, in dem sich eine ganze Reihe von Änderungen ergeben werden. Ich stelle Ihnen dennoch die wichtigsten Funktionen von iPhoto vor, damit Sie sich später mit dem bei Redaktionsschluss noch nicht veröffentlichten Nachfolger zumindest besser zurechtzufinden. Sie wissen ja: Auf Ihrem Mac kann sich bei Aktualisierungen immer wieder etwas ändern – mit den in diesem Buch gewonnenen Kenntnissen haben Sie jedoch die Möglichkeit, mit solchen Veränderungen mühelos umzugehen.

Auch das Programm iPhoto bietet Ihnen eine Funktion zur Übertragung von Bildern von der Digitalkamera auf Ihren Mac. Ganz ähnlich wie beim Programm Digitale Bilder übertragen Sie entweder sämtliche Bilder von der Digitalkamera (Schaltfläche *Fotos importieren*) oder nur eine von Ihnen getroffene Auswahl (Schaltfläche *Auswahl importieren*). Sie können auch auswählen, ob die Bilder nach der Übertragung von der Speicherkarte der Digitalkamera gelöscht werden sollen oder nicht.

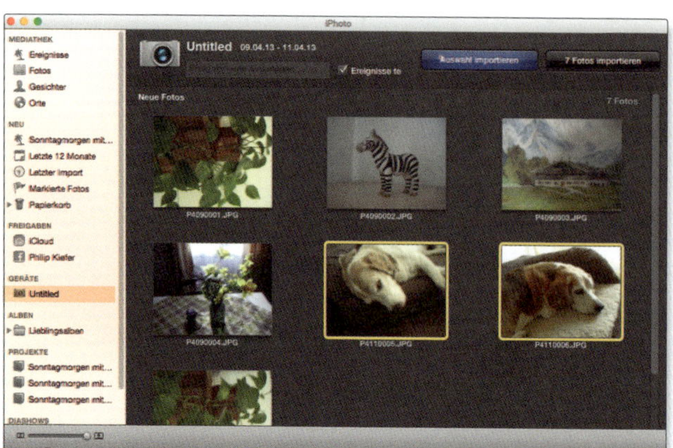


*Hier übertrage ich eine Bildauswahl mit dem Programm iPhoto auf meinen Mac.*

Sie müssen Ihre Bilder aber nicht unbedingt mit iPhoto importieren, um sie mit diesem Programm zu verwalten. Das Programm übernimmt auf dem Mac gespeicherte Bilder sowie gegebenenfalls selbst aufgenommene Videos automatisch. Ansonsten lassen sich Bilder auch manuell in das Programm aufnehmen, indem Sie sich in der Menüleiste des Programms für *Ablage* und dann für *In die Mediathek importieren* entscheiden. Geben Sie anschließend den Speicherort an, dessen Inhalte in iPhoto aufgenommen werden sollen, und bestätigen Sie mit einem Mausklick auf die Schaltfläche *Importieren*.

## Wie werden die Bilder in iPhoto sortiert?

Sie finden in der Seitenleiste von iPhoto eine Reihe von Einträgen, mit deren Hilfe sich die Bilder sortieren lassen. Zunächst ein kleiner Überblick über die einzelnen Rubriken:

- *Mediathek*: Unter dieser Rubrik finden Sie die Einträge *Ereignisse*, *Fotos*, *Gesichter* sowie *Orte*. Ereignisse lassen sich Bildern beim Übertragen von der Digitalkamera zuweisen oder aber nachträglich. Ein Ereignis könnte z. B. ein Urlaub oder eine Familienfeier sein. Unter *Fotos* finden Sie eine Übersicht über alle in iPhoto verfügbaren Bilder, während sich unter *Gesichter* nur solche Bilder finden lassen, die iPhoto als Porträtbilder erkennt – den Gesichtern lassen sich dort auch Namen zuweisen. Unter *Orte* schließlich werden die Bilder nach Aufnahmeorten sortiert auf einer Karte dargestellt – aber natürlich nur, sofern bei der Aufnahme eine Ortsangabe mitgespeichert wurde, was viele Digitalkameras sowie Smartphones erlauben.
- *Neu*: Diese Rubrik bietet eine Auswahl zuletzt hinzugefügter Elemente sowie den Zugriff auf markierte Bilder (zum Markieren klicken Sie in die linke obere Ecke eines ausgewählten Bilds) sowie auf den Papierkorb des Programms, also auf gelöschte Bilder.
- *Freigaben*: Vielleicht möchten Sie auch das Internet zum Speichern von Bildern nutzen – unter dieser Rubrik können Sie dann auch auf solche Bilder zugreifen, die Sie beispielsweise in Apples iCloud oder im sozialen Netzwerk Facebook gespeichert haben.
- *Alben*: Die Alben schließlich sind eine Art von Wiedergabelisten, die es ermöglichen, Bilder von unterschiedlichen Speicherorten aufzunehmen, ohne dass deren Speicherort verändert wird.

Für die Verwaltung Ihrer Bilder besonders wichtig sind die Ereignisse sowie die Alben. Im Folgenden lernen Sie, wie Sie neue Ereignisse und Alben anlegen.

## So legen Sie ein neues Ereignis an

Ereignisse sind gewissermaßen die Ordner, in denen Sie Ihre Bilder ablegen. Um in iPhoto ein neues Ereignis zu erstellen und diesem Bilder zuzuweisen, gehen Sie folgendermaßen vor:

1. Entscheiden Sie sich in der Seitenleiste des Programms iPhoto unter *Mediathek* für den Eintrag *Ereignisse*.

2. Wählen Sie nun in der Menüleiste unter *Ereignisse* den Eintrag *Ereignis erstellen*.

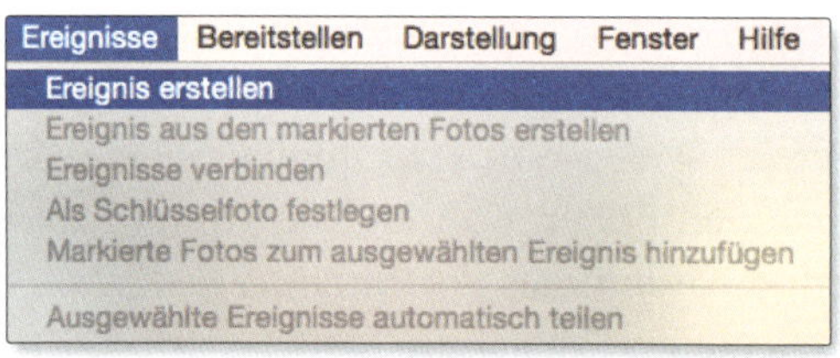


3. Das neue Ereignis wird erstellt. Klicken Sie auf die Ereignisbezeichnung und tippen Sie eine eigene schlüssige Bezeichnung ein. Bestätigen Sie mit der Eingabe-Taste ⏎.

4. Klicken Sie auf *Fotos*, um auf alle in iPhoto verfügbaren Bilder zuzugreifen. Markieren Sie dort bei gedrückter [cmd]-Taste ⌘ diejenigen Bilder, die Sie in das neue Ereignis aufnehmen möchten.

5. Wählen Sie in der Menüleiste *Bearbeiten* und dann *Ausschneiden*.
6. Wählen Sie in der Seitenleiste wieder *Ereignisse* und doppelklicken Sie auf das neu erstellte Ereignis, um dieses zu öffnen.
7. Entscheiden Sie sich in der Menüleiste unter *Bearbeiten* für den Eintrag *Einsetzen*, um die Bilder in das neue Ereignis zu verschieben.

**Aufgepasst**

Wichtig zu wissen: Wenn Sie ein Ereignis wieder löschen, werden auch die darin enthaltenen Bilder gelöscht! Übertragen Sie weiterhin gewünschte Bilder deshalb vor dem Löschen eines Ereignisses unbedingt in ein anderes Ereignis!

## So legen Sie ein neues Album an

Jedes Bild kann nur einem einzigen Ereignis, jedoch mehreren Alben zugewiesen werden, denn die Alben sind vom Speicherort unabhängig. Löschen Sie ein Album, so bleiben die im Album enthaltenen Bilder dennoch erhalten. Um ein neues Album zu erstellen, gehen Sie folgendermaßen vor:

1. Klicken Sie in der Menüleiste auf *Ablage* und dann auf *Neues Album*.

2. Das neue Album wird in der Rubrik *Alben* angelegt. Geben Sie ihm eine schlüssige Bezeichnung und bestätigen Sie mit der Eingabe-Taste ↩.

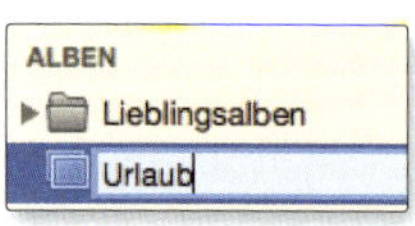


3. Wählen Sie in der Seitenleiste *Fotos*, um eine Übersicht über die in iPhoto verfügbaren Bilder zu erhalten.

4. Ziehen Sie Bilder, die Sie in das neue Album aufnehmen möchten, einfach bei gedrückter Maustaste auf das in der Rubrik *Alben* angezeigte Album.

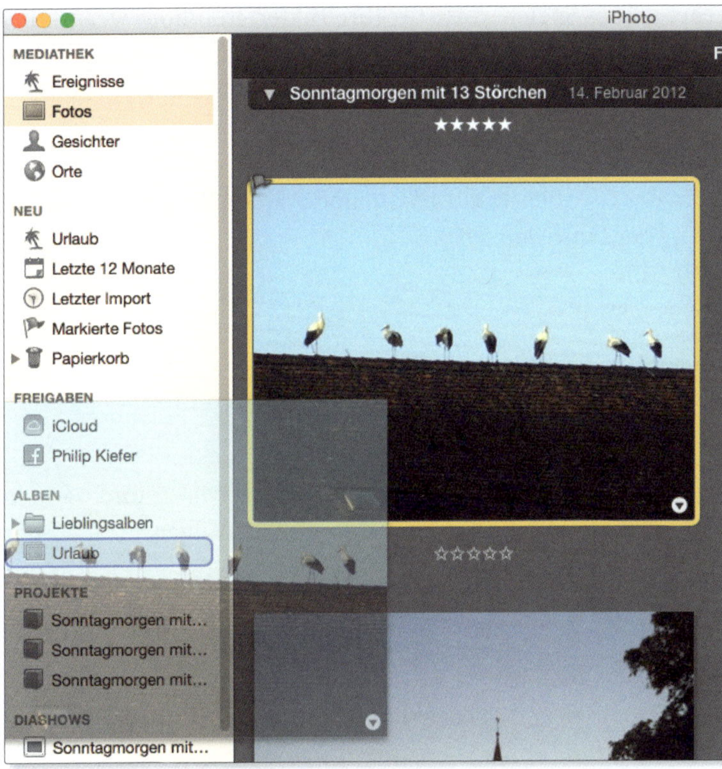


Neben den herkömmlichen Alben gibt es auch intelligente Alben, die eine automatische Aufnahme von Bildern nach von Ihnen festgelegten Kriterien erlauben. Zum Erstellen eines intelligenten Albums wählen Sie in der Menüleiste *Ablage* und dann *Neues intelligentes Album*.

### Power User

Schließlich können Sie auch noch Ihre Alben in Ordnern sortieren, um auch bei vielen Alben den Überblick zu bewahren. Zum Erstellen eines neuen Ordners wählen Sie *Ablage* und dann *Neuer Ordner*. Der Ordner wird ebenfalls in der Rubrik *Alben* erstellt. Ziehen Sie ein Album bei gedrückter Maustaste auf einen Ordner, um es in diesen Ordner aufzunehmen.

## Auch solche Bilder verwalten, die Sie im Internet gespeichert haben

Auch im Internet gibt es Speicherorte für Ihre Bilder. In iPhoto werden neben dem Apple-eigenen Speicherdienst iCloud auch das soziale Netzwerk und das Fotoportal Flickr unterstützt. Im Folgenden zeige ich Ihnen, wie Sie eine Internetquelle in iPhoto hinzufügen:

1. Klicken Sie in der Menüleiste auf *iPhoto* und wählen Sie im sich öffnenden Menü den Eintrag *Einstellungen*.

2. Klicken Sie im folgenden Fenster auf die Rubrik *Accounts* und dann links unten auf das Plussymbol [+], um ein Konto hinzuzufügen.

3. Wählen Sie den Anbieter aus, den Sie hinzufügen möchten, und bestätigen Sie mit einem Mausklick auf die Schaltfläche *Hinzufügen*.

4. Im Fall von Facebook melden Sie sich mit Ihren Zugangsdaten an, akzeptieren Sie die Bestimmungen und bestätigen Sie mit *Anmelden*.

5. Die im Internet gespeicherten Fotos können nach der Anmeldung in der Seitenleiste unter *Freigaben* abgerufen werden.

**Power User**

Die Veröffentlichung von Aufnahmen im Internet ist direkt aus iPhoto heraus möglich. Wählen Sie dazu ein Bild aus und klicken Sie rechts unten im Programm auf die Schaltfläche *Bereitst.*, um einen Anbieter wie beispielsweise Facebook oder Flickr für die Veröffentlichung auszuwählen.

## Ein Foto ist zu dunkel geraten? So gelingt die Bearbeitung

Nicht jede Aufnahme gelingt auf Anhieb. Oftmals ist noch eine Nachbearbeitung erforderlich. Dank Digitalfotografie bereitet Ihnen diese keinerlei Schwierigkeiten! Auch Bildbearbeitungsfunktionen beherrscht iPhoto und sicher auch dessen Nachfolger. Auf den nächsten Seiten lernen Sie die wichtigsten Bildbearbeitungsfunktionen kennen.

*Das Nachfolgeprogramm von iPhoto wird wahrscheinlich Fotos heißen und der App Fotos auf dem iPad ähneln, aber mehr Funktionen bieten. Die Abbildung zeigt die Bildbearbeitung in der App Fotos auf einem iPad.*

Zur Bildbearbeitung unter iPhoto wählen Sie eines oder mehrere Bilder aus. Klicken Sie dann unten im Programm auf die Schaltfläche *Bearb.*

*Klicken Sie unten in iPhoto auf die Schaltfläche »Bearb.«, um ein oder mehrere ausgewählte Bilder zu bearbeiten.*

Für die Bildbearbeitung wird rechts eine Leiste eingeblendet, die in die Rubriken *Einfache Korrekturen*, *Effekte* sowie *Anpassen* untergliedert ist. Unter jeder Rubrik verbirgt sich eine ganze Reihe von Bildbearbeitungsfunktionen. Gut zu wissen: Jeder nicht gewünschte Bearbeitungsschritt lässt sich mit der Schaltfläche *Widerrufen* rückgängig machen. Ein Foto kann außerdem – per Schaltfläche *Zurück zum Original* – jederzeit wieder auf den Originalzustand zurückgesetzt werden. Diese Bildbearbeitungsfunktionen stehen zur Verfügung:

- Drehen: Ein im Hochformat aufgenommenes Foto soll gedreht werden oder umgekehrt? Klicken Sie auf die Schaltfläche *Drehen*, um ein Bild um jeweils 90 Grad nach links zu drehen.
- Verbessern: Wählen Sie diese Option, um das ausgewählte Foto im Hinblick auf die Farben automatisch zu verbessern.
- Rote Augen korrigieren: Dieser störende Effekt auf Porträtfotos lässt sich mit iPhoto auf einfache Weise beseitigen. Wählen Sie unter *Einfache Korrekturen* den Eintrag *Rote Augen korrigieren* aus. Bestimmen Sie per Schieberegler die Korrekturgröße und klicken Sie daraufhin das Auge an, um die Rotfärbung zu beseitigen.

- Begradigen: Sie haben die Kamera beim Fotografieren etwas schief gehalten? Das ist gar nicht schlimm, denn das Foto lässt sich nachträglich begradigen. Wählen Sie unter *Einfache Korrekturen* den Eintrag *Begradigen* aus. Bestimmen Sie dann per Schieberegler den optimalen Neigungswinkel, um die Begradigung durchzuführen.

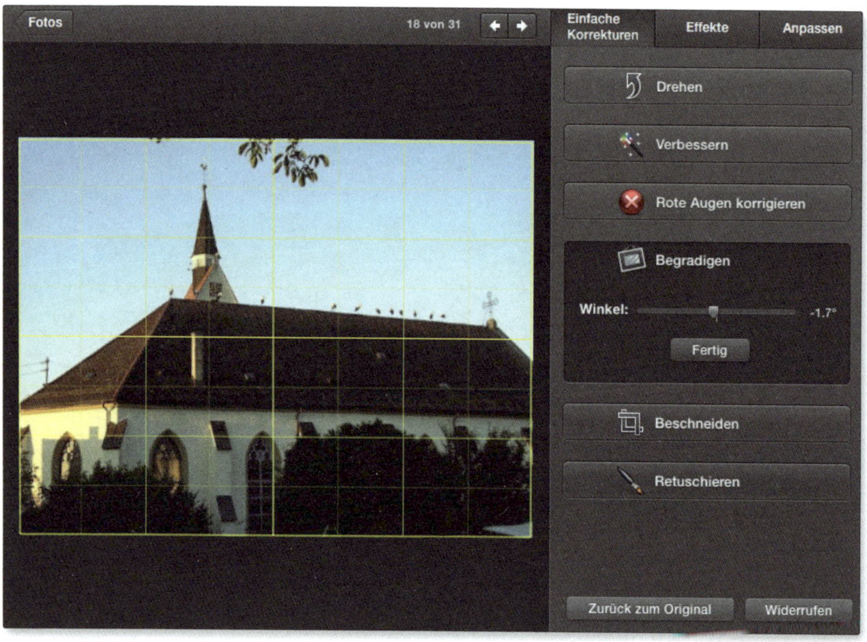


*Das eingeblendete Gitter hilft Ihnen dabei, den für die Begradigung optimalen Winkel einzustellen.*

- Beschneiden: Sie möchten störende Elemente aus einem Bild entfernen oder ein Foto in ein bestimmtes Format bringen? Dann klicken Sie auf die Schaltfläche *Beschneiden* und wählen Sie nun entweder per Menü ein bestimmtes Format aus oder ziehen Sie den auf dem Foto eingeblendeten Zuschnittrahmen in die gewünschte Position und Größe. Bestätigen Sie mit *Fertig*.

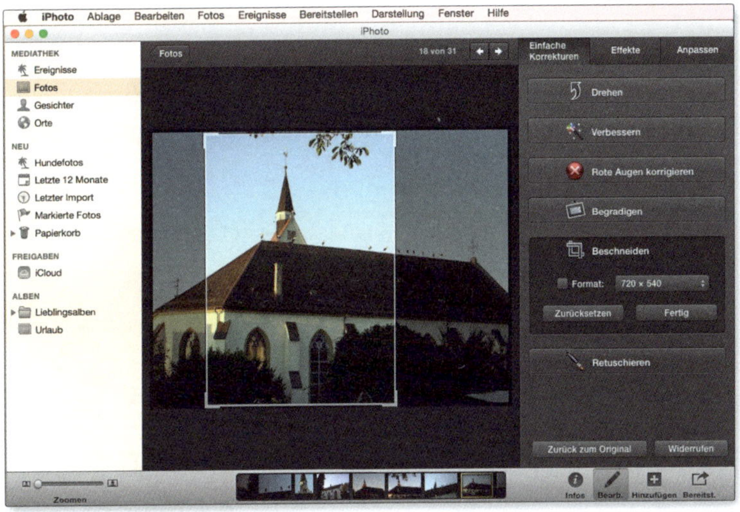


*Das Beschneiden erfolgt durch einen Zuschnittrahmen, der auf dem Foto eingeblendet wird.*

- Retuschieren: Diese Bildbearbeitungsfunktion dient dazu, störende Elemente von Fotos zu entfernen. Um diese Funktion zu nutzen, klicken Sie unter *Einfache Korrekturen* auf den Eintrag *Retuschieren*. Bestimmen Sie die Pinselstärke und malen Sie mit der Maus über die Elemente, die aus dem Foto entfernt werden sollen. Insbesondere kleinflächiges Retuschieren gelingt recht gut und relativ unauffällig.
- Effekte: Um ein Bild mit automatischen attraktiven Effekten zu versehen, entscheiden Sie sich in der Bildbearbeitungsleiste für die Rubrik *Effekte*. Klicken Sie hier einfach einen Effekt an, um ihn ins Bild zu übernehmen.

*Dank der zur Verfügung stehenden Effekte lassen sich Bilder spielerisch leicht auf attraktive Weise gestalten.*

- Anpassen: In der Seitenleiste unter der Rubrik *Anpassen* finden Sie verschiedene Schieberegler zum Verbessern des Bildes, z. B. im Hinblick auf die Belichtung, den Kontrast, die Schärfe usw. Ziehen Sie einen Schieberegler bei gedrückter Maustaste nach rechts, um einen Wert zu erhöhen bzw. nach links, um ihn zu verringern.

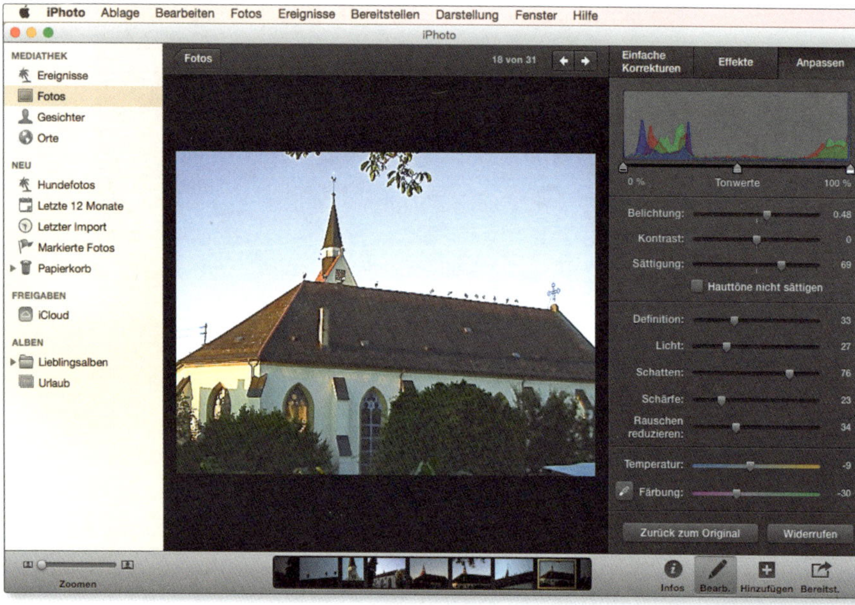


*Ganz einfach per Schieberegler: Passen Sie Belichtung, Kontrast und Co. an.*

## Mehrere Fotos im Hinblick auf Format und Bildgröße bearbeiten

Wenn Sie mehrere Fotos per E-Mail versenden möchten, bietet es sich an, diese zunächst zu verkleinern bzw. gegebenenfalls in ein anderes Format zu bringen. Mit iPhoto sind solche Änderungen ein Kinderspiel. Sie können gleich mehrere Bilder gleichzeitig im Hinblick auf Format und Bildgröße bearbeiten:

1. Wählen Sie die Bilder, die Sie bearbeiten möchten, in iPhoto aus (mehrere Fotos bei gedrückter [cmd]-Taste ⌘).

2. Entscheiden Sie sich in der Menüleiste für *Ablage* und dann für *Exportieren*.

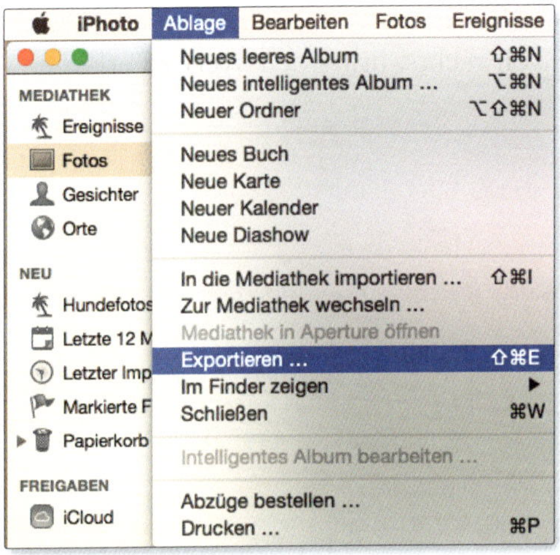


3. Im sich öffnenden Fenster wählen Sie den gewünschten Dateityp aus und legen die Dateigröße fest. Bestätigen Sie mit *Exportieren*.

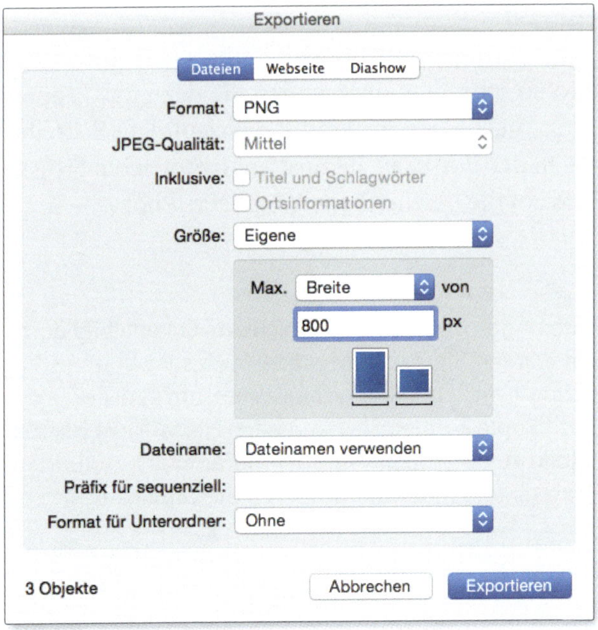

4. Wählen Sie zum Schluss noch den Speicherort für die Dateien aus und bestätigen Sie mit *OK*.

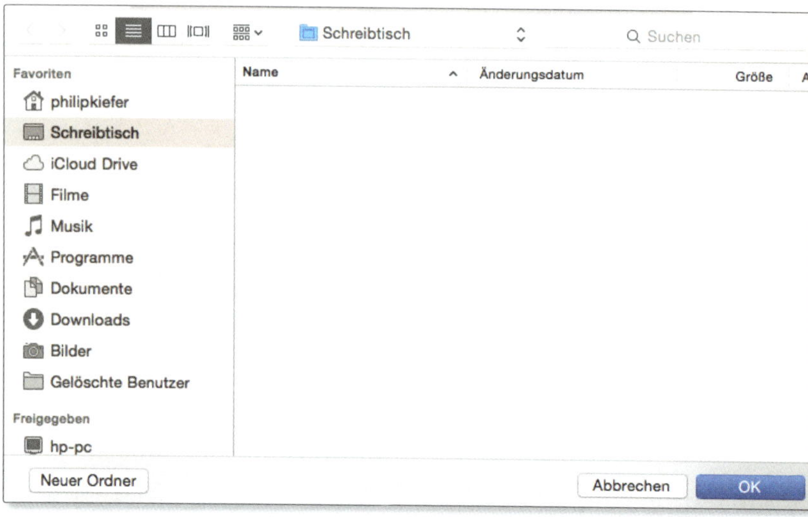


## Text und Formen in ein Foto einfügen

Wenn Sie Text in ein Foto einfügen möchten, z. B. um einen persönlichen Gruß auf ein Urlaubsfoto zu schreiben, verwenden Sie dazu das Programm »Vorschau«. Doppelklicken Sie einfach im Finder oder auf dem Schreibtisch auf eine Bilddatei, um sie in der Vorschau aufzurufen. Exportieren Sie gegebenenfalls zunächst ein Foto auf die beschriebene Weise aus iPhoto.

### Power User

Achtung! Wenn Sie Änderungen in der Vorschau nicht am Originalbild durchführen möchten, dann wählen Sie in der Menüleiste des Programms Vorschau vor der Bearbeitung *Ablage* und dann *Duplizieren*, um eine Kopie des Bildes zu erstellen. Diese Kopie können Sie dann nach Herzenslust bearbeiten, ohne das Originalbild zu gefährden. Nur im Programm iPhoto und gegebenenfalls in dessen Nachfolgeprogramm werden die Duplikate automatisch angefertigt!

Um in der Vorschau Text in ein Foto einzufügen, muss die Werkzeugleiste eingeblendet sein. Ist diese ausgeblendet, zaubern Sie sie her, indem Sie sich in der Menüleiste unter *Darstellung* für den Eintrag *Werkzeugleiste einblenden* entscheiden.

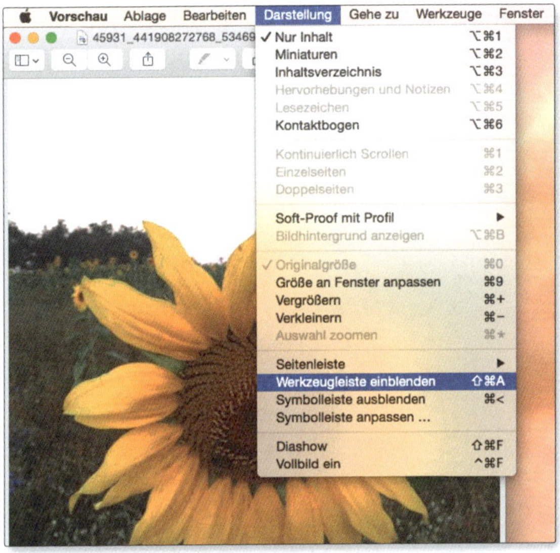


*Zum Einfügen von Text und weiteren Elementen in ein Bild blenden Sie die Werkzeugleiste ein.*

Um Text in ein Bild einzufügen, klicken Sie in der Werkzeugleiste auf das Symbol T. Es wird ein Textfeld auf dem Bild eingefügt, und Sie können Ihren Text eintippen. Das Textfeld lässt sich bei gedrückter Maustaste sowohl in der Größe als auch in der Position verändern. Den Text selber formatieren Sie unter dem Symbol A – wenn Sie dieses anklicken, erhalten Sie Optionen zum Ändern der Schriftart, der Schriftgröße und der Schriftfarbe, außerdem verschiedene weitere Formatierungsoptionen.

*Text in ein Bild einfügen – im Programm Vorschau ist dies ebenfalls eine einfache Sache.*

Vielleicht möchten Sie eine bestimmte Stelle in einem Bild hervorheben? Zu diesem Zweck können Sie eine Form einfügen. Die Werkzeugliste ist eingeblendet. Klicken Sie dort auf das Symbol und wählen Sie eine Form aus. Die Form wird daraufhin in das Bild eingefügt. Bei gedrückter Maustaste verändern Sie die Größe und Position. Die Rahmenfarbe ändern Sie unter dem Symbol und die Rahmenstärke unter dem Symbol .

*Formen eignen sich besonders gut für Hervorhebungen innerhalb eines Bilds.*

## Ihre Bilder in einer attraktiven Diaschau wiedergeben

Ihr alter Diaprojektor hat natürlich nicht ausgedient. Es ist für alle Familienmitglieder – egal, ob jung oder alt – spannend, alle paar Jahre die alten Dias anzusehen und über vergangene Tage zu plaudern. Heute gilt allerdings ein ganz anderer Standard. Wenn Sie Ihren Verwandten und Freunden die Bilder von der letzten Kreuzfahrt präsentieren möchten, sollten Sie sie multimedial gestalten und mit pfiffigen Effekten, vielleicht auch passender Urlaubsmusik versehen.

Eine elektronische Diaschau können Sie direkt auf Ihrem Mac ablaufen lassen, aber auch auf einen Projektor bzw. die zugehörige Leinwand übertragen. Die einfachste Variante der elektronischen Diaschau lässt sich direkt im Finder starten. Wählen Sie dazu an einem Speicherort die Bilder aus, die als Diaschau wiedergegeben werden sollen. Halten Sie dann die [alt]-Taste ⌥ gedrückt und klicken Sie in der Menüleiste des Finders auf *Ablage*. Wählen Sie im sich öffnenden PopUp-Menü den *Diashow*-Eintrag (er erscheint nur bei gedrückter [alt]-Taste ⌥).

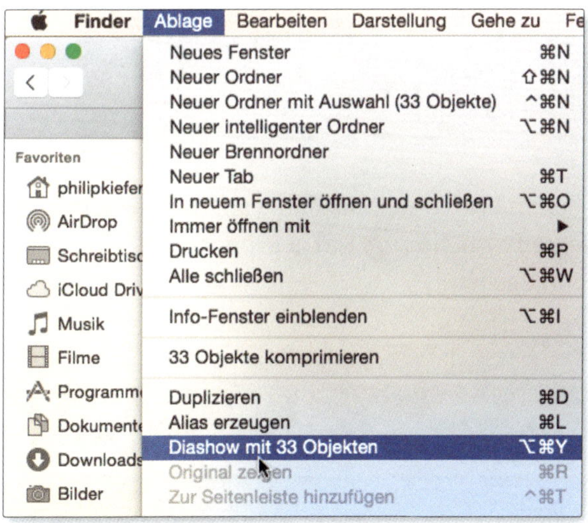


*Eine einfache Diaschau lässt sich direkt aus dem Finder heraus starten – gewusst wie!*

Für eine noch deutlich ansprechendere Diashow mit vielen Gestaltungsmöglichkeiten verwenden Sie das Programm iPhoto oder dessen Nachfolger. Folgendermaßen gehen Sie im Programm iPhoto vor, um eine Diaschau zu erstellen und richtig schön zu gestalten:

1. Entscheiden Sie sich im Programm iPhoto für ein Ereignis oder ein Album, aus dem Sie eine Diaschau erstellen möchten. Sie können alternativ auch bei gedrückter [cmd]-Taste ⌘ unter *Fotos* Ihre Bildauswahl treffen.

2. Entscheiden Sie sich anschließend in der Menüleiste unter *Ablage* für den Eintrag *Neue Diashow*.

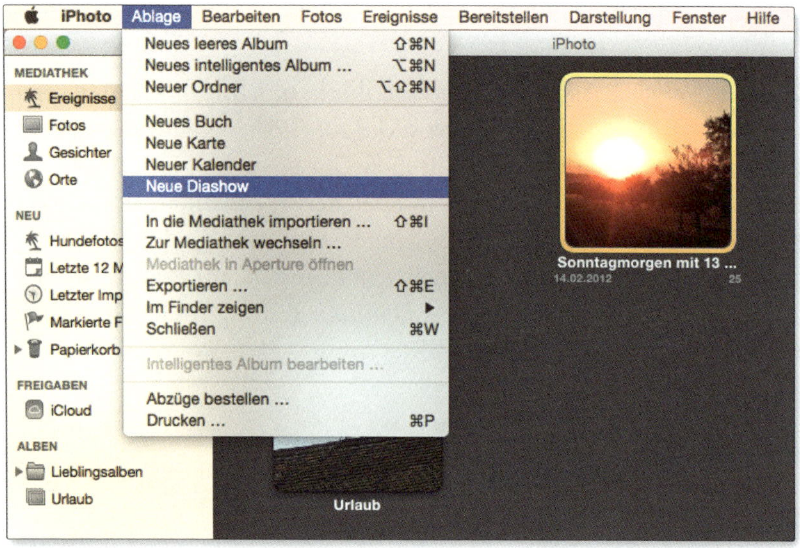


3. Die Diaschau wird in der Seitenleiste unter *Diashows* angelegt. Klicken Sie auf die automatisch angelegte Bezeichnung, um gegebenenfalls einen neuen Titel für die Diaschau einzugeben.

4. Im nächsten Schritt klicken Sie unten im Programm auf die Schaltfläche *Themen*. Wählen Sie im folgenden Fenster ein Thema für Ihre Diaschau aus und bestätigen Sie mit einem Mausklick auf die Schaltfläche *Auswählen*. Die Themen beinhalten neben verschiedenen Darstellungen und Übergängen auch eine unterschiedliche Musikwiedergabe.

5. Sie möchten für die Diaschau lieber eine eigene Musik abspielen? Sofern die Musikdatei auf dem Computer gespeichert ist (zu diesem Thema dann alles in Kapitel 8), können Sie diese ganz leicht auswählen. Entscheiden Sie sich unten in iPhoto für die Schaltfläche *Musik*. Bestimmen Sie im Menü *Quelle* den Speicherort, wählen Sie ein Musikstück und bestätigen Sie mit *Auswählen*.

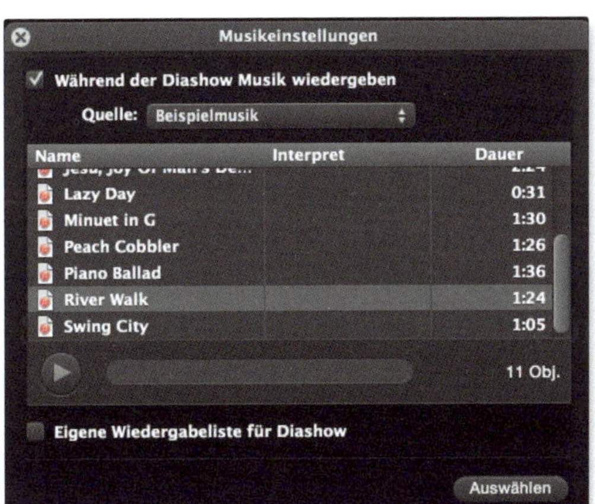

6. Wie lang soll jedes Bild angezeigt werden? Soll der Diaschau-Titel eingeblendet werden? Soll die Diaschau am Ende wiederholt werden? Diese Einstellungen treffen Sie unter der Schaltfläche *Einstellungen*.

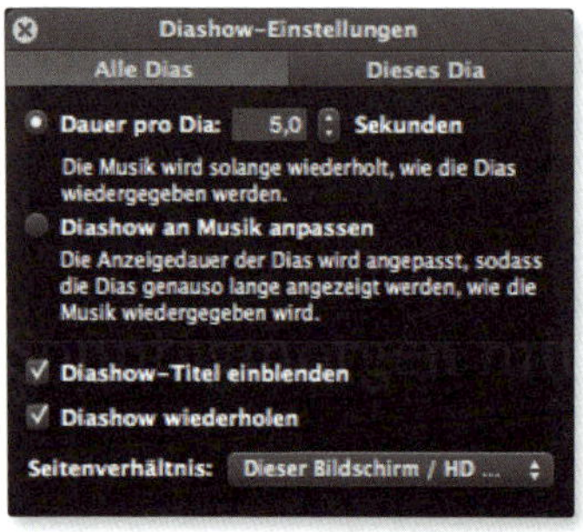


7. Nun kann es losgehen! Klicken Sie auf die Schaltfläche *Starten*, um die Diaschau im Vollbildmodus wiederzugeben. Mit der [esc]-Taste esc können Sie sie jederzeit wieder beenden. Falls Sie die Diaschau zunächst innerhalb des Programmfensters betrachten möchten, klicken Sie auf die Schaltfläche *Vorschau*.

**Power User**

Ihre Diaschau lässt sich auch als Videodatei speichern. Dazu entscheiden Sie sich in iPhoto für die Schaltfläche *Exportieren*. Bestimmen Sie anschließend im Menü *Format* die Videoqualität, bevor Sie die Datei mit einem Mausklick auf *Exportieren* erstellen.

## Ihre Bilder an andere Personen weiterreichen

Neben dem Erstellen von Diaschauen oder auch dem Veröffentlichen von Bildern im Internet bietet iPhoto noch mehrere weitere interessante Möglichkeiten, Ihre Bilder an andere Personen weiterzureichen. Hier ein kleiner Überblick über die besten Funktionen:

- Versand per E-Mail: Wenn Sie Ihre Bilder mit der elektronischen Post versenden möchten, können Sie dies in iPhoto auf ganz besonders attraktive Weise tun. Voraussetzung ist natürlich, dass Sie – wie in Kapitel 3 beschrieben – ein E-Mail-Konto einrichten. Um Fotos zu versenden, wählen Sie diese zunächst in iPhoto aus. Klicken Sie dann unten im Programm auf die *Bereitst.*-Schaltfläche und entscheiden Sie sich im sich öffnenden Menü für die Option *Mail*. Nun wählen Sie eine der verfügbaren Vorlagen aus und geben noch Ihre eigenen Texte ein, bevor Sie die E-Mail direkt aus iPhoto heraus versenden.

*Bilder lassen sich direkt aus iPhoto heraus mit der elektronischen Post versenden.*

- Druckerzeugnisse gestalten: Auch Fotoabzüge sowie Karten, Kalender und Fotobücher lassen sich direkt aus iPhoto heraus bestellen. Zum Bestellen von Abzügen wählen Sie die gewünschten Fotos in iPhoto aus. Entscheiden Sie sich anschließend in der Menüleiste unter *Ablage* für den entsprechenden Eintrag, also *Abzüge bestellen*, *Neue Karte*, *Neuer Kalender* oder *Neues* [illegible] vor dem Kauf angezeigt.

*[illegible] gramm iPhoto.*

- Im Fotostream freigeben: Die einfachste Methode, Bilder mit anderen Personen zu teilen, ist der Fotostream (sprich: [fotostrihm], englisch für Fotostrom). Wenn Sie den Fotostream nutzen, werden die Bilder in iCloud gespeichert und lassen sich dort von Ihnen selbst auf anderen Geräten oder auch von anderen Personen abrufen – natürlich nur, wenn Sie dies anderen Personen gestatten. Für den Fotostream ist die Voraussetzung, dass Sie sich für die iCloud-Nutzung anmelden – dazu dann alles in Kapitel 8. Um den Fotostream in iPhoto zu aktivieren, klicken Sie in der Menüleiste unter *iPhoto* auf den Eintrag *Einstellungen*. Wählen Sie im folgenden Fenster die Rubrik *iCloud* und aktivieren Sie das Kontrollkästchen *Mein Fotostream* sowie für die Freigabe von Bildern an andere Personen auch das Kontrollkästchen *Fotos gemeinsam nutzen*.

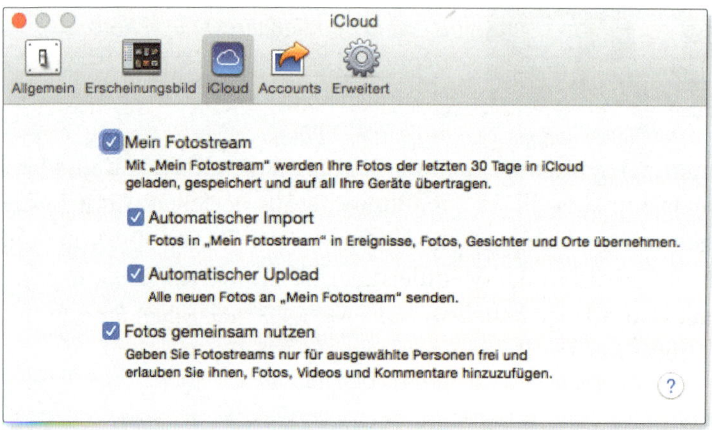


*Per Fotostream lassen sich Bilder mit anderen Geräten oder Personen übers Internet austauschen.*

# Mit dem Programm iMovie tolle Videos erstellen

Um Ihre selbst aufgenommenen Videos zu trimmen und auf ansprechende Weise zu gestalten, empfehle ich Ihnen das Apple-Programm iMovie. Es ist wie iPhoto Bestandteil des aus Einzelprogrammen bestehenden Programmpakets iLife (sprich: [eilaif], »life« ist das englische Wort für Leben). Auf den nächsten Seiten stelle ich Ihnen die wichtigsten Funktionen dieses Programms vor – weitere Funktionen können Sie dann selbstständig erkunden.

Öffnen Sie iMovie und laden Sie zunächst das Videomaterial in das Programm. Das müssen nicht nur Videos, sondern es können auch Fotos sein. Zum Importieren klicken Sie oben in iMovie auf die Schaltfläche *Medien importieren*. Treffen Sie im folgenden Fenster Ihre Dateiauswahl und bestätigen Sie mit *Auswahl importieren* bzw. *Alle importieren*.

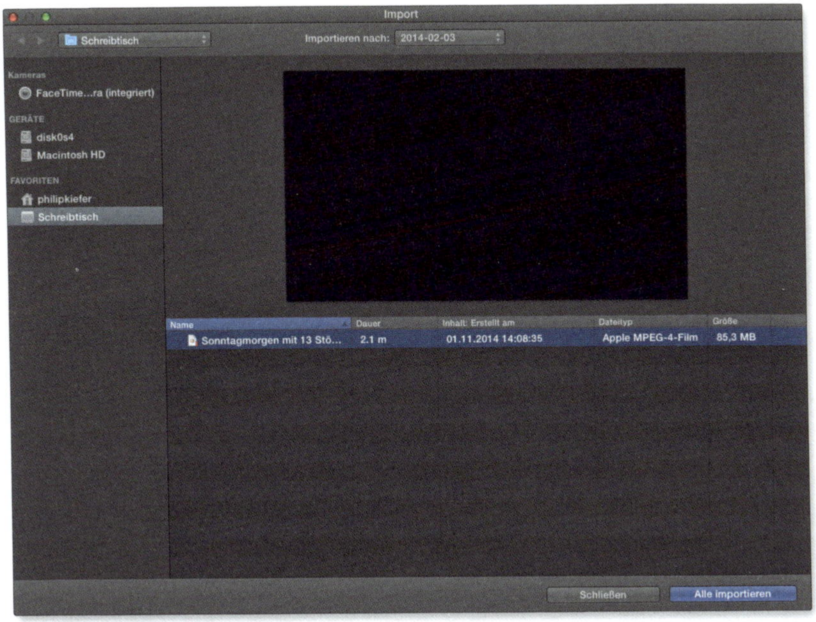


*Im ersten Schritt importieren Sie die Mediendateien, die Sie dem Video zugrunde legen möchten, in das Programm iMovie – hier importiere ich eine aus iPhoto exportierte Diaschau.*

Das importierte Video wird nun im unteren Bereich der Bedienoberfläche von iMovie angezeigt. Sie können auch nachträglich noch weitere Mediendateien importieren. Nachdem Sie alle benötigten Mediendateien importiert haben, klicken Sie oben in iMovie auf die Schaltfläche *Erstellen* und wählen entweder *Film* oder *Trailer*, um ein entsprechendes Projekt zu erstellen. Um Ihr eigener Regisseur zu sein, entscheiden Sie sich für die Option *Film*.

*In iMovie lassen sich entweder Filme oder auf Vorlagen basierende Trailer erstellen.*

Wählen Sie im nächsten Fenster ein Thema für den Film aus und bestätigen Sie mit *Erstellen*. Anschließend öffnet sich ein weiteres Fenster, in dem Sie dem Film einen Namen geben. Bestätigen Sie mit *OK*.

*Für die Filmerstellung stehen in iMovie eine Reihe ansprechender Themen zur Verfügung.*

Markieren Sie nun bei gedrückter Maustaste diejenigen Elemente, die Sie in Ihrem Video verwenden möchten, und ziehen Sie sie – wiederum bei gedrückter Maustaste – in den Bereich unterhalb des Videos. Sie können jederzeit die Leertaste ⎵ drücken, um die von Ihnen hinzugefügten Elemente wiederzugeben.

*Markieren Sie die Elemente, die Sie im Video verwenden möchten, mit der Maus und ziehen Sie bei gedrückter Maustaste in den unteren Bereich der Bedienoberfläche.*

Aus dem auf diese Weise erstellten Videomaterial können Sie direkt eine Videodatei erzeugen. Hierzu entscheiden Sie sich oben in iMovie für die Schaltfläche *Bereitstellen* und dann im sich öffnenden Menü für den Eintrag *Datei*. Es bieten sich aber auch noch weitere spannende Funktionen, um das Video noch ansprechender zu gestalten.

**Herr Peters empfiehlt**

Nicht gleich aufgeben! Auch wenn ein Programm anfangs kompliziert wirkt, wie dies bei iMovie der Fall sein mag, versteht man das Programm normalerweise bereits nach kurzer Einarbeitung. Mit jedem Programm, das Sie beherrschen lernen, wächst Ihre Souveränität im Umgang mit Ihrem Mac!

## Ein Video trimmen

Vielleicht möchten Sie am Anfang des Videos noch ein Stück wegschneiden? Nichts leichter als das! Klicken Sie auf ein Element, um es mit einem gelben Rahmen zu markieren. Klicken Sie auf den linken Rand des Rahmens und ziehen Sie ihn bei gedrückter Maustaste kleiner. Für noch etwas übersichtlicheres Trimmen können Sie in der Menüleiste unter *Fenster* auch die Option *Clip-Trimmer einblenden* wählen.

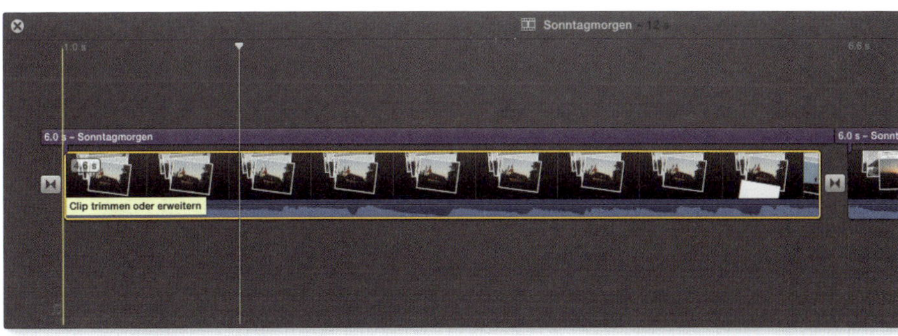


*Das Trimmen eines Videos erfolgt ganz einfach durch Ziehen bei gedrückter Maustaste.*

## Übergänge anpassen

Um zwei Elemente zu verbinden, verwenden Sie die in iMovie angebotenen Übergänge. Klicken Sie links unter *Inhaltsmediathek* auf den Eintrag *Über-*

*gänge*, um diese einzublenden. Ziehen Sie einen Übergang auf das Symbol zwischen zwei Elementen, um den Übergang entsprechend anzupassen.

*Gestalten Sie den Übergang zwischen zwei Elementen auf ansprechende Weise.*

## Titel hinzufügen

Um das Video mit Text-Informationen zu versehen, blenden Sie Titel unterschiedlicher Art ein. Entscheiden Sie sich dazu links unter *Inhaltsmediathek* für den Eintrag *Titel*. Ziehen Sie einen Titel bei gedrückter Maustaste von oben in das Video. Klicken Sie anschließend rechts oben in die Vorlage, um Ihren eigenen Text einzugeben und zu formatieren.

*Titel einfügen und anpassen – auch das ist in iMovie kein Hexenwerk.*

## Musik hinzufügen

Schließlich können Sie Ihr Video noch mit einer Tonspur versehen, also etwa mit Musikuntermalung. Lassen Sie mich die Vorgehensweise Schritt für Schritt beschreiben:

1. Klicken Sie links unter Inhaltsmediathek entweder auf *iTunes*, auf *Toneffekte* oder auf *GarageBand* (sprich: [gärahschbänd]), je nachdem, auf welche Audiodateien Sie zugreifen möchten. Da ich Sie bisher noch nicht mit iTunes und GarageBand vertraut gemacht habe, entscheide ich mich an dieser Stelle für den Eintrag *Toneffekte*.

2. Die Toneffekte werden oben in iMovie eingeblendet. Bewegen Sie den Mauszeiger auf einen Toneffekt, der Sie interessiert, und klicken Sie auf das erscheinende -Symbol, um den Klang wiederzugeben.

3. Sagt Ihnen der Toneffekt zu, dann ziehen Sie ihn bei gedrückter Maustaste unter die Videoelemente. Sobald Sie die Maustaste loslassen, wird die Tonspur angelegt. Sie können die Tonspur beliebig platzieren, je nachdem, wann die Musikwiedergabe gestartet werden soll.

Natürlich können Sie hinzugefügte Elemente auch wieder löschen. Markieren Sie diese dazu mit der Maus und drücken Sie die Delete-Taste [←].

## Das Video anpassen

Videoeffekte auswählen, die Lautstärke anpassen, die Farben verbessern und mehr – auch verschiedene Anpassungen lassen sich in iMovie mit wenigen Mausklicks bewerkstelligen. Klicken Sie rechts oben in iMovie auf die Schaltfläche *Anpassen*, um eine entsprechende Anpassungsleiste einzublenden. Für eine automatische Optimierung klicken Sie auf die Schaltfläche *Verbessern*.

*Blenden Sie eine Anpassungsleiste ein oder entscheiden Sie sich für das automatische Verbessern.*

### Power User

Das fertige Video können Sie, wenn Sie es möchten, sofort im Internet veröffentlichen. Unter der Schaltfläche *Bereitstellen* finden Sie dazu eine Reihe von Optionen, unter anderem die Veröffentlichung beim bereits erwähnten Videoportal YouTube.

Kapitel

8

# Musik und Filme auf Ihrem Mac wiedergeben

Das lästige Gewühl an den CD-Ständen der Drogeriemärkte, Supermärkte und Musikgeschäfte gehört immer mehr der Vergangenheit an. Heutzutage wird Musik im Internet erworben – und Spielfilme gleich mit dazu. Die Musik- und Filmdateien können bequem vom Wohnzimmer aus gekauft und direkt wiedergegeben werden. Ein wichtiger Vorteil beim Musikkauf im Internet: Sie erwerben, wenn Sie dies nicht wünschen, nicht mehr komplette Alben, sondern nur noch diejenigen Titel, die Ihnen wirklich gefallen – stellen sich daraus Ihre eigenen CDs zusammen oder übertragen Sie Musik und Filme aufs TV-Gerät oder auf iPhone und iPad. Lernen Sie in diesem Kapitel die tollsten Funktionen dazu kennen!

# Musik auf den Mac laden und wiedergeben

Auf Ihrem Mac steht ein Programm zur Verfügung, das gleichzeitig dem Kaufen, Importieren, Verwalten und Wiedergeben Ihrer Mediendateien dient, außerdem zum Übertragen von Mediendateien auf das TV-Gerät und zum Austauschen von Dateien mit iPhone und iPad. Dieses Programm heißt »iTunes«, ich habe es in diesem Buch bisher nur kurz erwähnt. In diesem Kapitel machen Sie sich mit iTunes, nebst einigen weiteren in diesem Zusammenhang interessanten Programmen, ganz ausführlich vertraut.

Beginnen Sie damit, Ihre Wunschmusik in iTunes verfügbar zu machen. Klicken Sie dazu im Dock auf das Symbol des Programms iTunes, um dieses Programm zu starten. Beim ersten Programmstart meldet iTunes automatisch, dass sich noch keine Dateien in der Mediathek befinden, und schlägt Ihnen vor, diese hinzuzufügen. Das müssen Sie aber nicht gleich tun, sondern Sie können sich mithilfe dieses Kapitels zunächst den nötigen Überblick verschaffen.

*Klicken Sie auf das iTunes-Symbol im Dock, um das Programm zu starten.*

Um die iTunes-Mediathek mit Mediendateien zu füllen, bieten sich Ihnen grundsätzlich drei verschiedene Möglichkeiten, die ich auf den nächsten Seiten noch detailliert beschreiben werde. Hier zunächst ein kleiner Überblick:

- Dateien kaufen: In iTunes ist ein Store, ein »Kaufhaus« eingebaut, in dem Sie Musik, Hörbücher, Filme und TV-Serien übers Internet kaufen können. Filme lassen sich alternativ ausleihen.
- Dateien importieren: Sie haben Mediendateien bereits anderweitig erworben? Sofern die Formate passen, lassen sich diese Dateien in die iTunes-Mediathek importieren.

- CDs importieren: Auch Ihre Audio-CDs lassen sich mithilfe von iTunes auf Ihrem Mac verfügbar machen. Jeder Titel wird dabei als einzelne Musikdatei gespeichert.

**Herr Peters empfiehlt**

Der Musikkauf im Internet bietet zwar viele Vorteile, aber er kann auch ganz schön verwirrend sein, gerade wenn Sie bei mehreren verschiedenen Anbietern kaufen. Geben Sie der CD weiterhin eine Chance! Die darauf befindlichen Titel können Sie ebenfalls auf dem Mac speichern.

## Mit wenigen Schritten Mediendateien in iTunes importieren

Erfahren Sie zunächst, wie einfach Sie bereits vorhandene Mediendateien in das Programm iTunes importieren. Das können z. B. Dateien sein, die Ihnen Ihre Nichte auf einem USB-Stick mitgebracht hat, oder solche Dateien, die Sie selbst aus dem Internet geladen haben. Voraussetzung ist ein passendes Format – wenn das Format nicht passt, werden die Dateien von iTunes einfach ignoriert.

1. Klicken Sie in der iTunes-Menüleiste auf *Ablage* und entscheiden Sie sich für den Menüeintrag *Zur Mediathek hinzufügen*.

2. Wählen Sie im folgenden Fenster die Dateien oder Ordner aus, die Sie hinzufügen möchten. Mehrere Elemente klicken Sie dazu bei gedrückter [cmd]-Taste ⌘ an. Bestätigen Sie Ihre Auswahl mit einem Mausklick auf die Schaltfläche *Öffnen*.

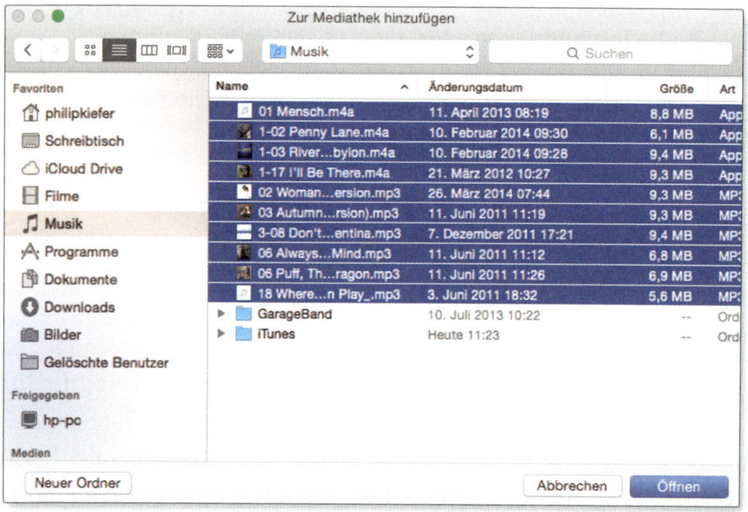


3. Die Mediendateien werden nun importiert und stehen anschließend in der Mediathek zur Verfügung. Um ein Element wiederzugeben, doppelklicken Sie einfach darauf.

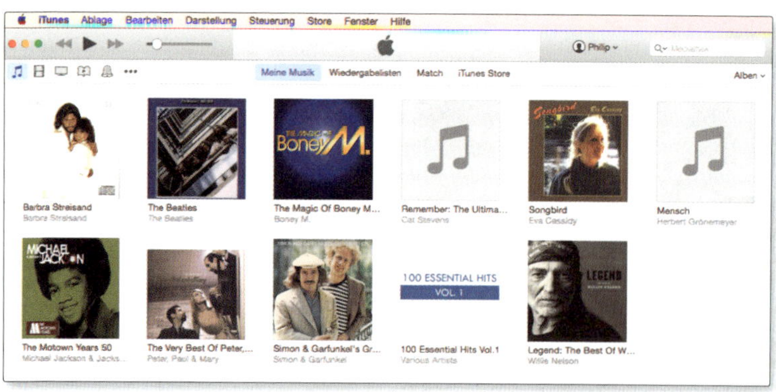


## Power User

So geht's auch: Ziehen Sie eine Datei bei gedrückter Maustaste aus dem Finder in das Programm iTunes, um sie dort verfügbar zu machen.

## Mit ganz wenigen Handgriffen Audio-CDs importieren

Auch Audio-CDs, die Sie besitzen, lassen sich mit nur wenigen Handgriffen auf Ihren Computer kopieren. Das ist selbstverständlich vollkommen legal. Zum Importieren einer Audio-CD gehen Sie auf die folgende Weise vor:

1. Bevor Sie darangehen, alle Ihre Audio-CDs auf den Computer zu kopieren, nehmen Sie zunächst noch wichtige Importeinstellungen vor. Klicken Sie dazu in der iTunes-Menüleiste unter *iTunes* auf *Einstellungen*.

2. Im sich öffnenden Fenster klicken Sie in der Rubrik *Allgemein* auf die Schaltfläche *Importeinstellungen*.

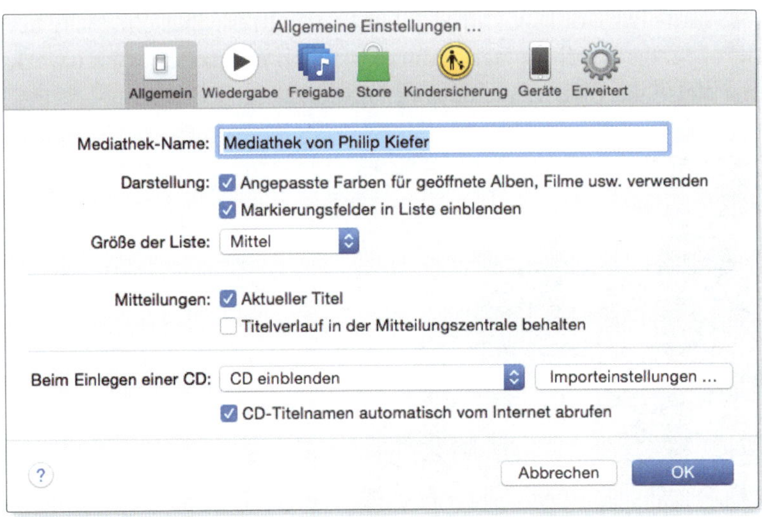


3. Ich empfehle, im Menü *Importieren mit* die Option *MP3-Codierer* auszuwählen. MP3 ist zwar nicht das modernste Musikformat, aber bis heute das gängigste. Übrigens: Das MP3-Format ist eine deutsche Erfindung. Im Menü *Einstellung* entscheiden Sie sich für die Option *Höhere Qualität*. Akti-

vieren Sie außerdem das Kontrollkästchen *Beim Lesen von Audio-CDs Fehlerkorrektur anwenden*, bevor Sie Ihre Einstellungen mit *OK* bestätigen. Dies sind lediglich Vorschläge. Sie können gerne auch die Standardeinstellungen belassen, die einen Import der Audio-CDs in höherer Qualität vorsehen – allerdings lassen sie sich dafür später nicht auf allen Geräten abspielen.

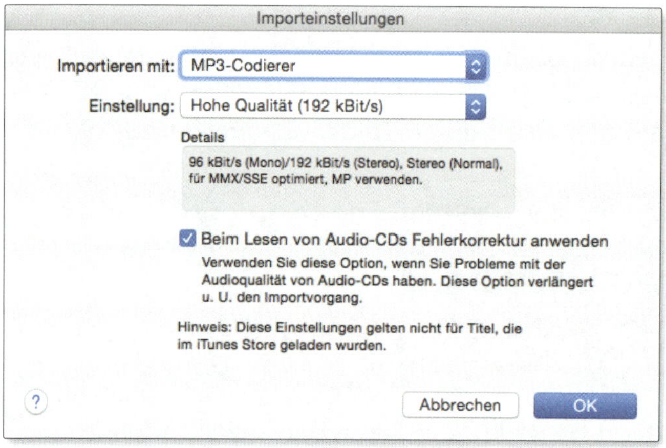


4. Bestätigen Sie auch im Einstellungsfenster mit *OK*.
5. Legen Sie nun eine Audio-CD in das Laufwerk Ihres Macs ein. (Wie bereits an anderer Stelle erwähnt: Bei Bedarf lässt sich ein externes Laufwerk auf einfache Weise via USB-Anschluss verbinden.)

6. iTunes erkennt die CD automatisch und zeigt die darauf enthaltenen Titel an. Klicken Sie rechts oberhalb der Titelliste auf die Schaltfläche *CD importieren*. Bestätigen Sie die bereits getätigten Importeinstellungen mit *OK*.

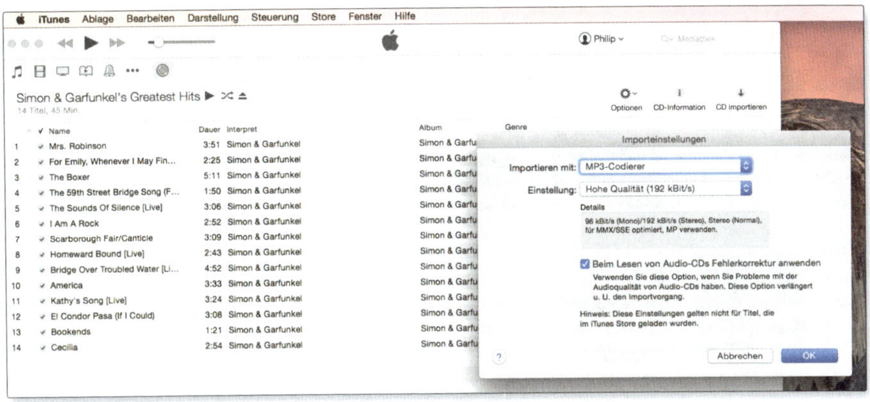


7. Die einzelnen Titel werden nun importiert. Klicken Sie im Anschluss oberhalb der Titelliste auf das Symbol ⏏, um die CD auszuwerfen.

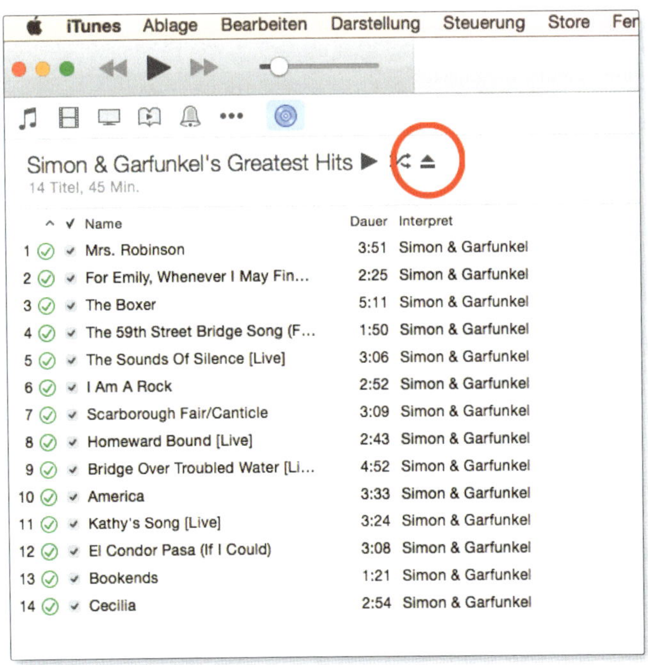

8. Es wird automatisch wieder die Mediathek mit der in iTunes verfügbaren Musik geöffnet. Sie stellen fest, dass die importierte CD nun dort zur Auswahl zur Verfügung steht.

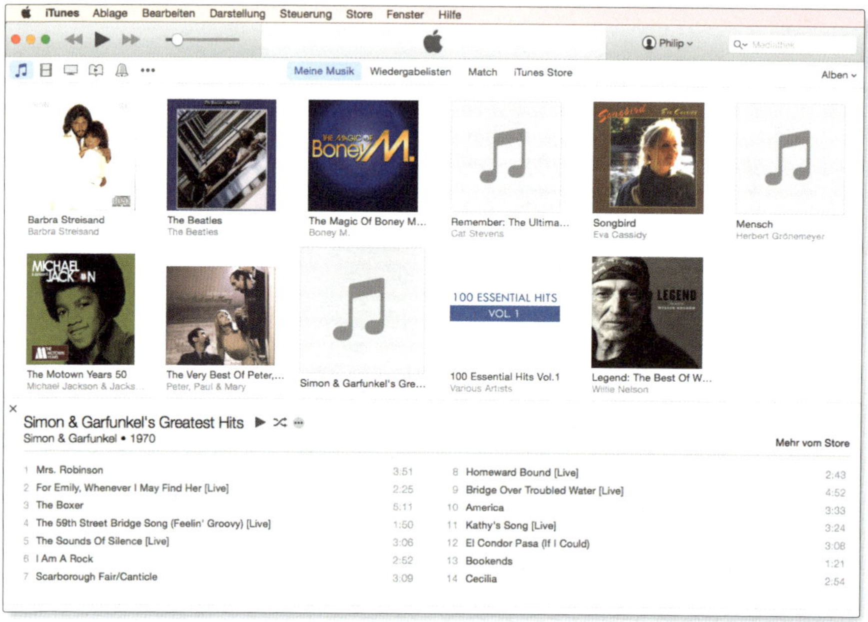


Auch im Finder können Sie auf die importierten Dateien zugreifen. Der Speicherpfad ist allerdings etwas kompliziert: Wählen Sie zunächst den Benutzerordner *Musik* aus und öffnen Sie dort den Ordner *iTunes*. Wählen Sie anschließend *iTunes Media* und dann *Music*. Hier erhalten Sie – nach Interpret sortiert – Zugriff auf die importierte Musik.

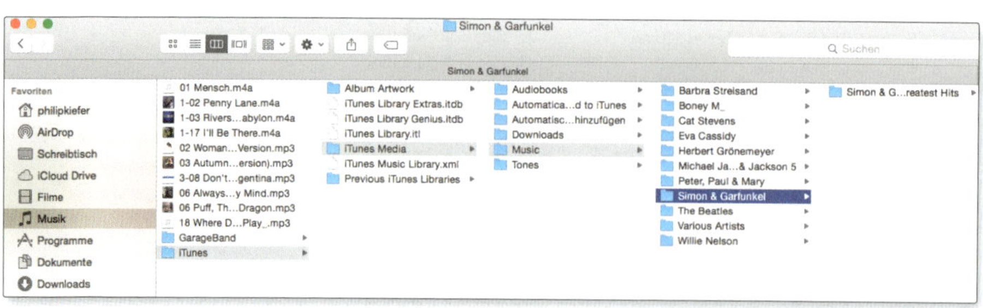


*Auch im Finder können Sie auf die importierten Musikdateien zugreifen.*

**Grundlagen**

Falls Sie nicht alle auf einer CD befindlichen Titel importieren möchten, deaktivieren Sie im Fenster aus Schritt 6 bei den nicht gewünschten Titeln jeweils das zugehörige Kontrollkästchen.

## Albumcover automatisch herunterladen

Insbesondere dann, wenn Sie eine Audio-CD in iTunes importieren, kann es durchaus sein, dass das Albumcover oder wichtige Informationen zum Album fehlen. Praktisch ist, dass sich das Albumcover in den meisten Fällen automatisch laden lässt. Im ersten Schritt klicken Sie dazu oben in iTunes auf *Anmelden*, um sich mit Ihrer Apple-ID im iTunes Store anzumelden.

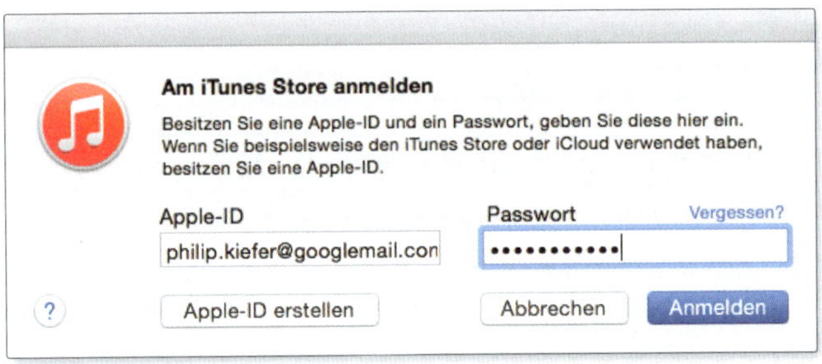


*Um ein Albumcover automatisch zu laden, müssen Sie sich zunächst mit Ihrer Apple-ID im iTunes Store anmelden.*

Um ein Albumcover herunterzuladen, klicken Sie das gewünschte Album mit der rechten Maustaste bzw. bei gedrückter ctrl-Taste an. Im sich öffnenden Kontextmenü entscheiden Sie sich für den Eintrag *Albumcover laden*.

*Sie finden im Kontextmenü eines Albums einen Befehl zum Laden des Covers.*

Im nächsten Schritt muss das Laden des Covers nur noch kurz bestätigt werden. Anschließend wird es aus dem Internet geladen und dem in iTunes importierten Album hinzugefügt.

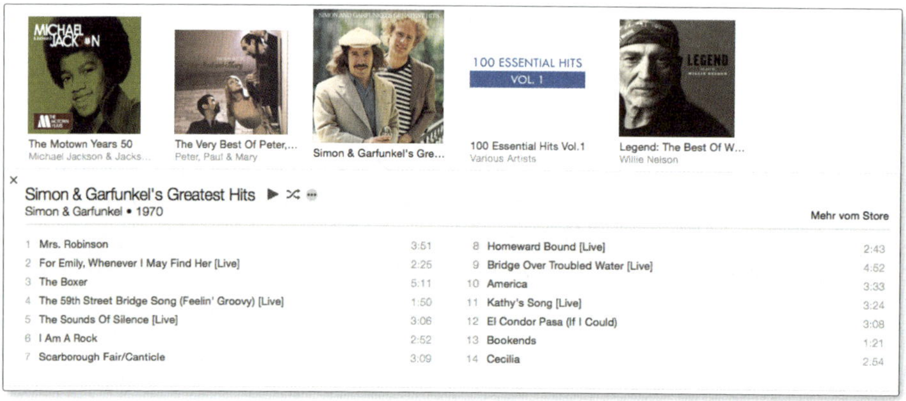


*Das hat geklappt: iTunes hat das fehlende Albumcover korrekt ergänzt.*

Im Kontextmenü finden Sie übrigens auch einen Eintrag zum Empfangen der Titelnamen. Diese Funktion ist in iTunes allerdings sowieso bereits standardmäßig aktiviert. Falls Sie kein automatisches Empfangen der Titelnamen wünschen, deaktivieren Sie diese Funktion in den iTunes-Einstellungen unter *Allgemein*.

**Grundlagen**

Bei Ihnen werden gar keine Alben, sondern einzelne Musiktitel angezeigt? Sie finden rechts oben in iTunes ein Menü, um zwischen den verschiedenen Ansichten zu wechseln. Wählen Sie in diesem Fall die Ansicht *Alben*. Oder werden Ihnen statt Musiktiteln Filme angezeigt? Links oben in iTunes finden Sie Symbole, um zwischen den verschiedenen Mediatheken zu wechseln: Das Symbol steht für Musik, das Symbol für Filme, das Symbol für TV-Serien, das Symbol für Hörbücher und das Symbol für Klingeltöne fürs iPhone (es werden diejenigen Mediatheken angezeigt, die Elemente enthalten). Unter dem Symbol ••• erhalten Sie Zugriff auf weitere Funktionen sowie die Möglichkeit, die Symbolleiste individuell einzurichten.

## Albuminformationen manuell ergänzen

Nicht immer gelingt das automatische Ergänzen von Informationen bei einem importierten Album. In einem solchen Fall legen Sie selbst Hand an. Ich würde Ihnen raten, die Angaben jeweils sofort nach dem Importieren von Alben zu machen, um von Anfang an Ordnung in Ihrer Musiksammlung zu halten. Ansonsten regiert später das Chaos! Gehen Sie wieder Schritt für Schritt vor:

1. Hier habe ich ein Album importiert, doch das Albumcover stimmt nicht, und es fehlen Informationen zum Album. Um ein solches Problem zu beheben, klicken Sie ein Album (oder auch einen einzelnen Titel) mit der rechten Maustaste an und wählen im Kontextmenü den Eintrag *Informationen*.

2. Wenn Sie die Informationen eines ganzen Albums bearbeiten möchten, erhalten Sie noch einen Warnhinweis, der Sie auffordert, die gleichzeitige Bearbeitung mehrerer Titel zu bestätigen.
3. Im Informationenfenster ergänzen Sie unter *Details* zunächst die fehlenden Albuminformationen. In meinem Beispiel ergänze ich Interpret, Albumtitel sowie Genre.

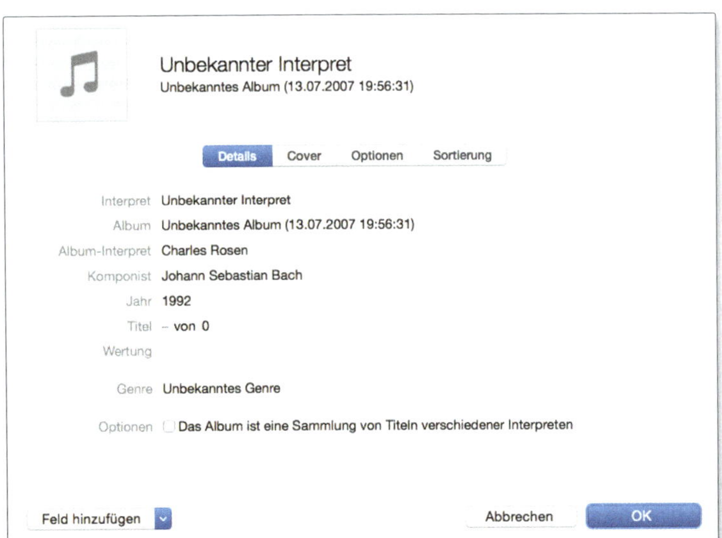

4. Auch das Albumcover passt nicht. Deshalb suche ich mit dem Programm Safari im Internet nach dem richtigen Cover und werde fündig. Das gefundene Cover klicke ich mit der rechten Maustaste bzw. bei gedrückter [ctrl]-Taste an. Im Kontextmenü wähle ich *Bild kopieren*, um das Cover in der Zwischenablage zu speichern.

5. Zurück in iTunes: Dort wähle ich im Informationenfenster die Rubrik *Cover* und füge das Cover aus der Zwischenablage mit der Tastenkombination [⌘]+[V] ein.

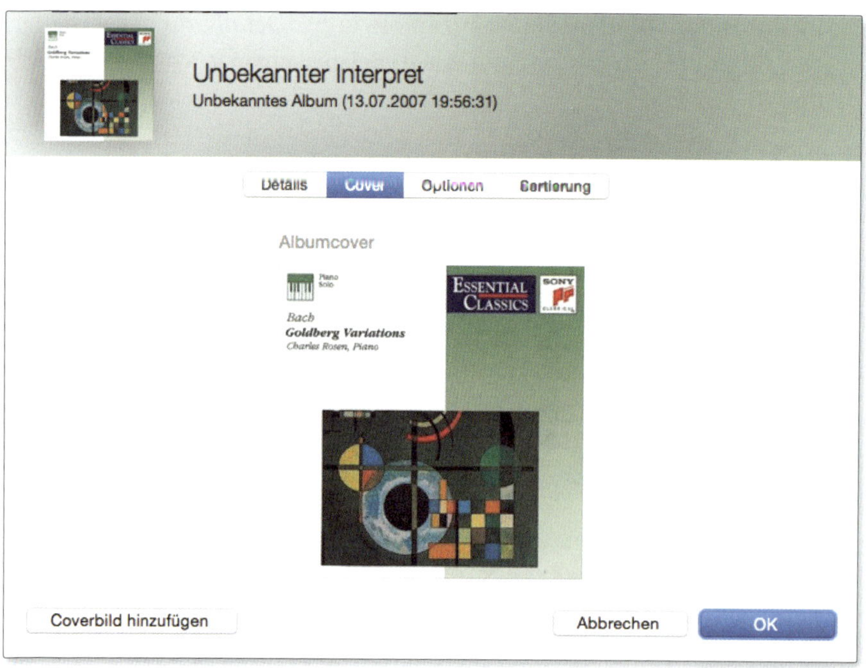

6. In den Rubriken *Optionen* und *Sortierung* lassen sich noch weitere Einstellungen vornehmen, doch in diesem Fall sollen die gerade getätigten genügen. Ich bestätige deshalb mit *OK*, um die Änderungen für das Album zu übernehmen. Sie stellen fest, dass die Änderungen in der Mediathek übernommen wurden.

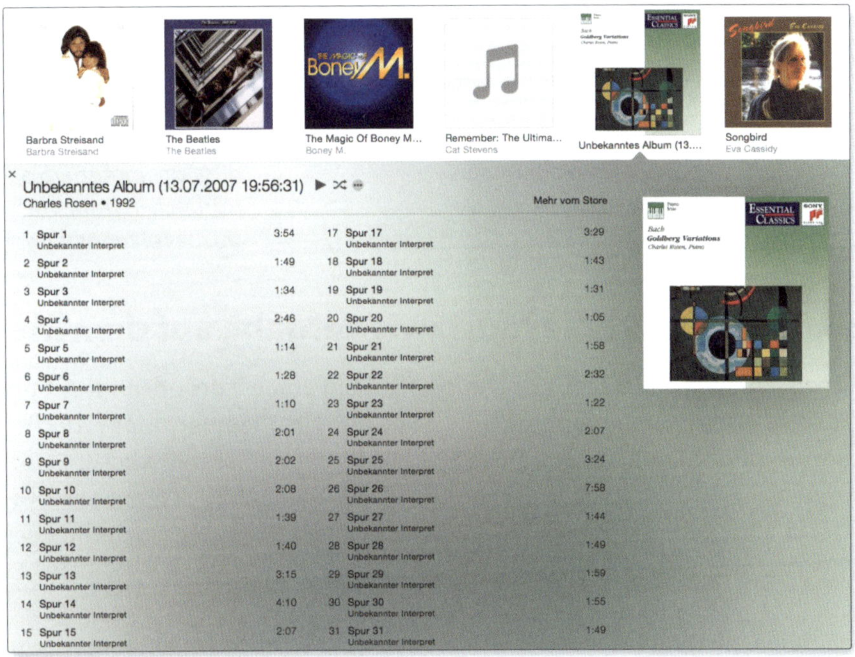


Wenn Sie das Informationenfenster für einen einzelnen Titel statt für ein ganzes Album aufrufen, bieten sich Ihnen noch einige weitere Optionen, etwa die Eingabe des Liedtitels sowie die Möglichkeit, den Liedtext einzugeben. Sie erhalten im Informationenfenster außerdem ausführliche Informationen zur jeweiligen Datei, also zum Format, zur Qualität, zum Speicherort usw.

## Damit ein Hörbuch in iTunes als solches erkannt wird

Einen Spezialfall bildet das Importieren von Hörbüchern. Wenn Sie eine entsprechende CD importieren, erkennt iTunes nicht automatisch, dass es sich um ein Hörbuch handelt. Die CD wird wie ein Musikalbum behandelt. Damit iTunes das Hörbuch als solches erkennt, klicken Sie das Album mit der rechten Maustaste an, wählen im Kontextmenü erneut *Informationen* und entscheiden sich im Informationenfenster diesmal für die Rubrik *Optionen*. Im Menü *Medienart* entscheiden Sie sich für den Eintrag *Hörbuch*. Bestätigen Sie mit *OK*, um das Hörbuch entsprechend zuzuordnen.

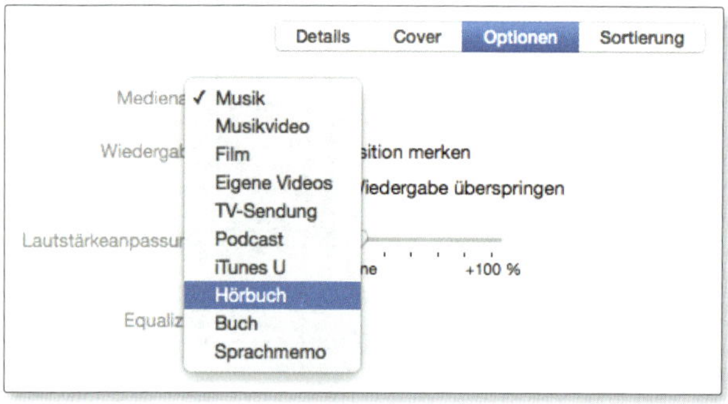


*Sorgen Sie mit einem kleinen Kniff dafür, dass ein importiertes Hörbuch in iTunes als solches erkannt wird.*

## So funktioniert die Musikwiedergabe auf dem Mac

Sie wissen bereits, dass Sie per Doppelklick auf einen Titel oder ein Album in iTunes dessen Wiedergabe starten. Statt auf ein Element doppelzuklicken, können Sie alternativ auch auf das Symbol ▶ oben in iTunes klicken. Um die Wiedergabe zu pausieren, klicken Sie auf das Symbol ❚❚. Tipp: Sowohl zum Starten als auch zum Pausieren der Wiedergabe können Sie auch die Leertaste ␣ auf der Tastatur verwenden.

Sie finden oben im Fenster des Programms iTunes noch einige weitere Symbole und Funktionen. Lassen Sie mich Ihnen diese kurz erklären:

- ◀◀: Dieses Symbol dient dazu, zum letzten Titel zurückzuwechseln; bei längerem Gedrückthalten dient es dem Zurückspulen.
- ▶▶: Dieses Symbol dient dazu, zum nächsten Titel vorzuwechseln; bei längerem Gedrückthalten dient es dem Vorspulen.
- [Schieberegler]: Verwenden Sie den eingebauten Schieberegler, um die Lautstärke für die Musikwiedergabe zu regeln. Die Systemlautstärke wird dabei nicht verändert.
- [Zufall-Symbol]: Klicken Sie auf dieses Symbol, wenn Sie die Titel in einer Liste oder in einem Album in einer zufälligen Folge wiedergeben möchten. Für eine Wiedergabe in der richtigen Reihenfolge klicken Sie das Symbol erneut an.
- [Spur 19 / Charles Rosen – Goldbergvariationen]: Sie werden oben in iTunes über den aktuell wiedergegebenen Titel informiert. Wenn Sie den Mauszeiger auf den Eintrag bewegen, erscheint ein zusätzliches Symbol zum Öffnen eines Aktionsmenüs, um z. B.

die Ansicht zu wechseln oder den Titel einer Wiedergabeliste hinzufügen (dazu gleich noch mehr).

- : Unter diesem Symbol rufen Sie eine Liste derjenigen Titel ab, die als Nächstes wiedergegeben werden. Sie können sich außerdem ansehen, welche Titel zuletzt gespielt wurden.

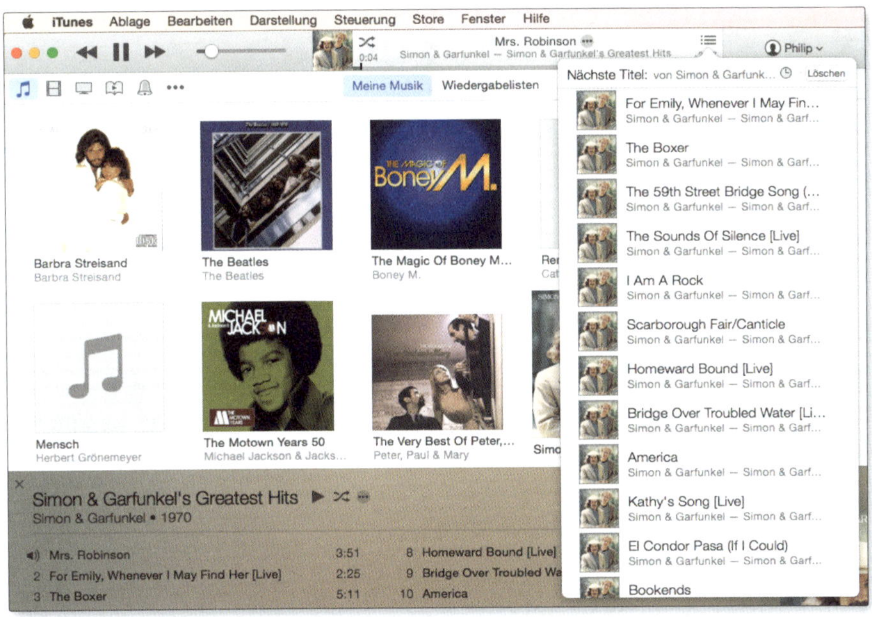


*Lassen Sie sich in iTunes anzeigen, welche Musiktitel als Nächstes wiedergegeben werden.*

- : Wenn Sie sich mit Ihrer Apple-ID im iTunes Store angemeldet haben, wird oben in iTunes Ihr Benutzername angezeigt. Wenn Sie den Namen anklicken, erhalten Sie zum einen die Möglichkeit, sich wieder abzumelden. Sie können hier aber auch auf Ihre im iTunes Store erworbenen Artikel und weitere Funktionen zugreifen.
- : Schließlich finden Sie rechts oben in iTunes ein eingebautes Suchfeld. Wenn Sie sich in einer Mediathek befinden, durchsuchen Sie sie damit nach Ihren Begriffen. Haben Sie hingegen den iTunes Store geöffnet, durchforsten Sie damit den iTunes Store.

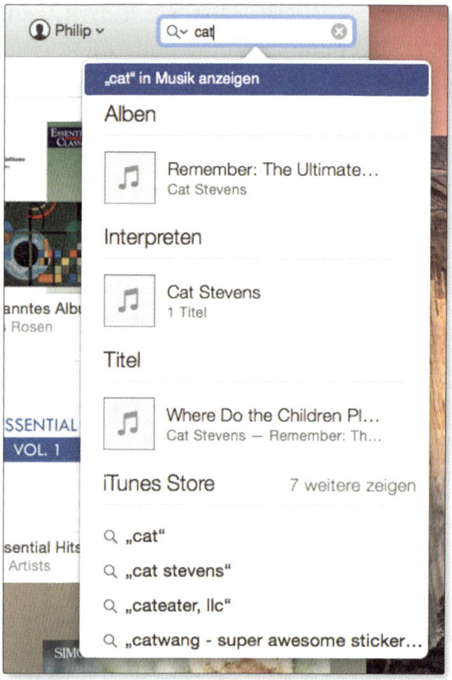


*Das eingebaute Suchfeld dient sowohl der Suche in der Mediathek als auch der im iTunes Store.*

### Musikwiedergabe in einem MiniPlayer

Wenn Sie während der Musikwiedergabe mit einem anderen Programm arbeiten möchten, blenden Sie am besten den MiniPlayer ein. Hierbei handelt es sich um ein nur kleines Programmfenster, das aber doch alle wichtigen Funktionen zur Steuerung der Musikwiedergabe bietet. Den MiniPlayer blenden Sie ein, indem Sie sich in der Menüleiste unter *Fenster* für den Eintrag *MiniPlayer* entscheiden.

*Auch der MiniPlayer gestattet die Steuerung der Musikwiedergabe – jedoch im kompakten Format.*

## Klangeinstellungen in einem Equalizer vornehmen

Passen die Klangeinstellungen zum wiedergegebenen Genre? Falls nicht, verwenden Sie den eingebauten Equalizer (sprich: [ihkwelaiser], englisch für Ausgleicher) für die Klangregelung. Wählen Sie dazu in der Menüleiste *Fenster* und dann im sich öffnenden Menü den Eintrag *Equalizer*. Sie können die Klangeinstellungen mithilfe der Schieberegler manuell vornehmen oder sich im Menü für ein bestimmtes Genre entscheiden.

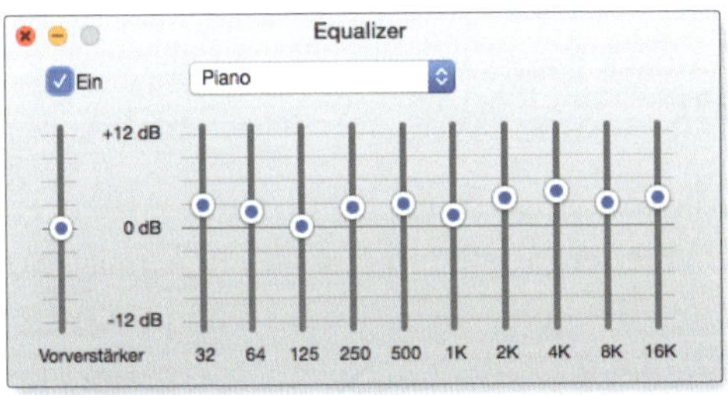


*Nehmen Sie mit dem eingebauten Equalizer Klangeinstellungen wie bei einer teuren Stereoanlage vor.*

Lassen Sie am besten ein Musikstück laufen, während Sie die Klangeinstellungen vornehmen, damit Sie gleich deren Effekt hören können.

## Die Musikwiedergabe auf ansprechende Weise visualisieren

Eine wirklich nette Sache bei der Musikwiedergabe sind Visualisierungen, die Sie auf dem Bildschirm einblenden können – dann, wenn Sie Musik auf Ihrem Mac wiedergeben, aber keine weiteren Funktionen nutzen wollen. Bewegen Sie zunächst unter *Darstellung* den Mauszeiger auf *Visuelle Effekte* und wählen Sie einen visuellen Effekt aus. Um den visuellen Effekt während der Musikwiedergabe auf dem Bildschirm darzustellen, entscheiden Sie sich dann unter *Darstellung* für den Eintrag *Visuelle Effekte einblenden*. Per [esc]-Taste esc können Sie die Visualisierungen jederzeit wieder beenden.

*Während der Musikwiedergabe Visualisierungen auf dem Bildschirm darstellen – das ist eine simple Sache.*

**Tipp**

An dieser Stelle ein allgemeiner Hinweis zum Thema Lautstärke: Die Systemlautstärke, die Sie beim Beenden einer Mac-Sitzung eingestellt haben, entscheidet auch über die Laustärke des Klangs, der beim Starten Ihres Macs ertönt. Damit es beim Mac-Start nicht zu laut zugeht, bietet es sich an, in iTunes lieber eine hohe Laustärke zu wählen und dafür die Systemlautstärke (Sie erinnern sich: unter dem Menulet 🔊) zu reduzieren.

## Wiedergabelisten erstellen

Die Wiedergabe der in iTunes verfügbaren Titel muss nicht nach Alben erfolgen. Erstellen Sie ganz individuelle Wiedergabelisten für jeden Anlass. So können Sie beispielsweise die Musik für eine Feier zusammenstellen oder für einen romantischen Abend zu zweit. Vielleicht möchten Sie auch einfach alle Ihre Lieblingslieder in einer Wiedergabeliste zusammenstellen? So legen Sie eine neue Wiedergabeliste an und füllen diese mit den gewünschten Titeln:

1. Klicken Sie oben in der Musik-Mediathek auf den Eintrag *Wiedergabelisten*. Links in der Bedienoberfläche wird dadurch eine Leiste mit allen vorhandenen Wiedergabelisten eingeblendet.

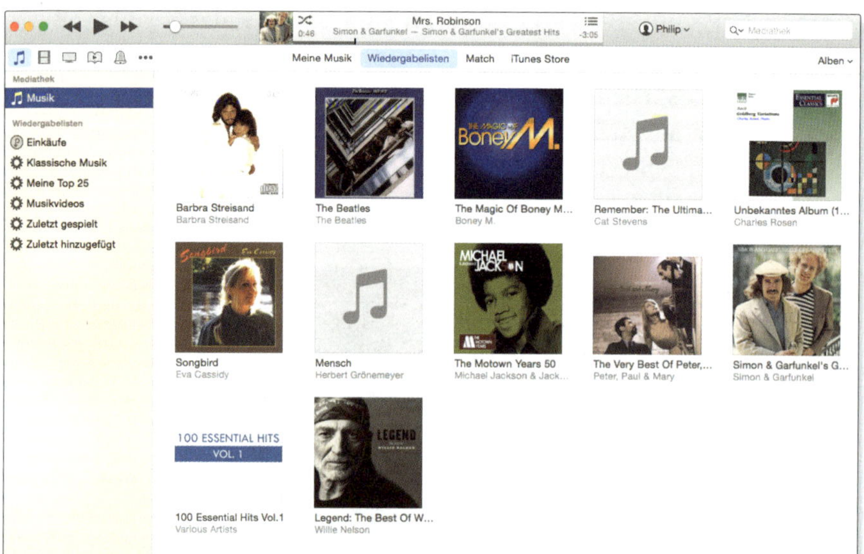

2. Klicken Sie unten in der Leiste auf das Symbol [+] und wählen Sie im sich öffnenden Menü den Eintrag *Neue Wiedergabeliste*.

3. Die Wiedergabeliste wird erstellt und geöffnet. Tippen Sie zunächst eine schlüssige Bezeichnung für die Wiedergabeliste ein und bestätigen Sie mit der Eingabe-Taste [↩].

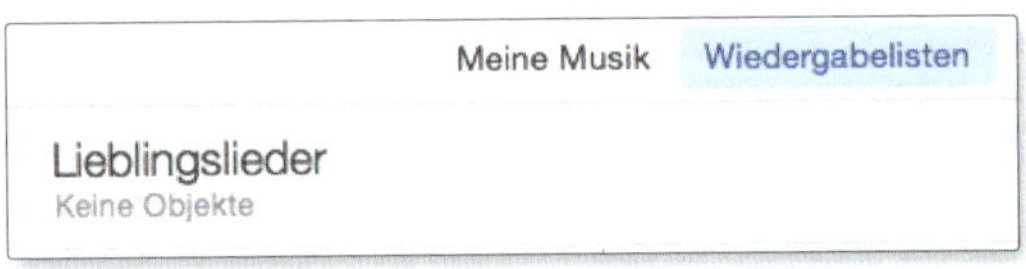


4. Fehlen noch die Musikstücke. Um diese der Wiedergabeliste hinzuzufügen, klicken Sie rechts oberhalb der noch leeren Wiedergabeliste auf die Schaltfläche *Hinzufügen*.

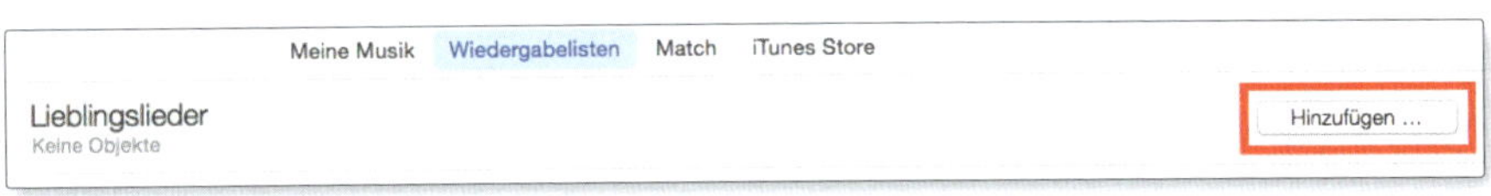


5. Die Wiedergabeliste wird jetzt rechts angezeigt, links die in der Mediathek enthaltenen Elemente. Entscheiden Sie sich zunächst mithilfe des Menüs rechts oben im Programm für die Anzeige von Titeln.

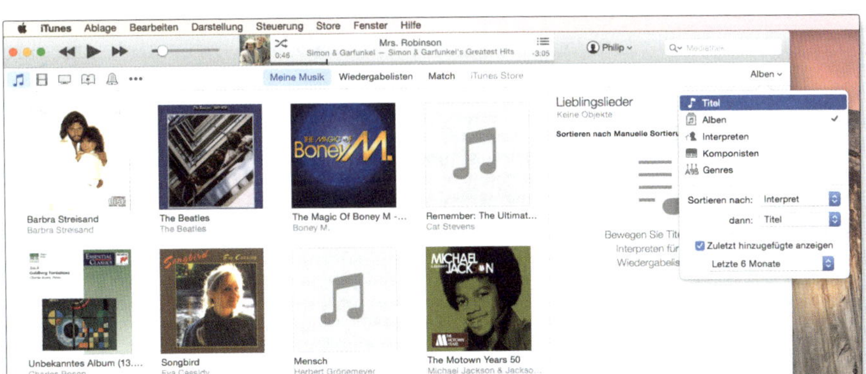

6. Wählen Sie die gewünschten Titel aus (mehrere Titel klicken Sie dazu bei gedrückter [cmd]-Taste ⌘ an) und ziehen Sie diese bei gedrückter Maustaste in die Wiedergabeliste.

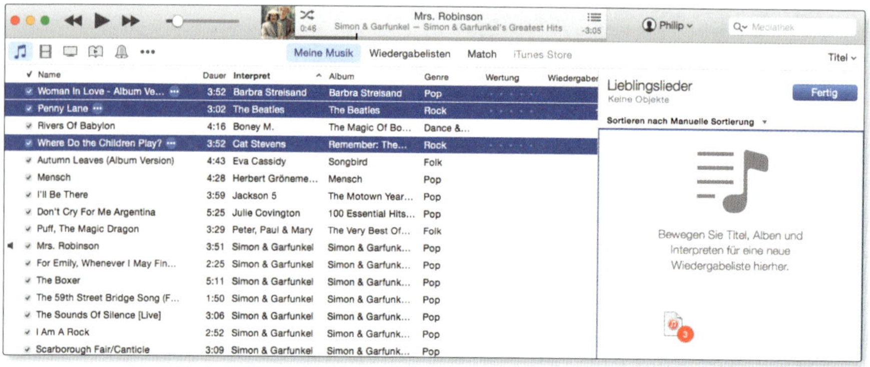


7. Wenn Sie Ihre Auswahl beendet haben, klicken Sie oberhalb der Wiedergabeliste auf die Schaltfläche *Fertig*. Die Wiedergabeliste kann später jederzeit noch ergänzt werden, indem Sie wieder auf die in Schritt 4 beschriebene Schaltfläche *Hinzufügen* klicken.

Sie können ein und denselben Musiktitel in mehrere Wiedergabelisten aufnehmen. Und wenn Sie eine Wiedergabeliste (per Delete-Taste ←) löschen, bleiben die enthaltenen Titel selbstverständlich in der iTunes-Mediathek erhalten.

### Musik nach bestimmten Kriterien in intelligente Wiedergabelisten aufnehmen

Sie haben es sicherlich bemerkt: In der Leiste mit den Wiedergabelisten befinden sich einige Listen, die Sie nicht selbst erstellt haben, sondern die bereits vorhanden waren, z. B. die Wiedergabeliste *Zuletzt gespielt* oder die Wiedergabeliste *Meine Top 25*. Hierbei handelt es sich um sogenannte intelligente Wiedergabelisten. In solche intelligenten Wiedergabelisten werden Musiktitel automatisch aufgenommen, wenn Sie bestimmten Kriterien entsprechen. Sofern Sie die Informationen Ihrer Musiksammlung pflegen, können Sie auf diese Weise beispielsweise Musikstücke eines bestimmten Genres zusammenfassen. So erfolgt das Erstellen einer intelligenten Wiedergabeliste:

1. Klicken Sie in der Leiste mit den Wiedergabelisten erneut auf das Symbol ✚. Entscheiden Sie sich diesmal für den Menüeintrag *Neue intelligente Wiedergabeliste.*

2. Es öffnet sich ein Fenster, in dem Sie die Kriterien für die intelligente Wiedergabeliste, also ein bestimmtes Genre, ein Interpretenname usw. festlegen. Die Angabe erfolgt mithilfe der Menüs und Eingabefelder. Per Plussymbol ⊞ lassen sich noch weitere Kriterien definieren. Sie können außerdem die Anzahl der Titel begrenzen, die in die intelligente Wiedergabeliste aufgenommen werden sollen. Bestätigen Sie das Erstellen der intelligenten Wiedergabeliste mit einem Mausklick auf die Schaltfläche *OK*.

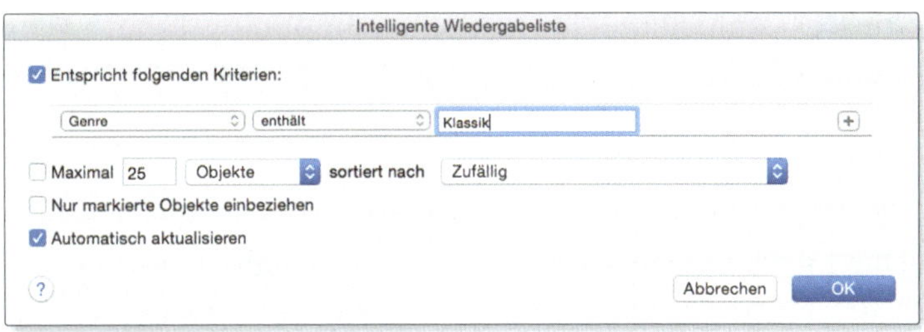


3. Die intelligente Wiedergabeliste wird in der Leiste mit den Wiedergabelisten hinzugefügt, und passende Titel werden automatisch aufgenommen. Geben Sie der intelligenten Wiedergabeliste nun noch eine schlüssige Bezeichnung und bestätigen Sie mit der Eingabe-Taste ⏎.

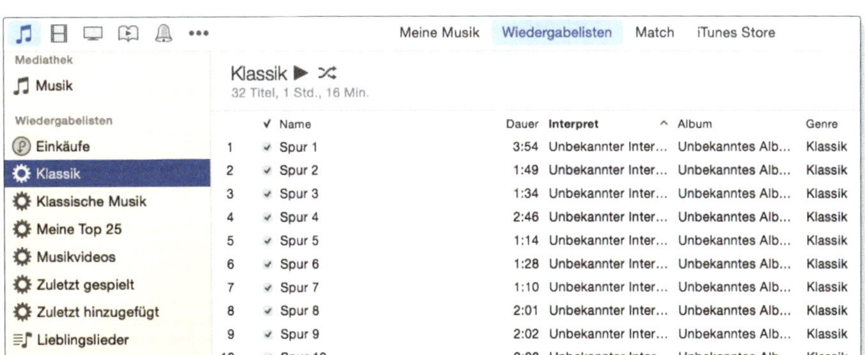

**Power User**

Bei sehr vielen Wiedergabelisten verlieren Sie schnell den Überblick. Ordnen Sie die Wiedergabelisten dann in Wiedergabelisten-Ordnern. Um einen solchen zu erstellen, klicken Sie unten in der Leiste mit den Wiedergabelisten auf das Symbol + und wählen im sich öffnenden Menü den Eintrag *Neuer Wiedergabelisten-Ordner*. Geben Sie dem Wiedergabelisten-Ordner eine schlüssige Bezeichnung und bestätigen Sie mit der Eingabe-Taste ↵. Ziehen Sie eine Wiedergabeliste bei gedrückter Maustaste auf einen Wiedergabelisten-Ordner, um ihn darin aufzunehmen.

### Mit der Funktion Genius automatische Wiedergabelisten erzeugen

Zum Thema Wiedergabelisten gehört auch die in iTunes angebotene Funktion Genius. Diese Funktion ermöglicht es Ihnen, automatisch aus einem einzelnen Musiktitel eine Wiedergabeliste mit weiteren passenden Musiktiteln anzulegen. Hierbei werden – allerdings anonymisiert, wie Apple verspricht – Daten zu Ihrer Mediathek gesammelt und übers Internet an Apple gesandt. Wenn Ihnen das nichts ausmacht und Sie Genius dennoch nutzen möchten, gehen Sie hierzu wie folgt vor:

1. Klicken Sie links in der Leiste mit den Wiedergabelisten auf den Eintrag *Genius*. Rechts klicken Sie anschließend auf die Schaltfläche *Genius aktivieren*. Falls der Eintrag nicht angezeigt werden sollte, wählen Sie in der Menüleiste *Store* und dann *Genius aktivieren*.

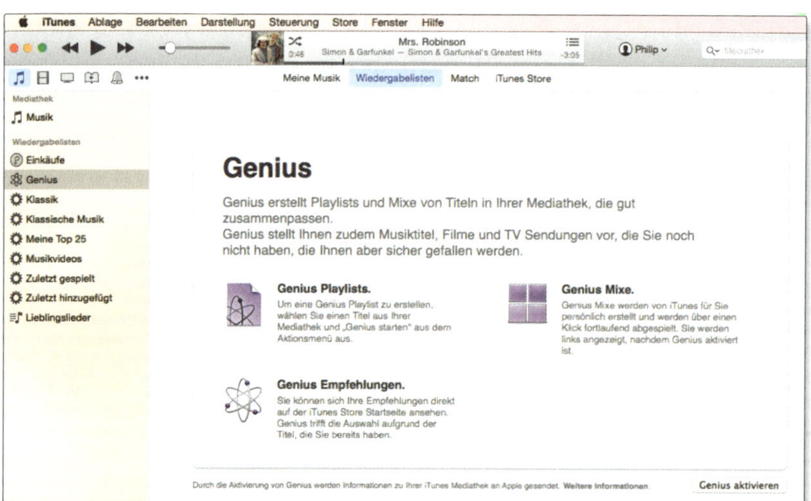

2. Melden Sie sich im nächsten Schritt mit Ihrer Apple-ID an und bestätigen Sie mit *Fortfahren*.

3. Akzeptieren Sie nun noch die Geschäftsbedingungen, indem Sie das entsprechende Kontrollkästchen aktivieren und dann auf *Akzeptieren* klicken.

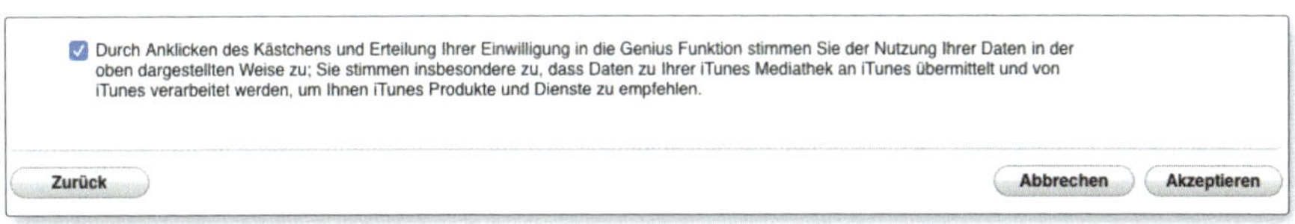


4. Nun brauchen Sie etwas Geduld, während die Mediathek analysiert wird und iTunes die entsprechenden Daten an Apple sendet. Sobald dies geschehen ist, lässt sich die Funktion Genius nutzen.

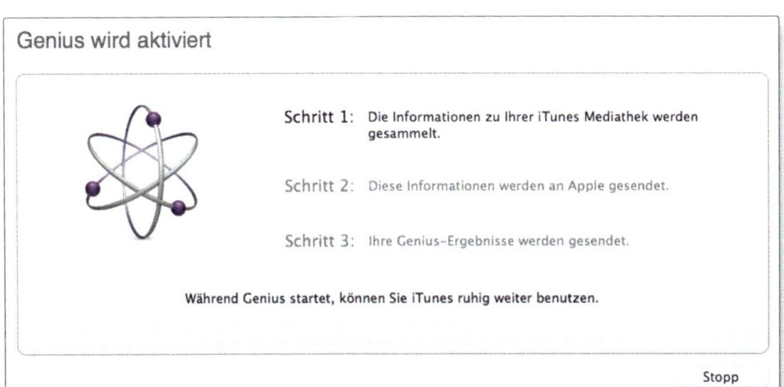

5. Und zwar so: Bewegen Sie den Mauszeiger auf einen Titel und klicken Sie auf das erscheinende Symbol ···, um ein Aktionsmenü einzublenden. Entscheiden Sie sich in diesem Aktionsmenü für den Eintrag *Genius starten.* Als Faustregel gilt: Je mehr Titel sich in Ihrer Mediathek befinden, desto passender wird die Genius-Zusammenstellung; bei nur wenigen Titeln in der Mediathek gibt die Funktion keine sinnvollen Ergebnisse aus. Sie finden die Genius-Option auch im Kontextmenü, das Sie per Rechtsklick bzw. durch Anklicken bei gedrückter ctrl-Taste erhalten.

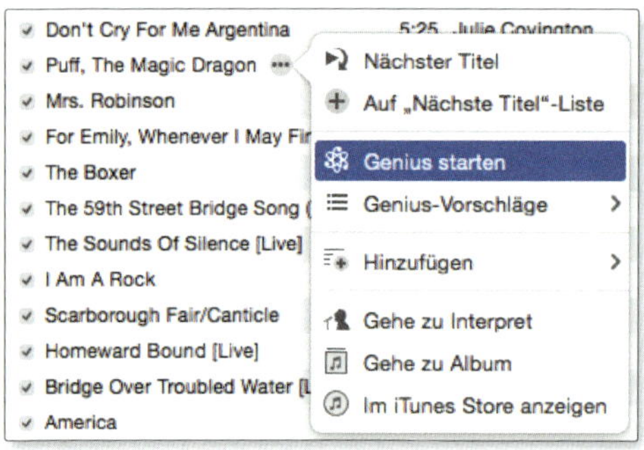


Wenn Ihnen die Funktion Genius nicht zusagt, deaktivieren Sie sie gleich wieder. Hierzu klicken Sie in der Menüleiste unter *Store* auf *Genius deaktivieren.*

## Eigene Audio-CDs brennen

In Kapitel 6 habe ich Ihnen schon gezeigt, wie Sie Daten-CDs brennen. Sie können aber auch richtige Audio-CDs brennen, also CDs, die sich mit jeder beliebigen Stereoanlage oder im Auto abspielen lassen. Ich empfehle die folgende Vorgehensweise:

1. Erstellen Sie wie zuvor beschrieben eine Wiedergabeliste, welche die zu brennenden Titel enthält. Oberhalb der Liste finden Sie eine Angabe, wie viele Minuten Musik die Liste enthält. Eine Brennliste sollte maximal ca. 70 Minuten Musik enthalten, eher etwas weniger.
2. Klicken Sie die Wiedergabeliste links in der Leiste mit den Wiedergabelisten mit der rechten Maustaste bzw. bei gedrückter ctrl-Taste an. Im sich öffnenden Kontextmenü wählen Sie den Eintrag *Wiedergabeliste auf Medium brennen.*

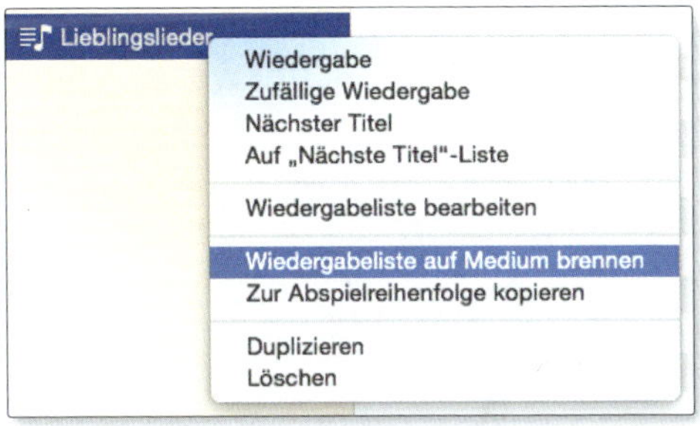


3. Es öffnet sich ein Fenster, in dem die Option *Audio-CD* aktiviert ist. Die weiteren Einstellungen sind optional. Bestätigen Sie mit *Brennen*.

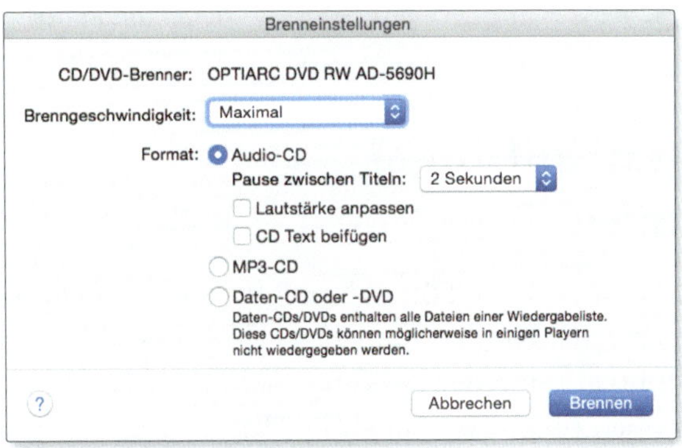


4. Legen Sie eine leere CD-ROM in das Laufwerk Ihres Macs ein. Das Brennen der Audio-CD wird daraufhin automatisch gestartet. Sobald der Vorgang beendet ist, wird Ihnen der Inhalt der CD angezeigt. Klicken Sie auf das Symbol ⏏, um die CD auszuwerfen.

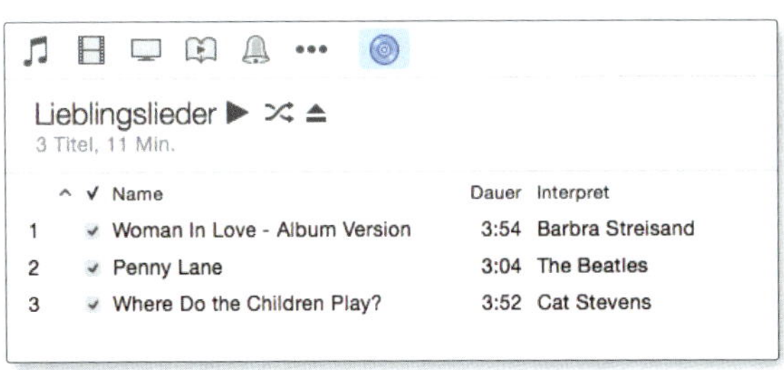


Für die CD-Hülle können Sie nun noch den passenden Einleger ausdrucken. Wählen Sie dazu wiederum die Wiedergabeliste aus. Klicken Sie dann in der Menüleiste von iTunes auf *Ablage* und dann auf *Drucken*. Wählen Sie aus, was

Sie ausdrucken möchten, und entscheiden Sie sich im Menü *Thema* für eine Darstellung, die Ihnen zusagt. Klicken Sie auf *Drucken*, um den CD-Einleger zu Papier zu bringen.

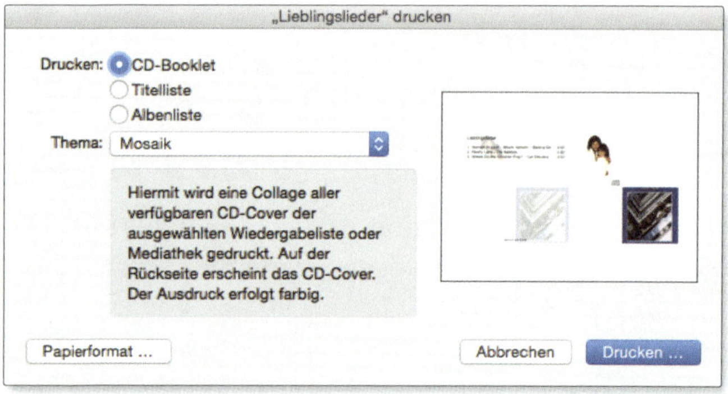


*Drucken Sie den passenden CD-Einleger direkt aus iTunes heraus.*

## Sogar ein Kaufhaus ist auf Ihrem Mac bereits vorhanden

Besuchen Sie nun mit mir gemeinsam den iTunes Store. Voraussetzung für die Nutzung ist lediglich Ihre Apple-ID. Für den Kauf eines Titels oder Films müssen Sie diese allerdings auch noch mit einer Zahlungsmethode versehen. Melden Sie sich zunächst, falls noch nicht geschehen, mit Ihrer Apple-ID an, indem Sie oben in iTunes auf *Anmelden* klicken. Um den iTunes Store zu öffnen, klicken Sie in der Leiste oben einfach auf *iTunes Store*.

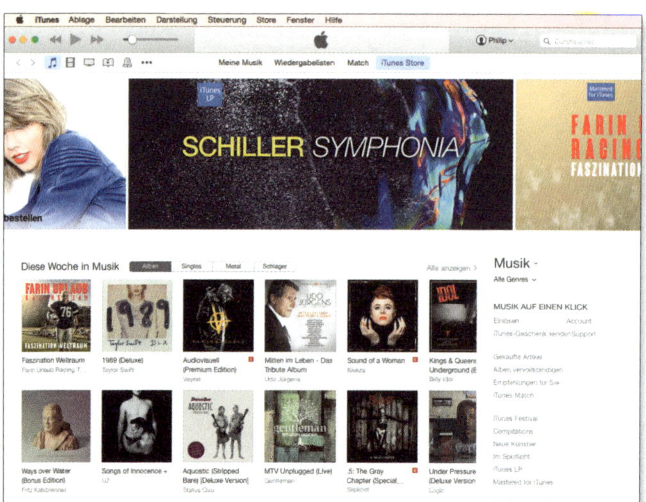


*So sieht das Musikangebot im iTunes Store aus.*

Um zwischen den verschiedenen Medientypen im iTunes Store zu wechseln, verwenden Sie wieder die Symbole links oben in iTunes, also insbesondere für Musik, für Filme, für TV-Sendungen und für Hörbücher.

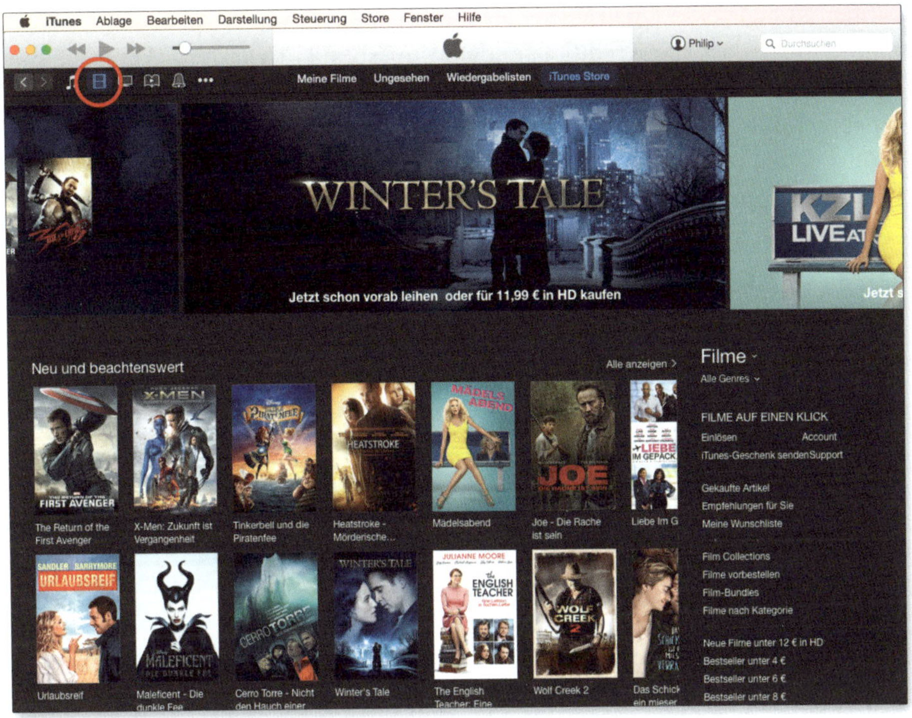


*Per Symbol wird zwischen den einzelnen Medientypen umgeschaltet.*

## Welche Zahlungsmethode soll ich für meine Einkäufe im Internet verwenden?

Bevor Sie darangehen, Musik, Filme und weitere Inhalte in iTunes zu kaufen, müssen Sie sich zunächst überlegen, welche Zahlungsmethoden Sie verwenden möchten. Bei Redaktionsschluss wurden folgende drei Möglichkeiten angeboten – später können durchaus noch weitere Zahlungsmethoden hinzukommen.

### Kreditkarte

Die Zahlung mit einer Kreditkarte ist eine klassische Methode für Zahlungen im Internet. Ihr Kreditkartenanbieter streckt Ihnen gewissermaßen den zu zahlenden Betrag vor und bucht ihn in der Regel im Folgemonat von Ihrem

Konto ab. Oder Sie müssen den Betrag selbst überweisen. Apple akzeptiert VISA, MasterCard sowie American Express. Vorteil der Kreditkarte ist, dass Sie fast unbegrenzt im Internet einkaufen können. Doch das ist gleichzeitig auch der Nachteil: Es ist gerade bei Einsteigern, aber nicht nur bei diesen, immer eine gewisse Unsicherheit vorhanden, dass man etwas falsch machen könnte oder dass die Kreditkartendaten missbraucht werden. Wenn Sie mit der Kreditkarte im Internet bezahlen, sollten Sie in jedem Fall alle Kreditkartenabrechnungen gründlich prüfen!

Um Ihrer Apple-ID Ihre Kreditkarteninformationen hinzuzufügen, folgen Sie einfach meiner Anleitung:

1. Sie sind bereits mit Ihrer Apple-ID im iTunes Store angemeldet. Klicken Sie auf Ihren Benutzernamen und wählen Sie im sich öffnenden Menü den Eintrag *Accountinformationen*.

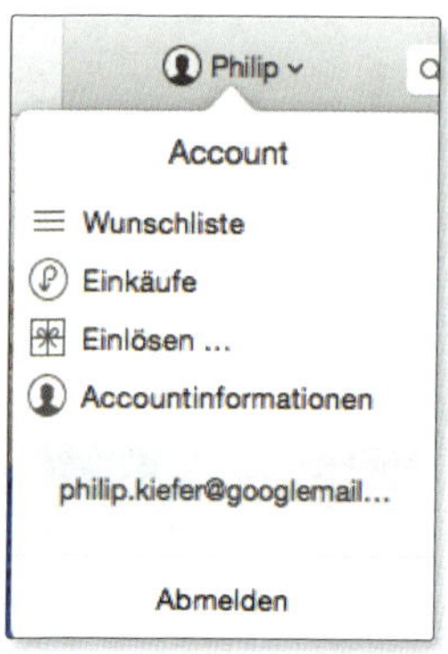


2. Aus Sicherheitsgründen müssen Sie noch einmal das zu Ihrer Apple-ID gehörende Passwort eingeben. Tun Sie dies und bestätigen Sie mit *Account überprüfen*.

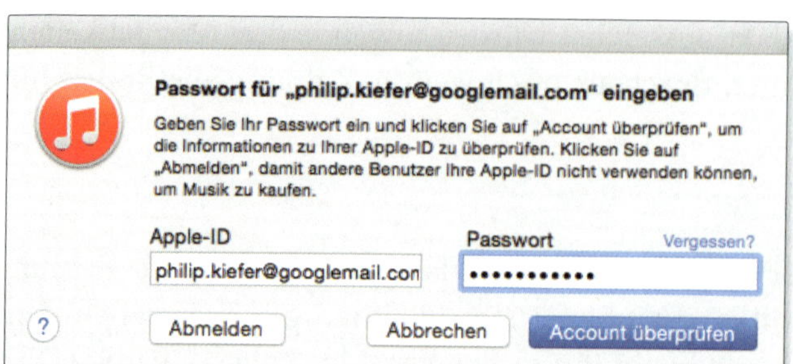

3. Ihnen werden Informationen zu Ihrer Apple-ID angezeigt. Klicken Sie bei *Zahlungsdaten* auf *Bearbeiten*.

4. Wählen Sie den Kreditkartentyp aus und geben Sie die zugehörigen Werte ein. Bestätigen Sie zum Schluss mit *Fertig*.

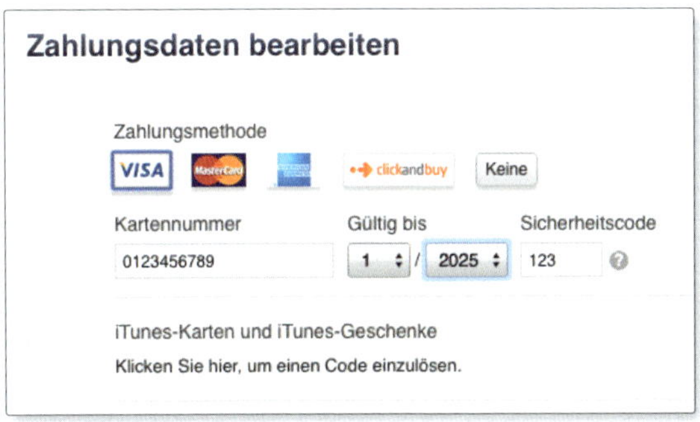


Es gibt mittlerweile auch Prepaid-Kreditkarten (sprich: [prihpeid], englisch für im Voraus bezahlt) zu kaufen, bei denen Sie nur über das erworbene Guthaben verfügen können.

### ClickandBuy

Wenn Sie nicht über eine Kreditkarte verfügen, könnte der Zahlungsdienstleister ClickandBuy (sprich: [klickändbai], übersetzt etwa »Klicken und Kaufen«) eine Alternative bieten. Bei diesem Zahlungsdienstleister müssen Sie sich zunächst registrieren. Anschließend können Sie mit ClickandBuy bezahlen, wobei die fälligen Beträge jeweils von Ihrem Konto abgebucht werden. ClickandBuy ist ein Tochterunternehmen der Deutschen Telekom.

Wenn Sie sich für diesen Zahlungsdienstleister entscheiden möchten, gehen Sie vor wie beim Hinzufügen einer Kreditkarte, klicken dann aber in Schritt 4 auf die Schaltfläche *clickandbuy*. Bestätigen Sie mit *Weiter*, um zur ClickandBuy-Webseite weitergeleitet zu werden und sich dort gegebenenfalls zunächst zu registrieren und anschließend anzumelden.

### Guthabenkarten

Die von mir selbst bevorzugte Zahlungsmethode sind Guthabenkarten für den iTunes Store, wie sie in Supermärkten, Elektronikfachmärkten oder an Tankstellen erhältlich sind. Das Prinzip ist einfach: Sie erwerben ein bestimmtes Guthaben und können dann nur dieses Guthaben im iTunes Store ausgeben. So können Sie niemals über die Stränge schlagen.

Ein weiterer Vorteil der Guthabenkarten: Diese gibt es immer wieder im Sonderangebot, meist mit 20 Prozent Rabatt. Greifen Sie bei solchen Sonderangeboten zu, um bei Ihren Einkäufen entsprechend 20 Prozent zu sparen. Wenn Sie im Internet einmal nach den Begriffen *iTunes Aktion* suchen, werden Sie schnell die aktuellen Sonderangebote aufspüren.

Auf jeder Guthabenkarte ist ein Gutscheincode abgedruckt, den Sie freirubbeln und dann in iTunes eingeben. Gehen Sie auch dazu vor, wie im Zusammenhang mit dem Hinzufügen einer Kreditkarte beschrieben. In Schritt 4 wählen Sie *Klicken Sie hier, um einen Code einzulösen*. Geben Sie den Gutscheincode anschließend ein und bestätigen Sie mit *Einlösen*. Das Guthaben wird Ihrer Apple-ID sofort gutgeschrieben und kann für Ihre Einkäufe verwendet werden.

*Geben Sie den auf einer Guthabenkarte abgedruckten Gutscheincode ein, um das Guthaben Ihrer Apple-ID gutzuschreiben.*

## Wie kann ich meine Wunschmusik im Internet kaufen?

Nachdem Sie eine Zahlungsmethode hinzugefügt haben, steht dem Einkaufen im iTunes Store nichts mehr im Weg. Lassen Sie mich Ihnen am Beispiel eines Musikalbums zeigen, wie Sie zum Kaufen Ihrer Wunschmusik vorgehen:

1. Klicken Sie bei geöffnetem iTunes Store in das Suchfeld rechts oben in iTunes. Geben Sie ein, wonach Sie suchen. Bestätigen Sie mit der Eingabe-Taste ⏎. Während der Eingabe werden Ihnen Suchvorschläge gemacht, Sie können auch einen dieser Vorschläge anklicken.

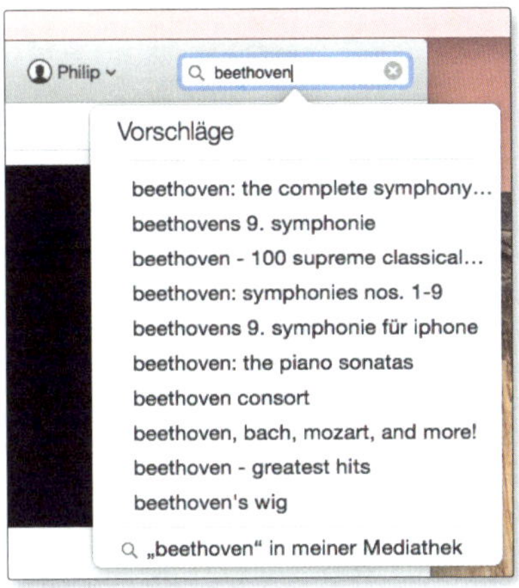


2. Die passenden Treffer werden Ihnen angezeigt, jedoch nicht nur aus dem Bereich Musik. Zum Begrenzen der angezeigten Treffer klicken Sie in der Filterleiste rechts auf *Alben* bzw. *Titel*.

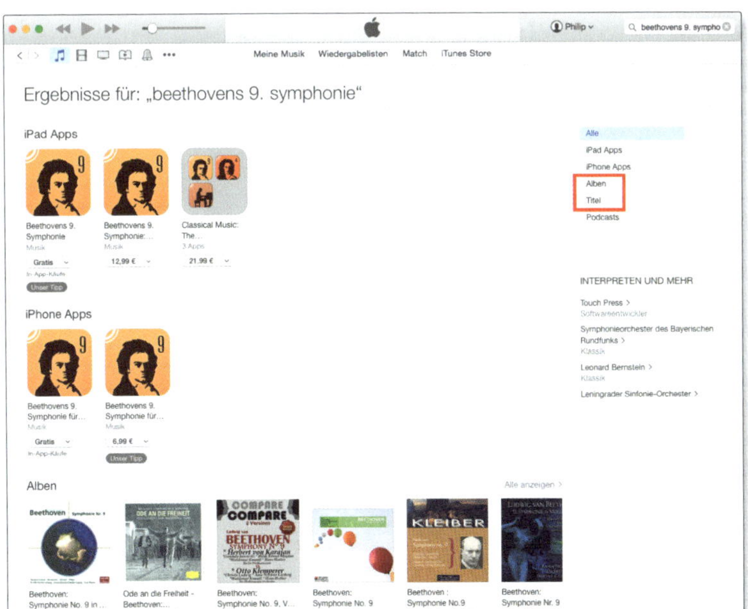

3. Klicken Sie auf ein Album bzw. einen Titel, der Sie interessiert.

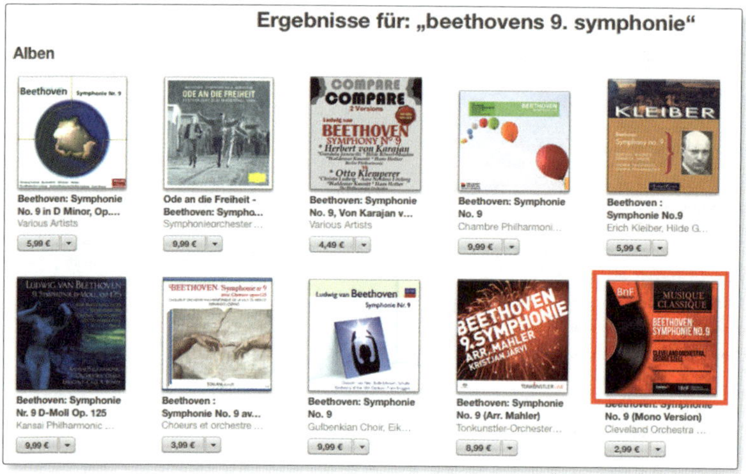


4. Bewegen Sie den Mauszeiger auf einen Titel und klicken Sie auf das erscheinende Symbol , um sich eine Hörprobe anzuhören.

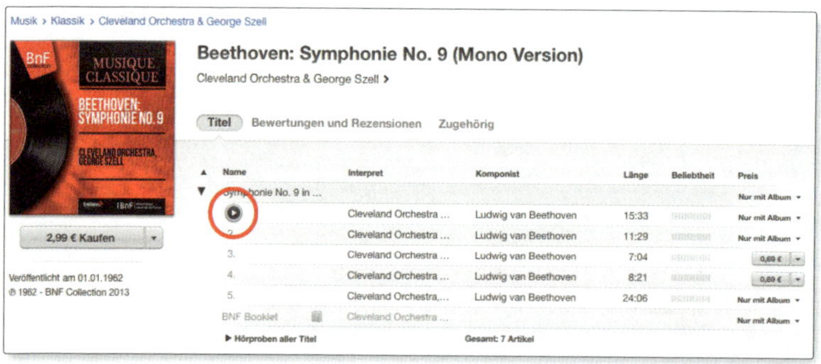


5. Wenn Ihnen ein Album oder ein einzelner Titel zusagt, klicken Sie auf den angezeigten Preis.

6. Bestätigen Sie im folgenden Fenster mit einem Mausklick auf die Schaltfläche *Kaufen*.

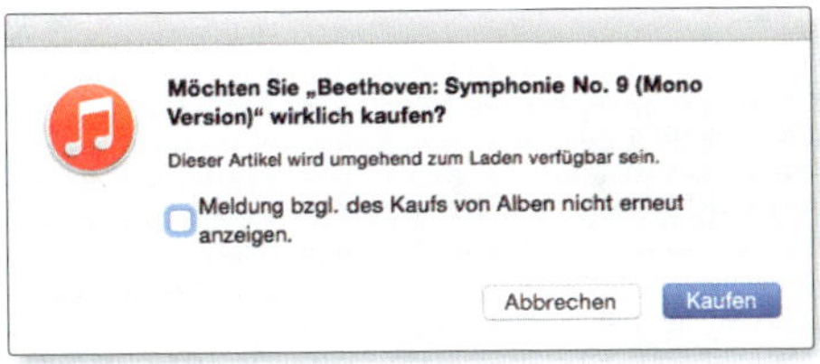


Ihre gekaufte Musik findet sich nach dem Herunterladen auf den Computer ebenfalls in Ihrer Musik-Mediathek. Selbst das Herunterladen können Sie verfolgen, und zwar indem Sie während des Herunterladens rechts oben in iTunes auf das Symbol klicken.

**Herr Peters empfiehlt**

Bevor Sie irgendetwas kaufen, nehmen Sie sich etwas Zeit und stöbern Sie nach Herzenslust im iTunes Store. Genießen Sie die Hörproben (vgl. Schritt 4), lesen Sie die Bewertungen anderer Nutzer und vergleichen Sie bei ähnlichen Musikalben die Preise. Statt das eingebaute Suchfeld zu verwenden, können Sie sich auch durch die angebotenen Kategorien wühlen.

## Auf Ihre gekaufte Musik jederzeit übers Internet zugreifen

Wenn Sie einmal einen Musiktitel in iTunes gekauft haben, können Sie ihn später jederzeit erneut herunterladen und selbstverständlich auch auf anderen Geräten nutzen. Lassen mich Ihnen die in diesem Zusammenhang wichtigsten Funktionen vorstellen.

### Zugriff auf gekaufte Artikel

Um einen Überblick über die von Ihnen bereits gekauften Titel zu erhalten, öffnen Sie den iTunes Store und klicken in der Leiste rechts auf *Gekaufte Artikel*. Die bereits gekauften Artikel werden Ihnen daraufhin angezeigt. Per Mausklick auf das zugehörige Wolkensymbol ( ) lässt sich ein Titel erneut auf den Computer herunterladen.

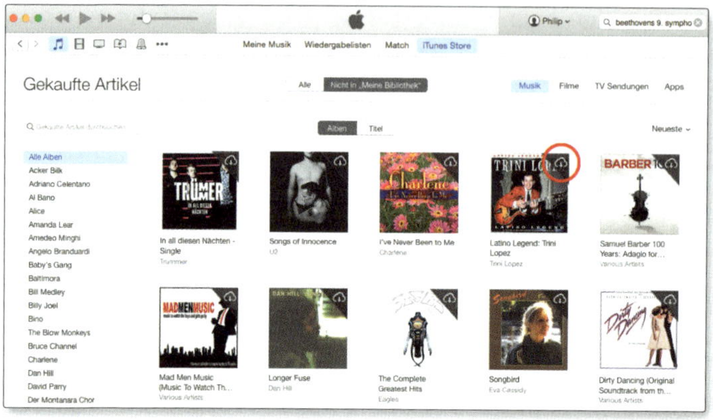


*Einmal gekaufte Musik bleibt gekauft und lässt sich jederzeit erneut herunterladen, falls Sie sie zwischenzeitlich einmal von Ihrem Computer gelöscht haben sollten.*

Mithilfe der weiteren Einträge können Sie auch Elemente aus anderen Bereichen, etwa gekaufte Apps oder Bücher, anzeigen lassen.

## Gekaufte Musik in der Mediathek einblenden

Die gekaufte, aber nicht heruntergeladene Musik lässt sich auch direkt in der Mediathek einblenden. Diese Option muss lediglich in den iTunes-Einstellungen aktiviert sein: Klicken Sie in der Menüleiste auf *iTunes* | *Einstellungen* und wählen Sie im folgenden Fenster die Rubrik *Store*. Aktivieren Sie, sofern noch nicht aktiviert, das Kontrollkästchen *iTunes in der Cloud-Einkäufe einblenden* und bestätigen Sie mit *OK*.

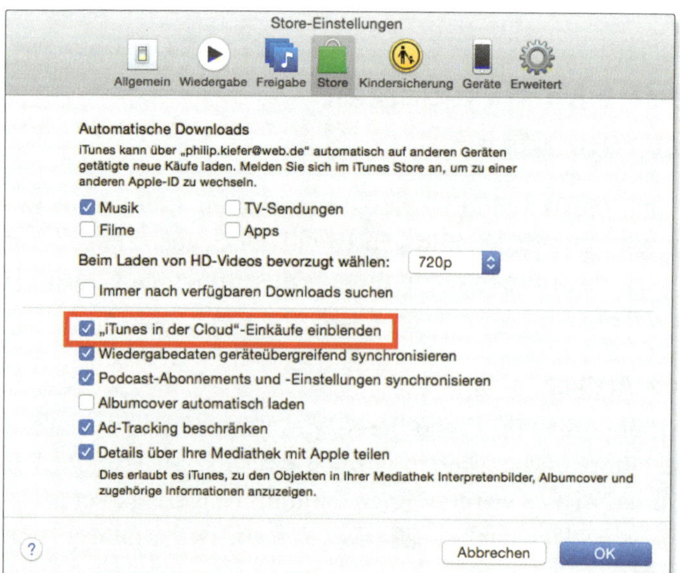


*Lassen Sie sich auch die nicht heruntergeladenen iTunes-Einkäufe in der Mediathek anzeigen.*

Wenn Sie nun die Mediathek öffnen, stellen Sie fest, dass auch die gekauften, aber nicht heruntergeladenen Titel angezeigt werden. Diese können nun entweder übers Internet wiedergegeben werden – man spricht in diesem Fall von »Streaming« (sprich: [strihming], englisch für Strömen). Oder aber Sie klicken wieder auf das Wolkensymbol ( ), um einen Titel bzw. ein Album auf den Computer herunterzuladen.

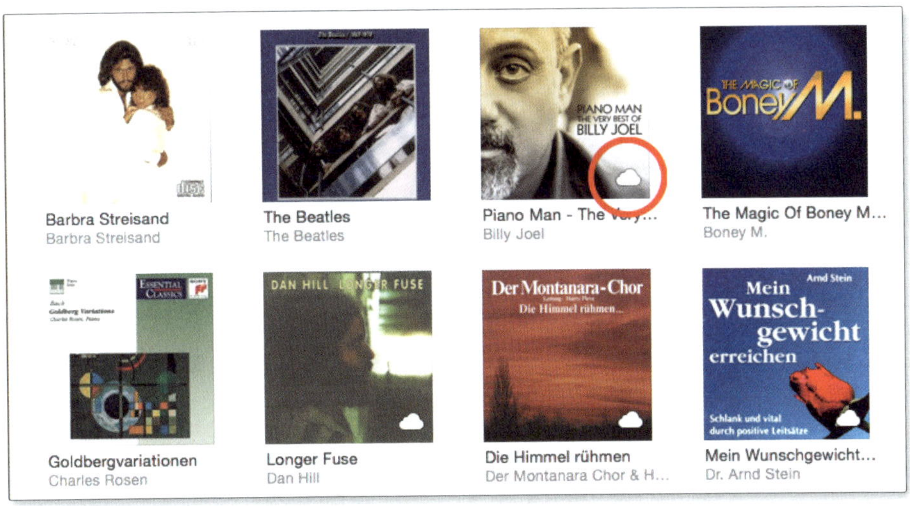


*Die Wiedergabe kann direkt übers Internet erfolgen oder Sie laden einen Titel bzw. ein Album auf Ihren Mac herunter.*

### Auch auf solche Titel übers Internet zugreifen, die nicht im iTunes Store gekauft wurden

Apple bietet zusätzlich einen kostenpflichtigen Dienst an, der es Ihnen ermöglicht, auch Ihre nicht im iTunes Store gekaufte Musik im Internet zu speichern und von überall her und von verschiedenen Geräten aus darauf zuzugreifen. Dieser Dienst nennt sich »iTunes Match« (sprich: [aitjuns mätsch], »match« ist das englische Wort für übereinstimmen) und kostete bei Redaktionsschluss 24,99 Euro pro Jahr. Ganz schön happig! Dafür können Sie allerdings auch auf bis zu 25.000 Titel zugreifen, und zwar in ausgezeichneter Klangqualität.

Wenn Sie iTunes Match verwenden möchten, achten Sie zunächst mal darauf, dass sich alle Titel wohlgeordnet in der Mediathek befinden. Klicken Sie dann oben in der iTunes-Leiste auf *Match* und entscheiden Sie sich für die Schaltfläche *Für 24,99 € pro Jahr abonnieren*. Ähnlich wie bei der bereits bekannten Funktion Genius werden zunächst Daten zu Ihrer iTunes-Mediathek gesammelt, und diejenigen Titel, die nicht im iTunes Store zu finden sind, werden ins Internet hochgeladen. Planen Sie dafür Zeit ein, denn bei einer umfangreichen Musiksammlung kann das Hochladen unter Umständen ganz schön lang dauern!

*Dank iTunes Match wird auch anderweitig importierte Musik so behandelt, als hätte man sie im iTunes Store gekauft.*

## Mit iTunes Radio hören

Sie scheuen momentan noch vor Einkäufen übers Internet zurück? Dann müssen Sie trotzdem nicht auf den Musikgenuss am Computer verzichten. Sie können zum Beispiel mit iTunes übers Internet Radio hören:

In iTunes sind auch verschiedene Radiosender integriert, um Musik wiederzugeben, die Ihrem Genregeschmack entspricht. Um Radio zu hören, gehen Sie so vor:

1. Klicken Sie links oben in iTunes auf das Symbol ••• und wählen Sie im sich öffnenden Menü den Eintrag *Internetradio*.

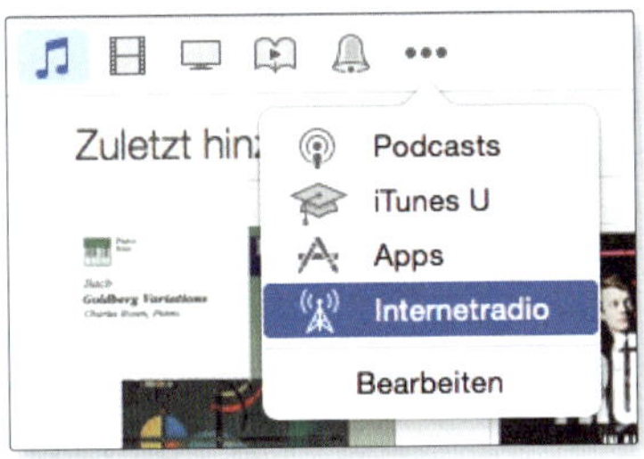


2. Doppelklicken Sie auf ein Genre, um Zugriff auf die verfügbaren Radiosender zu erhalten.

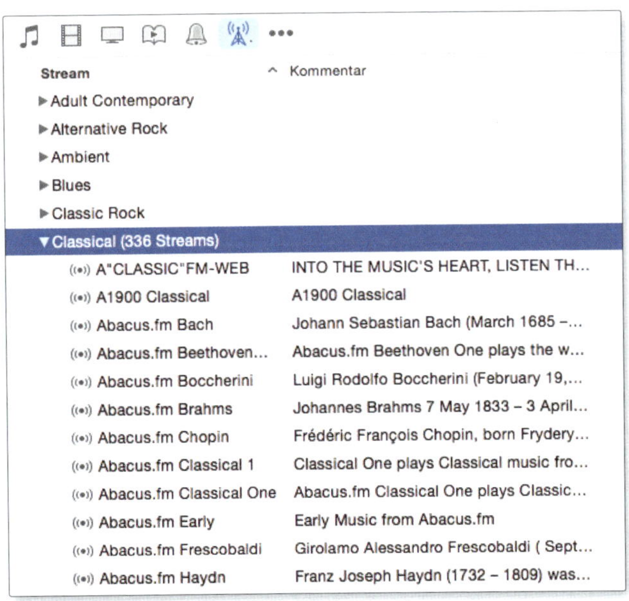

3. Doppelklicken Sie auf einen Radiosender, um die Wiedergabe zu starten.

**Power User**

Zugegeben: Die Senderauswahl in iTunes ist recht begrenzt. Es gibt genügend Internetanbieter, die mehr zu bieten haben. Rufen Sie z. B. die Webseite www.radio.de auf, die viel mehr Radiosender anbietet. Einen ebenfalls hochinteressanten Anbieter finden Sie unter der Webadresse www.spotify.com. Dort lassen sich keine Radiosender auswählen, sondern direkt die Musikalben, die Sie anhören möchten. Ab und zu kommt dafür eine kurze Werbeeinblendung.

## Interessante Hörbeiträge und Univorlesungen anhören

Ebenfalls kostenlos sind die Beiträge aus den Bereichen Podcasts sowie iTunes U. Das sind komische Bezeichnungen, nicht wahr? Aber was sich darunter verbirgt, ist vom Prinzip her ganz einfach. Laden Sie statt Musik Hörbeiträge und Univorlesungen auf Ihren Mac herunter. Wenn Sie neue Beiträge zukünftig automatisch herunterladen möchten, können Sie diese auch (immer noch kostenlos) abonnieren.

### So funktionieren Podcasts

Als »Podcasts« bezeichnet man Audio- sowie Videobeiträge, die in mehr oder weniger regelmäßigen Abständen kostenlos im Internet veröffentlicht werden, und zwar zu allen möglichen Themen. Podcasts werden sowohl von Radio- und Fernsehsendern als auch von Unternehmen und Privatpersonen produziert. Die Auswahl ist riesengroß. Und so funktioniert das Ganze:

1. Öffnen Sie den iTunes Store und klicken Sie links oben in iTunes auf das Symbol •••. Wählen Sie im sich öffnenden Menü den Eintrag *Podcasts*.

2. Wie beim Herunterladen von Musik beginnt nun das große Stöbern. Bei den Podcasts greifen Sie dabei ruhig auf die Vorschläge und Kategorien zurück.

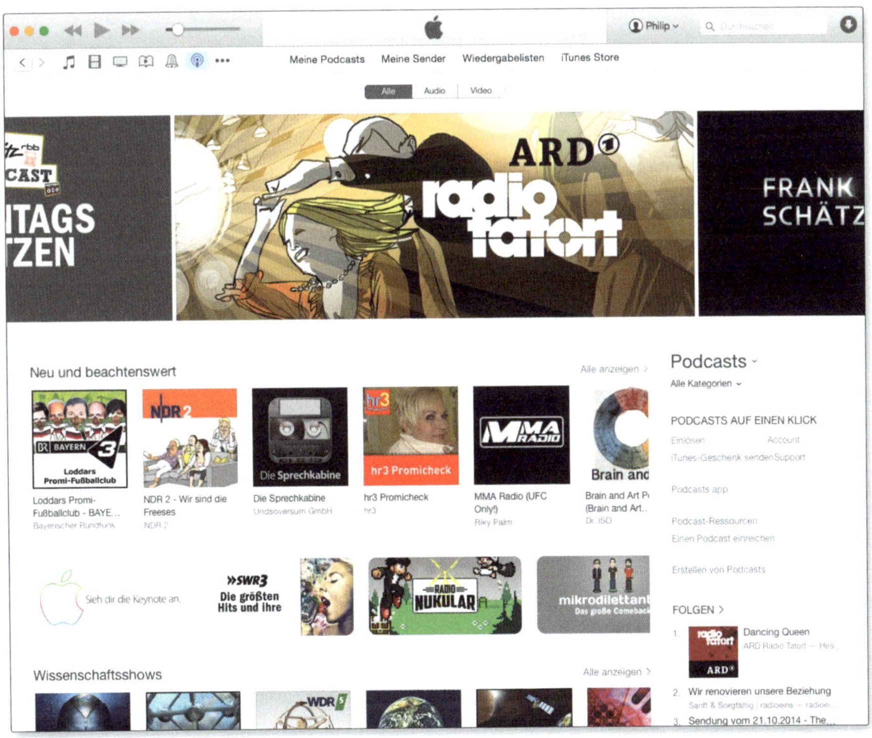


3. Bewegen Sie den Mauszeiger auf einen Beitrag, um das Symbol für die sofortige Wiedergabe übers Internet einzublenden. Wenn Sie einen Beitrag stattdessen auf den Computer herunterladen möchten, klicken Sie auf die

zugehörige Schaltfläche *Gratis*. Um neue Beiträge zukünftig automatisch zu laden, klicken Sie auf die Schaltfläche *Abonnieren*.

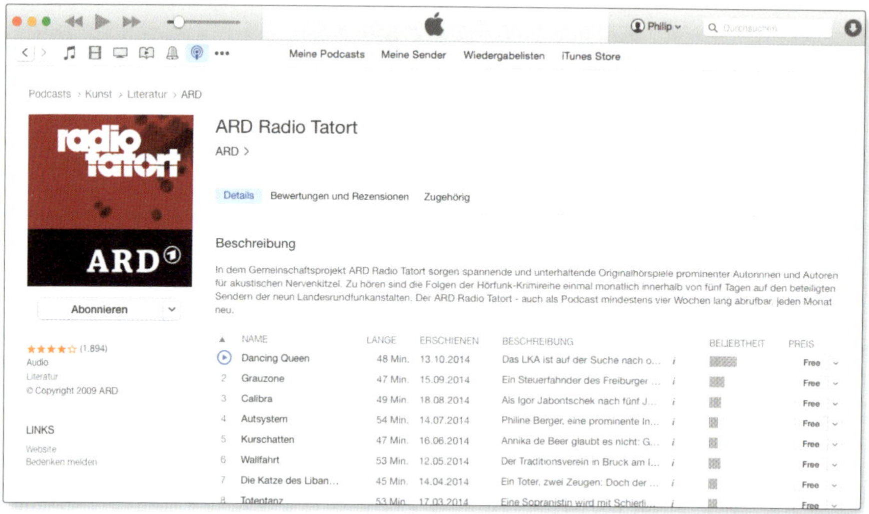


## So funktioniert iTunes U

Auch iTunes U bietet kostenlose Beiträge. Im Unterschied zu den Podcasts werden diese aber ausschließlich von Universitäten und anderen Bildungseinrichtungen veröffentlicht. Entsprechend anspruchsvoller sind die Inhalte. Zusätzlich zu den Audio- und Videobeiträgen lassen sich manchmal auch noch weitere Unterlagen herunterladen, so dass Sie iTunes U tatsächlich für eine Art Heimstudium nutzen können. Auch hierzu eine Beispielanleitung:

1. Öffnen Sie den iTunes Store und entscheiden Sie sich links oben unter dem Symbol ••• diesmal für den Eintrag *iTunes U*.

2. Bei iTunes U sind eine Vielzahl der Beiträge in englischer Sprache. Um davon nicht gleich zu Beginn geschockt zu werden, empfehle ich eine Anzeige

der verfügbaren Bildungseinrichtungen, indem Sie in der Leiste rechts auf *Universitäten und Hochschulen* klicken.

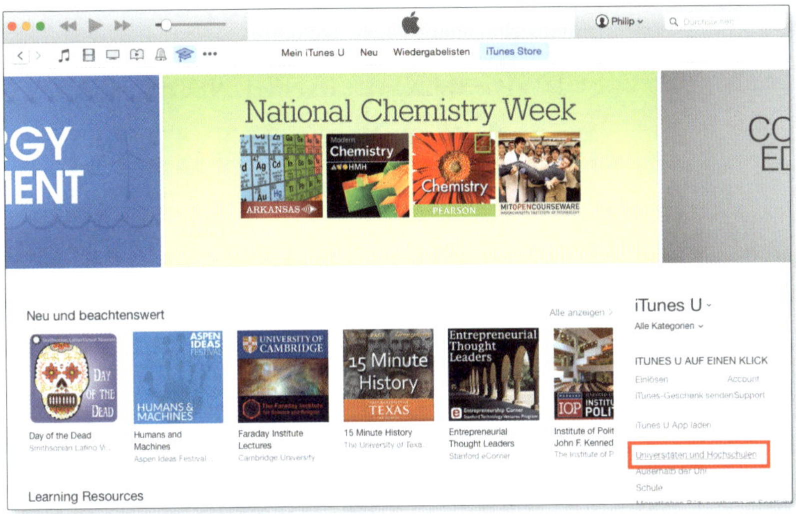


3. Begrenzen Sie im nächsten Schritt mithilfe des Menüs rechts oben die Anzeige auf ein deutschsprachiges Land, z. B. Deutschland. Wählen Sie eine deutschsprachige Bildungseinrichtung aus, z. B. die Ludwig-Maximilians-Universität München. (Alternativ finden Sie auch eine Option, sich die Kurse nach einer bestimmten Sprache gefiltert anzeigen zu lassen.)

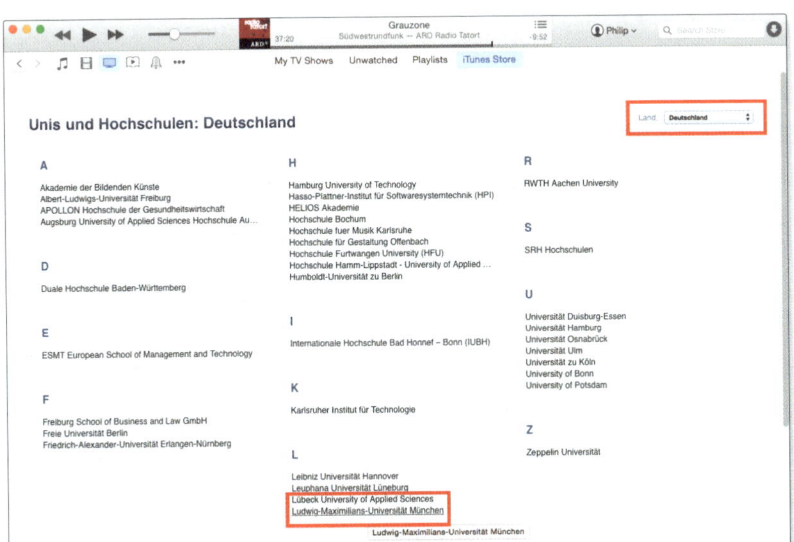

4. Nun wählen Sie bei der gewählten Bildungseinrichtung ein Thema aus, das Sie interessiert.

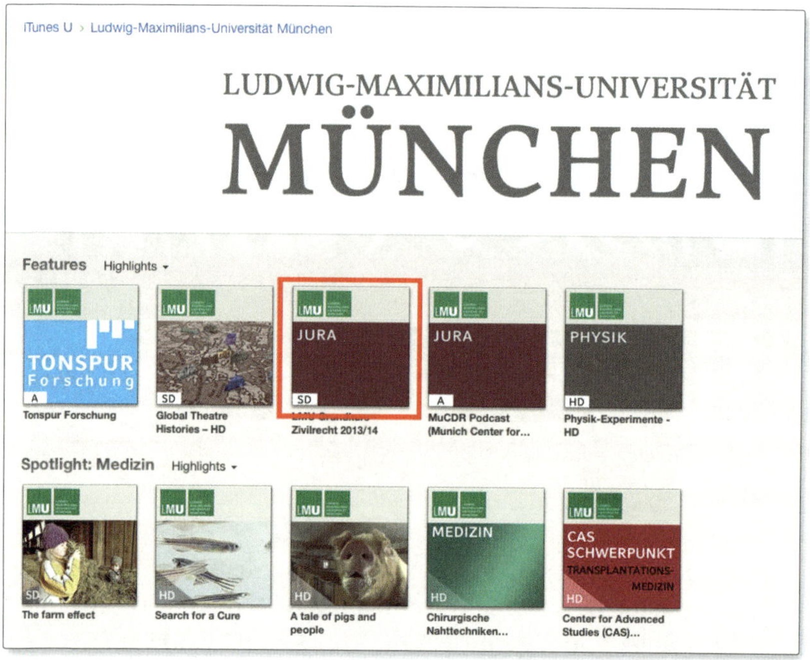


5. Wie bei den Podcasts können Sie Beiträge per Symbol ⏵ sofort wiedergeben oder mit einem Mausklick auf die Schaltfläche *Gratis* auf Ihren Mac herunterladen. Mit der Schaltfläche *Abonnieren* können Sie eine Vorlesung abonnieren.

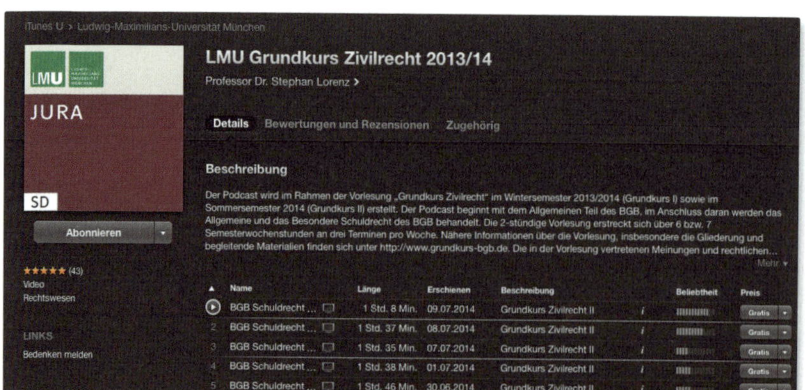

**Power User**

Falls Sie ein mobiles Apple-Gerät wie das iPhone oder iPad nutzen: Dort steht eine App Podcasts bereits zur Verfügung, in der Sie auf Ihre abonnierten Podcasts ebenfalls zugreifen können. Eine App iTunes U laden Sie aus dem App Store direkt auf dem mobilen Gerät herunter.

# Filme auf den Mac laden und wiedergeben

Bisher war in erster Linie vom Importieren, Kaufen und Wiedergeben von Musik und anderen Audiodateien die Rede. Aber auch das Wiedergeben von Filmen und TV-Sendungen ist mit iTunes eine ganz tolle und einfache Sache!

Das Importieren von Videodateien, die auf Ihrem Computer bereits vorhanden sind, erfolgt genauso, wie im Zusammenhang mit dem Importieren von Musik beschrieben. Sie wählen also in der iTunes-Menüleiste *Ablage* und dann den Eintrag *Zur Mediathek hinzufügen*. Voraussetzung ist ein passendes Format, ansonsten werden die Videodateien von iTunes einfach ignoriert. Was in iTunes allerdings nicht geht: Während sich Audio-CDs mit wenigen Handgriffen importieren lassen, ist dies bei Film-DVDs leider nicht möglich.

## Einen Film im iTunes Store kaufen oder ausleihen

Sehr bequem ist das Kaufen oder Ausleihen eines Films im iTunes Store. Das funktioniert fast genauso wie das Kaufen von Musik. Hier die Anleitung:

1. Öffnen Sie den iTunes Store und klicken Sie links oben in iTunes auf das Symbol ▤, um den Store für die Filme einzublenden. Stöbern Sie ein wenig herum oder verwenden Sie das eingebaute Suchfeld, um gezielt nach einem Filmtitel, einem Schauspieler usw. zu suchen. Klicken Sie einen Film, den Sie kaufen oder ausleihen möchten, mit der Maus an.

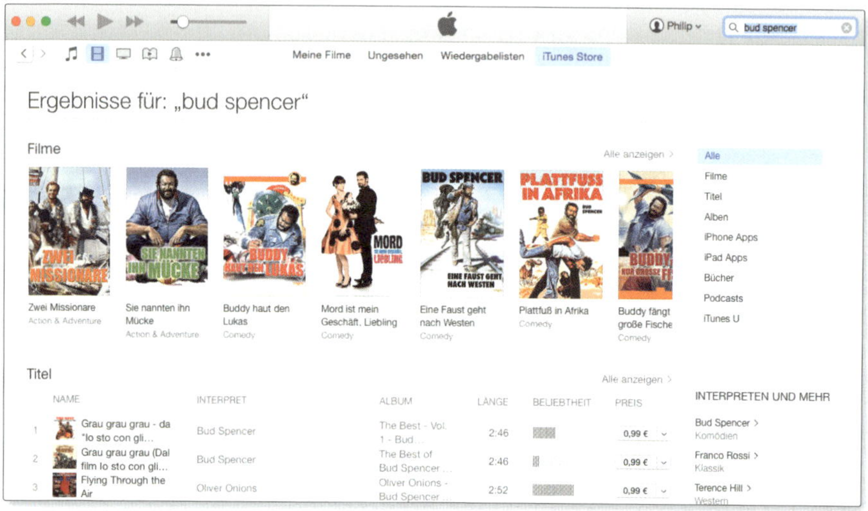


2. Sie können nun zunächst einen Trailer betrachten, bevor Sie entweder auf die Schaltfläche mit dem angezeigten Kaufpreis oder die Schaltfläche mit der angezeigten Leihgebühr klicken (nicht jeder Film kann ausgeliehen werden, aber die meisten).

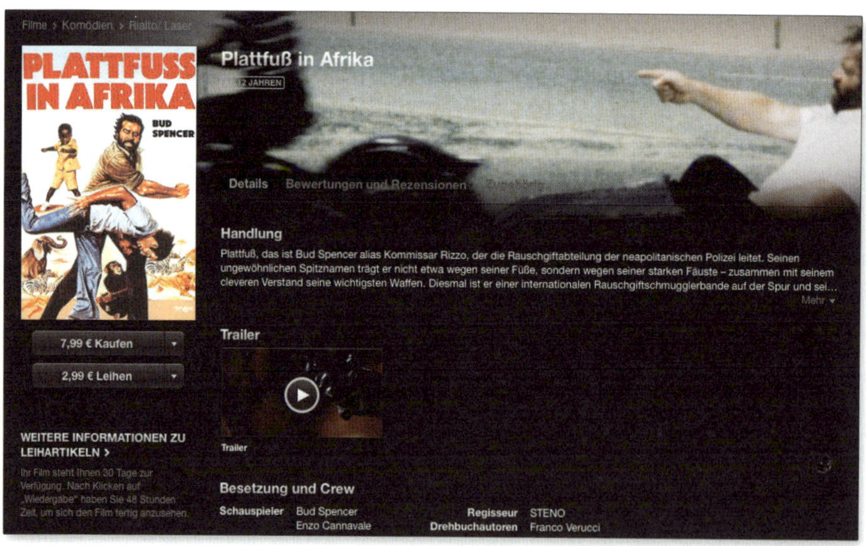

3. Bestätigen Sie im folgenden Fenster mit einem Mausklick auf *Kaufen* bzw. *Leihen*.

Filmdateien sind deutlich größer als Musikdateien, deshalb dauert das Herunterladen wesentlich länger! Nach dem Herunterladen können Sie auf den Film in Ihrer Mediathek zugreifen.

## Alle wichtigen Funktionen bei der Filmwiedergabe im Überblick

Die Wiedergabe von Videos ähnelt der Wiedergabe von Musikdateien. Auch die Wiedergabe eines Videos (oder einer TV-Sendung) erfolgt per Doppelklick darauf.

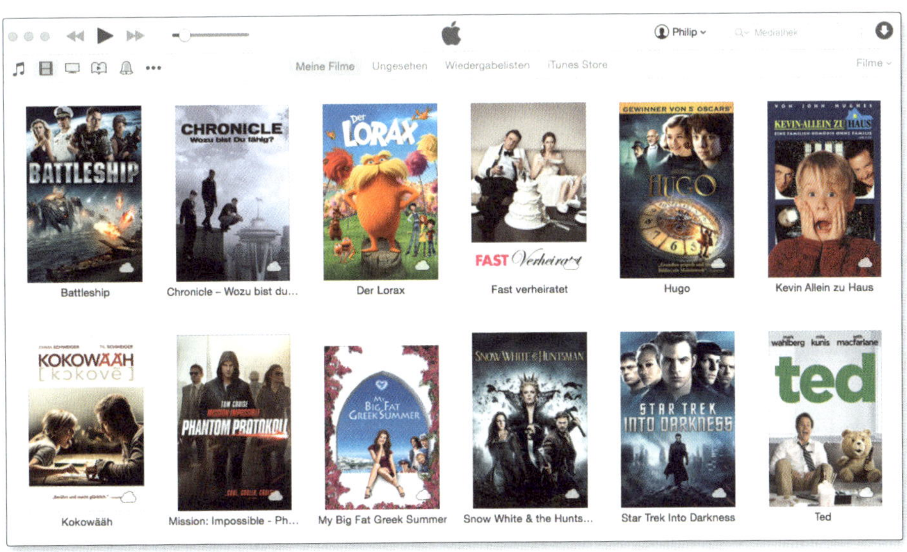


*Doppelklicken Sie auf ein Video, um es in iTunes wiederzugeben.*

Wenn das Video läuft, greifen Sie auf weitere wichtige Funktionen per Symbol zu – viele der Symbole sind Ihnen bereits vom DVD-Abspielgerät im Wohnzimmer her bekannt. Hier eine kleine Übersicht:

- : Klicken Sie auf dieses Symbol, um die Wiedergabe des Films zu pausieren.
- : Ein Mausklick auf dieses Symbol bewirkt, dass die Wiedergabe des Films fortgesetzt wird.
- : Klicken Sie aus dieses Symbol, um zum vorigen Video in der Liste zu wechseln.
- : Klicken Sie auf dieses Symbol, um zum nächsten Video in der Liste zu wechseln.
- : Verwenden Sie den Lautstärkeregler, um die optimale Lautstärke für die Videowiedergabe einzustellen. Die Systemlautstärke wird hierbei nicht verändert.

*Die Steuerungsleiste wird automatisch ausgeblendet. Wenn Sie den Mauszeiger im Video bewegen, lässt sie sich jedoch jederzeit wieder einblenden.*

- : Klicken Sie auf dieses Symbol und halten Sie es gedrückt, um im Video zurückzuspulen.
- : Klicken Sie auf dieses Symbol und halten Sie es gedrückt, um im Video vorzuspulen.
- : Ein Video ist in mehrere Kapitel untergliedert? Klicken Sie auf dieses Symbol, um die Kapitel anzuzeigen und gegebenenfalls ein Kapitel auszuwählen.
- : Wenn in einem Video mehrere Sprachen zur Verfügung stehen, so dient dieses Symbol der Sprachauswahl.
- : Per Mausklick auf dieses Symbol geben Sie ein Video im Vollbild wieder, also auf dem gesamten Bildschirm Ihres Macs.
- : Um die Wiedergabe eines Videos zu beenden und zur iTunes-Mediathek zurückzukehren, klicken Sie auf dieses Symbol links oben im Video. Auch dieses Symbol wird eingeblendet, wenn Sie den Mauszeiger im Video bewegen. Alternativ können Sie auch einfach die [esc]-Taste esc betätigen.

**Power User**

Übrigens lassen sich auch Videos – wie im Zusammenhang mit der Musikwiedergabe bekannt – einer Wiedergabeliste hinzufügen. Auch ein Informationenfenster steht zur Bearbeitung der Videoinformationen zur Verfügung. Klicken Sie mit der rechten Maustaste bzw. bei gedrückter ctrl-Taste auf ein Video, um weitere Optionen zu erhalten.

## Lernen Sie zwei weitere Programme für die Filmwiedergabe kennen

Auf Ihrem Mac stehen zwei weitere Programme für die Filmwiedergabe zur Verfügung, die ich Ihnen gerne in aller Kürze vorstelle:

- DVD-Player: Sie möchten auf Ihrem Mac eine Film-DVD wiedergeben? Deren Wiedergabe erfolgt mit dem Programm »DVD-Player«. Legen Sie einfach eine Film-DVD ins Laufwerk ein. Die Wiedergabe mit dem Programm DVD-Player erfolgt automatisch. Sie können das Programm auch manuell starten, und zwar finden Sie es im Launchpad im Ordner *Andere*.

*Sowohl das Programm DVD-Player als auch das Programm QuickTime Player finden Sie im Launchpad im Ordner Andere.*

- QuickTime Player: Der QuickTime Player (sprich: [quicktaim pleier], übersetzt etwa »Schnellzeitspieler«), den Sie im gleichen Ordner finden wie das Programm DVD-Player, erlaubt es, Videodateien abzuspielen, ohne iTunes öffnen zu müssen. In der Menüleiste des Programms unter *Ablage* finden Sie außerdem Funktionen für die Video- und Audio-Aufnahme. Auch eine Bildschirmaufnahme wird angeboten, mit der Sie für verschiedene Zwecke alle Vorgänge auf dem Bildschirm aufzeichnen können.

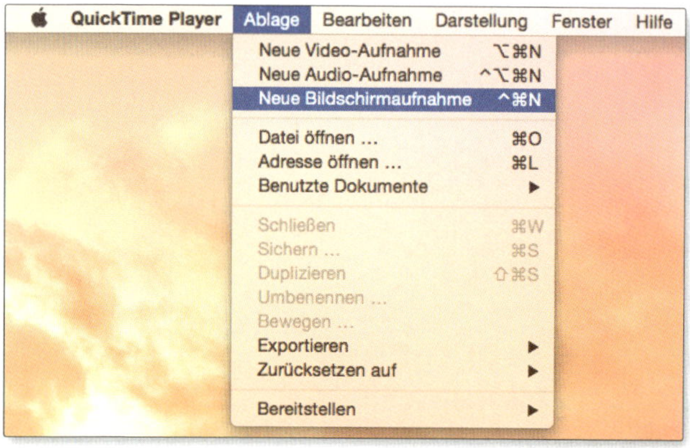


*Mit dem Programm QuickTime Player lassen sich nicht nur Videodateien wiedergeben – es lassen sich auch Video-, Audio- und Bildschirmaufnahmen tätigen.*

## Inhalte vom Mac auf Ihrem TV-Gerät wiedergeben

Das Wiedergeben von Musik und Filmen auf dem Mac gelingt sehr gut. Aber ganz das Gelbe vom Ei ist es nicht, denn der Bildschirm ist zum Betrachten von Filmen doch etwas klein. Ich möchte Ihnen daher ein Zusatzgerät empfehlen, mit dem Sie die Inhalte vom Mac bzw. in iTunes erworbene Inhalte auch auf Ihr TV-Gerät bringen. Dieses Gerät heißt Apple TV und kostete bei Redaktionsschluss offiziell 99 Euro. Wenn man das Gerät nicht bei Apple kauft, kann man es manchmal etwas preisgünstiger erhalten.

Das Apple TV ist ein nur kleines Gerät, das über einen HDMI-Anschluss mit dem Fernseher verbunden wird. Die Netzwerkverbindung mit dem Computer und dem Internet kann entweder durch ein angeschlossenes Netzwerkkabel oder aber in einem WLAN erfolgen (vgl. Kapitel 6). Ein WLAN ist in jedem Fall empfehlenswert, um Kabelsalat in Ihrem Wohnzimmer zu vermeiden.

*Diese Abbildung zeigt einen Fernseher und ein kleines Apple TV davor. (Quelle der Abbildung: Apple)*

Das Apple TV bringt eine Menge toller Funktionen mit, die Sie teils mit, teils ohne Mac nutzen können. Im Folgenden stelle ich Ihnen die besten Funktionen vor.

### Den Mac-Bildschirm auf dem TV-Gerät spiegeln

Mit der Funktion AirPlay (sprich: [ärplei], übersetzt etwa »Luftspiel«) lassen sich Bildschirminhalte vom Mac auf das Fernsehgerät übertragen. Wenn sich ein Apple TV im gleichen Netzwerk befindet, wird rechts oben auf dem Bildschirm das Menulet eingeblendet. Klicken Sie es an und wählen Sie im Menü den Eintrag *Apple TV*, um die Übertragung auf dem Fernsehgerät zu starten. Um die AirPlay-Funktion wieder zu beenden, klicken Sie das Symbol erneut an und wählen den Eintrag *AirPlay-Monitor* trennen.

*Hier starte ich das Spiegeln des Mac-Bildschirms auf dem TV-Gerät.*

Wenn Ihr Mac ein Apple TV erkennt, wird ein entsprechendes Symbol übrigens auch bei der Musik- und Filmwiedergabe angezeigt, so dass Sie über das Apple TV an den Fernseher übertragen können.

*Medienwiedergabe über das Apple TV auf dem Fernseher – gar kein Problem!*

### Mit anderen Geräten auf Ihre iTunes-Mediathek zugreifen

Sie können dem Apple TV (und anderen Geräten) auch erlauben, direkt auf Ihre iTunes-Mediathek zuzugreifen. Diese Funktion nennt sich »Privatfreigabe«. Sie funktioniert durch die Verwendung der gleichen Apple-ID. Um die Privatfreigabe zu aktivieren und auf dem Apple TV zu nutzen, gehen Sie wie folgt vor:

1. Entscheiden Sie sich in der iTunes-Menüleiste für *Ablage*, bewegen Sie den Mauszeiger auf *Privatfreigabe* und klicken Sie auf den Menüeintrag *Privatfreigabe aktivieren*.

2. Melden Sie sich im nächsten Schritt mit Ihrer Apple-ID an und bestätigen Sie mit einem Mausklick auf die Schaltfläche *Privatfreigabe aktivieren*.

3. Bestätigen Sie mit *Fertig*. Damit ist die Sache auf Ihrem Mac bereits erledigt.

4. Auf Ihrem Apple TV entscheiden Sie sich nun für die Rubrik *Computer*. Stellen Sie sicher, dass Sie mit der gleichen Apple-ID angemeldet sind.

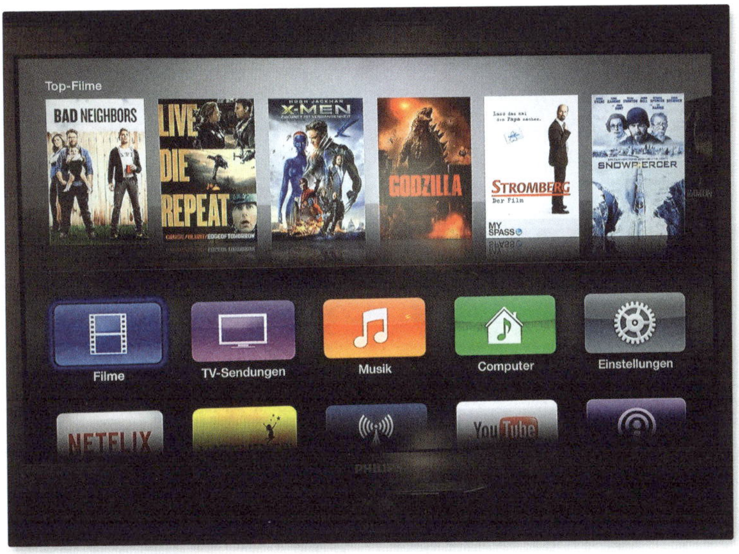


5. Prompt erhalten Sie auf Ihrem Fernseher Zugriff auf die freigegebene Mediathek.

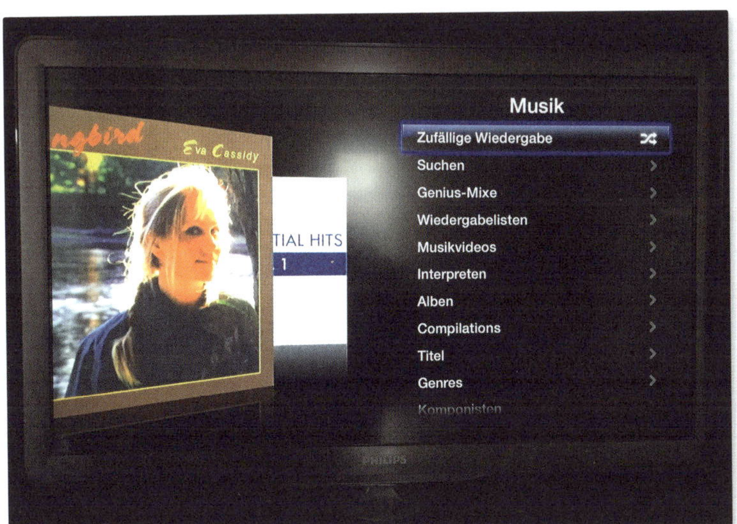

### Musik und Filme direkt auf dem Apple TV laden

Ein Apple TV können Sie aber selbstverständlich auch nutzen, wenn Ihr Mac mal ausgeschaltet ist. Sie können beispielsweise Filme direkt im iTunes Store kaufen oder ausleihen oder auf ein anderes der verfügbaren Programme zurückgreifen. Die Anbieter Netflix und Watchever (sprich: [wotschäwer]) beispielsweise bieten einen Filmverleih für einen relativ geringen monatlichen Betrag an. Auch bei YouTube finden Sie zum Teil komplette Spielfilme. Probieren Sie die einzelnen Programme auf dem Apple TV doch einfach einmal aus!

*Auch auf dem Apple TV stehen eine Reihe von Programmen zur Verfügung, die alle der Wiedergabe von Filmen, TV-Sendungen, Fotos oder Musik dienen.*

Und auch auf Ihre bereits gekauften Artikel erhalten Sie Zugriff. Wählen Sie dazu auf den Store-Seiten die Rubrik *Einkäufe* aus.

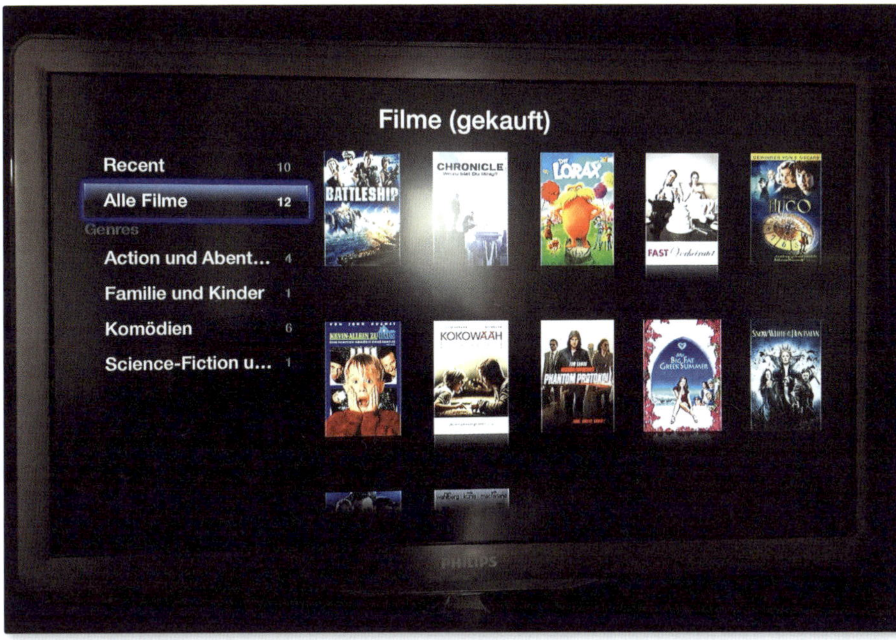


*Greifen Sie auf Ihre in iTunes getätigten Einkäufe zu, ohne dass der Mac eingeschaltet sein muss.*

Sie sehen: Das Apple TV ist eine tolle Ergänzung für Ihren Mac, aber auch für iPhone und iPad. Eine vergleichsweise preisgünstige Anschaffung, die ich Ihnen wärmstens empfehlen kann!

## Daten mit einem iPhone oder iPad austauschen

Wenn Sie einen Mac nutzen, werden Sie sicherlich auch die Vorzüge anderer Apple-Geräte zu schätzen wissen. Dazu gehört das vorhin beschriebene Apple TV, aber dazu gehören natürlich insbesondere auch das iPhone und das iPad, vielleicht auch die bei Redaktionsschluss bereits angekündigte Apple Watch (sprich: [wotsch], »watch« ist das englische Wort für Uhr). Die verschiedenen Apple-Geräte arbeiten perfekt zusammen und stellen sinnvolle Ergänzungen zum Mac dar.

Gerade auf einem iPhone oder iPad möchten Sie auch unterwegs auf wichtige Daten – z. B. auf Termine und Kontakte – sowie auf Ihre Mediendateien zugreifen können. Für den Datenaustausch zwischen Ihrem Mac und einem mobilen Gerät verwenden Sie entweder das Programm iTunes oder aber den bereits erwähnten Dienst iCloud für die Speicherung Ihrer Daten im Internet. Wie das alles funktioniert, werde ich Ihnen auf den folgenden Seiten ausführlich vorstellen.

## So gelingt der Datenaustausch mit iTunes

Beim Datenaustausch zwischen iTunes und einem mobilen Gerät spricht man auch von Synchronisierung, da Daten von beiden Seiten ausgetauscht werden. Verbinden Sie Ihr Gerät zunächst mal mit dem Mac:

1. Verbinden Sie Ihr iPhone oder iPad mithilfe des beigelegten Kabels mit Ihrem Mac. Hierbei kommt der USB-Anschluss zum Einsatz. Falls Sie auf dem mobilen Gerät eine Codesperre eingerichtet haben, müssen Sie das Gerät zunächst entsperren.

2. Bei der ersten Verbindung öffnet sich in iTunes ein Assistent für die Inbetriebnahme des mobilen Geräts. Da Sie dieses aber wahrscheinlich sowieso bereits in Betrieb genommen haben, lässt sich der Assistent mit zwei Mausklicks schließen.

3. Ihnen bietet sich nun eine ganze Reihe von Einstellungsmöglichkeiten für die Synchronisierung. Unter *Übersicht* werden Ihnen zunächst mal verschiedene Informationen zum Gerät angeboten, unter anderem zur Speicherkapazität. Im Abschnitt *Backup* (sprich: [bäckapp], englisch für Datensicherung) entscheiden Sie, ob Sie die Datensicherung auf dem Computer oder mit iCloud im Internet durchführen möchten. Im Abschnitt *Optionen* bestimmen Sie unter anderem, ob die Synchronisierung beim Verbinden des Geräts automatisch durchgeführt werden soll und ob Sie eine Synchronisierung auch im WLAN wünschen, also ohne Kabelverbindung. Die Leiste ganz unten informiert in bunten Farben über die Belegung des Speicherplatzes auf dem mobilen Gerät.

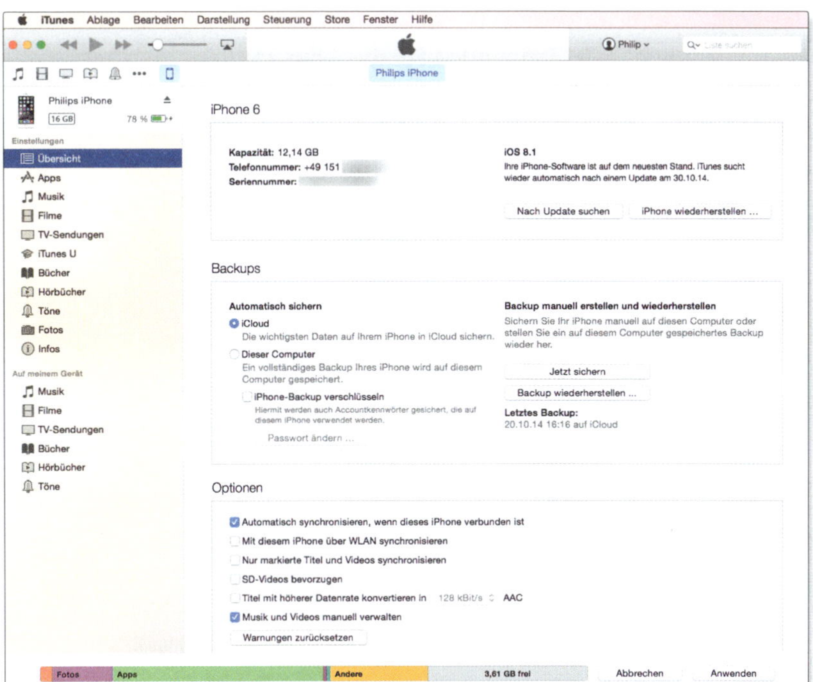

### Tipp

Und was, wenn Sie ein mobiles Gerät mit einem anderen Betriebssystem verwenden? In diesem Fall benötigen Sie zusätzliche Software zum Synchronisieren. Für Geräte mit Android (sprich: ändroid) z. B. ist das Programm AirSync interessant und für Windows Phone (sprich: [windous foun]) steht zu diesem Zweck die Windows-Phone-App für Mac zur Verfügung. Es gibt noch mehr Programme dieser Art.

Gut, die Verbindung zwischen dem Mac und dem mobilen Gerät ist nun hergestellt. Um Daten mit iTunes auszutauschen, müssen Sie im nächsten Schritt noch bestimmen, welche Daten überhaupt ausgetauscht werden sollen. Die Auswahl treffen Sie jeweils in der Leiste links, die bei verbundenem und ausgewähltem mobilen Gerät angezeigt wird. Diese Elemente können synchronisiert werden. Die Einträge erscheinen jeweils dann, wenn entsprechende Elemente zur Verfügung stehen. Bestätigen Sie jeweils mit *Anwenden*:

- *Infos*: Dieser Eintrag betrifft die Synchronisierung von Informationen, also beispielsweise von Kontakten und Terminen.
- *Apps*: Unter diesem Eintrag lassen sich Apps (Programme auf dem iPhone oder iPad) synchronisieren. Wenn Sie auf dem Mac eine schnellere Internetverbindung haben, dann laden Sie die Apps auf dem Mac herunter und übertragen Sie dann auf iPhone oder iPad. Sie können sogar die Bildschirme Ihres iPhones oder iPads bequem am Mac einrichten – doppelklicken Sie dazu auf einen angezeigten Bildschirm und verschieben Sie einzelne Symbole bei gedrückter Maustaste in eine andere Position. Wie im Launchpad können Sie auch zwei Symbole aufeinander ziehen, um einen Ordner zu erstellen.

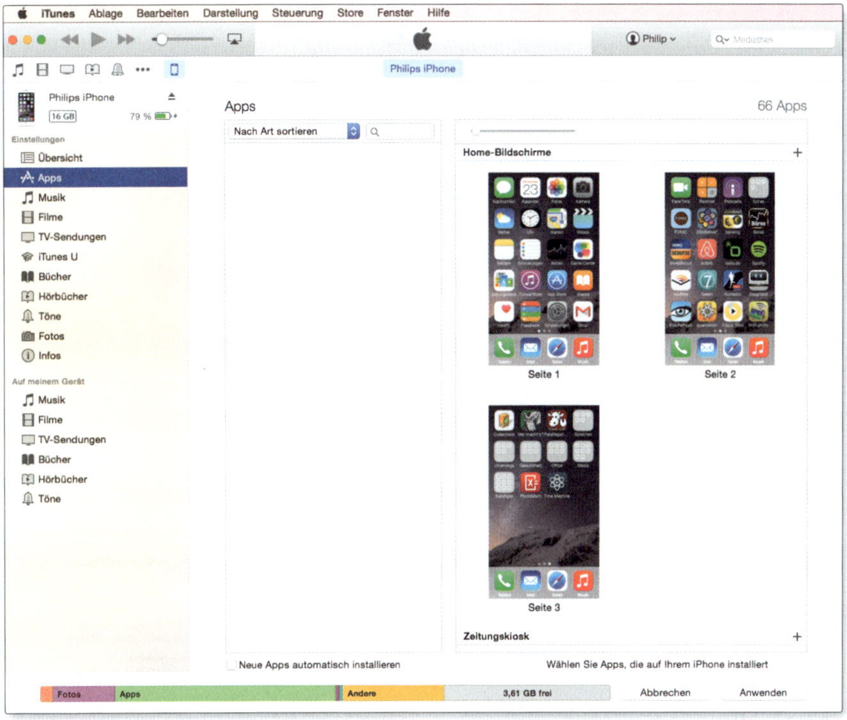


*Richten Sie die Bildschirme Ihres iPhones oder iPads komfortabel in iTunes auf dem Mac ein.*

- *Töne*: Dieser Eintrag betrifft die Synchronisierung von Klingeltönen – synchronisieren Sie entweder alle Klingeltöne oder lediglich eine von Ihnen getroffene Auswahl.
- *Musik*: Hier bestimmen Sie, ob die gesamte Musik synchronisiert werden soll oder lediglich ausgewählte Wiedergabelisten, Künstler, Genres oder Alben. Entscheiden Sie außerdem, ob auch Musikvideos und Sprachmemos in die Synchronisierung einbezogen werden sollen. Titel aus dem iTunes Store müssen Sie nicht synchronisieren, diese können auch auf den mobilen Geräten heruntergeladen werden.

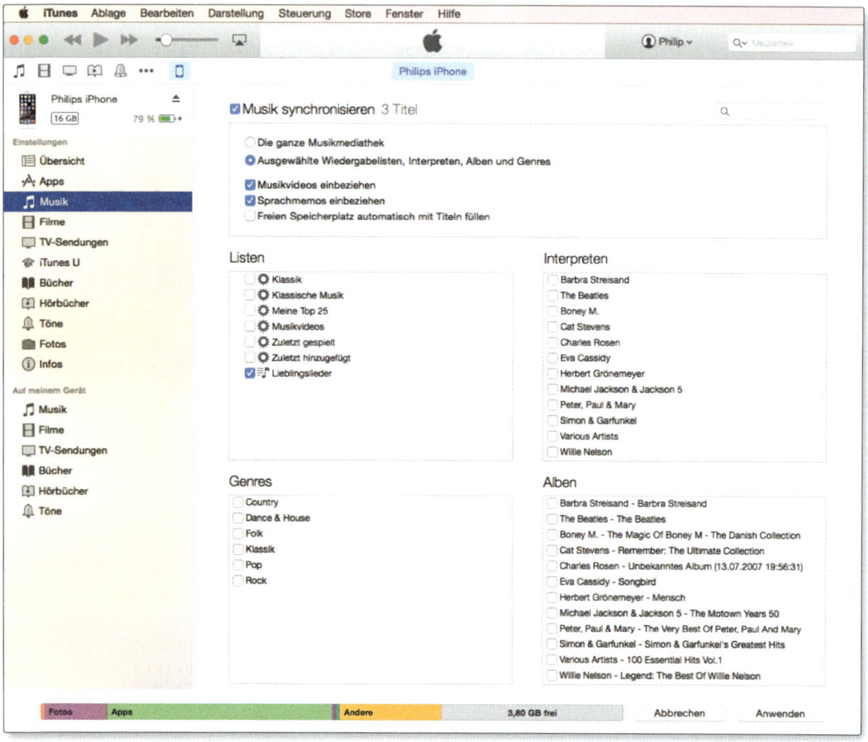


*Entscheiden Sie, ob Sie Ihre gesamte Musiksammlung synchronisieren möchten oder lediglich einen Teil davon.*

- *Filme*: Unter diesem Eintrag wählen Sie die Filme aus, die Sie synchronisieren möchten. Da auf den mobilen Geräten nicht so viel Speicherplatz zur Verfügung steht wie auf dem Mac, sollten Sie immer nur diejenigen Videos synchronisieren, die Sie tatsächlich auf einem mobilen Gerät betrachten möchten.
- *TV-Sendungen*: Für die TV-Sendungen gilt das Gleiche wie für die Filme – synchronisieren Sie TV-Sendungen nur bei Bedarf.
- *Podcasts*: Wenn Sie Podcasts nutzen, können Sie selbstverständlich auch diese synchronisieren, und zwar unter diesem Eintrag.
- *iTunes U*: Dieser Eintrag ermöglicht die Synchronisierung von im Bereich iTunes U heruntergeladenen Mediendateien.
- *Bücher*: Elektronische Bücher vom Mac auf das mobile Gerät übertragen und umgekehrt – das ist unter diesem Eintrag möglich.
- *Hörbücher*: Hier synchronisieren Sie Ihre Hörbücher – entweder sämtliche Hörbücher oder lediglich eine Auswahl.

- *Fotos:* Wenn Sie Fotos von Ihrem Computer auf Ihren Mac übertragen möchten, können Sie das schließlich unter diesem Eintrag tun. Um umgekehrt auf einem iPhone oder iPad getätigte Aufnahmen auf den Mac zu übertragen, benötigen Sie allerdings kein iTunes. Übertragen Sie die Bilder wie von einer Digitalkamera. Sie erinnern sich sicherlich an die entsprechende Anleitung in Kapitel 7!

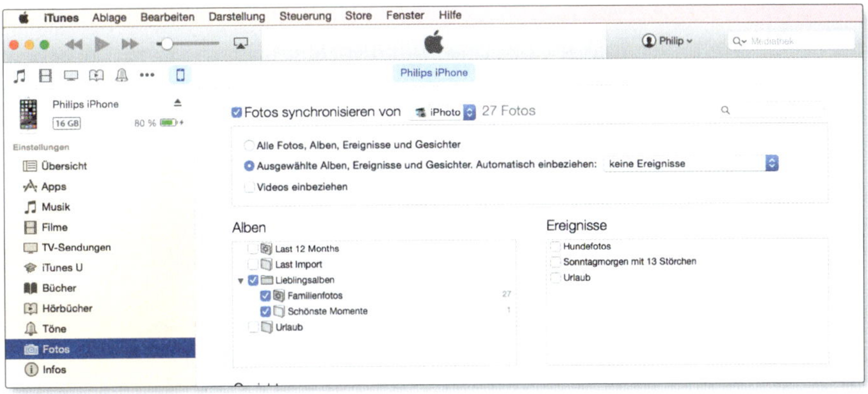

*Die Synchronisierung von Fotos verwenden Sie dann, wenn Sie Bilder vom Mac auf iPhone oder iPad übertragen möchten.*

Das ist doch gar nicht kompliziert, nicht wahr? Übrigens können Sie sich in iTunes auch ansehen, welche Dateien auf dem angeschlossenen mobilen Gerät bereits vorhanden sind. Hierzu finden Sie beim ausgewählten Gerät in der Leiste links die Rubrik *Auf meinem Gerät*. Wählen Sie in dieser Rubrik einen Eintrag an, um sich die enthaltenen Dateien anzusehen.

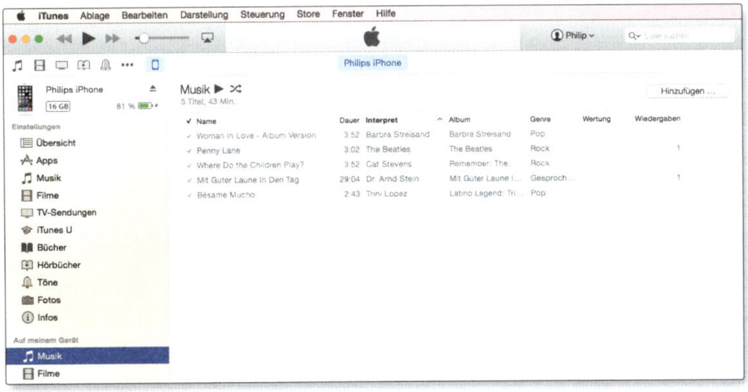

*Hier lasse ich mir die auf meinem iPhone enthaltenen Musiktitel in iTunes anzeigen.*

### Datenaustausch im Netzwerk

Im Zusammenhang mit der Übertragung an ein Apple TV haben Sie bereits die Privatfreigabe kennengelernt. Diese funktioniert auch zwischen dem Mac und einem iPhone oder iPad, sofern die gleiche Apple-ID verwendet wird. Für den allgemeinen Datenaustausch im Netzwerk aktivieren Sie die Freigabe Ihrer Mediathek. Klicken Sie dazu in der iTunes-Menüleiste auf *iTunes* und wählen Sie den Eintrag *Einstellungen*. Im sich öffnenden Fenster entscheiden Sie sich für die Rubrik *Freigabe*. Aktivieren Sie per Kontrollkästchen die Freigabe (entweder der gesamten Mediathek oder nur von einzelnen Elementen), vergeben Sie bei Bedarf ein Passwort für die Freigabe und bestätigen Sie mit *OK*.

*Hier gebe ich die gesamte iTunes-Mediathek im Netzwerk frei.*

### Auf einem anderen Gerät getätigte Einkäufe automatisch in iTunes laden

Ebenfalls gut zu wissen: Auch dann, wenn Sie Mediendateien im iTunes Store auf einem iPhone oder iPad kaufen, können Sie diese in iTunes auf dem Mac automatisch herunterladen. Wählen Sie dazu in den iTunes-Einstellungen die Rubrik *Store* und aktivieren Sie im Abschnitt *Automatische Downloads* die Kontrollkästchen der Mediendateien, die automatisch heruntergeladen werden sollen. Bestätigen Sie mit *OK*.

*Hier wurde das automatische Herunterladen von Musik aktiviert, nicht jedoch von Filmen, TV-Sendungen oder Apps.*

## Datenaustausch mit einer extra App

Auf iPhone und iPad lassen sich zahlreiche Apps installieren, die noch weitere Formen des Datenaustauschs ermöglichen. Beispielsweise ist ein Datenaustausch mit iTunes möglich, der in keine der genannten Kategorien passt. Wenn Sie sich für die Synchronisierung von Apps entscheiden und den Bildschirm ganz nach unten rollen, finden Sie eine Aufstellung von Apps, die den Datenaustausch ermöglichen. Mithilfe der entsprechenden Schaltflächen können einer App Dateien hinzugefügt werden, es lassen sich aber auch Dateien aus einer App auf dem Mac speichern.

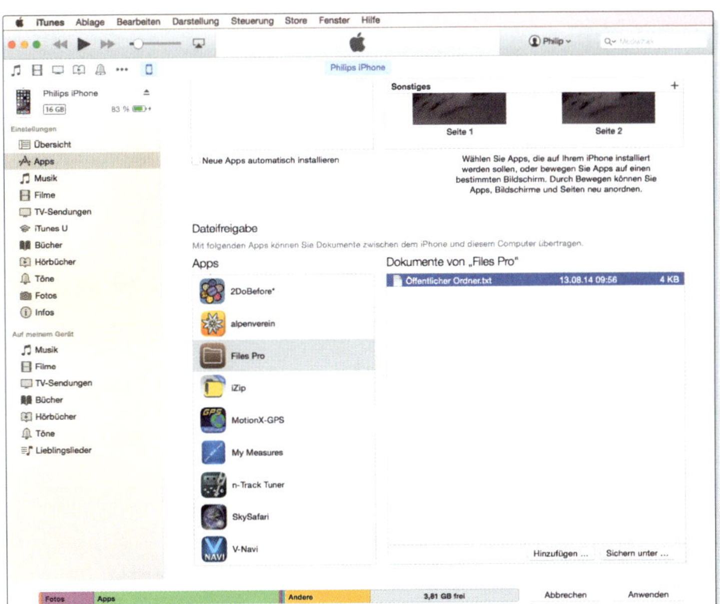


*Auch auf Dateien innerhalb einzelner Apps lässt sich in iTunes zugreifen – und es können Dateien vom Mac hinzugefügt werden.*

Eine andere häufige Variante besteht in der Datenübertragung im WLAN. Hierbei wird in einer App eine Adresse angezeigt, die Sie dann im Programm Safari öffnen.

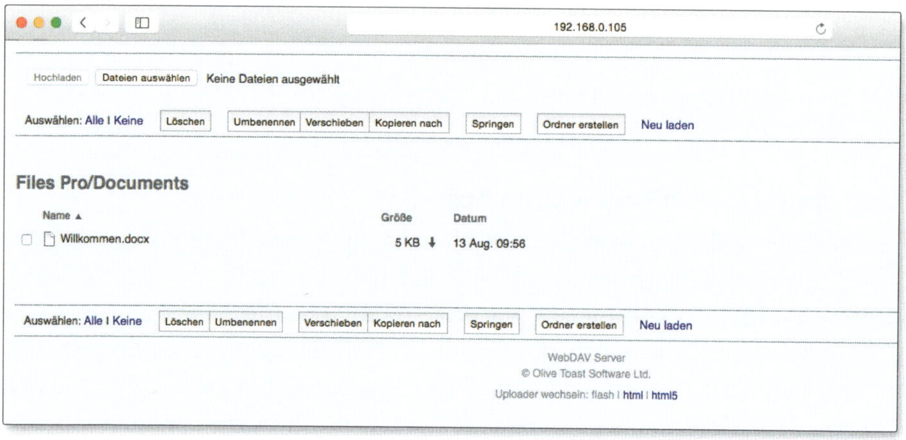


*Beispielsweise mit dem Programm Files Pro (sprich: [fails pro]) lassen sich im Programm Safari Daten im WLAN austauschen.*

**Herr Peters empfiehlt:**

Es gehört ein wenig Erfahrung dazu, um herauszufinden, welche Methoden der Datenübertragung für Sie persönlich am komfortabelsten und am besten geeignet sind. Verwenden Sie zu Beginn die Apple-Funktionen und machen Sie sich später nach und nach mit weiteren Apps vertraut, die den Datenaustausch erlauben.

## Ihre Daten mühelos übers Internet austauschen

In diesem Buch war bereits einige Male die Rede von Apples Speicherdienst iCloud. Dieser Dienst bietet den Vorteil, dass Ihre Daten unabhängig vom Gerät gespeichert werden – selbst dann, wenn Ihr Mac, Ihr iPhone oder Ihr iPad kaputt geht oder gestohlen wird, die Daten bleiben Ihnen erhalten. Und auch der Datenaustausch zwischen verschiedenen Geräten kann über iCloud erfolgen. Das Ganze ist bis zu einem gewissen Speichervolumen kostenlos. Voraussetzung ist wieder das Vorhandensein einer Apple-ID. So melden Sie sich, falls noch nicht geschehen, auf Ihrem Mac bei iCloud an:

1. Öffnen Sie die Systemeinstellungen und entscheiden Sie sich dort für die Kategorie *iCloud*.

2. Geben Sie im folgenden Fenster Ihre Apple-ID und das zugehörige Passwort ein. Bestätigen Sie mit einem Mausklick auf die Schaltfläche *Anmelden*.

3. Als Nächstes werden Sie gefragt, für welche Zwecke Sie iCloud einsetzen möchten. Lassen Sie hier in der Regel beide Kontrollkästchen aktiviert und bestätigen Sie mit *Weiter*. (Sie können nachträglich noch detaillierter festlegen, welche Daten Sie in iCloud speichern möchten und welche nicht.)

4. Für die Funktion *Meinen Mac suchen* müssen Sie noch den Zugriff auf den Standort Ihres Macs erlauben. Bestätigen Sie mit einem Mausklick auf die Schaltfläche *Erlauben*.

5. Auch die Funktion *iCloud-Schlüsselbund* meldet sich zu Wort und verlangt eine erneute Passworteingabe. Der iCloud-Schlüsselbund erlaubt es, auch Ihre Passwörter im Internet zu sichern – natürlich in verschlüsselter Form.

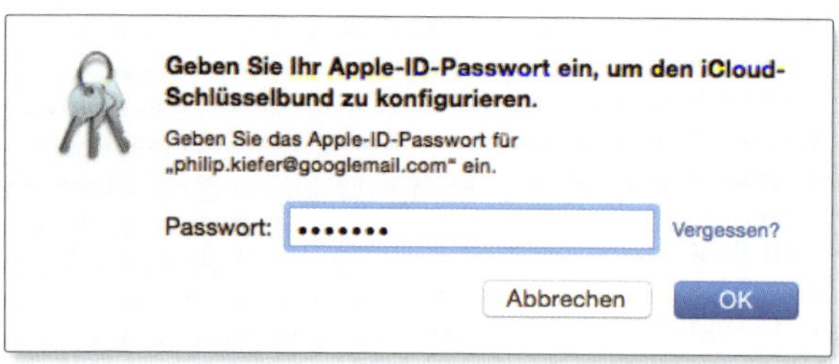


6. Bestätigen Sie gegebenenfalls die Verwendung von iCloud Drive mit *Fortfahren*.

7. Geben Sie zweimal einen vierstelligen Sicherheitscode für die Verwendung des iCloud-Schlüsselbunds auch auf anderen Geräten ein.

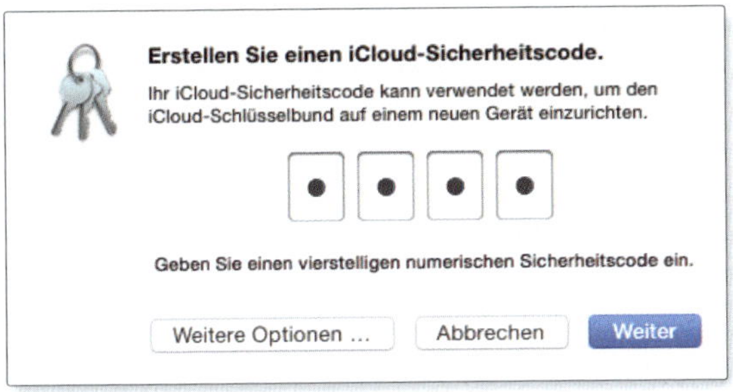


8. Geben Sie schließlich noch eine Mobilfunknummer ein. Falls Sie selbst nicht über ein Mobiltelefon verfügen sollten, können Sie auch die Mobilfunknummer Ihres Sohnes oder Enkels angeben.

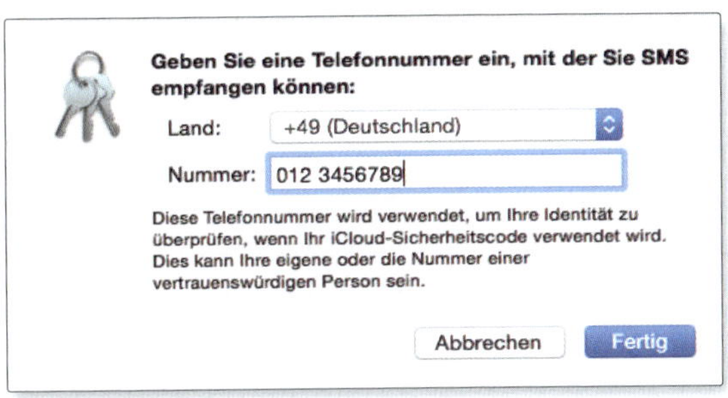


**Aufgepasst**

Bitte beachten Sie: Die genaue Vorgehensweise kann sich bei Weiterentwicklungen von iCloud durchaus verändern. Die Schrittanleitung zeigt den Stand bei Redaktionsschluss.

## Nun bestimmen Sie, welche Daten im Internet gespeichert werden sollen und welche nicht

Ich kann mir gut vorstellen, dass Sie dem Dienst iCloud momentan noch etwas skeptisch gegenüberstehen. Angesichts von Geheimdienstskandalen und Schlagzeilen zu Datendiebstahl in den Medien ist das ja nicht weiter verwunderlich. Aber der Dienst iCloud ist doch recht sicher, denn die Daten werden verschlüsselt im Internet übertragen und verschlüsselt bei Apple gespeichert. Viel wichtiger ist, dass Sie für iCloud bzw. für Ihre Apple-ID ein sicheres Passwort verwenden und dieses auch wirklich für sich behalten! Denn über iCloud ist vom Zugriff auf Ihre Kontakte und kommenden Termine bis hin zur genauen Standortbestimmung alles möglich. Seien Sie deshalb bei der Verwendung stets vorsichtig!

Die iCloud-Funktion zum erneuten Herunterladen bereits einmal im iTunes Store gekaufter Artikel haben Sie bereits kennengelernt. Im Folgenden geht es nun um weitere iCloud-Funktionen. Zum Aktivieren oder Deaktivieren einer Funktion dient jeweils das zugehörige Kontrollkästchen:

- *iCloud Drive*: Diese Funktion ermöglicht es einzelnen Programmen auf Ihrem Mac, Daten in iCloud zu speichern. Um welche Programme es sich dabei handelt, erfahren Sie, wenn Sie beim Eintrag *iCloud Drive* auf *Optionen* klicken. Per Kontrollkästchen lässt sich die Funktion für einzelne Programme deaktivieren.

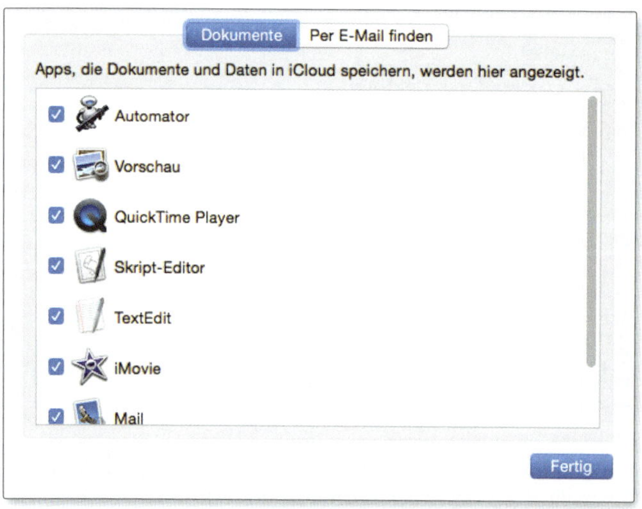


*Daten aus verschiedenen Programmen in iCloud speichern – dies ermöglicht die Funktion iCloud Drive.*

- *Fotos*: Diese Funktion habe ich Ihnen bereits in Kapitel 7 vorgestellt. Klicken Sie beim Eintrag *Fotos* auf *Optionen*, um die Einstellungen zu prüfen. Die Option *Mein Fotostream* dient dazu, Ihre Aufnahmen in iCloud zu sichern und auch auf anderen Geräten wie z. B. einem Apple TV darauf zuzugreifen. Mit der Option *iCloud-Fotofreigabe* können Sie Aufnahmen auch für andere Personen freigeben.

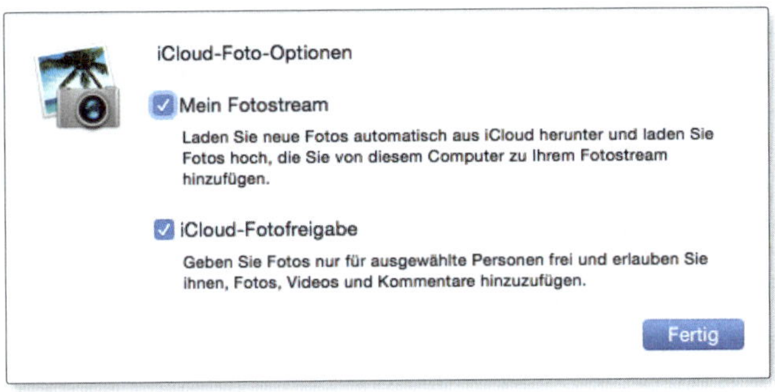


*Der Fotostream ermöglicht den Zugriff auf Ihre Aufnahmen über iCloud.*

- *Mail*: Zusammen mit iCloud wird auch eine kostenlose E-Mail-Adresse angeboten. Entscheiden Sie selbst, ob Sie davon Gebrauch machen möchten oder lieber auf einen anderen E-Mail-Anbieter setzen.
- *Kontakte*: Übertragen Sie mit dieser Funktion die im Programm Kontakte gespeicherten Kontakte in iCloud, um sie zu sichern und auch von anderen Geräten aus darauf zugreifen zu können.
- *Kalender*: Mit dieser Funktion übertragen Sie die im Programm Kalender gespeicherten Termine in iCloud, um sie zu sichern und auch von anderen Geräten aus darauf zuzugreifen.
- *Erinnerungen*: Übertragen Sie mit dieser Funktion die im Programm Erinnerungen angelegten Listen und Aufgaben in iCloud.
- *Safari*: Wenn diese Funktion aktiviert ist, werden die in Safari gespeicherten Lesezeichen sowie auch die jeweils geöffneten Webseiten in iCloud gespeichert und zwischen mehreren Geräten synchronisiert.
- *Notizen*: Diese Funktion erlaubt es, im Programm Notizen geschriebene Texte in iCloud zu sichern und auch auf anderen Geräten verfügbar zu machen.
- *Schlüsselbund*: Diese Funktion dient, wie bereits erwähnt, zur Sicherung Ihrer Passwörter in iCloud. Auch auf Ihren anderen Geräten kann auf den

iCloud-Schlüsselbund zugegriffen werden, so dass Sie sich – wenn Sie sich für die Nutzung dieser Funktion entscheiden – zukünftig weniger Passwörter merken müssen.

*Sie entscheiden selbst, welche iCloud-Funktionen Sie nutzen möchten und welche nicht – ganz einfach per Kontrollkästchen.*

- *Zugang zu meinem Mac*: Diese Funktion ermöglicht es, von einem anderen Mac aus auf den eigenen Mac zuzugreifen – die Verwendung des gleichen iCloud-Kontos vorausgesetzt.
- *Meinen Mac suchen*: Falls Sie Ihr MacBook einmal unterwegs liegen lassen sollten, hilft Ihnen diese Ortungsfunktion beim Wiederfinden. Ich werde sie Ihnen in Kapitel 9 noch näher vorstellen.

Wenn Sie nun auch auf einem iPhone oder iPad die entsprechenden iCloud-Funktionen aktivieren, halten Sie die Daten auf allen Geräten synchron. Das heißt, eine Notiz, die Sie auf Ihrem Mac eingeben, steht beispielsweise auch auf Ihrem iPad zur Verfügung – und umgekehrt.

Auf einem iPhone oder iPad kann iCloud übrigens zusätzlich der Erstellung einer vollständigen Datensicherung, eines Backups, dienen. In diesem Zusammenhang gilt es nur darauf zu achten, dass Sie nicht schnell an die Kapazitätsgrenzen des kostenlosen Speicherplatzes gelangen. Wie Sie Ihren iCloud-Speicherplatz auf dem Mac verwalten, zeige ich Ihnen gleich im nächsten Abschnitt.

**Herr Peters empfiehlt**

Für viele Menschen ist es ein merkwürdiges Gefühl, Daten im Internet zu speichern. Wo werden die Daten aufbewahrt und habe ich überhaupt Einfluss darauf, was damit geschieht? Ein wenig Skepsis ist durchaus angebracht, aber Sie sollten deshalb nicht auf diese nützlichen Funktionen verzichten. Laden Sie jedoch grundsätzlich möglichst wenige persönliche Daten ins Internet.

## So verwalten Sie den verfügbaren Speicherplatz im Internet

Apple stellte seinen Nutzern bei Redaktionsschluss fünf Gigabyte (sprich: [gigabait], eine Speichereinheit) Speicherplatz zur Verfügung. Dieser Speicherplatz würde beispielsweise für eine Million voll beschriebene Din-A4-Seiten ausreichen – aber lediglich für einen einzigen Spielfilm in DVD-Qualität. Ob der Speicherplatz ausreichend ist, richtet sich also danach, was Sie darin speichern.

Einen Überblick über den zur Verfügung stehenden Speicherplatz erhalten Sie direkt in den Systemeinstellungen unter der Kategorie *iCloud*. Sie finden unten im Fenster eine Leiste, in welcher die Speicherbelegung und der noch verfügbare Speicherplatz angezeigt werden. Wenn Sie auf eine Farbe klicken, erscheint ein kleines Infofenster mit näheren Angaben zur jeweiligen Speicherbelegung.

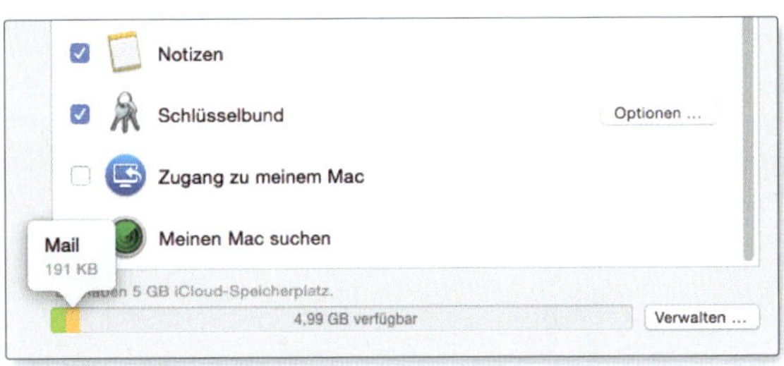


*Sie werden in den Systemeinstellungen über die Belegung des iCloud-Speichers in Kenntnis gesetzt.*

Möchten Sie einzelne Daten aus dem iCloud-Speicher löschen oder den Speicher erweitern? Dazu eine kleine Schrittanleitung:

1. Öffnen Sie in den Systemeinstellungen die Kategorie *iCloud*. Klicken Sie rechts unten im Fenster auf die Schaltfläche *Verwalten*.

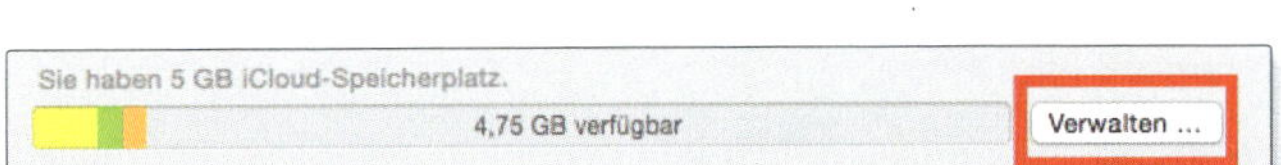

2. Im folgenden Fenster erhalten Sie eine detaillierte Übersicht über die Belegung des iCloud-Speichers. Wenn der Speicherplatz knapp wird, können Sie hier einige nicht mehr benötigte Elemente löschen, z. B. veraltete Datensicherungen eines iPhones oder iPads. Die Alternative besteht darin, den Speicherplatz zu erweitern – dann wird es allerdings kostenpflichtig. Wenn Sie sich für eine Erweiterung des iCloud-Speichers entscheiden, dann erweitern Sie diesen stufenweise, wählen Sie also nicht gleich das teuerste Paket, sondern erweitern Sie den Speicherplatz jeweils bei Bedarf.

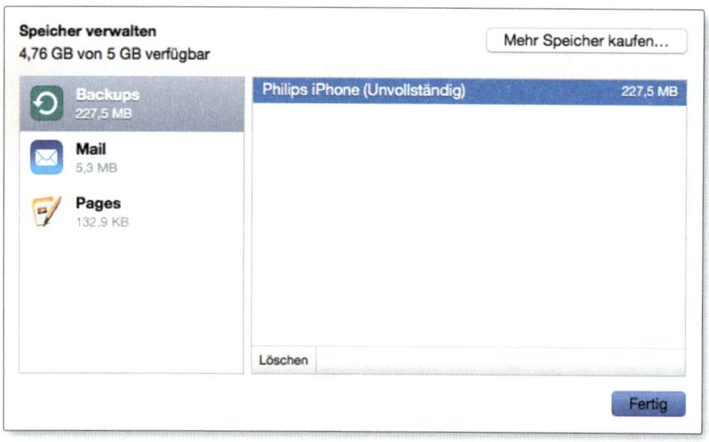


3. Wählen Sie im nächsten Schritt einfach aus, wie viel iCloud-Speicher Sie benötigen. Bestätigen Sie mit *Weiter*.

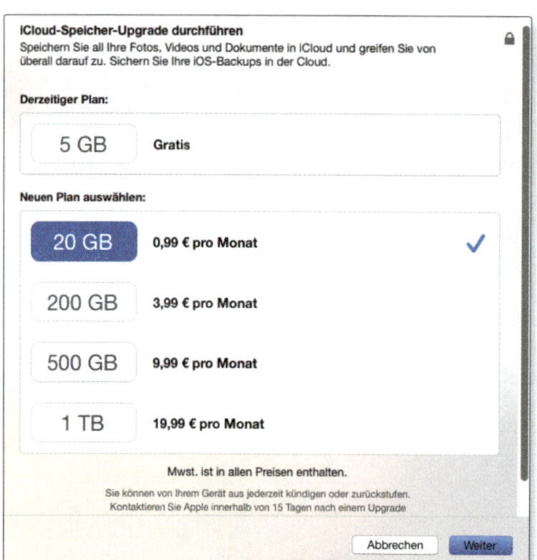

4. Im letzten Schritt geben Sie das zu Ihrer Apple-ID gehörende Passwort ein und bestätigen mit einem Mausklick auf die Schaltfläche *Kaufen*.

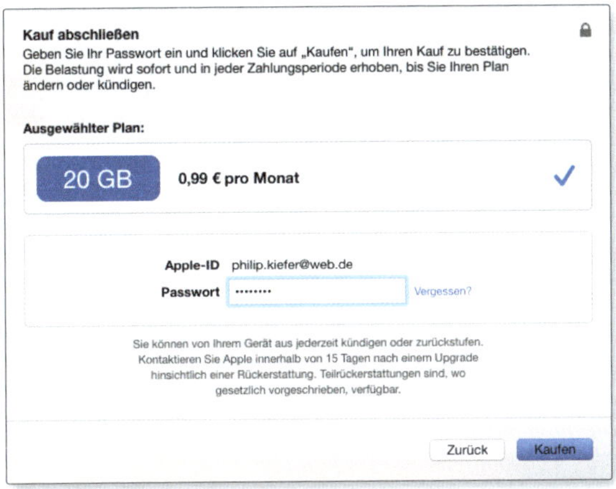


## Ihre Einkäufe mit Familienmitgliedern teilen

Eine weitere sehr interessante iCloud-Funktion ist die Familienfreigabe. Sie erlaubt es Ihnen, die eigenen Einkäufe im iTunes Store, im App Store oder im iBooks Store auch für Ihre Familienmitglieder freizugeben. Die Familienmitglieder können außerdem mit der Kreditkarte des Organisators in den genannten Läden einkaufen. Auch zu diesem Thema eine Schrittanleitung:

1. Zunächst einmal muss die Familienfreigabe eingerichtet werden. Öffnen Sie dazu die Systemeinstellungen und wählen Sie die Kategorie *iCloud*. Klicken Sie dann unterhalb Ihres Benutzernamens auf die Schaltfläche *Familie einrichten*.

2. Es folgen drei Schritte, in denen Sie einfach jeweils mit *Fortfahren* bestätigen.

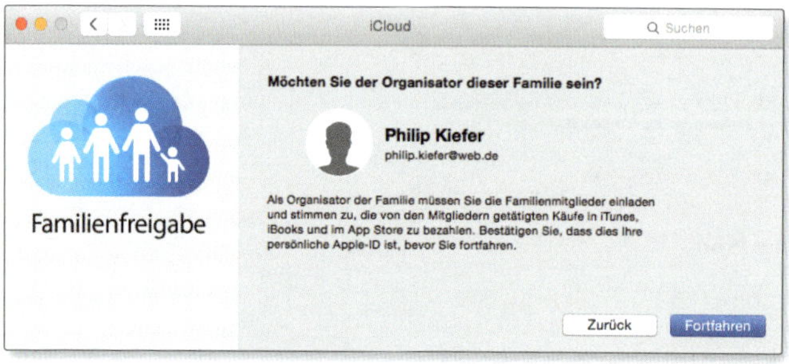


3. Den Hinweis zu den Familienkäufen sollten Sie sich gut durchlesen. Bestätigen Sie dann ebenfalls mit *Fortfahren*.

4. Bestätigen Sie anschließend noch die Nutzungsbedingungen, um endlich Familienmitglieder hinzufügen zu können. Hierzu klicken Sie auf die Schaltfläche *Familienmitglied hinzufügen* bzw. auf das Plussymbol [+] links unterhalb der Familienmitgliederliste.

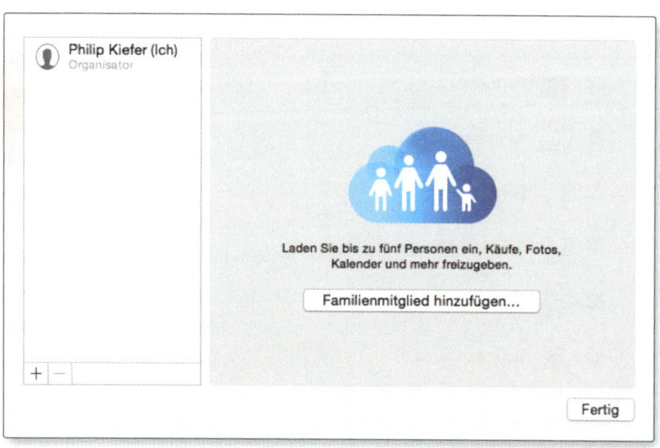

5. Geben Sie die Apple-ID des Familienmitglieds ein und bestätigen Sie mit *Fortfahren*.

6. Geben Sie den zu Ihrer Kreditkarte gehörenden Sicherheitscode ein und bestätigen Sie mit *Fortfahren*.

7. Schließlich muss das Familienmitglied noch das zu seiner Apple-ID gehörende Passwort eingeben. Alternativ wählen Sie die Option zum Senden einer Einladung aus, bevor Sie mit *Fortfahren* bestätigen.

8. Das Familienmitglied wurde angelegt. Bestätigen Sie mit *Fertig*.

Eine iCloud-Familie kann aus bis zu sechs Mitgliedern bestehen. Die Ausgaben von minderjährigen Familienmitgliedern müssen zunächst vom Organisator oder einem anderen erwachsenen Familienmitglied bewilligt werden.

## Auf Ihre Daten auch im Internetcafé auf Kuba zugreifen

Auf viele Ihrer Daten können Sie dank iCloud auch über eine Webseite zugreifen – nicht nur von Ihrem eigenen Mac aus, sondern auch auf anderen mit dem Internet verbundenen Computern weltweit, selbst in einem Internetcafé in Havanna. Rufen Sie hierzu die Webadresse www.icloud.com auf und melden Sie sich mit Ihrer Apple-ID an.

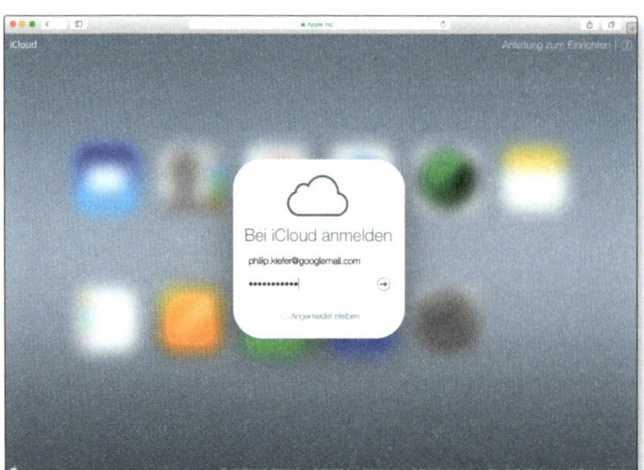


*Melden Sie sich mit Ihrer Apple-ID auf der iCloud-Webseite an, um von überall her auf Ihre im Internet gespeicherten Daten zugreifen zu können.*

Auch auf der iCloud-Webseite stehen Ihnen nach der Anmeldung verschiedene Programmsymbole zur Verfügung. Gerne gebe ich Ihnen dazu einen Überblick:

- *Mail*: Wenn Sie iCloud-Mail verwenden, können Sie hier auf Ihre elektronische Post zugreifen und selbstverständlich auch neue E-Mails versenden.
- *Kontakte*: Auf in iCloud gespeicherten Kontakte zugreifen oder neue Kontakte anlegen – hierzu klicken Sie auf dieses Programmsymbol. Es lassen sich hier auch Dateien ins Internet hochladen.

*Greifen Sie per Programmsymbol auf die gewünschten iCloud-Daten zu.*

- *Kalender*: Unter diesem Programmsymbol finden Sie einen Überblick über alle Ihre in iCloud gespeicherten Kalender und Termine. Auch neue Termine lassen sich hier eintragen.
- *iCloud Drive*: Greifen Sie unter diesem Programmsymbol auf die von den verschiedenen Programmen in iCloud gespeicherten Daten zu. Es lassen sich hier auch Dateien ins Internet hochladen.

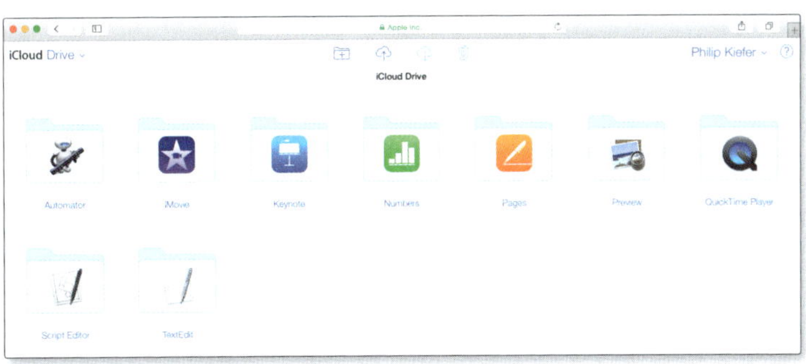


*Mit iCloud Drive greifen Sie auch auf der iCloud-Webseite auf Daten zu, die von einzelnen Programmen in iCloud gespeichert wurden.*

- *Mein iPhone*: Unter diesem Programmsymbol verbirgt sich die Funktion zum Orten und Anzeigen eines verloren gegangenen Geräts, die ich Ihnen in Kapitel 9 noch näher vorstellen werde.
- *Notizen*: Auf Ihre in iCloud gespeicherten Notizen auch unterwegs zugreifen – das gelingt mühelos unter diesem Programmsymbol.
- *Erinnerungen*: Unter diesem Programmsymbol greifen Sie auf Ihre in iCloud gespeicherten Listen und Aufgaben zu.
- *Pages*: Sie kennen bereits das Textverarbeitungsprogramm Pages. Wenn Sie auch unterwegs ein Dokument verfassen möchten, können Sie das unter diesem Programmsymbol tun.

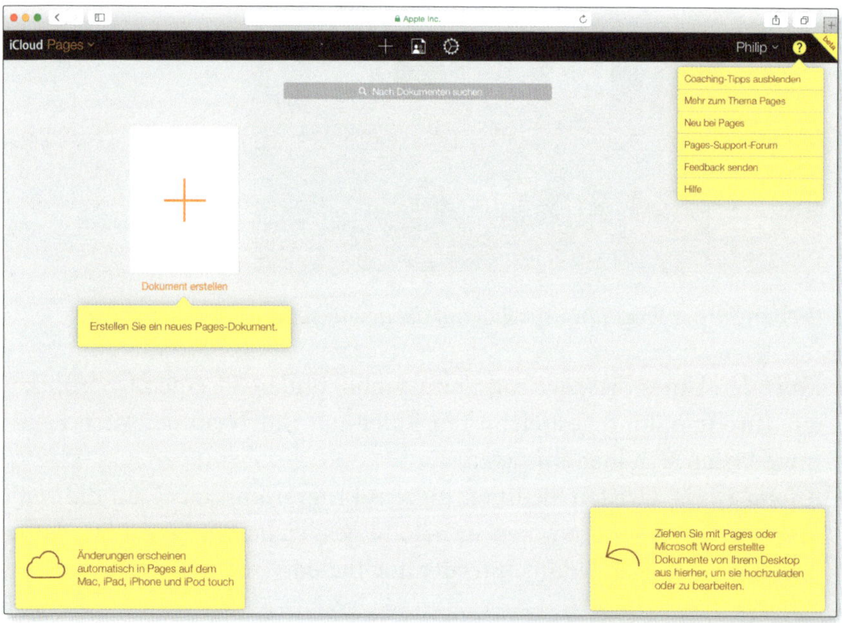


*Selbst Dokumente lassen sich mithilfe von iCloud auf einer Webseite anlegen und bearbeiten.*

- *Numbers*: Eine Web-Version des Tabellenkalkulationsprogramms Numbers steht unter einem Programmsymbol zur Verfügung.
- *Keynote*: Schließlich können Sie auch eine Web-Version des Präsentationsprogramms Keynote direkt auf einer Webseite nutzen.
- *Einstellungen*: Unter diesem Programmsymbol schließlich erhalten Sie einen Überblick über Ihre in iCloud angemeldeten Geräte sowie die Möglichkeit, Ihre Apple-ID zu verwalten.

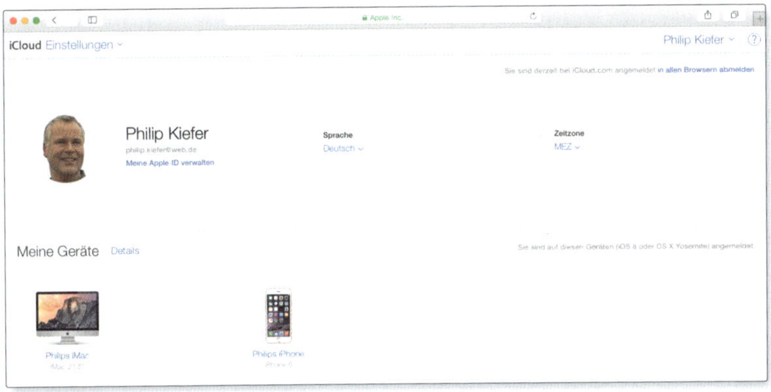


*Welche Geräte sind in iCloud angemeldet? In den iCloud-Einstellungen erfahren Sie es.*

## iCloud auch auf einem Windows-Computer nutzen

In erster Linie ist iCloud für den Datenaustausch mit Apple-Geräten maßgeschneidert. Einige Daten lassen sich jedoch (zusätzlich zum Zugriff im Browser) auch mit einem Windows-Computer austauschen. Hierfür wird die iCloud-Systemsteuerung benötigt, die Sie unter der Webadresse www.icloud.com/icloudcontrolpanel aus dem Internet laden und dann auf Ihrem Windows-Computer installieren.

Sie finden nach der Installation der iCloud-Systemsteuerung verschiedene Programmverknüpfungen vor, wobei die meisten jedoch einfach auf die iCloud-Webseite verweisen. Für Sie interessant ist der Programmeintrag *iCloud*. Klicken Sie diesen an, um sich anschließend mit Ihrer Apple-ID für die iCloud-Nutzung auch auf dem Windows-Computer anzumelden.

*Wählen Sie die iCloud-Programmverknüpfung aus, um sich mit Ihrer Apple-ID für die iCloud-Nutzung auf dem Windows-Computer anzumelden.*

Sie stellen fest, dass in der iCloud-Systemsteuerung auf dem Windows-Computer deutlich weniger Optionen zur Verfügung stehen als auf dem Mac. Aber das Prinzip ist das gleiche: Entscheiden Sie per Kontrollkästchen, welche Optionen Sie nutzen möchten und klicken Sie bei einem Eintrag auf *Optionen*, um die gewünschten Einstellungen dazu vorzunehmen.

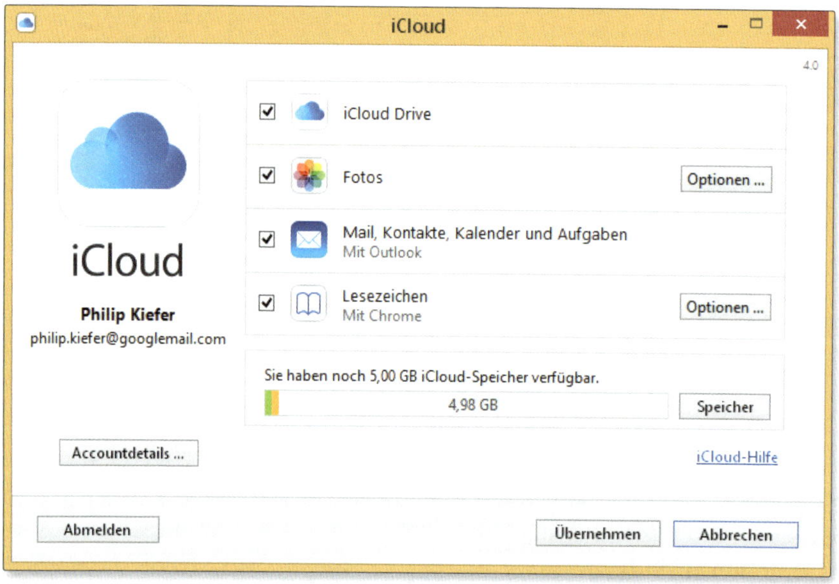


*Weniger Optionen, aber gleiches Prinzip: die iCloud-Systemsteuerung auf einem Windows-Computer*

Kapitel 9

# Ihren Mac warten und einfache Probleme selber lösen

Nach dem Durcharbeiten der bisherigen Kapitel kennen Sie sich mit Ihrem Mac schon richtig gut aus und Sie können ihn im Alltag nutzen, ohne ständig bei Ihrem Neffen das Telefon klingeln zu lassen, weil Sie wieder mal eine Computerfrage haben. In diesem letzten Kapitel finden Sie Hilfe, falls mal das eine oder andere kleinere Problem auftreten sollte. Sie erfahren außerdem, wie Sie die Daten auf Ihrem Mac gründlich sichern und im Ernstfall lückenlos wiederherstellen.

# Wenn ein Programm mal nicht mehr richtig funktioniert

Sie haben den Einstieg in die oftmals faszinierende, manchmal aber gar nicht unkomplizierte Welt des Macs nun hinter sich. Ab sofort sind Sie in der Lage, Funktionen und Programme auf eigene Faust zu erkunden – und kleinere Problemlösungen selbst durchzuführen. Dazu finden Sie in diesem Kapitel noch eine Reihe nützlicher Tipps und Anleitungen. Für Ihren weiteren Weg mit dem Mac wünsche ich Ihnen alles Gute! Übrigens: Falls Sie noch mehr Lesefutter zu Mac-Themen benötigen, schauen Sie sich doch einmal gründlich unter der Webadresse www.smartbooks.de um.

Im Zusammenhang mit den Fensterfunktionen eines Programms in Kapitel 6 haben Sie bereits erfahren, dass das Schließen eines Programmfensters nicht in jedem Fall das Beenden eines Programms bedeutet. Bei zahlreichen geöffneten Fenstern geht der Überblick über die aktuell geöffneten Programme leicht verloren. Wenn ein Programm sich dann noch hartnäckig gegen das Beenden wehren sollte, wird es besonders lästig.

Die erste Anlaufstation bei solchen Problemen ist die Funktion *Sofort beenden*. Rufen Sie diese auf Ihrem Mac auf, indem Sie ganz links oben auf dem Bildschirm auf das Apple-Logo  klicken und im sich öffnenden Menü den Eintrag *Sofort beenden* wählen. Alternativ können Sie die Funktion auch mit der Tastenkombination [alt] ⌥ + [cmd] ⌘ + [esc] esc aufrufen.

*Verwenden Sie die Funktion zum sofortigen Beenden von Programmen, um eine Übersicht über die geöffneten Programme zu erhalten sowie um störrische Programme zu beenden.*

Im sich öffnenden Fenster wählen Sie nun einfach eines oder (bei gedrückter [cmd]-Taste ⌘) mehrere der angezeigten Programme aus. Bestätigen Sie mit einem Mausklick auf die Schaltfläche *Sofort beenden*.

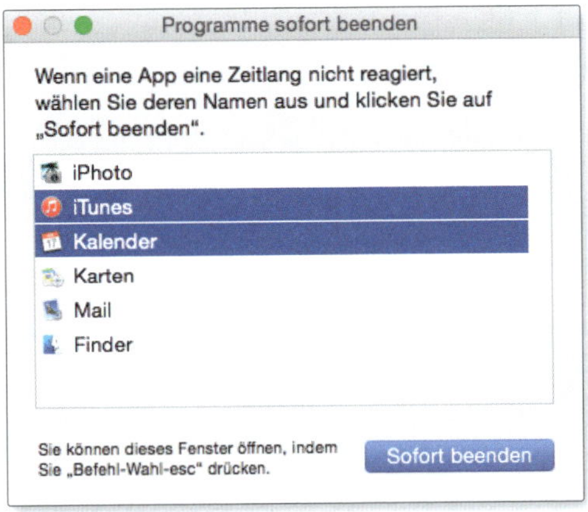


*Es können auch mehrere Programme gleichzeitig beendet werden.*

## Einzelne Prozesse in der Aktivitätsanzeige verwalten

Im Unterschied zu Programmen werden Prozesse nicht im Fenster *Sofort beenden* angezeigt. Prozesse sind Aufgaben, die Ihr Mac gerade ausführt. Um sich die laufenden Prozesse anzusehen und einen Prozess gegebenenfalls zu beenden, verwenden Sie die Aktivitätsanzeige. Dazu wieder eine kleine Schrittanleitung:

1. Öffnen Sie das Launchpad, entscheiden Sie sich für den Ordner *Andere* und klicken Sie auf das Symbol des Programms Aktivitätsanzeige.

2. Sie erhalten eine Übersicht über die laufenden Prozesse. Wählen Sie einen Prozess, der Sie interessiert, per Mausklick aus.

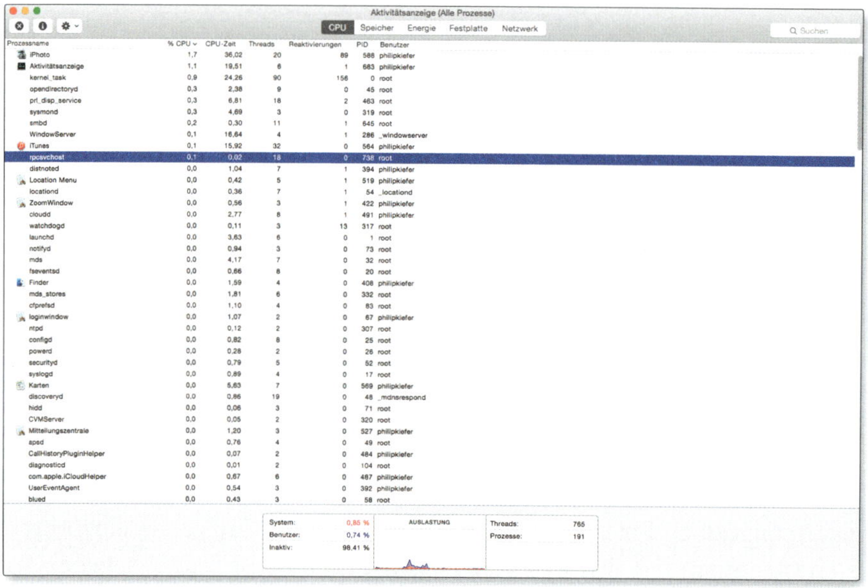


3. Links oberhalb der Liste mit den Prozessen finden Sie drei Symbole. Um einen ausgewählten Prozess zu beenden, klicken Sie auf das Symbol . Bestätigen Sie das Beenden auch noch mal im folgenden Rückfragefenster.
4. Wenn Sie lediglich Informationen zu einem ausgewählten Prozess aufrufen möchten, entscheiden Sie sich für das Symbol .

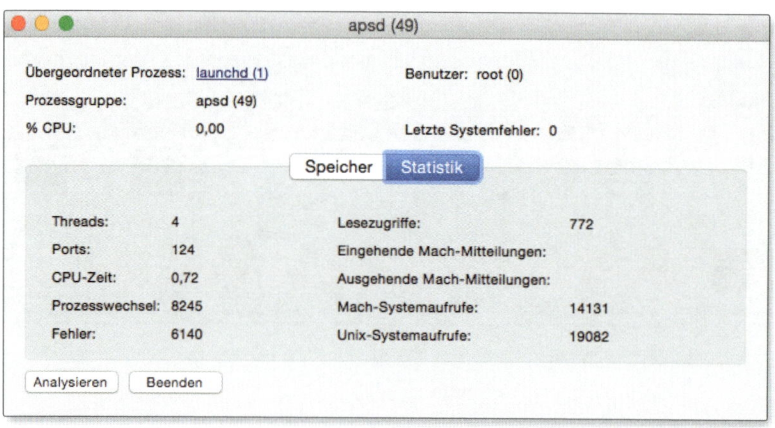

5. Unter dem Symbol ⚙ ⌄ schließlich finden Sie Optionen zum Analysieren eines ausgewählten Prozesses sowie zum Durchführen verschiedener Diagnosen.

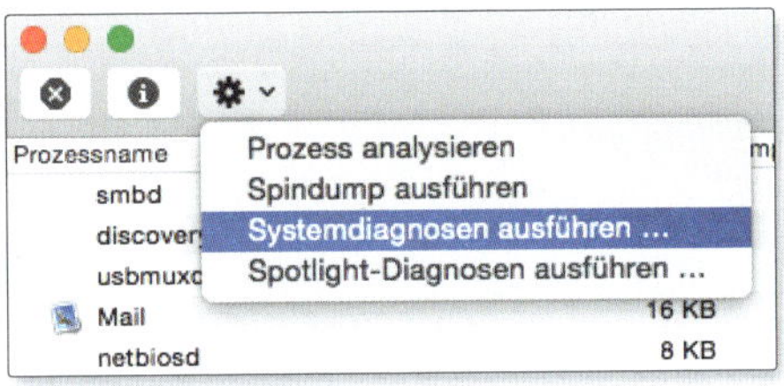


**Tipp**

In der Menüleiste unter *Darstellung* finden Sie Optionen zum Filtern der Prozesse: Lassen Sie sich z. B. nur diejenigen mit dem eigenen Benutzerkonto anzeigen oder beschränken Sie die Darstellung auf aktive Prozesse.

## Interessante Auswertungen zum System aufrufen

In der Aktivitätsanzeige greifen Sie nicht nur auf die Prozesse zu, sondern erhalten auch interessante Auswertungen zum System. Klicken Sie in der Leiste oben in der Aktivitätsanzeige auf die einzelnen Kategorien, um die passenden Informationen einzublenden. So beispielsweise sieht das Ganze momentan auf meinem iMac aus:

- *CPU*: Sie erinnern sich, dass CPU ein anderer Begriff für den Prozessor Ihres Macs ist und dass dieser für die Rechenprozesse des Computers zuständig ist. Wenn Sie oben in der Aktivitätsanzeige auf *CPU* klicken, werden Ihnen wie beschrieben die laufenden Prozesse angezeigt. Unterhalb der Liste mit den laufenden Prozessen erhalten Sie zusätzlich eine grafische Übersicht zur CPU-Auslastung.

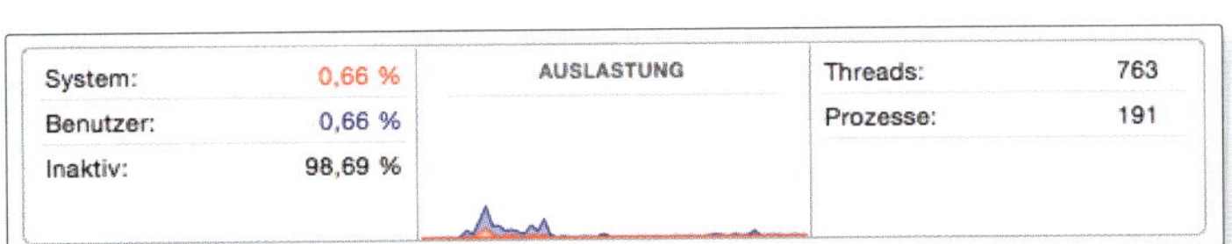


*Diese Abbildung zeigt eine in der Aktivitätsanzeige erstellte Darstellung zur CPU-Auslastung.*

- *Speicher*: Welche Programme und Prozesse benötigen zurzeit am meisten Arbeitsspeicher? Klicken Sie in der Aktivitätsanzeige auf *Speicher*, um eine entsprechende Übersicht zu erhalten.

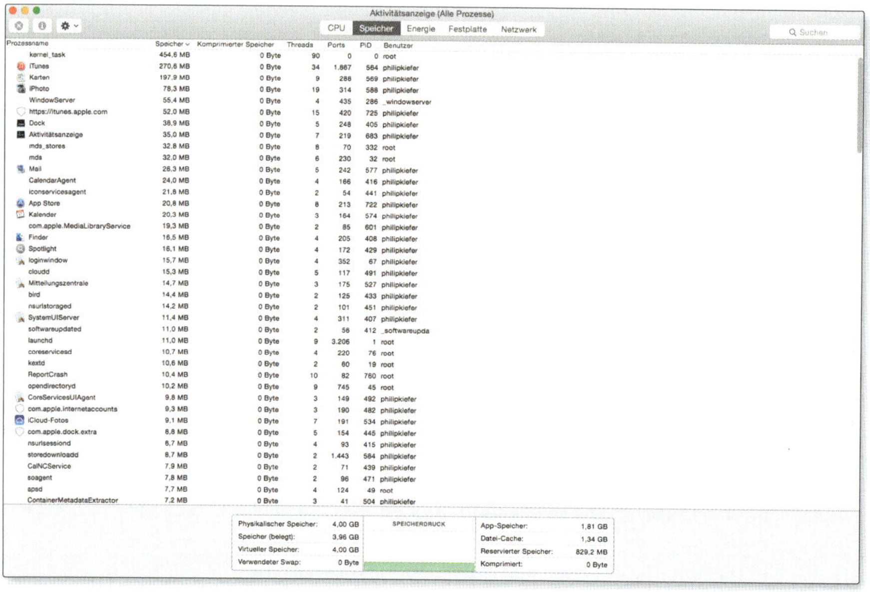


*Finden Sie in der Aktivitätsanzeige heraus, welche Programme und Prozesse den meisten Speicherplatz belegen.*

- *Energie*: Auch über den Energiebedarf einzelner Programme können Sie sich informieren. Hierzu klicken Sie in der Aktivitätsanzeige auf *Energie*. Ihnen wird der aktuelle Energiebedarf von gerade geöffneten Programmen angezeigt.

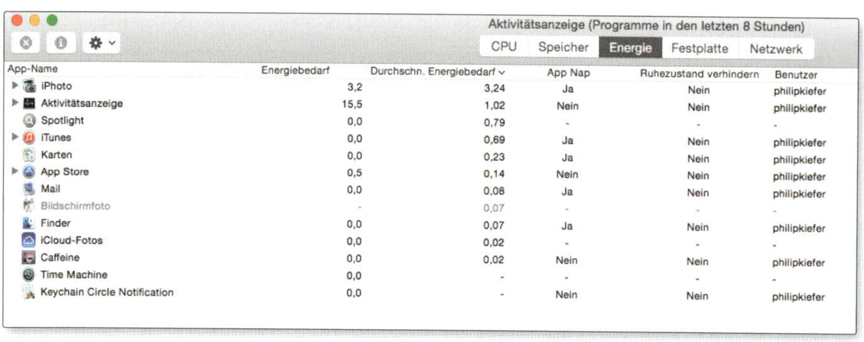


*Finden Sie mit der Aktivitätsanzeige heraus, welche Programme auf Ihrem Mac den höchsten Stromverbrauch haben.*

- *Festplatte*: Auf der Festplatte bzw. einem vergleichbaren Speichermedium werden die Daten fest gespeichert. In der Aktivitätsanzeige unter *Festplatte* informieren Sie sich über Lese- und Schreibzugriffe durch die einzelnen Programme.

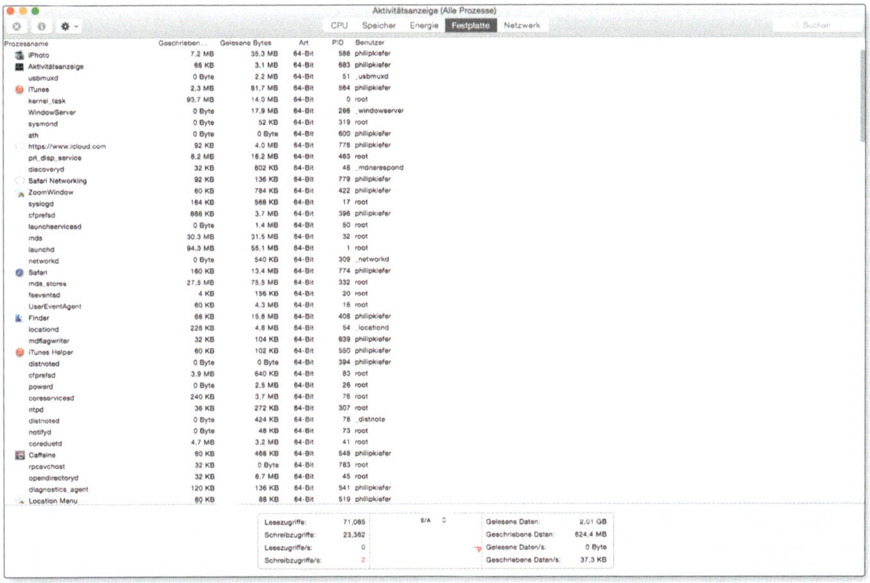


*Ermitteln Sie in der Aktivitätsanzeige Informationen zur Beanspruchung der Festplatte.*

- *Netzwerk*: Unter *Netzwerk* schließlich finden Sie Informationen, welche Programme und Prozesse wie viele Daten im Netzwerk versandt oder empfangen haben.

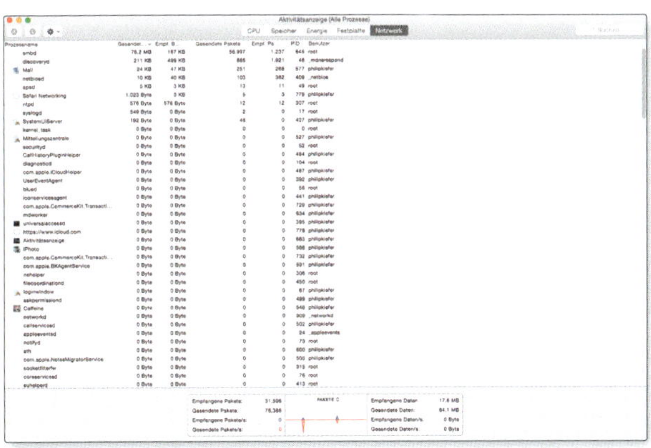

*Welches Programm oder welcher Prozess tauscht am meisten Daten im Netzwerk aus? Auch diese Information erhalten Sie in der Aktivitätsanzeige.*

## Weitere nützliche Informationen über Ihren Mac aufrufen

Während die Aktivitätsanzeige Informationen zu laufenden Programmen und Prozessen liefert, sollten Sie auch zwei Programme kennen, die Ihnen allgemeine Informationen zum System liefern: das Fenster *Über diesen Mac* sowie die *Systeminformationen*.

### Über diesen Mac

Im Fenster *Über diesen Mac* finden Sie in ansprechender Darstellung Informationen über Ihren Computer, z. B. den Prozessor, den Speicher oder den Bildschirm. Um das Fenster aufzurufen, klicken Sie links oben auf dem Bildschirm auf das Apple-Logo  und wählen im sich öffnenden Menü den Eintrag *Über diesen Mac*. Die einzelnen Informationen sind in Registerkarten angeordnet.

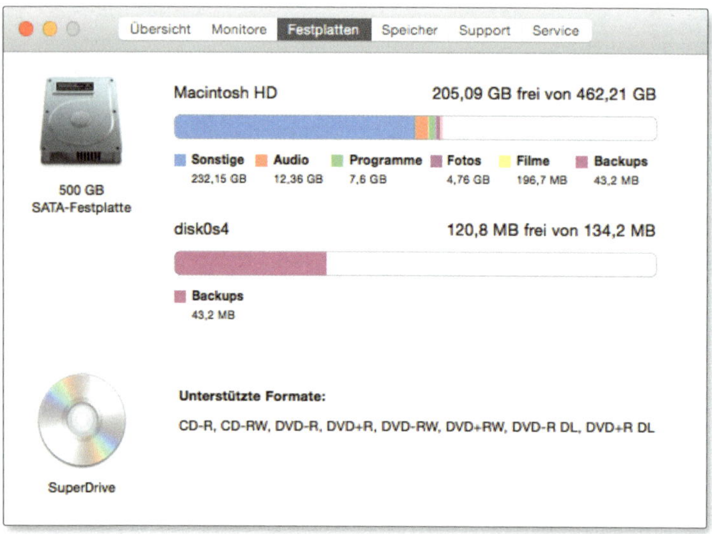


*Rufen Sie unter dem Apple-Logo links oben auf dem Bildschirm ein Fenster mit Informationen über Ihren Mac auf.*

### Systeminformationen

Vielleicht wünschen Sie sich detailliertere Systeminformationen, beispielsweise um festzustellen, ob Ihr Computer die Anforderungen für die Installation eines bestimmten Programms erfüllt? Dann öffnen Sie die Systeminformationen, und zwar indem Sie sich im Launchpad im Ordner *Andere* für das entsprechende Programmsymbol entscheiden. Um sich Informationen zu einer

Gerätekomponente anzeigen zu lassen, klicken Sie diese in den Systeminformationen in der Leiste links an; im Bereich rechts werden die entsprechenden Informationen dargestellt.

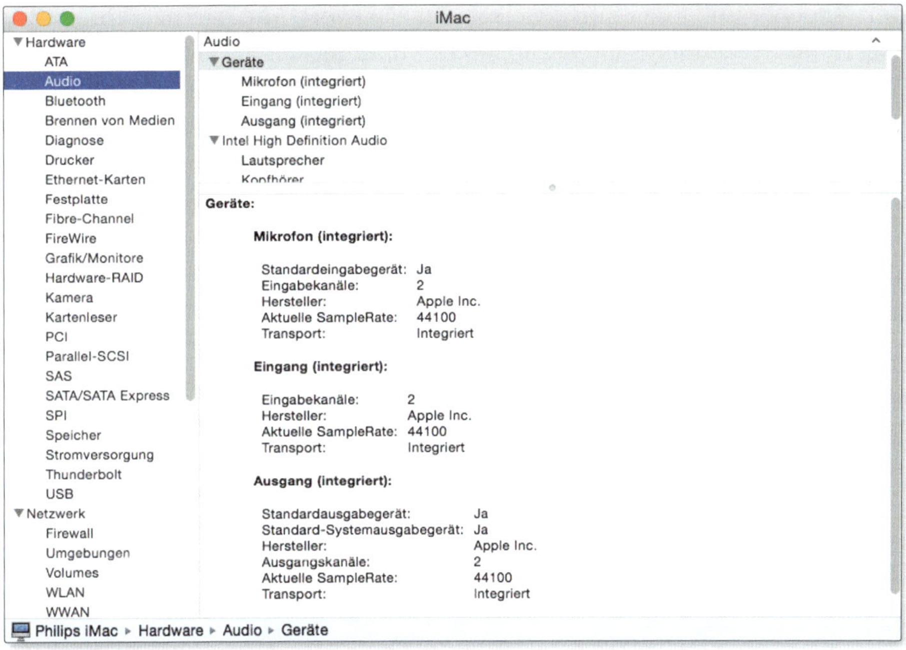


*Detaillierte Informationen zu Ihrem Mac finden Sie in den Systeminformationen.*

### Herr Peters empfiehlt

Sie haben in diesem Buch bereits zahlreiche Begriffe rund um Ihren Mac kennengelernt – aber es gibt noch viel mehr! Gerade wenn Sie etwas tiefer in das System einsteigen, werden Sie auf viele noch unbekannte Begriffe stoßen. Schlagen Sie diese im Lexikon, das auf Ihrem Mac bereits zur Verfügung steht, direkt nach!

## Wenn Sie einmal Ihr Passwort vergessen

Das kann jedem mal passieren: Das zu einem Benutzerkonto gehörende Anmeldepasswort wird vergessen. Im Idealfall haben Sie es auf einem Zettel notiert und im Tresor verschlossen. Falls nicht, bieten sich Ihnen mehrere Möglichkeiten, um wieder Zugang zu Ihrem Benutzerkonto zu erhalten.

## iCloud-Passwort

Falls Sie für Ihr Benutzerkonto kein lokales Passwort erstellt haben, sondern ein iCloud-Passwort – sprich: das zu Ihrer Apple-ID gehörende Passwort – verwenden, erfolgt das Zurücksetzen des Passworts im Internet. Öffnen Sie hierzu die Webadresse appleid.apple.com und klicken Sie auf der geöffneten Webseite auf den Link *Zurücksetzen Ihres Passworts*. Das Zurücksetzen des Passworts kann nun entweder mithilfe einer alternativen E-Mail-Adresse oder aber mit den von Ihnen beim Anlegen der Apple-ID festgelegten Sicherheitsfragen erfolgen. Da Sie dieses Passwort ja für alle möglichen Apple-Dienste benötigen, ist es sowieso eher die Ausnahme, dass Sie dieses Passwort vergessen werden – aber manchmal sind Passwörter eben einfach wie ausradiert.

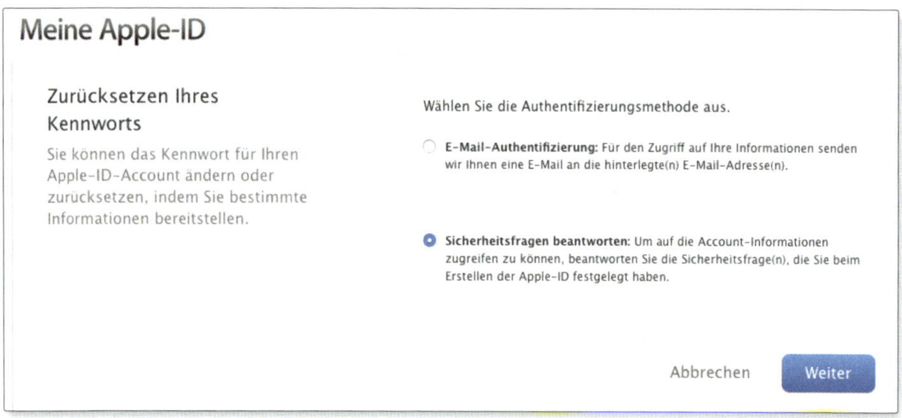


*Das zu Ihrer Apple-ID gehörende Passwort lässt sich entweder per E-Mail oder aber mit den bei der Erstellung der Apple-ID angelegten Sicherheitsfragen zurücksetzen.*

## Merkhilfe

Bei lokalen Benutzerkonten dient ansonsten die Merkhilfe dazu, sich vielleicht doch wieder an das Passwort zu erinnern. Es empfiehlt sich in jedem Fall, beim Erstellen eines Benutzerkontos auch eine Merkhilfe für das Passwort mit einzugeben. Diese lässt sich dann bei Bedarf bei der Anmeldung auf dem Computer anzeigen. Hierzu erscheint im Eingabefeld für das Passwort ein kleines Fragezeichensymbol .

## Lokales Passwort mit Apple-ID zurücksetzen

Auch ein lokales Passwort lässt sich gegebenenfalls mit der Apple-ID des Benutzers zurücksetzen. Dazu muss in den Systemeinstellungen unter der Kategorie *Benutzer & Gruppen* beim Benutzerkonto die Option *Benutzer darf sein Passwort mithilfe seiner Apple-ID zurücksetzen* aktiviert sein.

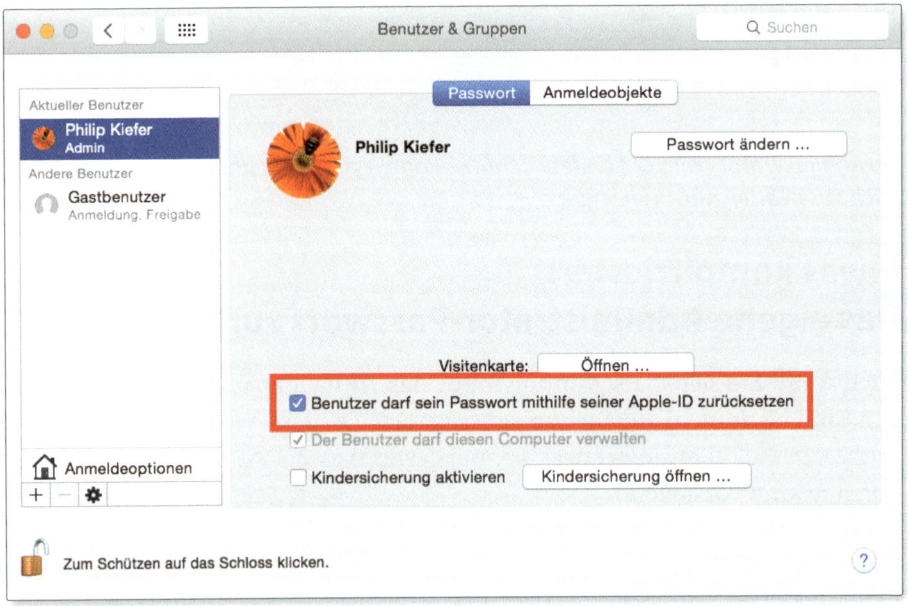


*Auch ein lokales Benutzerkonto lässt sich mithilfe einer Apple-ID zurücksetzen.*

Das Zurücksetzen des Passworts mithilfe der Apple-ID erfolgt ebenfalls unter dem Fragezeichensymbol ?, das bei der Anmeldung im Eingabefeld für das Passwort angezeigt wird. Melden Sie sich einfach mit Ihrer Apple-ID an und geben Sie zweimal das neue Passwort sowie eine Merkhilfe dazu ein.

## Passwort von einem Administrator zurücksetzen lassen

Wenn die eigenen Möglichkeiten ausgeschöpft sind, kann auch ein Administrator auf das Benutzerkonto zugreifen und das Passwort zurücksetzen. Wenn er das Passwort in den Systemeinstellungen unter der Kategorie *Benutzer & Gruppen* aufruft, findet er dazu die Schaltfläche *Passwort zurücksetzen*.

Auch er gibt zweimal das neue Passwort sowie eine Merkhilfe dazu ein und bestätigt mit *Passwort ändern*.

*Ein Administrator kann auf andere Benutzerkonten zugreifen und dadurch auch Passwörter zurücksetzen.*

## Etwas komplizierter: Das eigene Administrator-Passwort zurücksetzen

Auch wenn Sie selbst als Administrator das Anmeldepasswort vergessen haben, sind noch nicht alle Stricke gerissen. Das Zurücksetzen des Passworts ist in diesem Fall allerdings etwas komplizierter. Lassen Sie mich Ihnen diesen Vorgang kurz vorstellen:

1. Schalten Sie Ihren Mac gegebenenfalls zunächst aus. Halten Sie nun beim Einschalten die Tasten [⌘]+[R] so lange gedrückt, bis Wiederherstellungsoptionen eingeblendet werden. Ihr Mac befindet sich im Wiederherstellungsmodus.
2. Entscheiden Sie sich in der Menüleiste für *Dienstprogramme* und dann für den Menüeintrag *Terminal*. Das Terminal ist ein Programmfenster, in das Befehle direkt, ohne grafische Bedienoberfläche eingegeben werden. Das sieht kompliziert aus – und ist es auch!

3. Geben Sie im Terminal den Befehl *resetpassword* ein und bestätigen Sie mit der Eingabe-Taste ↵.

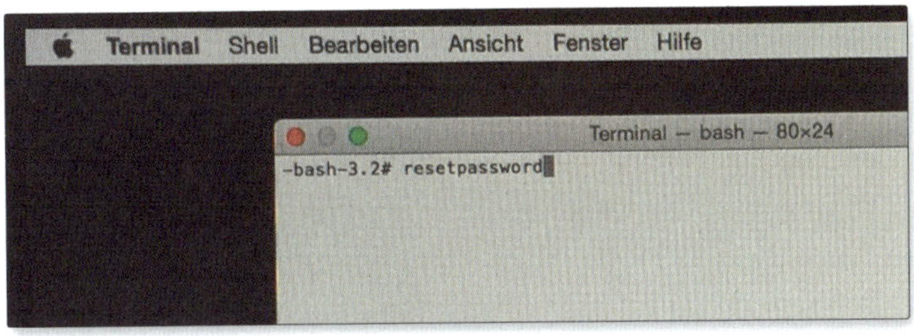


4. Im folgenden Fenster wählen Sie das Systemlaufwerk und das gewünschte Benutzerkonto aus. Geben Sie wie gehabt zweimal das neue Passwort und einen Kennworthinweis ein, bevor Sie mit einem Mausklick auf *Sichern* bestätigen.

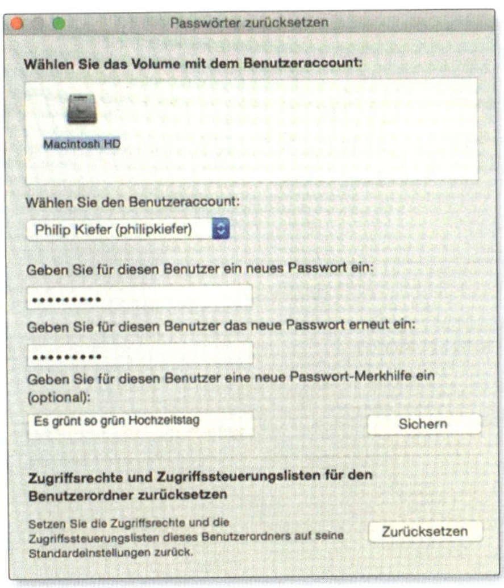


5. Wenn Sie Ihre Einstellungen vorgenommen haben, schließen Sie das Fenster, klicken links oben auf dem Bildschirm auf das Apple-Logo  und wählen im sich öffnenden Menü den Eintrag *Neustart*.

Am besten ist es aber immer noch, wenn Sie Ihre Passwörter aufschreiben und an einem sicheren Ort deponieren – so ersparen Sie sich dies Prozedere. Gehen Sie aber niemals lax mit Ihren Passwörtern um! Kleben Sie diese also nicht auf kleinen Zetteln notiert an den Bildschirm und tragen Sie sie auch nicht in Ihren Tageskalender ein. Das sind keine sicheren Orte!

## Soforthilfe bei Problemen mit dem Internet oder dem Heimnetzwerk

Falls einmal Probleme mit der Internetverbindung oder mit dem Heimnetzwerk auftreten, sollten Sie in einem ersten Schritt prüfen, ob mit der Konfiguration des Geräts, mit dem Sie die Internet- und Netzwerkverbindung herstellen, alles in Ordnung ist. Prüfen Sie, ob die Kabelverbindungen passen oder ob – dies lässt sich durch einen Anruf bei der Hotline des Anbieters ermitteln – die Schwierigkeiten eventuell auf Seiten des Internetanbieters zu suchen sind. Es kann vorkommen, dass die Internetverbindung einmal für einige Minuten oder in seltenen Fällen sogar Stunden nicht funktioniert. Für alle weiteren Fälle stelle ich Ihnen zwei nützliche Programme für die Netzwerkdiagnose und -analyse vor:

- Diagnose: Um bei Netzwerkproblemen eine Diagnose zu stellen, öffnen Sie die Systemeinstellungen und entscheiden sich für die Kategorie *Netzwerk*. Klicken Sie auf die Schaltfläche *Assistent* und wählen Sie als Nächstes die Schaltfläche *Diagnose*, um ein Fenster zu öffnen, das Sie durch die Netzwerkdiagnose führt. Ihnen vielen Fällen werden Netzwerkprobleme damit schnell und einfach gelöst.

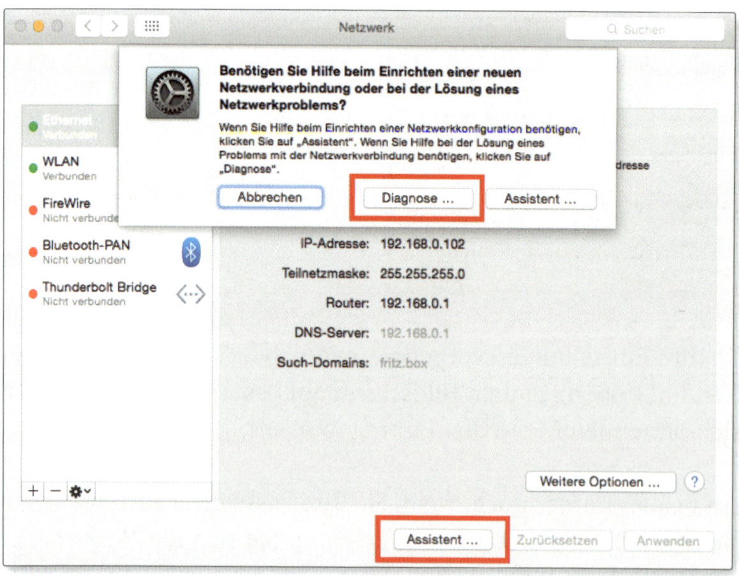


*Ihr Mac hilft Ihnen bei der Netzwerkdiagnose, egal, ob das Heimnetzwerk oder das Internet betroffen ist.*

- Netzwerkdienstprogramm: Dieses Programm ist auf Ihrem Mac etwas versteckt und auch eher für fortgeschrittene Anwender geeignet. Nutzen Sie das Suchfeld im Finder, um nach *Netzwerkdienstprogramm* zu suchen und das gefundene Programm per Doppelklick darauf zu öffnen. Sie können nun ausführliche Informationen und Optionen rund um die Netzwerkanalyse aufrufen.

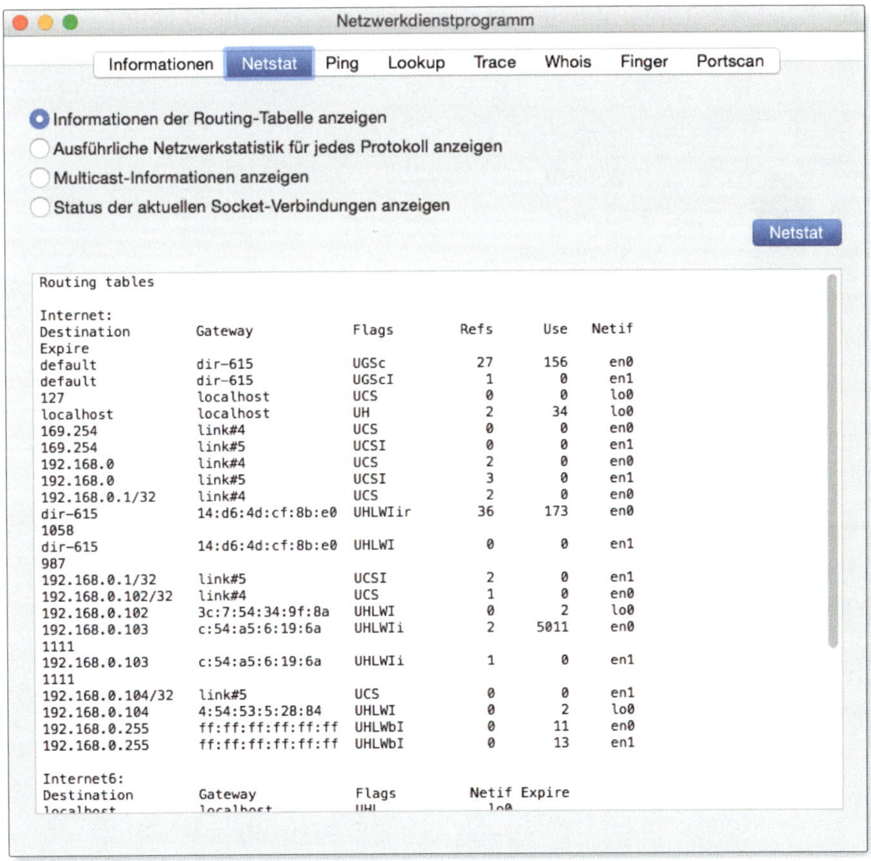


*Für die fortgeschrittene Netzwerkanalyse verwenden Sie das auf Ihrem Mac verfügbare, wenn auch etwas versteckte Netzwerkdienstprogramm.*

# Ein verlorenes MacBook über das Internet orten

Und falls Sie Ihr MacBook mal verlieren, müssen Sie es noch lange nicht verloren geben! Vorausgesetzt, es ist eingeschaltet, lässt es sich nämlich übers Internet orten. Hierzu dient die bereits kurz erwähnte iCloud-Funktion *Meinen Mac suchen*. Achten Sie darauf, dass diese Funktion in den Systemeinstellungen unter der Kategorie *iCloud* aktiviert ist. Voraussetzung für die Nutzung ist, dass Sie der Funktion gestatten, auf den jeweils aktuellen Standort des Macs zuzugreifen.

*Die iCloud-Funktion Meinen Mac suchen muss aktiviert sein, damit ein MacBook oder auch ein iMac übers Internet geortet werden kann.*

Wenn diese Voraussetzungen erfüllt sind, rufen Sie den Standort Ihres Macs ganz einfach auf der iCloud-Webseite auf:

1. Öffnen Sie, beispielsweise im Programm Safari, die Webadresse www.icloud.com und melden Sie sich mit Ihrer Apple-ID an.

2. Sie erhalten Zugriff auf die bereits bekannten Programmsymbole. Entscheiden Sie sich hier für das Programmsymbol *Mein iPhone*.

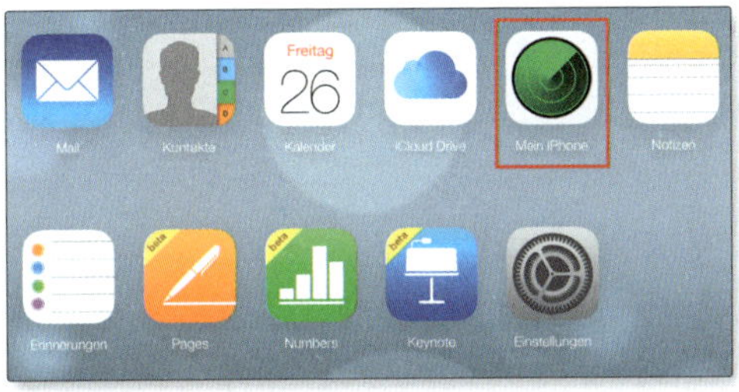


3. Für den Zugriff auf den Standort ist nun die erneute Eingabe des zur Apple-ID gehörenden Passworts erforderlich.

4. Die Ortung kann einen Moment dauern. Klicken Sie in der Leiste oben auf *Alle Geräte* und wählen Sie Ihren Mac aus. Er wird – durch einen grünen Punkt  gekennzeichnet – auf einer Karte angezeigt.

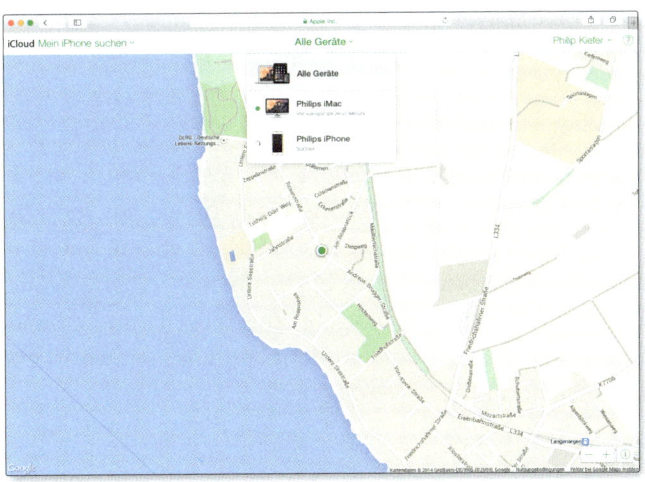

**Power User**

Um in der Karte näher heranzugehen, doppelklicken Sie in die Karte. Um wieder weiter wegzugehen, doppelklicken Sie bei gedrückter [alt]-Taste ⌥ in die Karte. Wenn Sie statt einer Karte eine Satellitenaufnahme anzeigen möchten, klicken Sie rechts unten in der Karte auf das Symbol ⓘ und treffen im sich öffnenden Menü Ihre Auswahl.

## Ton abspielen, Sperren oder Mac löschen – alles aus der Ferne

Wenn Sie ein Gerät im Ortungsfenster auswählen, wird gleichzeitig ein Fenster mit verschiedenen Aktionen eingeblendet, die sich aus der Ferne durchführen lassen. Bei einem Mac sind dies die Optionen *Ton abspielen*, *Sperren* sowie *Mac löschen*.

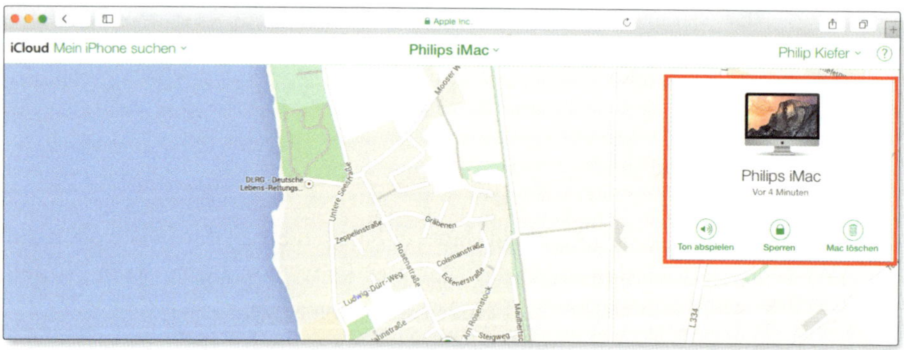


*Wenn Sie einen Mac im Ortungsfenster auswählen, werden Ihnen verschiedene Aktionen angeboten, die Sie aus der Ferne durchführen können.*

### Ton abspielen

Wenn Sie auf diese Option klicken, wird auf dem Mac ein Signalton wiedergegeben, und zwar in voller Lautstärke. Gleichzeitig erscheint ein Hinweisfenster, das mit *OK* weggeklickt werden muss. Wenn das MacBook in einem Gebüsch gelegen hat, wird es durch diesen Signalton bestimmt von einer vorübergehenden Person gefunden und an Sie zurückgebracht. Oder befindet sich das MacBook irgendwo im Haus, aber Sie wissen nicht mehr, wo? Auch in einem solchen Fall kann der Signalton sehr hilfreich sein!

*Geben Sie auf dem verloren gegangenen Mac einen lauten Signalton wieder.*

**Sperren**

Damit niemand auf die Daten zugreifen kann, die Sie auf Ihrem Mac gespeichert haben, können Sie diesen aus der Ferne sperren. Und das geht so:

1. Wählen Sie im Ortungsfenster Ihren Mac aus und klicken Sie auf die Option *Sperren*.
2. Bestätigen Sie im folgenden Hinweisfenster noch einmal mit *Sperren*.

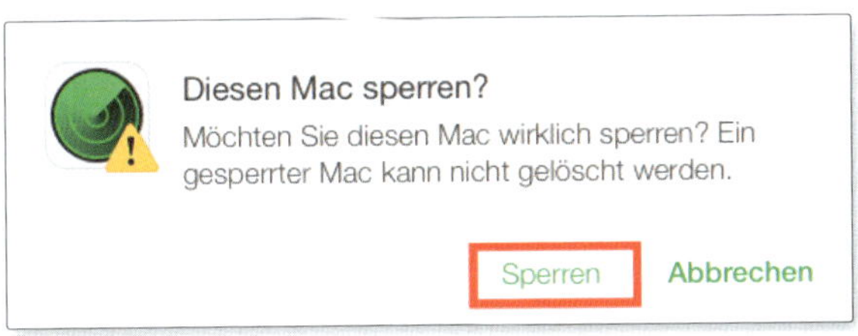


3. Geben Sie zweimal einen vierstelligen Code ein, den Sie später zum Entsperren Ihres Macs benötigen werden.

4. Zum Schluss können Sie noch eine kurze Nachricht an den ehrlichen Finder verfassen, bevor Sie erneut mit *Sperren* bestätigen.

**Mac löschen**

Falls ein Mac gestohlen wurde, möchten Sie wenigstens nicht, dass auch noch Ihre Daten geklaut werden. Mit der Option *Mac löschen* können Sie den Mac auf seine Werkseinstellungen zurücksetzen, also sowohl Inhalte als auch Einstellungen löschen. Auch das Löschen muss zunächst noch in einem Hinweisfenster bestätigt werden.

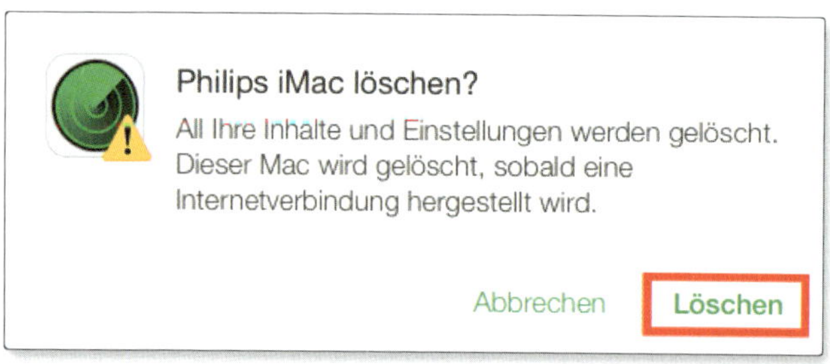


*Sicher nur in ganz seltenen Ausnahmefällen erforderlich: das Löschen Ihres Macs aus der Ferne.*

## Ihren Mac noch bequemer auf einem iPhone oder iPad orten

Wenn Sie über ein iPhone oder ein iPad verfügen, können Sie Ihren Mac sogar noch bequemer finden. Laden Sie dazu auf dem iPhone oder iPad die kostenlose App »Mein iPhone suchen« herunter. Wenn Sie diese öffnen, werden Sie zunächst zur Eingabe Ihrer Apple-ID aufgefordert. Anschließend werden Ihnen die verfügbaren Geräte angezeigt.

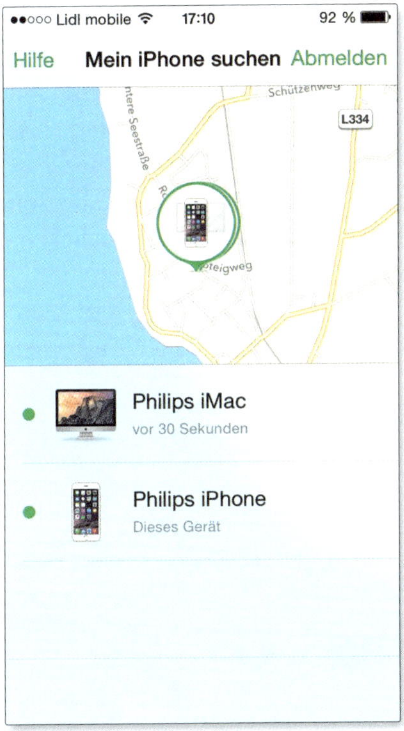


*Hier führe ich die zuvor beschriebene Ortung mithilfe einer iPhone-App durch.*

## Daten sichern und bei Bedarf wiederherstellen

Auf Ihrem Mac sind Ihre Daten im Normalfall sicher, aber Notfälle können dennoch jederzeit eintreten. Es kann beispielsweise sein, dass eine wichtige Datei durch versehentliches Löschen verloren geht. Oder ein Defekt führt zum Verlust des gesamten Systems. Nutzen Sie deshalb die Möglichkeit der Datensicherung! Auf Ihrem Mac steht hierfür ein Programm namens »Time Machine« (sprich: [taim mäschihn], englisch für Zeitmaschine) zur Verfügung. Damit lassen sich Ihre Daten regelmäßig auf einem anderen Laufwerk – empfehlenswert ist eine externe Festplatte – sichern und bei Bedarf wiederherstellen. Auf den folgenden Seiten erfahren Sie, wie Time Machine funktioniert.

## So führen Sie eine Datensicherung durch

Um eine Datensicherung durchführen zu können, benötigen Sie zunächst einmal ein Laufwerk mit ausreichend viel Speicherplatz für Ihre Daten. Infrage kommt dafür insbesondere eine externe Festplatte, die über den USB-Anschluss mit dem Mac verbunden wird und dann, ganz ähnlich wie ein USB-Stick, zum Speichern von Daten zur Verfügung steht (es gibt auch kabellose Systeme). Grundsätzlich kann die Datensicherung auch auf der gleichen Festplatte erfolgen – auf einer anderen sogenannten Partition, also einem abgesonderten Teil der Festplatte. Bei einem Festplattendefekt hilft die Datensicherung auf der gleichen Festplatte aber natürlich nicht weiter.

Um die Datensicherung mit Time Machine zunächst einzuschalten und einzurichten, gehen Sie folgendermaßen vor:

1. Öffnen Sie die Systemeinstellungen und entscheiden Sie sich dort für die Kategorie *Time Machine*.

2. Zum Einschalten des Programms Time Machine finden Sie einen Schalter vor. Stellen Sie diesen mit der Maus auf *Ein*.

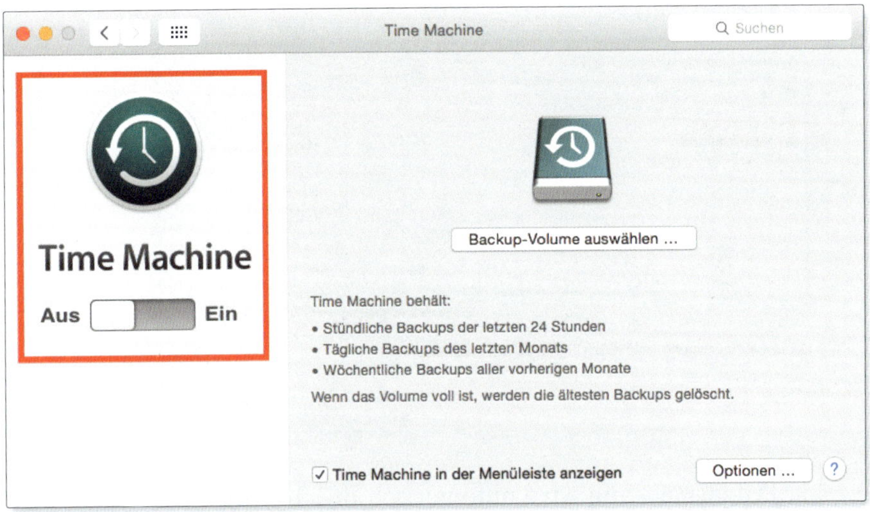


3. Nun sollen Sie das Volume (sprich: [wolljuhm], englisch für Laufwerk) auswählen, auf dem Sie die Datensicherung durchführen möchten. Klicken Sie dieses an und bestätigen Sie mit einem Mausklick auf die Schaltfläche *Volume verwenden*. Optional können Sie per Kontrollkästchen *Backups verschlüsseln* dafür sorgen, dass die gesicherten Daten verschlüsselt auf dem Laufwerk gespeichert werden.

4. Möchten Sie bestimmte Elemente von der Datensicherung ausschließen, etwa Videodateien mit einem sehr hohen Speicherbedarf? Dann klicken

Sie unten im Fenster auf die Schaltfläche *Optionen*. Fügen Sie per Plussymbol [+] die auszuschließenden Speicherorte hinzu und bestätigen Sie mit *Sichern*.

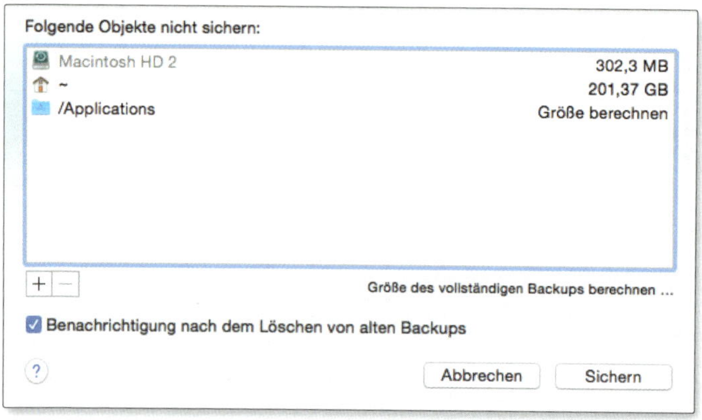


5. Die Datensicherung wird automatisch durchgeführt. Möchten Sie eine Datensicherung manuell durchführen, aktivieren Sie unten im Fenster aus Schritt 2 das Kontrollkästchen *Time Machine in der Menüleiste anzeigen*.

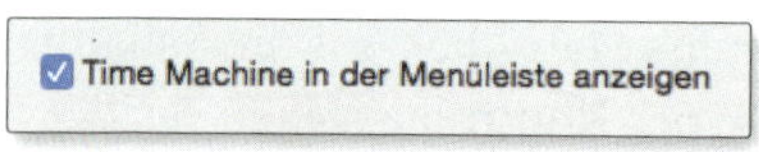


6. Um die manuelle Datensicherung zu veranlassen, klicken Sie auf das Menulet und wählen im sich öffnenden Menü den Eintrag *Backup jetzt erstellen*.

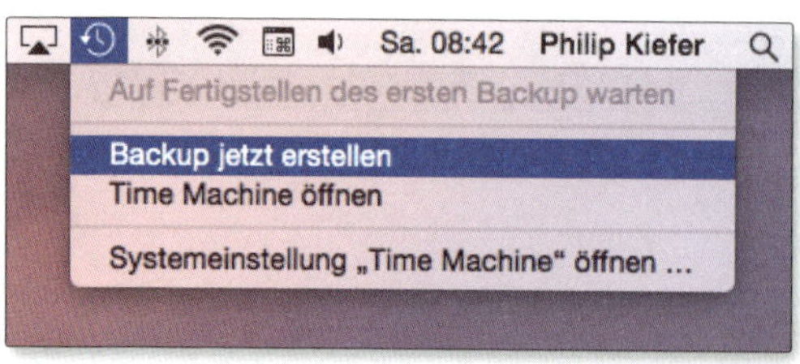


7. Über den Fortschritt der Datensicherung können Sie sich ebenfalls im Fenster aus Schritt 2 in Kenntnis setzen. Dort wird unter anderem angegeben, wie lange die Datensicherung voraussichtlich noch dauern wird. Das

Ganze geschieht aber im Hintergrund, so dass Sie ganz normal an Ihrem Mac weiterarbeiten können.

**Grundlagen**

Bei der automatischen Datensicherung werden jede Stunde die Daten der letzten 24 Stunden gesichert, jeden Tag die Daten des letzten Monats und jede Woche die Daten aller vorherigen Monate. Wenn das Laufwerk für die Datensicherung voll ist, werden jeweils die ältesten Sicherungsdateien gelöscht, um Platz zu schaffen.

## Bei Bedarf einzelne Dateien wiederherstellen

Angenommen, Sie haben versehentlich eine Datei gelöscht oder eine ungewünschte Änderung durchgeführt. Mithilfe von Time Machine können Sie die ursprüngliche Datei wiederherstellen. So gehen Sie dazu vor:

1. Entscheiden Sie sich unter dem Menulet für den Eintrag *Time Machine öffnen* oder klicken Sie im Launchpad im Ordner *Andere* auf das Symbol des Programms Time Machine.

2. Ihnen werden die gesicherten Daten im Finder angezeigt, und Sie können mithilfe der Zeitanzeige auf dem Bildschirm oder aber mit den Pfeilsymbolen und ) zu einem früheren oder späteren Speicherzeitpunkt blättern.

3. Zum Wiederherstellen eines Elements am ursprünglichen Speicherort klicken Sie es an und betätigen dann unten in Time Machine die *Wiederherstellen*-Schaltfläche.

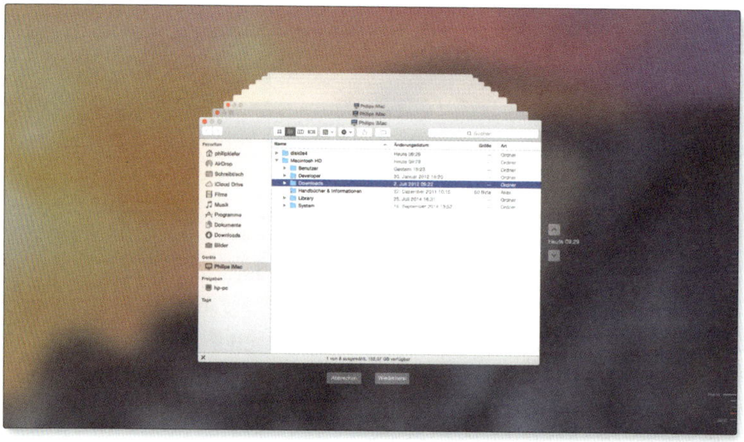

4. Wenn ein Element am ursprünglichen Speicherort noch zur Verfügung steht, können Sie per Schaltfläche entscheiden, ob Sie beide Dateien behalten oder die Datei ersetzen möchten.

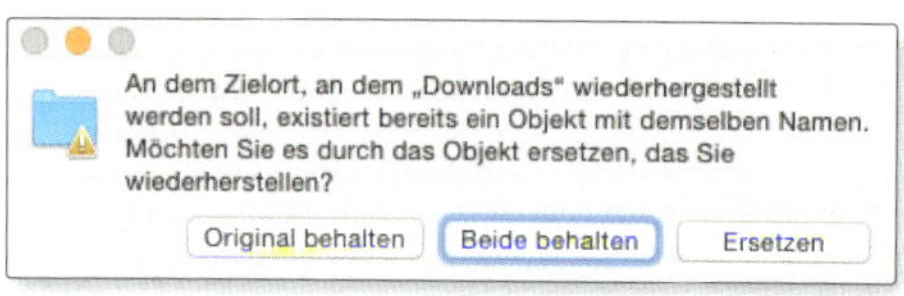


5. Oder möchten Sie den Speicherort für ein wiedergestelltes Element selbst festlegen? Dann klicken Sie das Element in Time Machine mit der rechten Maustaste bzw. bei gedrückter ctrl-Taste an. Im sich öffnenden Kontextmenü wählen Sie den Eintrag *wiederherstellen*, geben anschließend den gewünschten Speicherort an und bestätigen mit der Schaltfläche *Auswählen*.

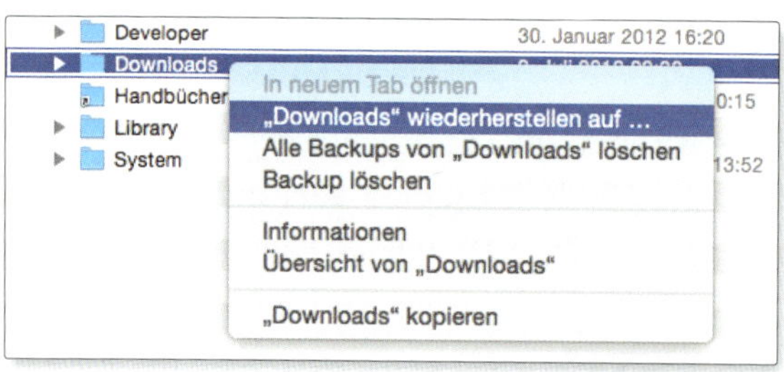

## Eine Systemwiederherstellung durchführen

Wenn Sie mit Time Machine das gesamte System gesichert haben, lässt sich auch dieses im Ernstfall wiederherstellen. Die Wiederherstellung erfolgt in diesem Fall im Wiederherstellungsmodus, den Sie bereits im Zusammenhang mit der Passwortwiederherstellung kennengelernt haben. Folgendermaßen gehen Sie vor:

1. Starten Sie Ihren Mac und halten Sie dabei die Tasten [⌘]+[R] so lange gedrückt, bis Ihnen die Wiederherstellungsoptionen angezeigt werden.
2. Entscheiden Sie sich für *Aus Time Machine-Backup wiederherstellen* und bestätigen Sie mit *Fortfahren*.

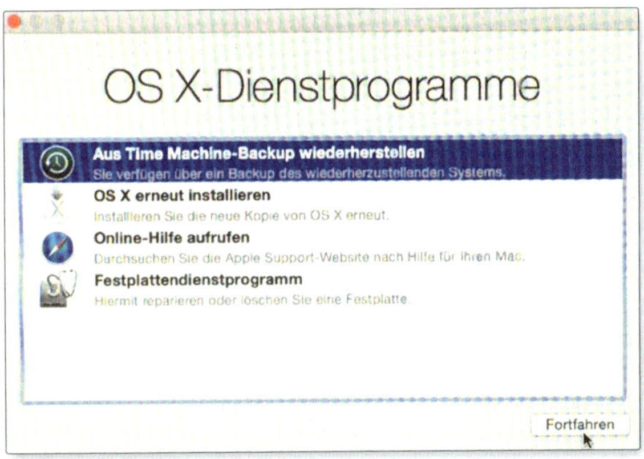


3. Lesen Sie sich den Hinweis zu den Folgen des Wiederherstellens gründlich durch und bestätigen Sie erneut mit *Fortfahren*.

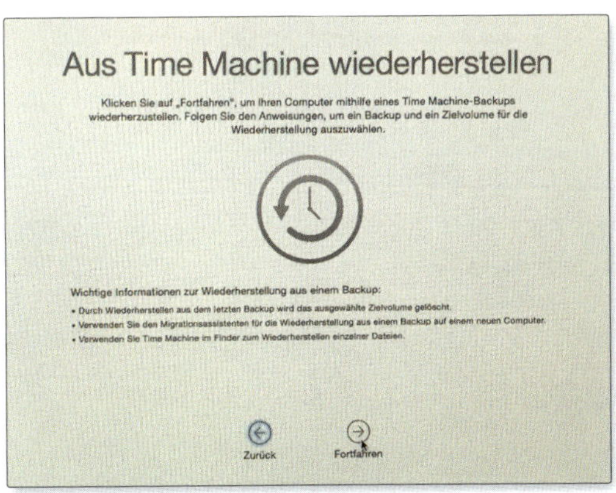

4. Wählen Sie im nächsten Schritt das Laufwerk aus, auf dem Sie die Datensicherung angelegt haben. Bestätigen Sie mit *Fortfahren*.

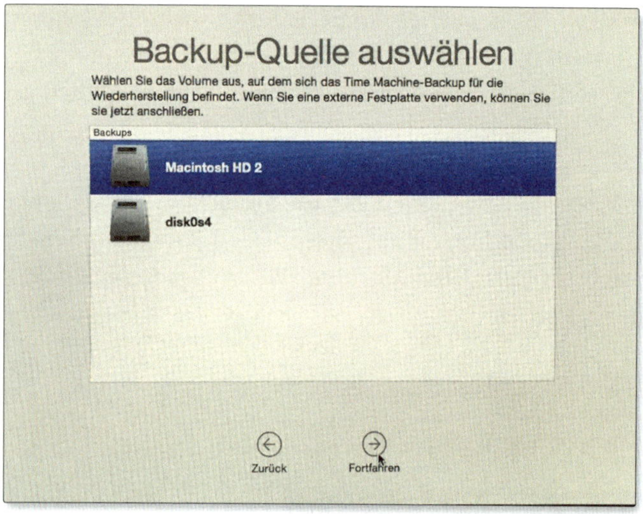


5. Wählen Sie diejenige Datensicherung aus, die für die Systemwiederherstellung verwendet werden soll. Bestätigen Sie wiederum mit *Fortfahren*.

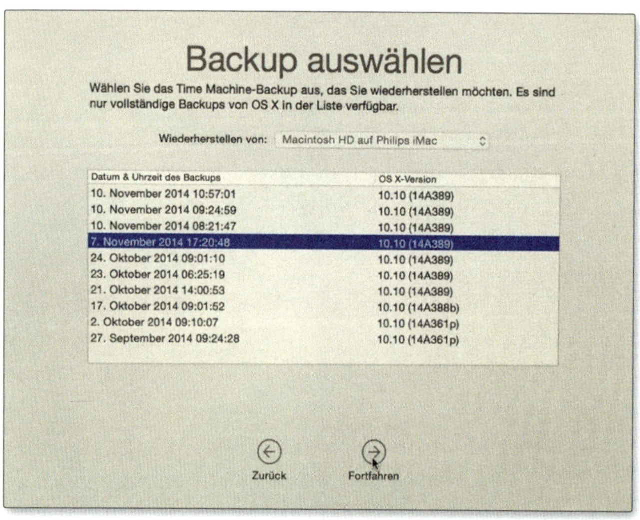

6. Wählen Sie zum Schluss das Ziellaufwerk, also im Normalfall das Systemlaufwerk aus, auf dem die Wiederherstellung durchgeführt werden soll. Bestätigen Sie mit einem Mausklick auf die Schaltfläche *Wiederherstellen*, um den Wiederherstellungsvorgang zu starten.

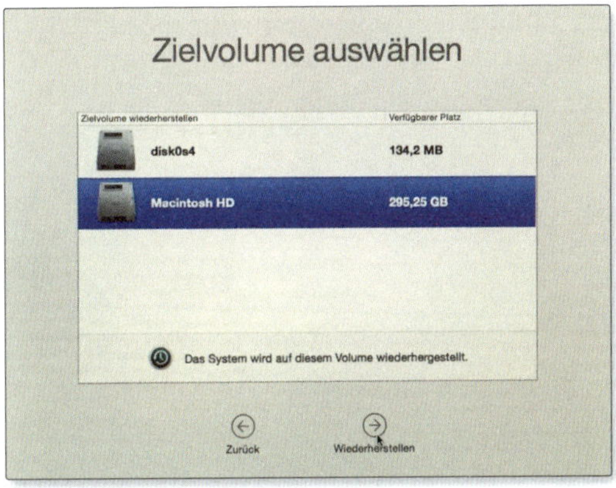


## Das Betriebssystem neu installieren

Vielleicht möchten Sie bei Systemproblemen auch nur das Betriebssystem neu installieren, dabei aber Ihre Daten behalten? In diesem Fall entscheiden Sie sich im Wiederherstellungsmodus für die Option *OS X erneut installieren*. Bestätigen Sie mit *Fortfahren* und folgen Sie dem Assistenten durch den Vorgang der Neuinstallation.

*Das Mac-Betriebssystem neu installieren – kein Problem im Wiederherstellungsmodus*

### Herr Peters empfiehlt

Betrachten Sie Computerprobleme als Aufgaben, die Sie weiterbringen. Mit jedem Problem, das Sie selbst lösen, werden Sie ein Stück fortgeschrittener bei der Nutzung Ihres Macs. Ich wünsche Ihnen nun dennoch eine möglichst problemfreie Zeit und viel Vergnügen bei Ihren weiteren Erkundungen in der Welt des Macs!

# Index

# Index

## Symbole



## A



## B

## C



## D



## E

## T



## U



## V